Schriftenreihe

Studien zum
bayerischen, nationalen und supranationalen
Öffentlichen Recht

Herausgegeben von

Professor Dr. Heinrich Amadeus Wolff

Band 31

ISSN 1860-8728 (Print)

Verlag Dr. Kovač

Lena Larissa Steinmayer

Der neue Informationsbestand des BKA

Veränderungen durch das Gesetz zur Neustrukturierung des Bundeskriminalamtgesetzes

Verlag Dr. Kovač

Hamburg
2021

VERLAG DR. KOVAČ GMBH

FACHVERLAG FÜR WISSENSCHAFTLICHE LITERATUR

Leverkusenstr. 13 · 22761 Hamburg · Tel. 040 - 39 88 80-0 · Fax 040 - 39 88 80-55

E-Mail info@verlagdrkovac.de · Internet www.verlagdrkovac.de

Bibliografische Information der Deutschen Nationalbibliothek
Die Deutsche Nationalbibliothek verzeichnet diese Publikation
in der Deutschen Nationalbibliografie;
detaillierte bibliografische Daten sind im Internet
über http://dnb.d-nb.de abrufbar.

ISSN: 1860-8728 (Print)

ISBN: 978-3-339-12106-6
eISBN: 978-3-339-12107-3

Zugl.: Dissertation, Universität Bayreuth, 2020

© VERLAG DR. KOVAČ GmbH, Hamburg 2021

für meine Großväter

Vorwort und Danksagung

Die vorliegende Arbeit wurde im August 2020 von der Rechtswissenschaftlichen Fakultät der Universität Bayreuth als Dissertation angenommen. Literatur und Rechtsprechung konnten bis zum Februar 2020 berücksichtigt werden.

Ich bedanke mich bei meinem Doktorvater Prof. Dr. Heinrich Amadeus Wolff für die Bereitschaft mich bei der Erstellung meiner Dissertation zu betreuen und für den konstruktiven Austausch im Rahmen der Doktorandenkolloquien, die den Gang meiner Arbeit wesentlich beeinflusst haben. Ich bedanke mich auch bei Prof. Dr. Markus Möstl für die Erstellung des Zweitgutachtens.

Besonderer Dank gebührt meiner Mutter Petra, die mich immer darin bestärkt, meinen eigenen Weg zu gehen, mir eine eigene Meinung zu bilden und diese selbstbewusst zu vertreten. Sie ist mir ein Vorbild an Mut, Stärke und Welt-offenheit.

Bedanken möchte ich mich auch bei meinem Vater Gerhard, der mir stets mit Rat und Tat zur Seite steht und entscheidend dazu beigetragen hat, dass diese Arbeit in ihrer praxisbezogenen Form entstehen konnte.

Von Herzen danke ich meiner Schwester Luisa. Sie hat sich zahlreiche Vorträ-ge, Präsentationen und Monologe über meine Arbeit angehört und mir wertvolle Hinweise gegeben. Außerdem ist sie in jeder Lebenslage meine engste Vertrau-te, ehrlichste Kritikerin und beste Weggefährtin.

Danke sagen möchte ich auch meinen Großeltern Frieda und Gerhard in Gat-tendorf sowie Karin und Gerd in Monheim am Rhein. Leider durften meine Großväter diesen Moment nicht mehr mit mir teilen. Ich weiß aber, sie wären sehr stolz gewesen.

Auch bei meiner Patentante Andrea und meiner Tante Evi, meinem Onkel Norbert sowie bei meinen Cousins Philipp und Stefan mit seiner Frau Carina und mit Hannes möchte ich mich bedanken. Es ist schön, euch zu haben!

Ganz besonderer Dank gilt meinem Mann Marc, der meine Arbeit eingehend gelesen und kommentiert und etliche Diskussionen über mein Dissertations-thema am Abendbrottisch auf sich genommen hat. Er hat mich auf diesem Weg in jeder Hinsicht unterstützt und mir Zuversicht und Gelassenheit gegeben.

Darüber hinaus bedanke ich mich bei meinen Schwiegereltern Thomas und Isolde und meinem Schwager Chris, die mich so herzlich in ihre Familie aufge-nommen haben.

Berlin, den 6. Dezember 2020   Lena Larissa Steinmayer

Inhaltsverzeichnis

A. Einleitung, Fragestellung und deren Relevanz 1

B. Begriffsbestimmungen 7

    I.   BKA 7

        1.   Aufgaben und Funktionen 8

            a.   *Zentralstellenfunktion* 9

            b.   *Internationale Zusammenarbeit* 10

            c.   *Eigene Ermittlungsbefugnisse* 12

            d.   *Gefahrenabwehr* 13

            e.   *Personenschutz* 13

            f.   *Verwaltungsfunktionen* 14

        2.   Entwicklung der Datenverarbeitung und Datenschutzregelungen beim BKA 14

            a.   *Grundlagen des informationstechnischen Systems des BKA* 14

            b.   *Informationssystem des BKA* 16

            c.   *Vom BKA zur Verfügung gestelltes Verbundsystem* 17

            d.   *PIAV* 19

    II.   Daten und Modalitäten der Datenverarbeitung 21

        1.   Personenbezogene Daten 22

        2.   Dateisystem und Informationssystem 22

        3.   Datenverarbeitung 23

            a.   *Neue Rechtslage* 23

            b.   *Redaktionelle Änderung? – Historische Betrachtung* 24

        4.   Datenschutz 26

C. Zur Beantwortung der Fragestellung anzulegende Maßstäbe 29

    I.   Europarecht 29

        1.   Datenschutz im Unionsrecht 30

        2.   Richtlinie 31

            a.   *Zur Umsetzung der Richtlinie* 32

            b.   *Allgemeine Vorgaben der Richtlinie* 33

            c.   *Art. 12 ff. JI-RL* 36

            d.   *Art. 20 JI-RL* 38

            e.   *Art. 24 JI-RL* 38

            f.   *Art 27 JI-RL* 39

            g.   *Art. 28 JI-RL* 40

		h.	*Art. 29 JI-RL*	40
		i.	*Art. 32 ff. JI-RL*	40
		j.	*Art. 41 ff. JI-RL*	41
	3.		Verordnung	43
	4.		Europol als Vorbild	43
		a.	*Das europäische Informationssystem EIS*	45
		b.	*Datenschnittstelle QUEST*	46
		c.	*Weitere Vernetzungsbestrebungen*	46
	5.		Rechtsprechung des EuGH	48
		a.	*Zur Ungültigkeit der EU-Richtlinie über die Vorratsdatenspeicherung*	48
		b.	*Zur Vorratsdatenspeicherung durch die Mitgliedstaaten*	50
		c.	*Zur Ungültigkeit der Safe-Harbor-Entscheidung der EU betreffend die USA*	51
II.			Nationales Recht	53
	1.		Verfassungsrecht: Recht auf informationelle Selbstbestimmung	53
		a.	*Herleitung des Grundrechts*	54
		b.	*Inhalt*	58
			aa. Schutzbereich	58
			bb. Eingriff	60
			cc. Rechtfertigung	62
		c.	*Aktuelle Entwicklungen*	62
			aa. Vorgaben des BVerfG im Urteil vom 23. April 2013	63
			bb. Vorgaben des BVerfG im Urteil vom 20. April 2016	68
	2.		Prüfungsmaßstab einer Verfassungsbeschwerde gegen das BKAG 2018 - die Beschlüsse des BVerfG vom 6. November 2019	77
		a.	*Recht auf Vergessen I*	77
		b.	*Recht auf Vergessen II*	79
		c.	*Bedeutung für den Prüfungsmaßstab einer Verfassungsbeschwerde gegen das BKAG 2018*	80
	3.		Einfaches Recht, datenschutzrechtliche Grundsätze	82
		a.	*Grundsatz der Datenvermeidung oder Datensparsamkeit*	82
		b.	*Grundsatz der Zweckbindung*	83

**D. Wesentliche Veränderungen durch das Gesetz zur
Neustrukturierung des BKAG** **85**

   I.   Das bisherige Dateiensystem 85

      1. Aufbau 85

         a. *Struktur des Gesetzes* 85

         b. *Statische Abgrenzung einzelner Dateien* 86

      2. Zugriffsrechte 87

      3. Kontrollmechanismen 88

      4. Gesetzgeberische Begründung 91

      5. Probleme/Reformbedarf 92

   II. Der neue Informationsbestand 93

      1. Aufbau 93

         a. *Struktur des Gesetzes* 93

            aa. *Allgemeine Befugnisse der Datenverarbeitung* 93

            bb. *Auf die jeweiligen Aufgabenbereiche
zugeschnittene Datenverarbeitungsbefugnisse* 98

            cc. *Datenschutz, Datensicherheit und
Betroffenenrechte* 98

         b. *Abkehr von statischer Abgrenzung der Dateien* 100

      2. Zugriffsrechte 101

      3. Kontrollmechanismen 101

      4. Gesetzgeberische Begründung 102

E. Zentrale Problempunkte **105**

   I.   Zunächst: Grundsätzliche Zulässigkeit der Schaffung eines
polizeilichen Informationsverbunds 105

   II. Datenzugriff durch abgestuftes Rechte- und Rollenkonzept 109

      1. Umsetzung der hypothetischen Datenneuerhebung 110

         a. *Anwendungsbereich von § 12 BKAG* 110

         b. *Unterscheidung zwischen § 12 Abs. 1 und 2
BKAG 2018* 111

            aa. *§ 12 Abs. 1 BKAG 2018* 111

            bb. *§ 12 Abs. 2 BKAG 2018* 113

         c. *Kennzeichnungspflichten aus § 14 BKAG 2018* 116

         d. *Kritische Betrachtung der gesetzgeberischen
Umsetzung der hypothetischen Datenneuerhebung* 117

            aa. *§ 12 Abs. 1 BKAG 2018* 117

bb. *§ 12 Abs. 2 BKAG 2018* 123

cc. *§ 14 BKAG 2018* 126

 e. *Vereinbarkeit mit den Vorgaben der JI-RL* 128

 f. *Alternative Umsetzung der hypothetischen*

  Datenneuerhebung im Zollfahndungsdienstgesetz 129

2. Folgeprobleme hinsichtlich Daten aus besonders

 eingriffsintensiven Maßnahmen 132

 a. *Kennzeichnung als selbstständiger Eingriff?* 132

 b. *Einschränkung der Speicherungsrechte* 133

3. Schutz vor unberechtigten Datenzugriffen 133

 a. *Gefahr des Missbrauchs durch Mitarbeiter des BKA* 134

 b. *Gefahr des Missbrauchs durch Externe* 135

4. Problem: noch ausstehende technische Umsetzung 135

III. Automatisierte Verknüpfung von Daten / Datenabgleich 136

1. Ablauf 137

2. Grundrechtsrelevanz 138

 a. *Eingriff in das Grundrecht auf informationelle*

  Selbstbestimmung 138

  aa. *Selbstständige rechtliche Relevanz des*

   Datenabgleichs 140

  bb. *Eingriffsqualität des Datenabgleichs* 142

  cc. *Vergleichbare Regelungen* 148

  dd. *Verknüpfung von Daten auf Vorrat* 154

  ee. *Zwischenergebnis* 155

 b. *Rechtfertigung* 155

  aa. *Mögliche Ermächtigungsgrundlage:*

   § 16 Abs. 4 BKAG 2018 155

  bb. *Mögliche Ermächtigungsgrundlage:*

   § 16 Abs. 1 BKAG 2018 157

 c. *Zwischenergebnis* 160

3. Lösungsvorschlag 160

IV. Gefahr der Erstellung von Persönlichkeitsprofilen 162

1. Verfassungswidrigkeit von Persönlichkeitsprofilen 163

2. Auswirkungen des BKAG 2018 166

 a. *Veränderung der IT-Infrastruktur* 166

 b. *§ 16 Abs. 6 BKAG 2018* 169

3. Lösungsansätze 171

4. Zwischenergebnis 172

5. Ausblick 172

V. Kontrollmöglichkeiten 173

1. Verfassungsrechtlich vorgesehene Kontrollmöglichkeiten 173

2. Von der Richtlinie vorgeschriebene Kontrollmöglichkeiten 174

3. Umsetzung durch den nationalen Gesetzgeber 174

    a. Datenschutz-Folgenabschätzung 174

    b. Konsultation der Aufsichtsbehörde 176

    c. Datenschutzbeauftragter 177

        aa. Benennung des Datenschutzbeauftragten 178

        bb. Aufgaben des Datenschutzbeauftragten 178

        cc. Stellung des Datenschutzbeauftragten und
Zusammenarbeit mit dem BfDI 179

        dd. Problem: § 72 Abs. 2 BKAG 2018 180

        ee. Zwischenergebnis 181

    d. Unabhängige Aufsichtsbehörde 181

        aa. Beteiligung an Datenschutz-Folgenabschätzung
nach § 67 BDSG 182

        bb. § 69 Abs. 1 BKAG 2018 182

        cc. § 69 Abs. 2 BKAG 2018 183

        dd. Rechtsschutz gegen Anordnungen des BfDI 183

        ee. Ausreichende Ressourcen des BfDI 184

4. Problempunkt: Wegfall der Errichtungsanordnungen 185

    a. Zweck der Errichtungsanordnung 185

    b. Kompensation des Wegfalls 186

    c. Abwägung 186

    d. Zwischenergebnis 188

5. Problem: Protokollierungspflichten 189

    a. Protokollierung nach § 81 BKAG 2018 189

        aa. Protokolldaten als personenbezogene Daten 190

        bb. Löschungsregelungen 190

    b. Protokollierung nach § 82 BKAG 2018 190

6. Parlamentarische/Gesellschaftliche Kontrolle 191

VI. Benachrichtigungspflichten und Betroffenenrechte 192

1. Von der Richtlinie vorgeschriebene Pflichten und Rechte 193

2. Umsetzung der Betroffenenrechte im BKAG 2018 193

a. Benachrichtigungspflichten 194

b. Auskunftsrecht 195

c. Recht auf Berichtigung und Löschung sowie
   Einschränkung der Verarbeitung 198

d. Anrufung des BfDI und Rechtsschutz gegen
   Entscheidungen des BfDI 199

3. Zwischenergebnis 200

VII. Prüf- und Löschungspflichten des BKA 200

1. Maßstäbe des europäischen und nationalen Rechts 201

2. Umsetzung der Pflichten im BDSG 201

a. Europarechtskonformität 201

b. Zwischenergebnis 203

3. Aussonderungsprüffristen 203

4. Zwischenergebnis 204

VIII. Informationsverbund mit den Ländern 204

1. Datenübermittlung allgemein 205

a. Datenübermittlung als Zweckänderung 205

b. Pflicht zur Übermittlung von Daten an das BKA? 206

c. Abgrenzung zur Nutzung einheitlicher, zentraler
   IT-Infrastruktur 206

2. Unterschiedliche gesetzliche Regelungen der
   Datenverarbeitung am Beispiel des BayPAG 209

a. Umsetzung des Grundsatzes der hypothetischen
   Datenneuerhebung 210

b. Datenabgleich innerhalb der Polizei 214

c. Beibehaltung des Instruments der
   Errichtungsanordnung 215

3. Unterschiedliche Ermächtigungsgrundlagen für
   Datenerhebungsmaßnahmen: die drohende Gefahr 216

a. Hintergrund des Begriffs 217

b. Meinungsstreit bezüglich der Verfassungsmäßigkeit
   der Verankerung im BayPAG 219

4. Auswirkungen auf den neuen Informationsbestand des
   BKA 222

a. Mögliche Probleme wegen unterschiedlicher
   Umsetzung des Grundsatzes der hypothetischen
   Datenneuerhebung 223

      b. *Mögliche Probleme aufgrund von verschiedenen*
          Datenerhebungskompetenzen 223

        aa. *Kategorisierung verschiedener*
             Datenerhebungsmaßnahmen 222

        bb. *Mögliche Auswirkungen auf verfassungsrechtliche*
             Problematiken 222

    5. Ähnliche Problematik für andere Länderpolizeigesetze 225

    6. Praktische Probleme 226

F. Alternativen **227**

  I. Ausgangspunkt 227

  II. Schaffung der fehlenden Rechtsgrundlagen 228

  III. Überarbeitung des bestehenden Systems 228

  IV. Zweischrittige Überarbeitung des BKAG 230

  V. Gänzliche Überarbeitung der föderalen Sicherheitsarchitektur 231

  VI. Auslagerung der polizeilichen Datenverarbeitung 233

  VII. Zwischenergebnis 234

G. Auswertung **237**

  I. Wirksame Ausgestaltung der Kontrollmöglichkeiten 238

  II. Rechtsgrundloser Abgleich von Daten 239

  III. Abkehr von datenschutzrechtlichen Grundsätzen 239

  IV. Umsetzbarkeit 241

H. Fazit und Ausblick **243**

I. Zusammenfassung **247**

Literaturverzeichnis **251**

Anlagen

Anlage 1 – Gesprächsprotokoll über das „Experteninterview" beim BKA
           am 18.10.2018

Anlage 2 – Handlungsanleitung zur Datenweiterverarbeitung nach
           § 12 BKAG-neu, PGM-S4, Version 1.0, Stand 22.05.2018

Anlage 3 – Handlungsanleitung zur Kennzeichnung personenbezogener
           Daten bei der Speicherung in polizeilichen Informationssystemen
           im Bundeskriminalamt, § 14 Abs. 1 BKAG, PGM-S4, Version 2.0,
           Stand 13.07.2018

A. Einleitung, Fragestellung und deren Relevanz

Am 30. November 2016 formulierten die Innenminister des Bundes und der Länder das Ziel der Schaffung einer gemeinsamen, modernen, einheitlichen Informationsarchitektur der deutschen Polizei, die sogenannte Saarbrücker Agenda.[1] Zur Umsetzung dieser Agenda von Bundesseite entwarf das Bundesministerium des Innern (BMI) ein White Paper mit dem Titel Polizei2020.[2] Hierin wird die grundlegende Überarbeitung der Informationstechnik des Bundeskriminalamtes (BKA) in den Fokus gestellt, die darüber hinaus der Umsetzung der Vorgaben des Bundesverfassungsgerichts (BVerfG) in seinem Urteil vom 16. April 2016 dienen soll.

Nach diesem White Paper soll das BKA für Verfahren des polizeilichen Informationsverbunds *„zentraler Betriebsdienstleister mittels Bereitstellung eines einheitlichen Systems unter Nutzung eines mandantenfähigen „Datenhauses" für alle polizeilichen Informationen"*[3] werden. Hinsichtlich der technischen Umsetzung gesetzlicher Datenschutzbestimmungen sollen die Regelungen im Bundeskriminalamtgesetz (BKAG) darüber hinaus wegweisende Wirkung für die Informationssysteme der deutschen Polizeien entfalten.[4]

Die Überarbeitung der Informationstechnik des BKA ist ein sehr komplexes Projekt, von dem verschiedene Aspekte in der vorliegenden Arbeit untersucht werden.

Durch das Gesetz zur Neustrukturierung des Bundeskriminalamtgesetzes (im Folgenden „BKAG 2018"[5]) sind dem BKA neue Kompetenzen zugewachsen. Der Gesetzgeber formulierte aber auch die Einführung eines *„horizontal wirkenden Datenschutzkonzeptes"*.[6] Hinter dieser Formulierung verbirgt sich eine geplante Neustrukturierung der Datenbanken des BKA.[7] Dabei sollen bisher voneinander abgegrenzte Datentöpfe, ganz im Sinne der Saarbrücker Agenda,

---

In dieser Arbeit wird aus Gründen der besseren Lesbarkeit das generische Maskulinum verwendet. Weibliche und andere Geschlechteridentitäten werden dabei mitgemeint.

[1] Saarbrücker Agenda zur Informationsarchitektur der Polizei als Teil der Inneren Sicherheit vom 30.11.2016, https://www.medienservice.sachsen.de/medien/news/207842.

[2] Abrufbar unter https://www.bmi.bund.de/SharedDocs/downloads/DE/veroeffentlichungen/2018/polizei-2020-white-paper.pdf?__blob=publicationFile&v=1.

[3] White Paper Polizei2020, S. 9.

[4] White Paper Polizei2020, S. 24.

[5] Die verschiedenen Fassungen des BKAG werden hier der Übersichtlichkeit halber jeweils mit der Jahreszahl ihres Inkrafttretens versehen.

[6] BT-Drs. 18/11163, S. 76, 80.

[7] BT-Drs. 18/11163, S. 75.

zu einem einheitlichen Informationsbestand umgestellt werden.[8] Denn die Speicherung von Daten in voneinander abgegrenzten Datentöpfen behindere die Polizeiarbeit, da Daten unnötig dupliziert würden und ein hohes Risiko unvollständiger, inkonsistenter und unrichtiger Daten bestehe. Oder, um es mit den Worten des damaligen Innenministers Thomas de Maizière in seiner Rede auf der BKA-Herbsttagung im November 2016 zum Projekt Polizei2020 zu sagen: *„Viele Töpfe verderben den Brei."*[9]

Über den konkreten Zeitplan für die Umsetzung schweigen Gesetz und Gesetzesbegründung. Der Gesetzgeber spricht jedoch von einer *„fünfjährigen Aufbauphase"*, einem einmaligen Erfüllungsaufwand von 254 Millionen Euro sowie nach Aufnahme des Wirkbetriebs der neuen IT-Architektur neben wiederkehrenden Personal- und Sachkosten jährliche Betriebskosten (Wartung, Pflege, Support, etc.) in Höhe von rund 33 Millionen Euro.[10]

Trotz des hohen technischen und finanziellen Aufwands beachtet die Öffentlichkeit gerade diesen Aspekt des neuen BKAG bisher wenig. Das mag daran liegen, dass er der Sache nach weniger greifbar ist als die Einfügung neuer Kompetenznormen, wie § 56 BKAG 2018, der den Einsatz einer elektronischen Fußfessel für Gefährder erlaubt. So formuliert auch die Online-Ausgabe der Süddeutschen Zeitung in einem Artikel aus dem Februar 2017 bezogen auf die Neuerungen beim Datenaustausch: *„Im neuen BKA-Gesetz, dessen Entwurf am vergangenen Mittwoch im Bundeskabinett beschlossen wurde, ist der Datenaustausch deshalb das vielleicht größte Reform-Thema. Die elektronische Fußfessel für islamistische "Gefährder" ist schlagzeilenträchtiger. Aber der Datenaustausch prägt den Alltag."*[11]

Gerade das Zusammenspiel der Erweiterung von polizeilichen Kompetenzen und der Veränderung der technischen Verarbeitungsmodalitäten der Daten macht die Thematik so interessant. Denn die Kompetenzerweiterungen führen dazu, dass dem BKA und den am vom BKA zur Verfügung gestellten polizeilichen Informationsverbund teilnehmenden weiteren Polizeibehörden neue Mittel der Erlangung von Daten zur Verfügung gestellt werden. Die Frage des Umgangs mit diesen Daten wird hierdurch noch wichtiger.

---

[8] *Ruthig*, in: Schenke/Graulich/Ruthig, Sicherheitsrecht des Bundes, § 91 BKAG Rn. 3.

[9] Rede von Bundesminister *de Maizière* auf der BKA-Herbsttagung am 16.11.2016 in Mainz, https://www.bmi.bund.de/SharedDocs/reden/DE/2016/11/bka-herbsttagung-2016.html.

[10] BT-Drs. 18/11163, S. 3, 81.

[11] *Steinke*, Babylonisches Gewirr, SZ online vom 06.02.2017, https://www.sueddeutsche.de/politik/bka-gesetz-babylonisches-gewirr-1.3366400.

In diesem Rahmen ist auch zu berücksichtigen, dass dem BKAG 2018 eine Art Vorbildfunktion für die Landespolizeigesetze zukommt, die aufgrund der neuen EU-Regelungen und der Rechtsprechung des BVerfG ebenfalls einer Überarbeitung bedürfen. Im Rahmen der Neufassung des bayerischen Polizeiaufgabengesetzes (BayPAG) äußerte sich der bayerische Landesbeauftragte für den Datenschutz (LfDI) zur Wechselwirkung von neu geschaffenen Befugnissen zur Datenerhebung und der ansteigenden Datenmenge wie folgt: *„Insbesondere die Kumulation zahlreicher (neuer) polizeilicher Datenverarbeitungsbefugnisse mit der aufgrund der gesellschaftlichen Digitalisierung ohnehin ansteigenden Datenmenge, die jeder einzelne erzeugt, halte ich unter Freiheitsaspekten für problematisch und die Auswirkungen auf das gesellschaftliche Leben für nicht geklärt."*[12]

Die Änderung des Informationsbestands des BKA war im Rahmen des Gesetzgebungsprozesses Gegenstand kontroverser Diskussionen. Die damalige Bundesbeauftragte für den Datenschutz und die Informationsfreiheit (BfDI) bezeichnet die Änderungen des BKAG in ihrer Stellungnahme als *„umfangreichste Änderung des polizeilichen Datenschutzes"*[13] seit dem Volkszählungsurteil des BVerfG. Das neue *„horizontal wirkende Datenschutzkonzept"* war im Gesetzgebungsverfahren einer der zentralen Streitpunkte. So bat beispielsweise der Bundesrat in seiner Stellungnahme zum Gesetzesentwurf um Prüfung, ob die Vorgaben des BVerfG ausreichend umgesetzt würden und ob die Neustrukturierung des Datenverbunds bzw. der IT-Architektur den verfassungsrechtlichen Anforderungen hinreichend gerecht werde. Auch die Fraktion BÜNDNIS 90/DIE GRÜNEN führte in einem Entschließungsantrag zum Gesetzentwurf aus, dass *„der vorliegende Gesetzentwurf solch Datenbanksystem nicht verfassungsgemäß und datenschutzsensibel regelnd ausgestaltet. Vielmehr soll das BKA dem Entwurf zufolge alle Daten ohne nähere Zweckbindung sammeln und durch beliebige Methoden miteinander abgleichen dürfen."*[14] Auch die Konferenz der unabhängigen Datenschutzbehörden des Bundes und der Länder stand den umfassenden Veränderungen sehr kritisch gegenüber und forderte in ihrer Entschließung vom 16. März 2016 *„den Gesetzentwurf in der parlamentarischen Beratung datenschutzkonform zu über-*

[12] Stellungnahme des bayerischen LfDI zum PAG-Neuordnungsgesetz vom 21.12.2017, S. 1.

[13] Stellungnahme der BfDI zum Entwurf eines Gesetzes zur Neustrukturierung des Bundeskriminalamtgesetzes BR-Drs. 09/17 (Regierungsentwurf) BT-Drs. 18/11163 (Fraktionsentwurf) vom 10.03.2017, https://www.bundestag.de/blob/497658/a9b614f915a568e32a2b5d87cf4acdbf/18-4-806-a-data.pdf.

[14] BT-Drs. 18/12131, S. 2.

arbeiten".[15] Verschiedene Stellungnahmen der angehörten Experten kamen ebenfalls zu kritischen Ergebnissen. Prof. Dr. Bäcker von der Johannes Gutenberg-Universität Mainz empfahl beispielsweise entgegen seiner *„Gewohnheit, [...] Stellungnahmen für parlamentarische Anhörungen auf die verfassungsrechtliche Würdigung der vorgesehenen Neuregelungen zu beschränken"* dringend *„die Neugliederung der Informationsordnung des Bundeskriminalamts zurückzustellen, da eine tragfähige rechtliche Fundierung ersichtlich zumindest bislang nicht gefunden wurde. Stattdessen sollte der Entwurf auf die Regelungen zur Neuordnung der Terrorismusabwehr reduziert werden, die allein unmittelbar durch das BKAG-Urteil des Bundesverfassungsgerichts berührt werden."*[16] In der oben bereits erwähnten Stellungnahme äußerte die damalige BfDI: *„Die gesetzliche Neugestaltung der polizeilichen Datenbanksysteme ist weder durch das Urteil des Bundesverfassungsgerichts zum BKAG noch durch die Europäische Richtlinie zum Datenschutz im Bereich Justiz und Inneres veranlasst. Sie führt zu unverhältnismäßig weitreichenden Speicherungen."*[17]

Mittlerweile hat die Gesellschaft für Freiheitsrechte Verfassungsbeschwerde gegen das BKAG 2018 erhoben.[18] Die von Bäcker verfasste Beschwerdeschrift greift u. a. die durch das Gesetz neu strukturierte Informationsordnung des BKA an.[19]

Das Charakteristische des BKAG 2018 wird deutlich, wenn man die Neuregelung mit anderen Polizeigesetzen des Bundes, z. B. dem Referentenentwurf des Zollfahndungsdienstgesetzes[20] sowie den Regelungen in ebenfalls neugefassten Landespolizeigesetzen, z. B. dem bayerischen Polizeiaufgaben-

---

[15] DSK, Entschließung der Konferenz der unabhängigen Datenschutzbehörden des Bundes und der Länder vom 16.03.2017, Neues Bundeskriminalamtgesetz – Informationspool beschneidet Grundrechte.

[16] *Bäcker*, Stellungnahme zu dem Entwurf eines Gesetzes zur Neustrukturierung des Bundeskriminalamtgesetzes (BT-Drs. 18/11163), 16.03.2017, S. 10.

[17] Stellungnahme der BfDI zum BKAG-E vom 10.03.2017, https://www.bundestag.de/blob/497658/a9b614f915a568e32a2b5d87cf4acdbf/18-4-806-a-data.pdf.

[18] https://freiheitsrechte.org/bka-gesetz/.

[19] Die Beschwerdeschrift ist abrufbar unter https://freiheitsrechte.org/2019-05-21-bka-gesetz-vb-anonymisiert-2/.

[20] Referentenentwurf des Bundesministeriums der Finanzen, Entwurf eines Gesetzes zur Neustrukturierung des Zollfahndungsdienstgesetzes, Stand der Bearbeitung: 24.07.2018, 12:56 Uhr.

gesetz[21] vergleicht. Der jeweilige Gesetzgeber entwickelte aus denselben Anforderungen des BVerfG zum Teil sehr unterschiedliche Regelungen.

Durch die Stärkung der Zentralstellenfunktion des BKA zeichnen sich außerdem Zentralisierungstendenzen im polizeilichen Bereich ab.[22] Diese Tendenzen lassen sich auch an anderen Entwicklungen festmachen, wie der Einrichtung zentraler Gremien auf Bundesebene, z. B. dem Gemeinsamen Terrorismusabwehrzentrum, dem Gemeinsamen Extremismus- und Terrorismusabwehrzentrum, dem Nationalen Cyber-Abwehrzentrum oder dem Gemeinsamen Analyse- und Strategiezentrum Illegale Immigration. Ein Indiz für die zunehmende Zentralisierung im Polizeibereich ist auch, dass die Bundespolizei unter den Polizeibehörden mittlerweile das meiste Personal beschäftigt, leicht mehr als die Polizei NRW.[23] Die Stärkung des BKA als „Datenhaus" der deutschen Polizei festigt diese Zentralisierungstendenzen. Da moderne Polizeiarbeit wesentlich auf der Verarbeitung großer Datenmengen fußt,[24] ist eine Zentralisierung in diesem Bereich besonders genau zu beobachten. In dieser Arbeit soll auch untersucht werden, wie sich über die nationale Ebene hinaus Zentralisierungstendenzen abzeichnen. So kommt es unter dem Stichwort Interoperabilität in der letzten Zeit beim Europäischen Polizeiamt Europol zur Schaffung weitreichender Verknüpfungsmöglichkeiten verschiedener Datenbestände.[25]

Das in der Gesetzesbegründung zum BKAG 2018 erstgenannte Ziel des Gesetzes ist die Stärkung des Datenschutzes.[26] Ob das neue Gesetz dieser Zielvorgabe gerecht werden kann und ob es den entsprechenden verfassungs- und unionsrechtlichen Anforderungen entspricht, soll Gegenstand dieser Arbeit sein. Dabei sollen, ausgehend von den zugrunde liegenden Begriffsbestimmungen und der Darstellung der entsprechenden Maßstäbe für die Prüfung der Regelungen, der Informationsbestand des BKA unter dem alten und dem neuen BKAG gegenübergestellt, zentrale Problempunkte herausgearbeitet und alternative Lösungsvorschläge erarbeitet werden. Die Arbeit kon-

---

[21] Gesetz zur Neuordnung des bayerischen Polizeirechts (PAG-Neuordnungsgesetz) vom 18.05.2018, GVBl. 2018 S. 301.

[22] *Albers*, in: BeckOK Datenschutzrecht, DS-GVO Syst. L. Datenschutzbestimmungen der Polizei- und Nachrichtendienstgesetze des Bundes, Rn. 1.

[23] *Graulich*, GSZ 1/2019, 9 (16).

[24] So auch *Schwabenbauer*, in: Lisken/Denninger, Handbuch des Polizeirechts, Kap. G. Rn. 2 f.

[25] Pressemitteilung Rat der EU vom 14.06.2018, https://www.consilium.europa.eu/de/press/press-releases/2018/06/14/improving-security-through-information-sharing-council-agrees-negotiating-mandate-on-interoperability/.

[26] BT-Drs. 18/11163, S. 1.

zentriert sich daher auf die Regelungen im BKAG 2018, die die Umsetzung des neuen Datenschutzkonzepts betreffen, also insbesondere die Regelung der Zugriffsberechtigung auf Daten, die Kontrollmöglichkeiten, die Benachrichtigungspflichten und Betroffenenrechte, die Prüf- und Löschpflichten des BKA, den Datenaustausch mit den Polizeibehörden der Bundesländer sowie solchen Regelungen, die den Missbrauchsgefahren des Systems entgegenwirken sollen. Die Neujustierung der Regelungen zur Datenweiterverarbeitung im BKAG 2018 entfaltet auch für die Datenübermittlung im internationalen Bereich Bedeutung.[27] Dies soll jedoch nicht Gegenstand der Arbeit sein.

---

[27] Hinsichtlich der Datenübermittlung an EU-Staaten gemäß § 26 Abs. 1 i. V. m. § 25 Abs. 1 i. V. m. § 12 Abs. 2-4; hinsichtlich der Datenübermittlung an Nicht-EU-Staaten gemäß § 27 Abs. 1 i. V. m. § 12 Abs. 2-4 BKAG 2018.

B. Begriffsbestimmungen

I. BKA

Das BKA ist eine Sonderpolizei des Bundes.[28] Es wurde mit dem Gesetz über die Einrichtung eines Bundeskriminalpolizeiamtes (Bundeskriminalamtes) vom 8. März 1951[29] gegründet. Es ist eine dem BMI nachgeordnete Bundesbehörde ohne eigenen Verwaltungsunterbau.

Das BKA beschäftigte 2018 5.852 Mitarbeiter, davon 54,7 % als Kriminalbeamte.[30] Die Behörde besteht aus einer Amtsleitung bestehend aus dem Präsidenten und zwei Vizepräsidenten sowie neun Fachabteilungen, die unterschiedliche Aufgaben im Rahmen des gesetzlichen Auftrags des BKA wahrnehmen.[31]

Der Sonderstatus der Behörde resultiert aus der Entscheidung des Grundgesetzes die Polizeihoheit grundsätzlich den Ländern zuzuweisen. Denn nach Art. 30 GG ist die Ausübung staatlicher Befugnisse grundsätzlich Sache der Länder. Dasselbe gilt nach Art. 70 GG für die Gesetzgebungskompetenz, soweit das Grundgesetz keine anderen Regelungen trifft.[32] Eine solche andere Regelung trifft das Grundgesetz in Art. 73 Abs. 1 Nr. 9a, der dem Bund die ausschließliche Gesetzgebungskompetenz für die Abwehr von Gefahren des internationalen Terrorismus durch das Bundeskriminalpolizeiamt in Fällen zuerkennt, in denen eine länderübergreifende Gefahr vorliegt, die Zuständigkeit einer Landespolizeibehörde nicht erkennbar ist oder die oberste Landesbehörde um eine Übernahme ersucht. Eine ausschließliche Gesetzgebungskompetenz des Bundes besteht im sicherheitsrechtlichen Bereich darüber hinaus nach Art. 73 Abs. 1 Nr. 10 GG für die Zusammenarbeit des Bundes und der Länder in der Kriminalpolizei, zum Schutze der freiheitlichen demokratischen Grundordnung, des Bestands und der Sicherheit des Bundes oder eines Landes (Verfassungsschutz) und zum Schutze gegen Bestrebungen im Bundesgebiet, die durch Anwendung von Gewalt oder darauf gerichtete Vorbereitungshandlungen auswärtige Belange der Bundesrepublik Deutschland gefährden, sowie die Einrichtung eines Bundeskriminalpolizeiamtes und die

---

[28] *Graulich*, in: Schenke/Graulich/Ruthig: Sicherheitsrecht des Bundes, § 1 BKAG Rn. 2.
[29] BGBl. I S. 165.
[30] https://www.bka.de/DE/DasBKA/FaktenZahlen/faktenzahlen_node.html.
[31] Die Aufgabenbereiche der Fachabteilungen sowie ein Organigramm sind abrufbar unter https://www.bka.de/DE/DasBKA/OrganisationAufbau/Fachabteilungen/fachabteilungen_node.html.
[32] *Lange*, Wörterbuch zur Inneren Sicherheit, S. 229 f.

internationale Verbrechensbekämpfung. Unter internationaler Verbrechensbekämpfung ist in diesem Zusammenhang die Verhütung und Verfolgung von
Straftaten von einem gewissen Gewicht in internationaler Zusammenarbeit zu
verstehen.[33] Nicht notwendigerweise muss es sich aber um Verbrechen im
Sinne des § 12 Abs. 1 StGB handeln.[34] Zur Regelung des allgemeinen Polizei-
und Ordnungsrechts sieht das Grundgesetz hingegen keine Zuständigkeit des
Bundes vor. In einem Urteil aus dem Jahr 1998 weist das BVerfG entsprechend auf die *„Entscheidung der Verfassung, die Polizeigewalt in die Zuständigkeit der Länder zu verweisen und aus Gründen der Rechtsstaatlichkeit, der
Bundesstaatlichkeit und des Grundrechtsschutzes den Ausnahmefall einer
Bundespolizei in der Verfassung zu begrenzen"*[35] hin. Jedoch endet Verbre-
chensbegehung (selbstverständlich) nicht an den Ländergrenzen, somit ist die
Zusammenarbeit der Polizei eine wesentliche Voraussetzung für effektive Polizeiarbeit.

Die Ausgestaltung und Aufgaben des BKA sind seit seiner Gründung einem
stetigen Wandel unterworfen, der sich insbesondere als Reaktion auf bestimmte Bedrohungslagen verstehen lässt. War das BKA zu Anfang noch eher
eine Serviceeinheit oder Datensammelstelle für die Polizeidienststellen der
Länder, die für diese Informationen sammelte und auswertete, sind dem BKA
insbesondere seit den 1970er-Jahren immer weitere Kompetenzen zugewachsen.[36] Grundlage dafür war eine veränderte Sicherheitslage in Bezug
auf organisierte Kriminalität und Terrorismus.[37] Insbesondere gesetzliche
Maßnahmen als Reaktion auf die Terroranschläge in den USA im September
2001 beschleunigten diesen Prozess.[38]

1. Aufgaben und Funktionen

Zu den originären Aufgaben des BKA gehört seit seiner Gründung im
Jahr 1951 die Verbrechensbekämpfung, sofern sich diese über die Ländergrenzen hinweg vollzieht, § 1 BKAG 1951. Hierfür unterhält es eine Sammlung
von Nachrichten und Unterlagen gemäß § 2 BKAG 1951, die ihm von den

---

[33] *Uhle*, in: Maunz/Dürig, GG Kommentar, Art. 73 Rn. 252; *Degenhart*, in: Sachs, GG, Art. 73
Rn. 53.
[34] *Uhle*, in: Maunz/Dürig, GG Kommentar, Art. 73 Rn. 252.
[35] BVerfG NVwZ 1998, 495 (497).
[36] *Schmidt*, Kritische Justiz 2010, 307 (308 f.).
[37] *Rachor/Roggan*, in: Lisken/Denninger, Handbuch des Polizeirechts, Kap. C. Rn. 80.
[38] *Albers*, in: BeckOK Datenschutzrecht, DS-GVO Syst. L. Datenschutzbestimmungen der
Polizei- und Nachrichtendienstgesetze des Bundes, Rn. 5; *Schmidt*, Kritische Justiz 2010,
307 (307).

Stellen der Länder zu übermitteln sind, § 3 BKAG 1951. Es koordiniert somit seit seiner Entstehung die Polizeiarbeit im föderalen System der Bundesrepublik Deutschland, in dem die Polizeiarbeit gemäß Art. 30 GG grundsätzlich Sache der Länder ist.

Dementsprechend enthält das BKAG in § 1 Abs. 3 eine Subsidiaritätsklausel, die besagt, dass die Verfolgung und Verhütung von Straftaten und die sonstige Gefahrenabwehr Sache der Länder bleiben, soweit gesetzlich nichts anderes geregelt ist. Dies dient zur Klarstellung der grundsätzlichen Primärzuständigkeit der Länder in diesem Bereich.[39]

Die Aufgabenbereiche, die das BKA nach seinem aktuellen gesetzlichen Auftrag abdeckt, werden im Folgenden kurz dargestellt.

a. Zentralstellenfunktion

In seiner Zentralstellenfunktion nach § 2 BKAG 2018 unterstützt das BKA die Polizeiarbeit des Bundes und der Länder bei Straftaten mit länderübergreifender, internationaler oder sonstiger erheblicher Bedeutung. In der Praxis bedeutet das, dass sämtliche Informationen zu entsprechenden Straftaten und Straftätern an das BKA übermittelt und vom BKA ausgewertet werden. Das BKA informiert wiederum die Länderdienststellen, wenn die Auswertung ergibt, dass es sich um für sie relevante Informationen oder Zusammenhänge handelt. Um dieser Aufgabe gerecht zu werden, betreibt das BKA elektronische Datenspeicherungssysteme, deren Ausgestaltung weiter unten näher erläutert werden soll (vgl. B.I.2.). Alle wichtigen Informationen über Straftaten und Straftäter, die nicht allein regionale oder lokale Bedeutung haben, werden im Fahndungssystem INPOL gespeichert, welches vom zentralen Fahndungscomputer der deutschen Polizei beim BKA betrieben wird.[40] INPOL ist ein in den 1970er-Jahren geschaffenes bundeseinheitliches polizeiliches Informationssystem.[41] Entsprechend der Gesetzesbegründung zum BKAG 1997 ist INPOL das „gemeinsame, arbeitsteilige, elektronische Informationssystem der Polizeien des Bundes und der Länder zur Unterstützung vollzugspolizeilicher

---

[39] BT-Drs. 13/1550, S. 21; *Graulich*, in: Schenke/Graulich/Ruthig, Sicherheitsrecht des Bundes, § 1 BKAG Rn. 10.

[40] https://www.bmi.bund.de/DE/themen/sicherheit/nationale-und-internationale-zusammenarbeit/polizeiliches-informationswesen/polizeiliches-informationswesen-node.html.

[41] *Möllers*, Wörterbuch der Polizei, S. 982 f.

Aufgaben, in dem informationstechnische Einrichtungen des Bundes und der Länder in einem Verbund zusammenwirken."[42]

Darüber hinaus betreibt das BKA erkennungsdienstliche Einrichtungen und Sammlungen, z. B. über die Nutzung falscher Ausweispapiere oder den angeblichen Verlust von Pässen.

Das beim BKA angesiedelte kriminaltechnische Institut erstellt außerdem auf Ersuchen der Polizei- oder Justizbehörden erkennungsdienstliche und kriminaltechnische Gutachten, z. B. zur Analyse von Tatortspuren, oder Schusswaffenvergleiche. Daneben umfasst die Zentralstellenfunktion des BKA auch die Entsendung von Experten, z. B. im Bereich Sprengstoff- oder Brandermittlung, Tatortarbeit und Personenidentifizierung, zu Tatorten innerhalb oder außerhalb der Bundesrepublik.

Ebenfalls im Rahmen seiner Zentralstellenfunktion betreibt das BKA Forschung, Entwicklung und Lehre. Hierzu zählt auch die Erstellung der Polizeilichen Kriminalstatistik (PKS). [43]

> *b. Internationale Zusammenarbeit*

Die Koordinierungsaufgaben des BKA erstrecken sich auch auf die internationale Ebene der Kriminalitätsbekämpfung. Der polizeiliche Dienstverkehr zu polizeilichen, justiziellen und weiteren öffentlichen Stellen anderer Staaten wird grundsätzlich vom BKA geführt.[44]

Das BKA ist das nationale Zentralbüro für Interpol und Europol. Die Bundesrepublik Deutschland wurde am 9. Juni 1952 in Interpol aufgenommen und das BKA zum nationalen Zentralbüro.[45] Dies wurde auf § 7 S. 1 BKAG 1951 gestützt, der besagte, dass *„[d]er zur Durchführung der Bekämpfung internationaler gemeiner Verbrecher notwendige Dienstverkehr mit ausländischen Polizei- und Justizbehörden [...] dem Bundeskriminalamt vorbehalten [ist]"*[46]. § 3 Abs. 1 BKAG 1997[47] normierte die Zuständigkeit als nationales Zentral-

---

[42] BT-Drs. 13/1550, S. 28.

[43] https://www.bka.de/DE/UnsereAufgaben/Aufgabenbereiche/Zentralstellen/zentralstellen_node.html.

[44] https://www.bka.de/DE/UnsereAufgaben/Aufgabenbereiche/InternationaleFunktion/internationa lefunktion_node.html.

[45] *Klink*, in: Groß/Frevel/Dams, Handbuch der Polizeien Deutschlands, S. 522.

[46] BGBl. I, S. 165.

[47] Gesetz über das Bundeskriminalamt und die Zusammenarbeit des Bundes und der Länder in kriminalpolizeilichen Angelegenheiten (Bundeskriminalamtgesetz – BKAG) vom 07.07.1997, BGBl. I, S. 1650.

büro für die Internationale Kriminalpolizeiliche Organisation, Interpol, später ausdrücklich. Art. 4 des Europol-Übereinkommens vom 26. Juli 1995[48] sah eine Verpflichtung der Mitgliedstaaten vor, eine sogenannte „nationale Stelle" zu schaffen. Aufgabe dieser nationalen Stelle ist es, den Verbindungspunkt für Europol darzustellen. Dieser Verpflichtung ist der deutsche Gesetzgeber mit § 1 Nr. 1 Europol-Gesetz 1997[49] nachgekommen, indem er dem BKA die Zuständigkeit als nationale Stelle für Europol übertragen hat.[50]

Darüber hinaus ist das BKA die nationale Zentralstelle für das Schengener Informationssystem, welches mittlerweile in der zweiten Generation besteht (SIS II).[51] In diesem Informationssystem werden nach der Abschaffung der Grenzkontrollen als Ausgleichsmaßnahme für deren Wegfall länderübergreifend Personen und Sachen ausgeschrieben, die in oder von einem der Vertragsstaaten gesucht werden. Außerdem werden hierin Personen gespeichert, die nicht in den Schengenraum einreisen dürfen.[52]

Darüber hinaus entsendet das BKA seit Anfang der 1980er-Jahre sogenannte Verbindungsbeamte in andere Länder.[53] Außerdem betreibt es eine enge Zusammenarbeit mit mehr als 100 Verbindungsbeamten aus über 40 Staaten, die mit ihren Büros entweder direkt beim BKA oder an den jeweiligen diplomatischen Vertretungen in Deutschland angesiedelt sind. Der Austausch von Verbindungsbeamten im Rahmen der polizeilichen Zusammenarbeit der Institutionen Interpol und Europol sowie der Schengen-Staatengemeinschaft hat sich als wichtiger Bestandteil der Arbeitsweise etabliert.[54]

Zum Ausbau der internationalen Zusammenarbeit im polizeilichen Bereich bietet das BKA außerdem ein Stipendiatenprogramm mit dem Ziel an, ein interna-

---

[48] Rechtsakt des Rates vom 26. Juli 1995 über die Fertigstellung des Übereinkommens über die Errichtung eines Europäischen Polizeiamtes (Europol-Übereinkommen), ABl. Nr. C 316 vom 27.11.1995. Das Übereinkommen trat am 01.10.1998 in Kraft.

[49] Gesetz zu dem Übereinkommen vom 26.7.1995 aufgrund von Artikel K.3 des Vertrags über die Europäische Union über die Errichtung eines Europäischen Polizeiamtes (Europol) vom 16.12.1991, BGBl. II, S. 2150.

[50] *Schröder*, Kriminalistik 11/2018, 692 (693).

[51] Verordnung (EG) Nr. 1987/2006 des Europäischen Parlaments und des Rates vom 20.12.2006 über die Einrichtung, den Betrieb und die Nutzung des Schengener Informationssystem der zweiten Generation (SIS II), ABl. L 381/4 vom 28.12.2006.

[52] *Möllers*, Wörterbuch der Polizei, S. 1664.

[53] Der erste Verbindungsbeamte nahm seine Arbeit im Zusammenhang mit der Bekämpfung von Rauschgifthandel am 12.04.1983 in Bangkok auf, https://www.bka.de/DE/UnsereAuf gaben/Aufgabenbereiche/InternationaleFunktion/Verbindungsbeamte/verbindungsbeamte_ node.html.

[54] *Möllers*, Wörterbuch der Polizei, S. 2061 f.

tionales Netzwerk aus polizeilichen Ansprechpartnern zu etablieren, um den Ablauf grenzüberschreitender Verfahren zu verbessern.[55]

c. Eigene Ermittlungsbefugnisse

Zwar fallen die Verfolgung und Aufklärung von Straftaten grundsätzlich in den Zuständigkeitsbereich der Polizeien der Länder. Jedoch beinhaltet der gesetzliche Auftrag an das BKA neben seinen Aufgaben als Zentral- und Koordinierungsstelle auch eigene Strafverfolgungsaufgaben im Bereich der internationalen und schweren Kriminalität. Das BKA ermittelt dabei entweder aufgrund eigener Zuständigkeit oder im Auftrag einer anderen Sicherheitsbehörde.[56]

Eigene Ermittlungskompetenzen hat des BKA gemäß § 2 Abs. 1 BKAG 2018 insbesondere in den folgenden Fällen:

- illegaler organisierter internationaler Handel mit Waffen, Munition, Sprengstoffen, Betäubungsmitteln oder Arzneimitteln
- organisierte internationale Herstellung oder Verbreitung von Falschgeld und die hiermit in Verbindung stehenden Taten einschließlich Geldwäsche
- organisierter internationaler Terrorismus
- besonders schwere Fälle der Computersabotage

Im Falle terroristischer Straftaten wird das BKA meist im Auftrag des Generalbundesanwalts beim Bundesgerichtshof (GBA) tätig. Das gleiche gilt für Fälle des Völkermords, Verbrechen gegen die Menschlichkeit und Kriegsverbrechen. Darüber hinaus wird das BKA bei Geiselnahmen und Entführungen von Deutschen im Ausland tätig, solange eine zuständige Landespolizeidienststelle noch nicht feststeht. Der GBA, eine Staatsanwaltschaft oder das BMI können das BKA gemäß § 4 Abs. 2 S. 1 BKAG 2018 außerdem zur Ermittlung in besonders bedeutenden Fällen beauftragen. Davon umfasst sind beispielsweise schwere Erpressungsfälle oder Wirtschaftsstraftaten mit hohem volkswirtschaftlichen Schaden.[57]

---

[55] https://www.bka.de/DE/UnsereAufgaben/Aufgabenbereiche/InternationaleFunktion/internationa lefunktion_node.html.

[56] https://www.bka.de/DE/UnsereAufgaben/Aufgabenbereiche/Ermittlungen/ermittlungen_node. html.

[57] https://www.bka.de/DE/UnsereAufgaben/Aufgabenbereiche/Ermittlungen/ermittlungen_node. html.

d. Gefahrenabwehr

Das BKA verfügt außerdem über Gefahrenabwehrbefugnisse auf dem Gebiet des internationalen Terrorismus. Seit dem 1. Januar 2009 ist die entsprechende Gefahrenabwehrbefugnis im BKAG geregelt, zunächst in § 4a BKAG 2009[58] und nunmehr in § 5 BKAG 2018. Voraussetzungen hierfür sind:

- das Vorliegen einer länderübergreifenden Gefahr des internationalen Terrorismus
- die Zuständigkeit einer Landespolizeibehörde ist nicht erkennbar oder
- ein Ersuchen der obersten Landesbehörde um Übernahme

Bei der Aufgabenwahrnehmung durch das BKA bleiben nach § 5 Abs. 2 S. 1 BKAG 2018 die Befugnisse der Länder und anderer Polizeibehörden grundsätzlich bestehen. Das BKA muss die zuständigen Landes- und Bundesbehörden gemäß § 5 Abs. 2 S. 2 BKAG 2018 unverzüglich über seine Aufgabenwahrnehmung informieren und muss diese nach § 5 Abs. 2 S. 3 BKAG 2018 im gegenseitigen Benehmen durchführen. Unter gegenseitigem Benehmen ist dabei zu verstehen, dass sich die Behörden gegenseitig Gelegenheit zur Stellungnahme geben. Einvernehmen ist hingegen nicht erforderlich, sodass kein gemeinsamer Beschluss zum Umgang mit einer Gefahrenlage getroffen werden muss.[59]

Um diese Aufgabe wahrnehmen zu können, wurden dem BKA die entsprechenden Befugnisse in den §§ 20a ff. BKAG 2009 eingeräumt. Diese sind nunmehr in Abschnitt 5 §§ 38 ff. BKAG 2018 geregelt. Die Normen sind an die entsprechenden Befugnisnormen der Länderpolizeien angelehnt.[60]

e. Personenschutz

Dem BKA obliegt außerdem nach § 6 BKAG 2018 die Aufgabe, den Personenschutz für die Mitglieder der Verfassungsorgane des Bundes und in besonderen Fällen auch deren ausländischen Gästen zu gewährleisten. Darüber

---

[58] *Griesbaum/Wallenta*, NStZ 2013, 369 (373 f.).

[59] *Graulich*, in: Schenke/Graulich/Ruthig, Sicherheitsrecht des Bundes, § 5 BKAG Rn. 21; BT-Drs. 16/9588, S. 19.

[60] https://www.bka.de/DE/UnsereAufgaben/Aufgabenbereiche/Gefahrenabwehrbefugnisse/gefah renabwehrbefugnisse_node.html.

hinaus schützt das BKA in seinen eigenen Ermittlungsverfahren Zeugen, deren Angehörige und ihnen nahestehende Personen gemäß § 7 BKAG 2018.[61]

f. Verwaltungsfunktionen

Das BKA hat einige spezielle Verwaltungsaufgaben inne. Hierzu zählen die Erteilung von Unbedenklichkeitsbescheinigungen für sogenannte Geschicklichkeitsspiele nach § 33d Abs. 2 GewO, die Entscheidung über die Einstufung von Gegenständen unter das Waffengesetz nach § 2 Abs. 5 i. V. m. § 48 Abs. 3 WaffG und die Erteilung von Ausnahmegenehmigungen für verbotene Waffen nach § 40 Abs. 4 WaffG.[62]

2. Entwicklung der Datenverarbeitung und Datenschutzregelungen beim BKA

Die Sammlung sowie die Aus- und Verwertung von Daten ist naturgemäß wesentlicher Bestandteil polizeilicher Arbeit.[63] Für die Aufgabenerfüllung des BKA ist die Verarbeitung großer Datenmengen wesentlich. Bereits 1951 war das Bereithalten von Informationssammlungen zu Verbrechen, die über die Ländergrenzen hinausgehen, wesentlicher Bestandteil des Gesetzes zur Gründung des BKA und in § 2 BKAG 1951 geregelt. Das BKA war als eine Art zentrale Datensammelstelle ausgestaltet.[64] Zu dieser Zeit kam freilich nur die Ablage in Akten in analoger Form in Betracht.

a. Grundlagen des informationstechnischen Systems des BKA

Die Daten des BKA werden seit den 1970er-Jahren in einem elektronischen Informationssystem gespeichert. Am 1. Januar 1972 wurde im BKA die Abteilung Datenverarbeitung gegründet, die seit dem 1. März 1999 den Namen Informationstechnik trägt. Diese Abteilung erfüllt den Zweck, unter Nutzung moderner Technik umfangreiche Datenbanken bereit zu halten und zu pflegen. Hierzu zählt auch das polizeiliche Informationssystem INPOL, das im März 1972 in Betrieb genommen wurde,[65] hierzu sogleich unter B.I.2.c. Die

---

[61] https://www.bka.de/DE/UnsereAufgaben/Aufgabenbereiche/Schutzaufgaben/schutzaufgaben_node.html;jsessionid=3D5676FF5DA6EEFEF1E006081ECF0950.live2302.

[62] https://www.bka.de/DE/UnsereAufgaben/Aufgabenbereiche/Verwaltungsfunktionen/verwaltungsfunktionen_node.html;jsessionid=9AB32DBAE45F56F0BC6FFCF6BDE1D6A5.live0612.

[63] *Boge*, in: BKA-Vortragsreihe Bd. 28 1983, S. 19; *Vogelsang*, Grundrecht auf informationelle Selbstbestimmung?, 1987, S. 211.

[64] *Schmidt*, Kritische Justiz 2010, 307 (308).

[65] https://www.bka.de/DE/DasBKA/Historie/GeschichteDesBKA/geschichteDesBKA_node.html?cms_date=1970.

gesetzgeberische Vorgabe, dass die Akten des BKA elektronisch geführt werden sollen, findet sich nunmehr in § 23 Abs. 1 BKAG 2018.

Das BKA stand den neuen technischen Möglichkeiten zunächst eher skeptisch gegenüber. Dies trug dazu bei, dass es einige Zeit dauerte, bis über INPOL Einvernehmen mit den Landesbehörden hergestellt werden konnte. Zum Zeitpunkt seiner Inbetriebnahme hatten verschiedene Länderpolizeien anhand unterschiedlicher Konzepte bereits EDV-Anlagen implementiert.[66] Dies führte bereits damals zu der noch heute diskutierten zerstückelten und teilweise untereinander inkompatiblen IT-Landschaft im Polizeibereich.[67] Diesem Phänomen Abhilfe zu schaffen, hat bei der Schaffung des BKAG 2018 eine große Rolle gespielt.[68]

Eine Diskussion um die ausreichende Rechtsgrundlage und auch datenschutzrechtliche Grundlage dieses Informationssystems gewann in den 1970er und insbesondere ab Anfang der 1980er-Jahre an Bedeutung.[69] Im gesamten Polizei- und Strafverfahrensrecht musste sich das Verständnis, dass die Verarbeitung personenbezogener Daten einen rechtfertigungsbedürftigen Eingriff darstellt, erst nach und nach durchsetzen.[70] Eine weitreichende Überarbeitung der Datenverarbeitung beim BKA erfolgte mit dem BKAG 1997, welches insbesondere der Umsetzung der Vorgaben des BVerfG aus dem Volkszählungsurteil aus dem Jahr 1983 (vgl. C.II.1.) diente.[71] Durch das Gesetz wurden erstmals detaillierte bereichsspezifische gesetzliche Regelungen für den Umgang mit personenbezogenen Daten etabliert, wie es das BVerfG in seinem Urteil gefordert hatte.[72]

---

[66] *Abbühl*, Der Aufgabenwandel des Bundeskriminalamtes, S. 148; *Albrecht*, Im Dienste der Inneren Sicherheit, S. 290; *Pütter*, Kriminalistik 1971, 493 (493); *Wiesel*, Kriminalistik 1992, 391 (391); Zu der Forderung eines koordinierten Vorgehens mit Hinweis auf die unerlässliche „Compatibilität der Firmensysteme" bereits *Ruwe*, Die Polizei 1968, 373, 377.

[67] *Schwabenbauer*, in: Lisken/Denninger, Handbuch des Polizeirechts, Kap. G. Rn. 388; *Ebert*, LKV 2018, 399 (402).

[68] BT-Drs. 18/11163, S. 76 f.

[69] *Abbühl*, Der Aufgabenwandel des Bundeskriminalamtes, S. 147 f.; vgl. auch die Inhalte der Arbeitstagung des BKA vom 2.-5.11.1982 unter dem Thema „Polizeiliche Datenverarbeitung". Bereits in der Begrüßungsansprache adressierte *Boge* die „Aufarbeitung der verbliebenen Probleme und Konflikte des Datenschutzes", BKA-Vortragsreihe Bd. 28 1983, S. 6.

[70] *Schwabenbauer*, in: Lisken/Denninger, Handbuch des Polizeirechts, Kap. G. Rn. 4 m. w. N.

[71] https://www.bka.de/DE/DasBKA/Historie/GeschichteDesBKA/geschichteDesBKA_node.html?cms_date=1990.

[72] Vgl. Entwurf eines Gesetzes über das Bundeskriminalamt und die Zusammenarbeit des Bundes und der Länder in kriminalpolizeilichen Angelegenheiten (Bundeskriminalamtgesetz – BKAG), BT-Drs. 13/1550, S. 1 f.

Die zeitlichen Abläufe machen deutlich, dass die datenschutzrechtlichen Regelungen jeweils den Entwicklungen hinterherliefen. Dies ist am deutlichsten daran zu erkennen, dass dem BKA bereits in § 2 BKAG 1973 die Steuerung und Leitung von INPOL übertragen wurde, es aber bis 1997 keine bereichsspezifischen datenschutzrechtlichen Regelungen mit Gesetzesrang gab. Vielmehr wurden zur rechtlichen Regelung der Führung von polizeilichen Akten in den 1970er-Jahren Verwaltungsvorschriften geschaffen, die sogenannten „Richtlinien für die Führung kriminalpolizeilicher personenbezogener Sammlungen".[73] Die Inkraftsetzung dieser Verwaltungsvorschriften sowie die Realisierung und Fortentwicklung des Systems geschahen einheitlich durch Beschlüsse der Innenministerkonferenz.[74] Zwar enthielt das 1977 in Kraft getretene Gesetz zum Schutz vor Missbrauch personenbezogener Daten bei der Datenverarbeitung (Bundesdatenschutzgesetz – BDSG)[75] gesetzliche Vorschriften zum Umgang mit personenbezogenen Daten, diese waren jedoch nicht bereichsspezifisch.

b. Informationssystem des BKA

Nach § 13 Abs. 1 BKAG 2018 betreibt das BKA zur Erfüllung seiner Aufgaben nach den §§ 2-8 BKAG 2018 ein eigenes Informationssystem, auf das die Polizeien des Bundes und der Länder grundsätzlich keinen Zugriff haben.[76] Die selbstständige Regelung der eigenen Dateien des BKA in der Form einer zentralen, also alle Aufgabenbereiche umfassenden Norm, ist neu. Im BKAG 1997 ist die Befugnis zur Führung eigener Dateien jeweils im Zusammenhang mit dem entsprechenden Aufgabenbereich geregelt. So fand sich die gesetzliche Grundlage zur Führung eines polizeilichen Informationssystems zugeschnitten auf die Zentralstellenfunktion des BKA in § 7 Abs. 1 BKAG 1997, dabei regelte § 7 Abs. 5 jedoch auch, dass das BKA die bei der Zentralstelle gespeicherten Daten, soweit erforderlich, auch zur Erfüllung seiner Aufgaben nach den §§ 4-6 (Strafverfolgung, Schutz von Mitgliedern der Verfassungsorgane, Zeugenschutz) nutzen konnte. Die Befugnisse zur Speicherung personenbezogener Daten in entsprechenden Dateien für Zwecke künftiger

---

[73] *Ahlf*, KritV 1988, 136 (137); Ahlf/Daub/Lersch/Störzer, BKAG, Vorwort S. V; Erlass v. 26. 2. 81, Einführungserlass der Richtlinien für die Errichtung und Führung von Dateien über personenbezogene Daten beim Bundeskriminalamt – Dateienrichtlinien –, GMBl. 1981, S. 114; Erlass v. 26. 2. 81, Einführungserlass der Richtlinien für die Führung Kriminalpolizeilicher personenbezogener Sammlungen – KpS-Richtlinien –, GMBl. 1981, S. 119.

[74] *Abbühl*, Der Aufgabenwandel des Bundeskriminalamtes, S. 149.

[75] BGBl. I S. 201.

[76] BT-Drs. 18/11163, S. 84.

Strafverfahren befand sich in § 20 BKAG 1997. Im Aufgabenbereich des § 5 BKAG 1997, dem Schutz von Mitgliedern der Verfassungsorgane, stellte § 25 Abs. 1 BKAG 1997 die rechtliche Grundlage der Verarbeitung dieser Daten dar.

Die verschiedenen Arten von beim BKA geführten Dateien vor und nach dem Inkrafttreten des Gesetzes zur Neustrukturierung des BKAG im Mai 2018 werden zum Zwecke der Gegenüberstellung unten unter D.I.1.b. dargestellt.

c. Vom BKA zur Verfügung gestelltes Verbundsystem

Im Rahmen seiner Zentralstellenfunktion stellt das BKA darüber hinaus das Verbundsystem INPOL zur Verfügung, welches von mehreren Verbundteilnehmern genutzt werden darf.

Mit der Novellierung des BKAG im Jahr 1973 wuchsen dem BKA mehr Kompetenzen zu. So etablierte das Gesetz eine originäre Ermittlungszuständigkeit des BKA in den Bereichen der Rauschgift-, Waffen- und Geldfälschungsdelikte sowie bei politisch motivierten Anschlägen auf Mitglieder der Verfassungsorgane des Bundes und diesbezüglicher präventivpolizeilicher Aufgaben. Daneben wurde das BKA auch zur Informations- und Kommunikationszentrale der deutschen Polizei. In § 2 Abs. 1 Nr. 1 BKAG 1973 ist erstmals die Rede von einem „elektronischen Datenverbund". Diese ausfüllungsbedürftige Formulierung wurde später mit der Novellierung des BKAG 1997 in § 11 Abs. 1 S. 1 präzisiert. Die damalige Gesetzesbegründung definierte das polizeiliche Informationssystem als das gemeinsame arbeitsteilige, elektronische Informationssystem der Polizeien des Bundes und der Länder zur Unterstützung vollzugspolizeilicher Aufgaben, in dem informationstechnische Einrichtungen des Bundes und der Länder in einem Verbund zusammenwirken.[77]

Teilnehmer am polizeilichen Informationsverbund waren und sind das BKA und die Landeskriminalämter, darüber hinaus die sonstigen Polizeibehörden der Länder, die Bundespolizei, die Polizei beim Deutschen Bundestag, mit der Wahrnehmung grenzpolizeilicher Aufgaben betraute Behörden der Zollverwaltung, die Zollfahndungsämter und das Zollkriminalamt.[78]

Dieses Verbundsystem ist Ausdruck der Zentralstellenfunktion des BKA im Verbund der deutschen Polizeibehörden. Das BKA war und ist insofern ein

---

[77] BT-Drs. 13/1550, S. 28.

[78] Vgl. § 29 Abs. 3 BKAG 2018; auch das Auswärtige Amt und die Staatsanwaltschaften können unter bestimmten Voraussetzungen am Informationsverbund teilnehmen, vgl. § 29 Abs. 6 BKAG 2018.

„*Datenhaus*". Mit der jüngsten Novellierung des BKAG wurde die Formulierung in § 2 Abs. 3 dahingehend geändert, dass nun nicht mehr vom „*polizeilichen Informationssystem*", sondern vom „*polizeilichen Informationsverbund*" die Rede ist. Dies soll der begrifflichen Abgrenzbarkeit zwischen dem beim BKA geführten polizeilichen Informationsverbund und dem eigenen Informationssystem des BKA, auf welches die Verbundteilnehmer grundsätzlich keinen Zugriff haben, dienen.[79]

Die datenschutzrechtliche Verantwortlichkeit im Informationsverbund wird in § 31 BKAG 2018 geregelt.[80] Gemäß Abs. 2 S. 1 obliegt die datenschutzrechtliche Verantwortlichkeit in erster Linie dem jeweiligen Verbundteilnehmer, der die Daten in das System eingibt. Allerdings kommt dem BKA nach Abs. 1 die Aufgabe zu, die Einhaltung der Regeln zu überwachen. Darin ist eine abgestufte Aufteilung der Verantwortlichkeit zu sehen, die daraus resultiert, dass das BKA zwar die speichernde Stelle ist, bei Daten, die von anderen Verbundteilnehmern stammen, jedoch naturgemäß nicht die volle datenschutzrechtliche Verantwortung tragen kann.[81] Seiner Überwachungsfunktion kommt das BKA nach, indem es

- prüft, ob die angelieferten Daten ihrer Art nach zu seiner rechtmäßigen Aufgabenerfüllung gespeichert werden dürfen, sofern Anhaltspunkte entsprechende Zweifel begründen,
- die formale Richtigkeit der von den berechtigten Stellen zur Speicherung oder Veränderung angelieferten Daten prüft (z. B. durch maschinelle Plausibilitäts- und Berechtigungsprüfungen),
- pauschale Schlüssigkeitsprüfungen vornimmt (z. B. bei auffälligem Mengenverhalten),
- Vergleichsmöglichkeiten mit anderen eine Kontrolle erlaubenden Daten beim Bundeskriminalamt nutzt,
- stichprobenweise die Einhaltung der für die Datei geltenden Konventionen überwacht.[82]

---

[79] BT-Drs. 18/11163, S. 84; *Graulich*, in: Schenke/Graulich/Ruthig, Sicherheitsrecht des Bundes, § 2 BKAG Rn. 36.
[80] § 31 BKAG 2018 entspricht dem bisherigen § 12 Abs. 1-3 mit redaktionellen Anpassungen und Folgeänderungen, vgl. BT-Drs. 18/11163, S. 110.
[81] BT-Drs. 13/1550, S. 29; *Graulich*, in: Schenke/Graulich/Ruthig, Sicherheitsrecht des Bundes, § 31 BKAG Rn. 2; Für Daten, die vom BKA selbst in das Verbundsystem eingespeist werden, trägt es natürlich auch die datenschutzrechtliche Verantwortlichkeit nach § 31 Abs. 2 S. 1 BKAG 2018.
[82] BT-Drs. 13/1550, S. 29.

Kernstück von INPOL sind die Personen- und Sachfahndungsdateien.[83] Laut Angaben des BKA waren mit Stand zum 1. April 2019 in der INPOL-Personenfahndungsdatei 305.215 Ausschreibungen zur Festnahme und 394.786 Ausschreibungen zur Aufenthaltsermittlung registriert. Daneben sind in der INPOL-Sachfahndungsdatei circa 16 Millionen Gegenstände erfasst, die aufgrund eines möglichen Zusammenhangs mit Straftaten gesucht werden. Mit Stand zum 1. April 2019 waren in dieser Sachfahndungsdatei 458.434 Kfz, 1.445.400 Fahrräder sowie 331.160 Schusswaffen registriert.[84] Zu den weiteren INPOL-Anwendungen gehört darüber hinaus INPOL-Z als Datenbank für allgemeine Auskunftszwecke[85] sowie das polizeiliche Auswertungs- und Analysetool INPOL-Fall, das insbesondere bei der Bearbeitung komplexer Fälle, z. B. im Bereich der organisierten Kriminalität, unterstützen soll. In den entsprechenden INPOL-Falldateien werden Tatmerkmale, wie der modus operandi, und Hinweise zu beteiligten Personen gespeichert.[86]

Darüber hinaus ist das INPOL-Fahndungssystem mit Schnittstellen zu nationalen und internationalen Datenbeständen ausgestattet. Dazu zählen das Schengener Informationssystem (SIS), das Ausländerzentralregister (AZR) oder das Europäische Informationssystem (EIS).[87]

Im Rahmen der Saarbrücker Agenda werden weitreichende Überarbeitungen von INPOL angestrebt.[88]

d. PIAV

Ausfluss der Bestrebung, den Datenaustausch zwischen den verschiedenen Polizeibehörden des Bundes und der Länder zu erleichtern, ist der Polizeiliche Informations- und Analyseverbund (PIAV). Dessen Einführung hat die Innenministerkonferenz insbesondere im Zusammenhang mit dem Ermittlungsverfahren gegen die Terrorgruppe "Nationalsozialistischer Untergrund" (NSU) im Oktober 2011 vorangetrieben.[89] PIAV dient als Ergänzung zu INPOL und soll

---

[83] https://www.bka.de/DE/UnsereAufgaben/Ermittlungsunterstuetzung/ElektronischeFahndungs Informationssysteme/polizeilicheInformationssysteme_node.html.

[84] https://www.bka.de/DE/UnsereAufgaben/Ermittlungsunterstuetzung/ElektronischeFahndungs Informationssysteme/polizeilicheInformationssysteme_node.html.

[85] White Paper Polizei2020, S. 5.

[86] *Petri*, in: Lisken/Denninger, Handbuch des Polizeirechts, Kap. G Rn. 400.

[87] *Möllers*, Wörterbuch der Polizei, S. 983.

[88] *Albers*, in: BeckOK Datenschutzrecht, DS-GVO Syst. L. Datenschutzbestimmungen der Polizei- und Nachrichtendienstgesetze des Bundes, Rn. 78.

[89] Vgl. Sammlung der zur Veröffentlichung freigegebenen Beschlüsse der 193. Sitzung der Ständigen Konferenz der Innenminister und -senatoren der Länder am 08./09.12.2011 in

dieses perspektivisch ersetzen.[90] Es wird laut entsprechender Kurzmeldung des BKA *„entscheidend dazu beitragen, dass bei den Polizeibehörden in Bund und Ländern vorliegende Erkenntnisse – insbesondere über überregional agierende Straftäter und Straftaten von erheblicher Bedeutung – für alle Polizeibehörden besser nutzbar sind. Mit dem PIAV ist es zum Beispiel möglich, frühzeitiger als bisher, Serienstraftaten, Bandenkriminalität oder Strukturen Organisierter Kriminalität zu erkennen und somit die Aufklärungsquote zu steigern bzw. das Entdeckungsrisiko für Straftäter zu erhöhen. PIAV soll als laufendes Projekt durch die Umstellung des Informationssystems des BKA nicht eingeschränkt werden."*[91] In der praktischen Polizeiarbeit soll PIAV grundsätzlich ermöglichen, dass einmal erfasste und als PIAV-relevant gekennzeichnete Daten den Teilnehmern des polizeilichen Informationsverbunds ohne weitere Zwischenschritte zur Verfügung stehen. Relevant für PIAV sind Daten, die für die gemeinsame Kriminalitätsbekämpfung des Bundes und der Länder relevante Informationen enthalten, z. B. in Zusammenhang mit Einbruchsbanden, die durch das Bundesgebiet ziehen. Dabei soll der jeweilige Sachbearbeiter der die Daten eingebenden Stelle die Daten lediglich in das von seiner Dienststelle genutzte informationstechnische System eingeben und mit einer Markierung versehen, dass diese in PIAV übertragen werden sollen. Durch spezielle Qualitätssicherungsstellen bei den Verbundteilnehmern soll ferner die Qualität der eingegebenen Daten sichergestellt werden. Sind die Daten in PIAV eingegeben, sollen alle teilnehmenden Polizeibehörden diese Informationen grundsätzlich abfragen dürfen, um damit, um beim oben genannten Beispiel zu bleiben, Zusammenhänge bei Einbruchsserien festzustellen. Dabei soll PIAV auch der Verbrechensprävention dienen, wenn die abgefragten Informationen Grundlage zielgerichteter Präventionsmaßnahmen sein können.[92] Zur weiteren Unterstützung der Erkennbarkeit von polizeilich relevanten Zusammenhängen soll PIAV Informationen aus Einzeldateien automatisch in Dateiencluster überführen. Diese Zielsetzung wirft Fragen der Einhaltung des Zweckbindungsgrundsatzes auf.[93] Die genaue Ausgestaltung von PIAV ist jedoch an wesent-

Wiesbaden, Nr. 24, http://www.innenministerkonferenz.de/IMK/DE/termine/to-beschluesse/11-12-09/Beschluesse.pdf;jsessionid=18CE313486B832C9934C83811636AB58.2_cid374?__blob=publicationFile&v=2.

[90] White Paper Polizei2020, S. 6.

[91] https://www.bka.de/SharedDocs/Kurzmeldungen/DE/Kurzmeldungen/170307_PIAV.html.

[92] https://www.bka.de/DE/UnsereAufgaben/Ermittlungsunterstuetzung/ElektronischeFahndungsInformationssysteme/polizeilicheInformationssysteme_node.html.

[93] *Petri*, in: Lisken/Denninger, Handbuch des Polizeirechts, Kap. G. Rn. 401.

lichen Punkten noch unklar,[94] deswegen kann die vorliegende Arbeit keine Prüfung der Rechtmäßigkeit von PIAV vornehmen.

II. Daten und Modalitäten der Datenverarbeitung

Die Richtlinie (EU) 2016/680 des Europäischen Parlaments und des Rates vom 27. April 2016 zum Schutz natürlicher Personen bei der Verarbeitung personenbezogener Daten durch die zuständigen Behörden zum Zwecke der Verhütung, Ermittlung, Aufdeckung oder Verfolgung von Straftaten oder der Strafvollstreckung sowie zum freien Datenverkehr und zur Aufhebung des Rahmenbeschlusses 2008/977/JI des Rates (JI-RL) und die Verordnung (EU) 2016/679 des Europäischen Parlaments und des Rates vom 27. April 2016 zum Schutz natürlicher Personen bei der Verarbeitung personenbezogener Daten, zum freien Datenverkehr und zur Aufhebung der Richtlinie 95/46/EG (Datenschutz-Grundverordnung, DSGVO) tragen zur Vereinheitlichung datenschutzrechtlicher Begriffe bei. Dabei orientiert sich die JI-RL an den Begriffsbestimmungen der DSGVO.[95]

Eine Definition des Grundbegriffs „Datum" liefern die europäischen Regelungen nicht. Die Grenzen des Begriffs sowie seine Abgrenzung zum Begriff der Information werden an anderer Stelle eingehend diskutiert.[96] Da dies für das Thema der vorliegenden Arbeit jedoch nicht ausschlaggebend ist, wird hier auf die folgende Definition zurückgegriffen: Daten sind allgemeine Informationen jeder Art über Ereignisse, Sachen oder Personen. Dabei ist zwischen sachbezogenen und personenbezogenen Daten zu unterscheiden. Nur letztere sind für diese Ausarbeitung relevant, da nur sie den Anforderungen des allgemeinen und besonderen Datenschutzes unterliegen und somit auch Objekt besonderer datenschutzrechtlicher Kontrolle sind.[97]

---

[94] *Petri*, in: Lisken/Denninger, Handbuch des Polizeirechts, Kap. G. Rn. 401; Unabhängiges Landeszentrum für Datenschutz Schleswig-Holstein, 35. Tätigkeitsbericht 2015, S. 35, Nr. 4.2.2.

[95] *Johannes/Weinhold*, Das neue Datenschutzrecht bei Polizei und Justiz, § 1 Rn. 12.

[96] Vgl. z. B. https://www.datenschutzbeauftragter-info.de/definition-und-unterscheidung-der-be griffe-daten-informationen-wissen/; Voß, LIBREAS. Library Ideas, 23 (2013), https://libreas.eu/ ausgabe23/02voss/ m. w. N.

[97] *Tilch/Arloth*, Deutsches Rechtslexikon, Bd. I S. 1002; sachbezogene Daten können einem Geheimhaltungsschutz unterliegen, z. B. wenn es sich um Betriebs- oder Geschäftsgeheimnisse handelt oder ein anderes berechtigtes Interesse an ihrer Geheimhaltung vorliegt.

1. Personenbezogene Daten

Nach Art. 3 Nr. 1 JI-RL (wortgleich zu Art. 4 Nr. 1 DSGVO) handelt es sich bei personenbezogenen Daten um alle Informationen, die sich auf eine identifizierte oder identifizierbare natürliche Person (im Folgenden „betroffene Person") beziehen. Identifizierbar ist eine natürliche Person dann, wenn sie direkt oder indirekt identifiziert werden kann, insbesondere mittels Zuordnung zu einer Kennung wie einem Namen, zu einer Kennnummer, zu Standortdaten, zu einer Online-Kennung oder zu einem oder mehreren besonderen Merkmalen, die Ausdruck der physischen, physiologischen, genetischen, psychischen, wirtschaftlichen, kulturellen oder sozialen Identität dieser natürlichen Person sind.

2. Dateisystem und Informationssystem

Nach Art. 3 Nr. 6 JI-RL (wortgleich zu Art. 4 Nr. 6 DSGVO) sind Dateisysteme jede strukturierte Sammlung personenbezogener Daten, die nach bestimmten Kriterien zugänglich ist, unabhängig davon, ob diese Sammlung zentral, dezentral oder nach funktionalen oder geografischen Gesichtspunkten geordnet, geführt wird.

Der Begriff Informationssystem, wie er im BKAG 2018 verwendet wird, ist hingegen enger. Unter einem Informationssystem versteht das Gesetz ein Dateisystem bestehend aus Teilen, die unmittelbar faktisch und bestimmungsgemäß der polizeilichen Aufgabenerledigung dienen.[98] So benennt § 13 Abs. 2 BKAG 2018 die Grundfunktionen des polizeilichen Informationssystems wie folgt: Unterstützung bei polizeilichen Ermittlungen (Nr. 1), Unterstützung bei Ausschreibungen von sowie Fahndungen nach Personen und Sachen (Nr. 2), Unterstützung bei der polizeilichen Informationsverdichtung durch Abklärung von Hinweisen und Spurenansätzen (Nr. 3), Durchführung von Abgleichen von personenbezogenen Daten (Nr. 4), Unterstützung bei der Erstellung von strategischen Analysen und Statistiken (Nr. 5).

Den Begriff „Dateien" hat der Gesetzgeber im Zusammenhang mit dem BKAG 2018 gemieden. Der Gesetzgeber verwendet diesen Begriff im Zusammenhang mit dem neuen Informationssystem des BKA nicht mehr.[99] Möglicherweise soll dies der begrifflichen Abgrenzung zu dem Informationssystem

---

[98] Vgl. Anlage 3, S. 7.

[99] Der Begriff spielt nur noch im Zusammenhang mit der Regelung projektbezogener gemeinsamer Dateien nach § 17 BKAG 2018 eine Rolle sowie hinsichtlich der Beschreibung des Zustands vor Inkrafttreten des BKAG 2018, vgl. BT-Drs. 18/11163, S. 75 f.

des BKA unter der alten Gesetzeslage dienen. So führt der Gesetzgeber in der Gesetzesbegründung z. B. aus, durch die Neukonzeptionierung des Informationssystems des BKA werde „*auf Dateien im bisher verstandenen Sinne*" verzichtet.[100] Der „*Dateienbegriff*" ist eng verknüpft mit dem Konzept einzelner, voneinander abgegrenzter Datentöpfe, die nach der neuen Gesetzeslage nicht mehr bestehen. Nicht ganz eindeutig ist diese Aussparung des Begriffs allerdings im Hinblick auf seine technische und datenschutzrechtliche Bedeutung. Denn nach wie vor wird es im BKA verschieden ausgestaltete Sammlungen geben, die die Amts-, Zentral- und Verbunddateien widerspiegeln (hierzu unter D.I.1.b.).

3. Datenverarbeitung

a. Neue Rechtslage

Art. 3 Nr. 2 JI-RL (wortgleich zu Art. 4 Nr. 3 DSGVO) definiert die Datenverarbeitung als jeden mit oder ohne Hilfe automatisierter Verfahren ausgeführten Vorgang, oder jede solche Vorgangsreihe im Zusammenhang mit personenbezogenen Daten, wie das Erheben, das Erfassen, die Organisation, das Ordnen, die Speicherung, die Anpassung oder Veränderung, das Auslesen, das Abfragen, die Verwendung, die Offenlegung durch Übermittlung, Verbreitung oder eine andere Form der Bereitstellung, den Abgleich oder die Verknüpfung, die Einschränkung, das Löschen oder die Vernichtung.

Der einheitliche Begriff der Verarbeitung umfasst daher sämtliches Nutzen der Daten. Hieran wurde der Wortlaut des BKAG 2018 angepasst. Enthielt der Gesetzestext zuvor noch die Begriffe „*speichern, verändern und nutzen*", beispielsweise in § 9 Abs. 1 BKAG 1997, heißt es jetzt nur noch „*Datenverarbeitung*", z. B. in § 16 BKAG 2018. Laut dem Gesetzgeber handelt es sich dabei um rein redaktionelle Änderungen, um den neuen einheitlichen Begrifflichkeiten des europäischen Sekundärrechts gerecht zu werden. Da die Abgrenzung der einzelnen Schritte der Datenverarbeitung und deren eigenständige Eingriffsqualität jedoch unten noch von Bedeutung sein werden (vgl. E.III.), soll hier ein genauerer Blick auf die Veränderungen geworfen werden.

---

[100] BT-Drs. 18/11163, S. 131 f.

b. Redaktionelle Änderung? – *Historische Betrachtung*

Der Begriff der Datenverarbeitung wie ihn JI-RL und DSGVO voraussetzen, ist offensichtlich sehr weit. Der europäische Gesetzgeber definiert die in seiner Aufzählung genannten einzelnen Schritte nicht näher.[101] Eine solche Definition der einzelnen Datenverarbeitungsschritte war im deutschen Datenschutzrecht vor der Datenschutzreform 2016 dagegen üblich.[102] So enthielt § 3 Abs. 3-5 BDSG a. F. die folgenden Begriffsdefinitionen für die Schritte der Datenverarbeitung:

> (3) Erheben ist das Beschaffen von Daten über den Betroffenen.

> (4) Verarbeiten ist das Speichern, Verändern, Übermitteln, Sperren und Löschen personenbezogener Daten. Im Einzelnen ist, ungeachtet der dabei angewendeten Verfahren:

> 1. Speichern das Erfassen, Aufnehmen oder Aufbewahren personenbezogener Daten auf einem Datenträger zum Zwecke ihrer weiteren Verarbeitung oder Nutzung,

> 2. Verändern das inhaltliche Umgestalten gespeicherter personenbezogener Daten,

> 3. Übermitteln das Bekanntgeben gespeicherter oder durch Datenverarbeitung gewonnener personenbezogener Daten an einen Dritten in der Weise, dass

> a) die Daten an den Dritten weitergegeben werden oder

> b) der Dritte zur Einsicht oder zum Abruf bereitgehaltene Daten einsieht oder abruft,

> 4. Sperren das Kennzeichnen gespeicherter personenbezogener Daten, um ihre weitere Verarbeitung oder Nutzung einzuschränken,

> 5. Löschen das Unkenntlichmachen gespeicherter personenbezogener Daten.

> (5) Nutzen ist jede Verwendung personenbezogener Daten, soweit es sich nicht um Verarbeitung handelt.

Aus dem Vergleich des Wortlauts der Normen der JI-RL bzw. DSGVO mit den in der alten Fassung des BDSG aufgeführten Definitionen ergibt sich, dass nicht alle nunmehr vom europäischen Sekundärrecht ausdrücklich genannten

---

[101] *Petri,* in: Lisken/Denninger, Handbuch des Polizeirechts, Kap. G. Rn. 478; Speziell zum Begriff der Übermittlung *Zerdick,* in: Ehmann/Selmayr, DS-GVO, Art. 44 Rn. 7 und *Pauly,* in: Paal/Pauly, DS-GVO BDSG, Art. 44 DSGVO Rn. 3.

[102] *Petri,* in:Lisken/Denninger, Handbuch des Polizeirechts, Kap. G. Rn. 478 mit Hinweis auf § 3 Abs. 3-5 BDSG und dazu *Dammann,* in: Simitis, BDSG, § 3 Rn. 100 ff; lediglich der hessische Gesetzgeber nahm als Reaktion auf das Volkszählungsurteil von starren Phasen und somit einem starren Verarbeitungsbegriff Abstand und führte den Begriff der (Daten-) Verwendung ein, § 2 Abs. 2 S. 1 Hessisches Datenschutzgesetz, vgl. *Schild,* in: BeckOK Datenschutzrecht, § 3 BDSG 2003 [aK] Rn. 46.

Verarbeitungsschritte unter die in § 3 Abs. 3-5 BDSG a. F. genannten Definitionen ohne Weiteres fassbar wären. Folgende Begrifflichkeiten des Sekundärrechts überschneiden sich mit den Definitionen im alten BDSG bzw. sind bereits aufgrund des Wortlauts problemlos davon umfasst:

Begriffswahl der deutschen Regelung in § 3 BDSG a. F.	Begriffswahl des europäischen Sekundärrechts
Erheben: Beschaffen von Daten (Abs. 3)	Erheben
Verarbeiten: Speichern (Abs. 4 Nr. 1) • Erfassen • Aufnehmen • Aufbewahren	Erfassen Speichern
Verarbeiten: Verändern (Abs. 4 Nr. 2) • Inhaltliches Umgestalten	Anpassung Veränderung

Verarbeiten: Übermitteln (Abs. 4 Nr. 3)
• Bekanntgabe an einen Dritten durch
  o Weitergabe
  o Einsichtnahmemöglichkeit
	Offenlegung durch
	• Übermittlung
	• Verbreitung
	• Andere Form der Bereitstellung

Verarbeiten: Sperren (Abs. 4 Nr. 4)	Einschränkung
Verarbeiten: Löschen (Abs. 4 Nr. 5)	Löschen Vernichten
Nutzen soweit nicht Verarbeitung (Abs. 5)	Auslesen Abfragen Verwenden

Daneben können aber vier der in JI-RL und DSGVO genannten Datenverarbeitungsschritte nicht ohne Weiteres unter den Wortlaut von § 3 Abs. 3-5 BDSG a. F. gefasst werden. Das betrifft zunächst den Abgleich und die Verknüpfung. Diese Vorgänge würden wohl unter den Begriff des Nutzens fallen. Dies wurde vom Gesetzgeber als eine Art Auffangtatbestand als Reaktion auf das Volkszählungsurteil des BVerfG geschaffen.[103] In der Gesetzesbegrün-

---

[103] *Schild*, in: BeckOK Datenschutzrecht, § 3 BDSG 2003 [aK] Rn. 46.

dung erkennt der Gesetzgeber an, dass der Schutzzweck des Gesetzes über die vier Phasen der Datenverarbeitung (Speichern, Verändern, Übermitteln, Löschen) hinausgeht, sodass neben der Verwendung der Begriff des Nutzens zu schaffen war.[104] Darüber hinaus lassen sich Organisation und Ordnen nicht ohne weiteres einem der in § 3 Abs. 3-5 BDSG a. F. definierten Schritte zuordnen. Am ehesten ließen sich diese Verarbeitungsprozesse wohl dem Speichern zuordnen. Dabei ist allerdings zu berücksichtigen, dass die Definition in § 3 Abs. 4 Nr. 1 BDSG a. F. auf ein auf den Zweck der späteren Verwendung oder Nutzung gerichtetes Erfassen, Aufnehmen und Aufbewahren abstellt. Hingegen dürfte man allein aufgrund des Wortlauts der Begriffe Organisation und Ordnen annehmen, dass diese nicht primär dem späteren Verwendungs- oder Nutzungszweck, sondern eher übergeordneten Organisationszwecken dienen.

Aus dieser Überlegung wird deutlich, dass die Definition der einzelnen Datenverarbeitungsschritte dazu führen kann, den Anwendungsbereich der Regelung zu beschränken. Der weite Datenverarbeitungsbegriff des europäischen Gesetzgebers dürfte dazu dienen, auf dem sich hinsichtlich seiner technischen Möglichkeiten immer weiter entwickelnden Feld der elektronischen Datenverarbeitung keine Gesetzeslücken entstehen zu lassen.[105] Man kann demnach schlussfolgern, dass die neuen europäischen Regelungen noch umfassender auf alle einzelnen Schritte der Datenverarbeitung Bezug nehmen wollen, als es der deutsche Gesetzgeber bisher ausdrücklich im Gesetz verankern wollte, um den Anforderungen des BVerfG gerecht zu werden.[106]

4. Datenschutz

Datenschutz ist der Schutz des Einzelnen vor der Beeinträchtigung seines Persönlichkeitsrechts durch den Umgang mit seinen personenbezogenen Daten.[107]

Ebenso wie die Differenzierung der Begriffe Information und Daten kritisch diskutiert wird, ist auch der Begriff des Datenschutzes Kritik ausgesetzt. So verweist beispielsweise Bull darauf, dass *„Informationsschutz"* die bessere

---

[104] BT-Drs. 11/4306 S. 40 f.

[105] Laut *Petri*, in: Lisken/Denninger, Handbuch des Polizeirechts, Kap. G. Rn. 478 hat der europäische Gesetzgeber bewusst auf entsprechende Definitionen verzichtet. Speziell hinsichtlich der Datenübermittlung *Zerdick*, in: Ehmann/Selmayr, DSGVO, Art. 44 Rn. 7.

[106] *Schild*, in: BeckOK Datenschutzrecht, § 3 BDSG 2003 [aK] Rn. 46.

[107] Creifelds, Rechtswörterbuch, S. 286.

Formulierung sei. Denn Schutzobjekt sei eben nicht die kodifizierte Information an sich, sondern deren Informationsgehalt.[108] Allerdings dürfte nach den rechtsbereichs- und branchenumfassenden Datenschutzdiskussionen der letzten Jahre eine Abkehr von diesem Begriff sehr unwahrscheinlich sein.

---

[108] *Bull*, Informationelle Selbstbestimmung 2011, S. 3; ähnlich auch *Ostermann*, in: Jeserich/ Pohl/von Unruh (Hrsg.), Deutsche Verwaltungsgeschichte, Bd. 5 1987, S. 1112.

C. Zur Beantwortung der Fragestellung anzulegende Maßstäbe

In diesem Kapitel werden die Maßstäbe aufgezeigt, an denen die Rechtmäßigkeit der gesetzlichen Grundlage des Informationssystems des BKA zu messen ist.

I. Europarecht

Die erste Regelung datenschutzrechtlicher Themen auf europäischer Ebene fand außerhalb der Europäischen Gemeinschaft statt. Im Europarat wurde 1981 das Abkommen zum Schutz der Menschen bei der automatischen Verarbeitung personenbezogener Daten verabschiedet, das 1985 in Kraft trat.[109]

Auf Ebene der Europäischen Gemeinschaft war der Datenschutz lange Zeit nicht ausdrücklich im Primär- und Sekundärrecht erwähnt. Grundrechtlich wurde der Schutz personenbezogener Daten zunächst unter das Recht auf Achtung des Privat- und Familienlebens gefasst, das in der EMRK verankert ist. Über Art. 6 Abs. 3 EUV sind die Grundrechte der EMRK Teil des Unionsrechts. Ein Beitritt der EU zur EMRK hat daneben bisher nicht stattgefunden, obwohl mit dem Vertrag von Lissabon bereits 2007 die Voraussetzungen hierfür geschaffen wurden. Allerdings haben die Mitgliedstaaten sich ihrerseits jeweils der EMRK unterworfen, sodass die EMRK die Mitgliedstaaten als völkerrechtlicher Vertrag bindet. In Deutschland gilt sie durch das entsprechende Transformationsgesetz als einfaches Bundesrecht.[110]

Eigenständige Bedeutung erlangte der Datenschutz auf europäischer Ebene insbesondere durch den Vertrag von Lissabon. Denn dieser verlieh erstens der Charta der Grundrechte der Europäischen Union eigenen Vertragsstatus, sodass Art. 8 GRCh Anwendbarkeit fand. Darüber hinaus wurde im Zuge des Vertrags von Lissabon auch Art. 16 Abs. 2 AEUV in das europäische Primärrecht aufgenommen, der dem Europäischen Parlament und dem Rat das Recht gibt Vorschriften über den Schutz natürlicher Personen bei der Verarbeitung personenbezogener Daten durch die Organe, Einrichtungen und sonstigen Stellen der Union sowie durch die Mitgliedstaaten im Rahmen der Ausübung von Tätigkeiten, die in den Anwendungsbereich des Unionsrechts fallen, und über den freien Datenverkehr zu erlassen. Die einheitliche Rechts-

---

[109] *Wolff,* in: Schantz/Wolff, Das neue Datenschutzrecht, S. 1, Rn. 2.
[110] *Leeb/Liebhaber*, JuS 2018, 534 (535); *Grabenwarter/Pabel*, EMRK, § 3 Rn. 8.

grundlage des Art. 16 Abs. 2 AEUV war Ausgangspunkt für eine Überprüfung der bestehenden Datenschutzvorschriften auf EU-Ebene.[111]

In Art. 8 GRCh ist der Schutz personenbezogener Daten ausdrücklich verankert. Zur Anwendbarkeit der GRCh folgt aus Art. 51 der GRCh, dass diese für die Mitgliedstaaten ausschließlich bei der Durchführung von Unionsrecht gilt. Hierzu zählt das gesamte Primär- und Sekundärrecht der EU, also auch die JI-RL. Indem die JI-RL also einen neuen, nämlich den innerstaatlichen Bereich der Datenverarbeitung im polizeilichen und justiziellen Bereich regelt, findet nun auch die GRCh hierauf Anwendung. Somit sind die nationalen Vorschriften, die auf der JI-RL basieren, nun nicht mehr nur an den nationalen Grundrechten zu messen (zum Prüfungsmaßstab des BVerfG vergleiche aber C.II.2).

1. Datenschutz im Unionsrecht

Vor dem Datenschutzpaket aus DSGVO und JI-RL gab es im Bereich des Binnenmarktes die Richtlinie 95/46/EG des Europäischen Parlaments und des Rates vom 24. Oktober 1995 zum Schutz natürlicher Personen bei der Verarbeitung personenbezogener Daten und zum freien Datenverkehr, die sogenannte Datenschutz-Richtlinie.[112] Entsprechend ihres Richtliniencharakters entfaltete sie in den Mitgliedstaaten nur mittelbare Wirkung durch die jeweiligen Umsetzungsrechtsakte. Es fand also keine Vollharmonisierung statt und die Mitgliedstaaten hatten einen Umsetzungsspielraum. Demnach war das Datenschutzrecht zu diesem Zeitpunkt weitgehend durch die nationalen Regelungen geprägt.[113] Im Bereich der Polizei und Strafjustiz hatte die Union traditionell vor Erlass von Art. 16 EUV durch den Vertrag von Lissabon weniger Kompetenzen. Dort gab es lediglich den Rahmenbeschluss 2008/977/JI des Rates vom 27. November 2008 über den Schutz personenbezogener Daten, die im Rahmen der polizeilichen und justiziellen Zusammenarbeit in Strafsachen verarbeitet werden.[114]

---

[111] Stellungnahme des Europäischen Datenschutzbeauftragten zum Datenschutzreformpaket, 7.03.2012, S. 2, https://edps.europa.eu/sites/edp/files/publication/12-07-17_better_iternet_children_de_0.pdf.

[112] ABl. Nr. L 281 vom 23.11.1995 S. 0031 -0050.

[113] *Selmayr/Ehmann*, in: Selmayr/Ehmann, DS-GVO Kommentar, Einführung Rn. 2.

[114] ABl. Nr. L 350 vom 30.12.2008, S. 60.

Im Jahr 2012 legte die europäische Kommission den Grundstein für eine grundlegende Reform des europäischen Datenschutzrechts.[115] Die darauffolgenden Verhandlungen dauerten vier Jahre, am Ende einigten sich das Europäische Parlament und der Rat auf einheitliche neue Datenschutzregeln in der EU. Hierzu wurden die JI-RL und die DSGVO geschaffen. Die DSGVO gilt seit dem 25. Mai 2018 in allen Mitgliedstaaten unmittelbar.

Zwar ist das Ziel der DSGVO die umfassende Harmonisierung des Datenschutzrechts in der EU, dennoch eröffnet sie zum Teil Spielräume für die Mitgliedstaaten auf Durchführungsebene.[116] Zum jetzigen Zeitpunkt ist in vielen Bereichen noch unklar, wie diese genau zu füllen sind. Auch die Anpassungsprozesse der betroffenen Akteure dauern aufgrund des umfassenden Regelwerks noch an.[117]

DSGVO und JI-RL unterscheiden sich hinsichtlich ihres Anwendungsbereichs. Während die DSGVO einen weitaus größeren Anwendungsbereich aufweist und daher insgesamt als Kern der neuen europäischen Datenschutzregelungen anzusehen ist, beschränkt sich die Richtlinie auf den für diese Arbeit relevanten Teilbereich, sodass ihr hier mehr Beachtung geschenkt wird.

2. Richtlinie

Die JI-RL beruht auf dem Kompetenztitel in Art. 16 AEUV. Art. 16 Abs. 1 AEUV regelt das Recht jeder Person auf den Schutz ihrer personenbezogenen Daten. In Art. 16 Abs. 2 AEUV wurde eine besondere Rechtsgrundlage für den Erlass von Datenschutzvorschriften geschaffen, die auch den Bereich der polizeilichen und justiziellen Zusammenarbeit in Strafsachen abdeckt.[118] Die JI-RL ist der erste EU-Rechtsakt, der auch die Datenverarbeitung durch Polizei und Justiz im innerstaatlichen Bereich betrifft. Die Vorgängerregelungen der Richtlinie, der Rahmenbeschluss 2008/977/JI befasste sich lediglich mit dem Datenaustausch zwischen den Mitgliedstaaten.[119] In diesem Zusammenhang erklärt sich auch die Rechtsform der Richtlinie im Unterschied zur DSGVO. Bei den Bereichen Polizei und Justiz handelt es sich seit jeher um Kernkompeten-

---

[115] *Roßnagel*, in: Johannes/Weinhold, Das neue Datenschutzrecht bei Polizei und Justiz, Geleitwort S. 5 Rn. 2; *Reding*, ZD 2012, 195 ff.

[116] *Selmayr/Ehmann*, in: Selmayr/Ehmann, DS-GVO Kommentar, Einführung Rn. 82.

[117] *Koreng/Lachenmann*, in: Koreng/Lachenmann, Formularhandbuch Datenschutzrecht, Vorwort.

[118] *Johannes/Weinhold*, Das neue Datenschutzrecht bei Polizei und Justiz, § 1 Rn. 11.

[119] *Roßnagel*, in: Johannes/Weinhold, Das neue Datenschutzrecht bei Polizei und Justiz, Geleitwort S. 8 f. Rn. 15.

zen der Mitgliedstaaten. Bereits im Jahr 2011 hatte das Europäische Parlament einheitliche Datenschutzregelungen vorgeschlagen, die auch den polizeilichen und justiziellen Bereich abdecken sollten. Dieser Vorschlag konnte sich bei der Kommission jedoch nicht durchsetzen. Im Ergebnis einigten sich die beteiligten politischen Akteure auf eine Mindestharmonisierung für den Bereich der Polizei und Strafjustiz in Form einer Richtlinie, die zusammen mit der DSGVO verhandelt werden konnte.

Die europäische Richtlinie soll den freien Datenverkehr zwischen den Mitgliedstaaten und gleichzeitig die Rechte der Betroffenen stärken. Hierzu heißt es in Erwägungsgrund Nr. 7:

> *„Für den Zweck der wirksamen justiziellen Zusammenarbeit in Strafsachen und der polizeilichen Zusammenarbeit ist es entscheidend, ein einheitliches und hohes Schutzniveau für die personenbezogenen Daten natürlicher Personen zu gewährleisten und den Austausch personenbezogener Daten zwischen den zuständigen Behörden der Mitgliedstaaten zu erleichtern. Im Hinblick darauf sollte dafür gesorgt werden, dass die Rechte und Freiheiten natürlicher Personen bei der Verarbeitung personenbezogener Daten durch zuständige Behörden zum Zwecke der Verhütung, Ermittlung, Aufdeckung oder Verfolgung von Straftaten oder der Strafvollstreckung, einschließlich des Schutzes vor und der Abwehr von Gefahren für die öffentliche Sicherheit, in allen Mitgliedstaaten gleichwertig geschützt werden. Ein unionsweiter wirksamer Schutz personenbezogener Daten erfordert die Stärkung der Rechte der betroffenen Personen und eine Verschärfung der Verpflichtungen für diejenigen, die personenbezogene Daten verarbeiten, und auch gleichwertige Befugnisse der Mitgliedstaaten bei der Überwachung und Gewährleistung der Einhaltung der Vorschriften zum Schutz personenbezogener Daten."*

a. Zur Umsetzung der Richtlinie

Die Regelungen der JI-RL gelten nicht unmittelbar. Sie bedürfen gemäß § 288 AEUV vielmehr der Umsetzung durch die Mitgliedstaaten. Eine unmittelbare Geltung der Richtlinie kommt nur dann in Betracht, wenn ein Mitgliedstaat die Vorgaben der Richtlinie nicht umgesetzt hat, diese unmittelbar vollziehbar und für den Bürger vorteilhaft sind. Die Regelungen in den Mitgliedstaaten, die den Anwendungsbereich der Richtlinie betreffen, müssen allerdings europarechtskonform sein und den von der Richtlinie vorgeschriebenen Rechtszustand herstellen.[120]

Die Umsetzung der Richtlinie in nationales Recht erfolgt in Deutschland in erster Linie durch die Neufassung des BDSG.[121] Das neue BDSG setzt die JI-RL insbesondere in Teil 3 des Gesetzes um, welcher das Datenschutzrecht bei der Polizei und der Strafverfolgung regelt. Zum Teil werden aber auch Vorschriften der JI-RL in Teil 1 des BDSG umgesetzt. So sind die Art. 32-34 JI-RL, die die Benennung, Stellung und Aufgaben des Datenschutzbeauftragten regeln, in Teil 1 Kapitel 3 BDSG umgesetzt. Teil 1 Kapitel 4 BDSG setzt darüber hinaus die Vorgaben der JI-RL zur Datenschutzaufsichtsbehörde aus Art. 41-50 um.

Auch Teile des BKAG 2018 dienen der Umsetzung der europäischen Vorgaben. Diese Regelungen gehen in ihrem jeweiligen Anwendungsbereich als spezialgesetzliche Regelungen gemäß § 1 Abs. 2 BDSG den allgemeinen Regelungen des BDSG vor. Entsprechend finden an den Stellen, an denen das BKAG 2018 keine spezialgesetzlichen Regelungen trifft, die allgemeinen Vorschriften des BDSG Anwendung. Im Anwendungsbereich der JI-RL ergänzt das BDSG somit die bereichsspezifischen Datenschutzregeln.[122]

b. Allgemeine Vorgaben der Richtlinie

Das europäische Sekundärrecht sieht keine eigenständigen Ermächtigungsgrundlagen für die Verarbeitung personenbezogener Daten vor.

Die JI-RL benennt in Art. 4 Abs. 1 allgemeine Grundsätze für die Datenverarbeitung.

Art. 4 Abs. 1 lit. a JI-RL normiert den Grundsatz der Rechtmäßigkeit der Datenverarbeitung. Diese Regelung verdeutlicht insbesondere, dass es sich bei der Verarbeitung personenbezogener Daten durch eine staatliche Stelle um einen Eingriff in Art. 8 Abs. 1 lit. a GRC handelt, der daher einer gesetzlichen

---

[120] EuGH Urt. v. 15.10.1998 – C-268/97, BeckRS 2004, 75844; EuGH Urt. v. 28.05.1998 – C-298/97, BeckRS 2004, 76122; *Johannes/Weinhold,* Das neue Datenschutzrecht bei Polizei und Justiz, § 1 Rn. 15.

[121] Gesetz zur Anpassung des Datenschutzrechts an die Verordnung (EU) 2016/679 und zur Umsetzung der Richtlinie (EU) 2016/680(Datenschutz-Anpassungs- und -Umsetzungsgesetz EU–DSAnpUG-EU) vom 30.6.2017, BGBl. I, S. 2091; *Johannes/Weinhold*, Das neue Datenschutzrecht bei Polizei und Justiz stellt in § 2 II S. 138 ff. eine Synopse des BDSG und der JI-RL zur Verfügung.

[122] BT-Drs. 18/11325, S. 1 f.

Ermächtigungsgrundlage bedarf.[123] Lit. a legt außerdem fest, dass die Verarbeitung nach Treu und Glauben erfolgen muss. Der Inhalt dieses Grundsatzes ist schwer zu definieren und einzugrenzen. Neben einer Rücksichtsnahmepflicht und dem Wertungsmaßstab der Fairness können auch Transparenzerfordernisse unter diesen Grundsatz gefasst werden. Ein Transparenzerfordernis ist in der JI-RL anders als in der DSGVO nicht explizit geregelt. Daraus lässt sich schließen, dass die Anforderungen an die Transparenz in beiden Regelungsregimen unterschiedlich zu beurteilen sind. So kann beispielsweise bei der Datenverarbeitung im Rahmen von verdeckten Ermittlungsmaßnahmen, also im Anwendungsbereich der JI-RL, auch eine nachträgliche Benachrichtigung des Betroffenen über die Datenverarbeitungsvorgänge dem Transparenzgebot gerecht werden.[124]

Die Richtlinie kennt darüber hinaus auch den Zweckbindungsgrundsatz. In Art. 4 Abs. 1 lit. b) und c) heißt es, die Mitgliedstaaten sehen vor, dass personenbezogene Daten:

> b) für festgelegte, eindeutige und rechtmäßige Zwecke erhoben und nicht in einer mit diesen Zwecken nicht zu vereinbarenden Weise verarbeitet werden,

> c) dem Verarbeitungszweck entsprechen, maßgeblich und in Bezug auf die Zwecke, für die sie verarbeitet werden, nicht übermäßig sind[.]

Die Richtlinie unterscheidet demnach zwischen der Erhebung von Daten, die zu einem festgelegten, eindeutigen und rechtmäßigen Zweck erfolgen muss und der Bindung an diesen Zweck bei der Weiterverarbeitung der Daten im Nachhinein.

Der Grundsatz der Datenminimierung wird in Abs. 4 JI-RL nicht ausdrücklich als Datenverarbeitungsgrundsatz genannt, allerdings ergibt er sich zum einen aus Art. 4 Abs. 1 lit. c)–e). Zum anderen wird er in Art. 20 Abs. 1 JI-RL als Datenschutzgrundsatz vorausgesetzt. Dieser Grundsatz entspricht dem Grundsatz der Erforderlichkeit. Er bleibt jedoch hinter den dem deutschen Recht bekannten Grundsätzen der Datenvermeidung und Datensparsamkeit zurück, da bei erstgenanntem der Maßstab der durch den Betroffenen festgelegte Zweck ist.[125] Die Datenverarbeitung muss also gemessen an ihrer Zweckrichtung in

---

[123] *Johannes/Weinhold*, Das neue Datenschutzrecht bei Polizei und Justiz, § 1 Rn. 125.

[124] *Johannes/Weinhold*, Das neue Datenschutzrecht bei Polizei und Justiz, § 1 Rn. 127 f.

[125] *Johannes/Weinhold*, Das neue Datenschutzrecht bei Polizei und Justiz, § 1 Rn. 132; zum Zurückbleiben hinter den Grundsätzen der Datenvermeidung und Datensparsamkeit vgl. *Barlag*, in: Roßnagel (Hrsg.), Europäische Datenschutz-Grundverordnung, § 3 Rn. 233.

möglichst geringem Umfang erfolgen und es wird nicht auf ein generelles Gebot der Datenvermeidung rekurriert.

Art. 4 Abs. 1 lit. d) JI-RL verlangt die sachliche Richtigkeit der gespeicherten Daten. Daten, die zum Zwecke ihrer Verarbeitung unrichtig sind, müssen unverzüglich gelöscht oder berichtigt werden.

Art. 4 Abs. 1 lit. e) JI-RL enthält eine Speicherbegrenzung. In einer Form, die die Identifizierung der betroffenen Person möglich macht, dürfen Daten nur solange gespeichert werden, wie sie für den Verarbeitungszweck erforderlich sind.

Auf die Integrität und Vertraulichkeit der Datenverarbeitung zielt Art. 4 Abs. 1 lit. f) JI-RL ab. Dieser lautet:

> f) [Die Mitgliedstaaten sehen vor, dass personenbezogene Daten] in einer Weise verarbeitet werden, die eine angemessene Sicherheit der personenbezogenen Daten gewährleistet, einschließlich des Schutzes vor unbefugter oder unrechtmäßiger Verarbeitung und vor unbeabsichtigtem Verlust, unbeabsichtigter Zerstörung oder unbeabsichtigter Schädigung durch geeignete technische und organisatorische Maßnahmen.

Dieser Grundsatz betrifft also das technische Wie der Ausgestaltung datenverarbeitender Systeme und bedarf der Konkretisierung.[126] In Erwägungsgrund Nr. 28[127] macht der Unionsgesetzgeber deutlich, dass *„ein Maß an Sicherheit und Vertraulichkeit"* gegeben sein muss, um eine sichere Verarbeitung zu gewährleisten und unionsrechtswidrige Datenverarbeitungsvorgänge zu verhindern. Hierzu zählt auch, dass Unbefugte keinen Zugriff auf die Daten haben dürfen. Die Verarbeitung muss dabei *„den Stand der verfügbaren Technik, die Kosten für ihre Einführung im Verhältnis zu den von der Verarbeitung ausgehenden Risiken und die Art der zu schützenden personenbezogenen Daten"* berücksichtigen.

Die Richtlinie beinhaltet Kontroll- und Betroffenenrechte und trifft zum Schutz der betroffenen Personen umfangreiche Regelungen.[128] Einige dieser Regelungen, die für diese Arbeit besonders relevant sind, sollen im Folgenden kurz dargestellt werden.

---

[126] *Wolff*, in: Schantz/Wolff, Das neue Datenschutzrecht, S. 143 Rn. 448.

[127] Zur Zuordnung der Erwägungsgründe zu Artikeln der JI-Richtlinie vgl. *Johannes/Weinhold*, Das neue Datenschutzrecht bei Polizei und Justiz, § 2 Rn. 7.

[128] *Johannes/Weinhold*, Das neue Datenschutzrecht bei Polizei und Justiz, § 1 Rn. 174.

c. Art. 12 ff. JI-RL

Art. 12 ff. JI-RL regeln die Benachrichtigungspflichten der verarbeitenden Stelle und Informationsrechte der betroffenen Person. Diese Regelungen dienen dazu, die Ausübung der Betroffenenrechte zu erleichtern. Hierzu sollen die Mitgliedstaaten die für die Datenverarbeitung verantwortliche Stelle gemäß Art. 12 Abs. 2 JI-RL ausdrücklich verpflichten. Die dazugehörigen Erwägungsgründe Nr. 39-41[129] machen deutlich, dass den Betroffenen die Rechtsausübung so leicht wie möglich gemacht werden soll, z. B. indem die hierfür benötigten Informationen klar und verständlich kostenfrei abrufbar gemacht werden sollen.

Art. 13 JI-RL benennt die Informationen, die der betroffenen Person mindestens zur Verfügung gestellt werden müssen. Dabei beinhaltet Abs. 1 Informationen, die dem Betroffenen in jedem Fall zur Verfügung zu stellen sind, etwa die für die Datenverarbeitung verantwortliche Stelle, den Zweck der Datenverarbeitung sowie Auskunft über die ihm zustehenden Beschwerderechte sowie das Recht Auskunft, Löschung oder Berichtigung und Einschränkung der Verarbeitung der Daten zu beantragen. In Abs. 2 werden zusätzliche Informationen aufgeführt, die dem Betroffenen in besonderen Fällen mitgeteilt werden müssen. Darunter fallen beispielsweise die Dauer der Speicherung oder die Kriterien, anhand derer diese Dauer bestimmt wird, oder die Kategorien von Empfängern der personenbezogenen Daten. Besondere Fälle sind entsprechend des Erwägungsgrundes Nr. 42 dabei solche, in denen *„diese zusätzlichen Informationen unter Berücksichtigung der spezifischen Umstände, unter denen die Daten verarbeitet werden, notwendig sind, um gegenüber der betroffenen Person eine Verarbeitung nach Treu und Glauben zu gewährleisten"*. Abs. 3 und 4 normieren die Möglichkeit der Mitgliedstaaten Regelungen zu erlassen, nach denen unter bestimmten Voraussetzungen die Unterrichtung des Betroffenen nach Abs. 2 aufgeschoben, eingeschränkt oder unterlassen werden kann, solange dies erforderlich und verhältnismäßig ist und den Grundrechten und berechtigten Interessen des Betroffenen Rechnung getragen wird.

Art. 14 f. JI-RL regeln das Auskunftsrecht des Betroffenen und dessen Einschränkbarkeit. Nach Erwägungsgrund Nr. 43 soll dem Auskunftsrecht des Betroffenen bereits dadurch entsprochen werden, dass ihm eine vollständige Übersicht über seine Daten in verständlicher Form zur Verfügung gestellt wird.

---

[129] Zuordnung Erwägungsgründe zu Artikeln der JI-Richtlinie in *Johannes/Weinhold*, Das neue Datenschutzrecht bei Polizei und Justiz, § 2 Rn. 7.

Diese Übersicht muss es ihm ermöglichen, sich der Daten bewusst zu werden und ihn in die Lage versetzen nachzuprüfen, ob die Daten richtig sind und ob die Verarbeitung im Einklang mit der Richtlinie erfolgte, damit er ggf. seine durch die Richtlinie verliehenen Betroffenenrechte ausüben kann.

Die Mitgliedstaaten können die Auskunftsrechte der Betroffenen ganz oder teilweise einschränken, wenn eine solche Einschränkung erforderlich und verhältnismäßig ist und den Grundrechten und berechtigten Interessen der Betroffenen Rechnung trägt. Art. 15 Abs. 1 lit. a)-e) JI-RL regeln Fallgruppen, in denen eine Einschränkung des Auskunftsrechts vorgenommen werden kann. Dies ist z. B. der Fall zur Gewährleistung, dass die Verhütung, Aufdeckung, Ermittlung oder Verfolgung von Straftaten oder die Strafvollstreckung nicht beeinträchtigt werden, zum Schutz der öffentlichen Sicherheit oder zum Schutz der Rechte und Freiheiten anderer. Dabei können die nationalen Gesetzgeber auch bestimmte Verarbeitungskategorien festlegen, bei denen die Ausnahmeregelungen von Abs. 1 lit. a)-e) ganz oder teilweise zur Anwendung kommen. Nach Erwägungsgrund Nr. 44 soll die verantwortliche Stelle jeweils durch eine Einzelfallprüfung feststellen müssen, ob das Auskunftsrecht ganz oder teilweise eingeschränkt werden darf. Soweit dies nicht den in Abs. 1 genannten Zwecken zuwiderläuft, muss die verantwortliche Stelle den Betroffenen unverzüglich und begründet schriftlich über die Einschränkung oder Verweigerung seines Auskunftsrechts in Kenntnis setzen. Dabei ist er auf seine Rechtsschutzmöglichkeiten, nämlich die Beschwerde bei der Aufsichtsbehörde sowie die Erhebung eines gerichtlichen Rechtsbehelfs, hinzuweisen (Abs. 3). Die Norm sieht außerdem Dokumentationspflichten für die verantwortliche Stelle vor. Die Dokumentation der Entscheidung muss der Aufsichtsbehörde zur Verfügung gestellt werden (Abs. 4).

Art. 16 JI-RL normiert das Recht auf Berichtigung oder Löschung personenbezogener Daten und auf Einschränkung der Verarbeitung. Die verantwortliche Stelle muss Daten unverzüglich berichtigen (Abs. 1) oder löschen (Abs. 2), sobald die Voraussetzungen der Norm vorliegen. Anstatt die Daten zu löschen, kann die verantwortliche Stelle auch die Verarbeitung der Daten einschränken (Abs. 3), wenn die Richtigkeit der betroffenen Daten nicht festgestellt werden kann (lit. a)) oder die Daten zu Beweiszecken weiter aufbewahrt werden müssen (lit. b)). Art. 16 Abs. 4 JI-RL sieht vor, dass die verantwortliche Stelle den Betroffenen über eine Verweigerung der Löschung oder Berichtigung zu informieren hat. Hierfür gelten jedoch Ausnahmen, die dem Katalog in Art. 15 Abs. 1 lit. a)–e) JI-RL entsprechen. Der Betroffene ist auf seine Rechtsschutzmöglichkeiten hinzuweisen. Die verantwortliche Stelle muss die

Berichtigung der Daten außerdem der Stelle mitteilen, von der die unrichtigen Daten stammen (Abs. 5). Außerdem muss sie den Empfänger der Daten über eine Berichtigung, Löschung oder Einschränkung der Verarbeitung in Kenntnis setzen. Der Empfänger hat seinerseits die seiner Verantwortung unterliegenden personenbezogenen Daten zu berichtigen, zu löschen oder deren Verarbeitung einzuschränken (Abs. 6). Die Regelung wird von Art. 5 JI-RL flankiert, wonach die Mitgliedstaaten angemessene Fristen für die Löschung personenbezogener Daten oder eine regelmäßige Überprüfung der Notwendigkeit ihrer Speicherung vorgeben müssen. Darüber hinaus sollen die Mitgliedstaaten durch verfahrensrechtliche Vorschriften sicherstellen, dass diese Fristen eingehalten werden.

d. Art. 20 JI-RL

Art. 20 JI-RL normiert, dass die Verantwortlichen technische und organisatorische Maßnahmen treffen, die sicherstellen sollen, dass nur personenbezogene Daten verarbeitet werden, die für den konkreten Verarbeitungszweck erforderlich sind. Im korrespondierenden Erwägungsgrund Nr. 53 der JI-RL führt der Unionsgesetzgeber aus, dass die Umsetzung entsprechender technischer und organisatorischer Datenschutzmaßnahmen nicht allein von wirtschaftlichen Erwägungen abhängig gemacht werden soll. Insgesamt kann in der Regelung zum einen eine europarechtliche Verankerung des datenschutzrechtlichen Grundsatzes der Zweckbindung gesehen werden. Der deutsche Gesetzgeber sieht hierin darüber hinaus eine Hervorhebung des Datenschutzes durch Verfahrensregelungen.[130]

e. Art. 24 JI-RL

Art. 24 JI-RL sieht vor, dass der Verantwortliche ein Verzeichnis sämtlicher Datenverarbeitungsvorgänge zu führen hat. Dieses muss der Aufsichtsbehörde gemäß Abs. 3 auf Anfrage zur Verfügung gestellt werden. Die Richtlinie sieht in Abs. 1 lit. a)-i) vor, welche Informationen das Verzeichnis enthalten muss. Diese sind a) der Name und die Kontaktdaten des Verantwortlichen, ggf. des gemeinsam mit ihm Verantwortlichen und eines etwaigen Datenschutzbeauftragten, b) die Zwecke der Verarbeitung, c) die Kategorien von Empfängern, gegenüber denen die personenbezogenen Daten offengelegt worden sind oder noch offengelegt werden, einschließlich Empfängern in Drittländern oder internationalen Organisationen, d) eine Beschreibung der Kate-

---

[130] BT-Drs. 18/11325, S. 118.

gorien betroffener Personen und der Kategorien personenbezogener Daten, e) ggf. die Verwendung von Profiling, f) ggf. die Kategorien von Übermittlungen personenbezogener Daten an ein Drittland oder an eine internationale Organisation, g) Angaben über die Rechtsgrundlage der Verarbeitung, einschließlich der Übermittlungen, für die die personenbezogenen Daten bestimmt sind, h) wenn möglich die vorgesehenen Fristen für die Löschung der verschiedenen Kategorien personenbezogener Daten und i) wenn möglich eine allgemeine Beschreibung der technischen und organisatorischen Maßnahmen gemäß Art. 29 Abs. 1.

f. Art 27 JI-RL

Art. 27 JI-RL führt das Instrument der Datenschutz-Folgenabschätzung ein. Er entspricht in wesentlichen Teilen Art. 35 Abs. 1 DSGVO. Letzterer regelt in Abs. 7 den Mindestinhalt einer Datenschutz-Folgenabschätzung. Ein vorgeschriebenes Verfahren ist auf europäischer Ebene bisher nicht entwickelt worden.[131] Die Mitgliedstaaten haben daher auch im Anwendungsbereich der DSGVO einen Ermessensspielraum.[132] Dies dürfte demnach auch für Art. 27 JI-RL gelten. Das White Paper des Forums Privatheit unter Mitarbeit von Autoren des Fraunhofer Instituts für System und Innovationsforschung, des Unabhängigen Landeszentrums für Datenschutz Schleswig-Holstein und der Universität Kassel definiert die Datenschutz-Folgenabschätzung wie folgt: *„Eine Datenschutz-Folgenabschätzung (DSFA) ist ein Instrument, um das Risiko zu erkennen und zu bewerten, das für das Individuum in dessen unterschiedlichen Rollen (als Bürger, Kunde, Patient etc.) durch den Einsatz einer bestimmten Technologie oder eines Systems durch eine Organisation entsteht. Ziel einer DSFA ist es, Kriterien des operationalisierten Grundrechtsschutzes zu definieren, die Folgen von Datenverarbeitungspraktiken möglichst umfassend zu erfassen sowie objektiv und nachvollziehbar mit Blick auf die verschiedenen Rollen und damit verbundenen Interessen so zu bewerten, dass*

---

[131] *Karg*, in: Simitis/Hornung/Spiecker gen. Döhmann, Datenschutzrecht, DSGVO Art. 35 Rn. 60.

[132] Das Europäische Parlament hatte zunächst sehr umfassende formale Vorgaben für die Durchführung der Datenschutz-Folgenabschätzung vorgesehen, konnte sich damit aber gegen die Vorschläge der Kommission und des Rats nicht durchsetzen, vgl. *Karg*, in: Simitis/Hornung/Spiecker gen. Döhmann, Datenschutzrecht, DSGVO Art. 35 Rn. 8.

typischen Angriffen durch Organisationen mit adäquaten Gegenmaßnahmen begegnet werden kann."[133]

g. Art. 28 JI-RL

In Art. 28 JI-RL ist vorgesehen, dass die jeweilige Aufsichtsbehörde vor der Verarbeitung personenbezogener Daten in neu anzulegenden Dateisystemen zu konsultieren ist, wenn entweder aus einer nach Art. 27 der Richtlinie vorzunehmenden Datenschutz-Folgenabschätzung ein hohes Risikos der Datenverarbeitung hervorgeht, oder durch die Form der Verarbeitung insbesondere aufgrund von Verwendung neuer Technologien, Mechanismen oder Verfahren ein hohes Risiko für die Rechte und Freiheiten der Betroffenen folgt.

h. Art. 29 JI-RL

Art. 29 JI-RL bestimmt eine Reihe von Maßnahmen, die der Verantwortliche zu treffen hat, um den Schutz der Betroffenen zu gewährleisten. Die vorzunehmenden Regelungen sind jeweils an dem erwarteten Risiko für die Rechte und Freiheiten der Betroffenen zu messen. Sie beziehen sich unter anderem auf die Zugangskontrolle, Art. 29 Abs. 2 lit. a), e) JI-RL. Der Verantwortliche muss dafür sorgen, dass Unbefugten kein Zugang zu den Datenverarbeitungsanlagen gewährt wird und dass Berechtigte ausschließlich zu jenen Daten Zugriff erlangen, auf die sich die Zugangsberechtigung bezieht.

i. Art. 32 ff. JI-RL

Art. 32 ff. JI-RL regeln die Ernennung, Stellung und Aufgaben des Datenschutzbeauftragten. Hierbei ist insbesondere relevant, dass die für die Datenverarbeitung verantwortliche Stelle den Datenschutzbeauftragten mit ausreichend Ressourcen ausstattet. Darüber hinaus schreibt die Richtlinie ein Mindestmaß an Aufgaben vor, mit denen der Datenschutzbeauftragte betraut werden muss. Hierzu zählen Unterrichtungs-, Beratungs- und Schulungsaufgaben sowie die Überwachung der Einhaltung der Datenschutzvorschriften und die Zusammenarbeit mit der Aufsichtsbehörde.

---

[133] Forum Privatheit und selbstbestimmtes Leben in der digitalen Welt, White Paper Datenschutz-Folgenabschätzung, S. 5, https://www.forum-privatheit.de/wp-content/uploads/Forum_Privatheit_White_Paper_Datenschutz-Folgenabschaetzung_2016-1.pdf.

j. Art. 41 ff. JI-RL

Kapitel VI der Richtlinie enthält Regelungen zur unabhängigen Aufsichtsbehörde. Art. 42 Abs. 1 JI-RL stellt klar, dass die Aufsichtsbehörde „*vollkommen unabhängig*" sein soll. Dies betrifft ausdrücklich die Unabhängigkeit von Beeinflussungen von außen und Weisungen (Abs. 2), die Vermeidung von Interessenkonflikten bei ihren Mitarbeitern (Abs. 3), die angemessene Ausstattung mit personellen, technischen, finanziellen und infrastrukturellen Ressourcen (Abs. 4), die unabhängige Auswahl des Personals (Abs. 5) und das Unterstehen einer Finanzkontrolle, das die Unabhängigkeit der Aufsichtsbehörde nicht beeinträchtigt (Abs. 5).

Art. 43 und 44 JI-RL verpflichten die Mitgliedstaaten zum Erlass von Verfahrensregeln über die Mitglieder der Aufsichtsbehörde und die Errichtung der Aufsichtsbehörde.

Art. 45 JI-RL trifft Vorgaben zur Zuständigkeit der Aufsichtsbehörde und der Abgrenzung der Zuständigkeit zu derjenigen von Gerichten oder von anderen unabhängigen Justizbehörden, während Art. 46 und 47 JI-RL Vorgaben zu deren Aufgaben und Befugnissen enthalten.

Art. 46 JI-RL umschreibt die Aufgaben, die die Mitgliedstaaten für ihre Aufsichtsbehörden vorzusehen haben. Dazu enthält Abs. 1 lit. a)-l) einen Aufgabenkatalog, der von der Überwachung der Einhaltung der Vorschriften der Richtlinie über die Sensibilisierung der Öffentlichkeit und der Verantwortlichen und den Umgang mit Beschwerden bis zu Beratungsaufgaben und der Zusammenarbeit mit anderen Aufsichtsbehörden reicht. Abs. 2 bestimmt, dass die Aufsichtsbehörde das Einreichen von Beschwerden durch den Betroffenen zu erleichtern hat. Abs. 3 stellt klar, dass die Aufsichtsbehörde ihre Aufgaben gegenüber dem Betroffenen und dem Datenschutzbeauftragten grundsätzlich unentgeltlich ausübt. Hierzu sieht Abs. 4 eine Ausnahme vor, die dann greift, wenn es sich um offenkundig unbegründete oder exzessive Anträge handelt. In solchen Fällen kann die Aufsichtsbehörde für die Erfüllung ihrer Aufgaben eine angemessene Gebühr verlangen.

Art. 47 JI-RL regelt die Befugnisse der unabhängigen Aufsichtsbehörde. Gemäß Abs. 1 müssen die Mitgliedstaaten vorsehen, dass die Aufsichtsbehörde über wirksame Untersuchungsbefugnisse verfügt. Umfasst ist hiervon zumindest die Befugnis, von dem Verantwortlichen und Auftragsverarbeiter Zugang zu allen personenbezogenen Daten, die verarbeitet werden, sowie auf alle Informationen, die zur Erfüllung ihrer Aufgabe notwendig sind, zu erhalten. Die

Aufsichtsbehörde soll darüber hinaus gemäß Abs. 2 über wirksame Abhilfebefugnisse verfügen. Abs. 2 lit. a)-c) führen beispielhaft solche Befugnisse auf, die es der Behörde gestatten:

a) einen Verantwortlichen oder einen Auftragsverarbeiter zu warnen, dass beabsichtigte Verarbeitungsvorgänge voraussichtlich gegen die nach dieser Richtlinie erlassenen Vorschriften verstoßen;

b) den Verantwortlichen oder den Auftragsverarbeiter anzuweisen, Verarbeitungsvorgänge, gegebenenfalls auf bestimmte Weise und innerhalb eines bestimmten Zeitraums, mit den nach dieser Richtlinie erlassenen Vorschriften in Einklang zu bringen, insbesondere durch die Anordnung der Berichtigung oder Löschung personenbezogener Daten oder Einschränkung der Verarbeitung gemäß Artikel 16;

c) eine vorübergehende oder endgültige Beschränkung der Verarbeitung, einschließlich eines Verbots, zu verhängen.

Abs. 3 bestimmt, dass die Mitgliedstaaten durch Rechtsvorschriften sicherzustellen haben, dass die Aufsichtsbehörde über wirksame Beratungsbefugnisse verfügt, insbesondere um den Verantwortlichen im Rahmen der Vorabkonsultation nach Art. 28 JI-RL zu beraten. Abs. 4 stellt klar, dass die Ausübung der Befugnisse der Aufsichtsbehörde vorbehaltlich geeigneter Garantien, einschließlich wirksamer gerichtlicher Rechtsbehelfe und ordnungsgemäßer Verfahren, erfolgt. Darüber hinaus sieht Abs. 5 die Befugnis der Aufsichtsbehörde vor, Verstöße gegen nach der JI-RL erlassene Vorschriften den Justizbehörden zur Kenntnis zu bringen und ggf. die Einleitung eines gerichtlichen Verfahrens zu betreiben oder sich an einem solchen zu beteiligen, um nach der JI-RL erlassene Vorschriften durchzusetzen.

Entsprechend Erwägungsgrund Nr. 82 sieht die Richtlinie also insbesondere Untersuchungs-, Beratungs- und Abhilfebefugnisse vor. Es wird außerdem erläutert, dass die Aufsichtsbehörden ihre Befugnisse *„in Übereinstimmung mit den geeigneten Verfahrensgarantien nach dem Unionsrecht und dem Recht der Mitgliedstaaten unparteiisch, gerecht und innerhalb einer angemessenen Frist"* ausüben sollen. *„Insbesondere sollte jede Maßnahme im Hinblick auf die Gewährleistung der Einhaltung dieser Richtlinie geeignet, erforderlich und verhältnismäßig sein, wobei die Umstände des jeweiligen Einzelfalls zu berücksichtigen sind."*

Die Vorschriften zu den Befugnissen der Aufsichtsbehörde nach der JI-RL bleiben hinter denen der DSGVO zurück. Art. 58 DSGVO listet umfangreiche

Befugnisse der Aufsichtsbehörde auf.[134] Den Mitgliedstaaten wird im Anwendungsbereich der JI-RL also nicht nur naturgemäß aufgrund des Richtliniencharakters, sondern auch inhaltlich ein weiterer Spielraum eingeräumt.

3. Verordnung

Der Anwendungsbereich der JI-RL ist vom Anwendungsbereich der DSGVO ausgenommen. Diese gilt nach Art. 2 Abs. 2 lit. d) DSGVO nicht für die Verarbeitung personenbezogener Daten durch die zuständigen Behörden zum Zwecke der Verhütung, Ermittlung, Aufdeckung oder Verfolgung von Straftaten oder der Strafvollstreckung, einschließlich des Schutzes vor und der Abwehr von Gefahren für die öffentliche Sicherheit.

Die Verordnung gilt aber dort unmittelbar, wo Daten nicht zu Zwecken der Strafverfolgung oder Gefahrenabwehr verarbeitet werden. Dies betrifft beim BKA also Daten der Verwaltungsdateien, z. B. Personaldaten. Auch Daten, die zunächst dem Anwendungsbereich der Richtlinie unterfallen, also die ursprünglich zum Zwecke der Strafverfolgung oder Gefahrenabwehr verarbeitet wurden, können später dem Anwendungsbereich der Verordnung unterfallen. Dies ist dann der Fall, wenn sie zu statistischen Zwecken oder zu Ausbildungszwecken weiterverarbeitet werden. Ebenso unterfallen beispielsweise Fahndungen nach Vermissten ohne Bezug auf eine konkrete Straftat dem Anwendungsbereich der DSGVO.[135]

4. Europol als Vorbild

Als einen der wesentlichen Gründe für die Überarbeitung des BKAG nennt der Gesetzgeber die Modernisierung des BKA als Zentralstelle u. a. nach dem Vorbild Europols.[136] Daher soll im Folgenden kurz auf den Aufbau Europols und die rechtlichen Grundlagen, insbesondere im Hinblick auf den Umgang mit Daten, eingegangen werden.

Das Europäische Polizeiamt Europol wurde 1999 gegründet und dient der Unterstützung der Strafverfolgungsbehörden in den EU-Mitgliedstaaten.[137] Dabei soll es als Knotenpunkt für den Informationsaustausch zu kriminellen Aktivitä-

---

[134] *Johannes/Weinhold*, Das neue Datenschutzrecht bei Polizei und Justiz, § 1 Rn. 106.

[135] *Johannes/Weinhold*, Das neue Datenschutzrecht bei Polizei und Justiz, § 1 Rn. 47.

[136] BT-Drs. 18/11163, S. 1, 78, 85.

[137] https://europa.eu/european-union/about-eu/agencies/europol_de.

ten dienen.[138] Die Parallelen zum BKA als nationale Zentralstelle sind deutlich erkennbar.

Art. 88 Abs. 2 UAbs. 1 lit. a) AEUV sieht als erste mögliche Aufgaben von Europol das Einholen, Speichern, Verarbeiten, Analysieren und Austauschen von Informationen vor. In den Art. 10 ff. des Europol-Beschlusses sind diese Aufgaben näher geregelt. Europol unterhält das Europol-Informationssystem sowie Arbeitsdateien zu Analysezwecken. Dies umfasst auch die Unterhaltung von Systemen zur Verarbeitung personenbezogener Daten. Europol muss dabei sicherstellen, dass die Zugangsberechtigung zu den Systemen und Daten geregelt und kontrolliert erfolgt.[139]

Die Bedeutung von Europol als eine Art Servicedienstleister der nationalen Sicherheitsbehörden in der europäischen Sicherheitsinfrastruktur wächst stetig an. Der Bedeutungszuwachs lässt sich auch anhand der zugrunde liegenden Rechtsakte erkennen. Handelte es sich dabei zunächst um das von den Mitgliedstaaten umzusetzende Europol-Übereinkommen und den Europol-Beschluss, gilt nunmehr die unmittelbar anwendbare Europolverordnung.[140]

Neben Europol als zentraler Organisationseinheit der polizeilichen Zusammenarbeit auf EU-Ebene gibt es noch drei andere Einrichtungen, die in diesem Zusammenhang zu nennen sind, nämlich die Agentur der Europäischen Union für die Aus- und Fortbildung auf dem Gebiet der Strafverfolgung (CEPOL), den Ständigen Ausschuss für die operative Zusammenarbeit im Bereich der inneren Sicherheit (COSI) sowie das EU-Nachrichtenanalysezentrum (EU-INTCEN).[141]

Die Schaffung einer Europäischen Polizeiakademie, CEPOL, beschloss der Europäische Rat auf seiner Tagung vom 15. und 16. Oktober 1999 in Tampere. Die Errichtung der Akademie erfolgte mit dem Beschluss 2000/820/JI des Rates.[142] Auf Grundlage des aktuellen Mandats nach der Verordnung (EU) 2015/2219 des Europäischen Parlaments und des Rates vom 25. November 2015[143] befasst sie sich mit der Schulung von Bediensteten von Strafverfolgungsbehörden und trägt damit nicht nur zur Wissensvermittlung,

---

[138] https://europa.eu/european-union/about-eu/agencies/europol_de.

[139] *Calliess/Ruffert*, EUV/AEUV, Art. 88 AEUV Rn. 19.

[140] *Schröder*, Kriminalistik 11/2018, 692 (692).

[141] http://www.europarl.europa.eu/factsheets/de/sheet/156/polizeiliche-zusammenarbeit.

[142] ABl. Nr. L 336 vom 30.12.200, S. 1.

[143] ABl. Nr. L 319 vom 4.12.2015, S. 1.

sondern auch zur Stärkung von professionellen Netzwerken zwischen den Mitarbeitern der Strafverfolgungsbehörden bei.[144]

Entsprechend Art. 71 AEUV dient COSI der Sicherstellung, der Förderung und der Stärkung der operativen Zusammenarbeit der Union im Bereich der inneren Sicherheit. Der Ausschuss setzt sich zusammen aus Vertretern der Innen- und/oder Justizministerien aller EU-Mitgliedstaaten sowie aus Vertretern der Kommission und des Europäischen Auswärtigen Dienstes (EAD). Darüber hinaus können Europol, Eurojust, Frontex, CEPOL und andere einschlägige Gremien als Beobachter zu den Sitzungen eingeladen werden.[145]

Bei EU-INTCEN handelt es sich um das geheimdienstliche Lagezentrum der EU, das als eine Direktion des EAD ausgestaltet ist.[146]

Auch auf europäischer Ebene wird an einer Verknüpfung verschiedener Datenbanken und schnelleren Bereitstellung bzw. leichteren Suche von Daten gearbeitet. Hierauf soll in den folgenden Abschnitten näher eingegangen werden.

a. Das europäische Informationssystem EIS

Europol führt das europäische Informationssystem Europol Information System (EIS). EIS ist die zentrale europäische Datenbank bezüglich internationaler Kriminalität, die in den Aufgabenbereich von Europol fällt. Das System gibt es seit 2005 und es ist in 22 Sprachen verfügbar. EIS enthält Informationen über schwere Straftaten mit internationalem Bezug, verdächtige und verurteilte Personen, kriminelle Strukturen und über Objekte, die zur Begehung von Straftaten verwendet wurden. Das System dient der Prüfung, ob Informationen über eine bestimmte Person oder ein Objekt über die Grenzen eines Mitgliedstaates hinaus vorliegen. Das System ermöglicht auch die Speicherung und automatische Überprüfung von biometrischen und cyberkriminalitätsbezogenen Daten. Grundsätzlich nutzungsberechtigt sind die Mitarbeiter von Europol, die Verbindungsbeamten der Mitgliedstaaten sowie die zu Europol abgeordneten nationalen Experten und die Mitarbeiter der nationalen Stellen für Europol.

---

[144] https://www.cepol.europa.eu/de.

[145] https://www.consilium.europa.eu/de/council-eu/preparatory-bodies/standing-committee-opera tional-cooperation-internal-security/.

[146] http://www.europarl.europa.eu/factsheets/de/sheet/156/polizeiliche-zusammenarbeit.

Darüber hinaus können einige der Kooperationspartner von Europol über das operative Zentrum von Europol Daten speichern und abfragen.[147]

Seit 2015 nutzen zahlreiche Länder und Organisationen EIS außerdem dazu Listen ausländischer terroristischer Kämpfer (Foreign Terrorist Fighters, FTF) auszutauschen. Auf diese Daten hatten bis Ende 2016 20-Anti-Terror-Einheiten direkten Zugang, die Liste enthielt zu diesem Zeitpunkt über 7.800 Beiträge aus 24 Ländern.[148]

b. Datenschnittstelle QUEST

Eine aktuelle Bestrebung die Interoperabilität zu verbessern ist das Projekt Querying Europol Systems (QUEST). Bei QUEST handelt es sich um einen von Europol entwickelten Service in Form einer Datenschnittstelle, die Europol am 10. Mai 2018 nach verschiedenen Tests in Betrieb nahm. Zum jetzigen Zeitpunkt können über QUEST Namensanfragen und Anfragen mit Waffen-daten in EIS durchgeführt werden. Solche Anfragen können von allen EU-Staaten vorgenommen werden, sobald diese bei sich die technischen Rahmenbedingungen geschaffen haben und die nationalen Schnittstellen implementiert sind.[149] Allerdings nehmen an dem Projekt bisher nur Estland, Finnland, Griechenland, Polen und Spanien teil. In Deutschland soll die QUEST-Schnittstelle voraussichtlich 2019–2020 entwickelt werden, dann soll bei Europol bereits die nächste Generation von QUEST eingesetzt werden.[150]

c. Weitere Vernetzungsbestrebungen

Neben QUEST wird auch an anderen Stellen der Wille der Mitgliedstaaten deutlich, die Interoperabilität sicherheitsrelevanter Datenbanken zu erhöhen, indem diese vernetzt oder gänzlich in einen einheitlichen Informationsbestand zusammengefasst werden.

So hat es im Februar 2019 eine vorläufige Verständigung zwischen dem EU-Parlament und dem Ministerrat darüber gegeben, die Interoperabilität von EU-Informationssystemen durch eine Biometriedatenbank zu stärken.[151] Da-

---

[147] Zum bereits vor der Inbetriebnahme von EIS bestehendem operativen Zentrum und der Zusammenarbeit mit Kooperationspartnern, vgl. Europol Jahresbericht 2011, S. 9, 13.

[148] https://www.europol.europa.eu/activities-services/services-support/information-exchange/euro pol-information-system.

[149] BT-Drs. 19/3404, S. 1 f.

[150] BT-Drs. 19/3404, S. 2.

[151] Pressemitteilung von EU-LISA vom 05.02.2019, https://www.eulisa.europa.eu/Newsroom/ News/Pages/Political-Agreement-for-Interoperability-between-EU-Information-Systems.aspx.

von betroffen sind zwei neue Verordnungen für die „*polizeiliche und justizielle Zusammenarbeit, Asyl und Migration*" sowie „*Grenzen und Visa*". Das Konzept umfasst die teilweise Zusammenlegung von Datenbanken, um die Abrufbarkeit von Informationen in einer Datenbank zu konzentrieren. Es sollen eine passende Suchmaschine, ein Identitätsspeicher, ein Detektor für Mehrfachidentitäten und eine Identitätsbestätigungsdatei implementiert werden. Die Speicherung des Informationsbestands soll dabei zentral bei EU-LISA, der Agentur für das Betriebsmanagement von IT-Großsystemen im Raum der Freiheit, der Sicherheit und des Rechts in Tallinn erfolgen. Die neuen Funktionen sollen dabei bereits ab 2023 zur Verfügung stehen. Von den neuen Verordnungen wäre unter anderem das SIS II betroffen. Außerdem betroffen wäre das System Eurodac, in dem die Fingerabdrücke von Asylbewerbern und Einreisenden aus Drittstaaten gespeichert werden und das Visa-Informationssystem VIS, das Daten zu Antragstellern für Kurzaufenthaltsvisa inklusive biometrischer Daten enthält. Neben diesen drei Informationsbeständen soll die Suchfunktion jedoch auch Daten der Agenturen Europol und Interpol verfügbar machen. Zusätzlich plant die EU die Einrichtung von drei weiteren Systemen; EES, ECRIS-TN und ETIAS. EES soll ein Einreise- bzw. Ausreisesystem sein, in dem bei Überschreitung einer EU-Außengrenze die biometrischen Daten aller Drittstaatsangehörigen erhoben werden sollen. ECRIS-TN, ein europäisches Strafregisterinformationssystem für Drittstaatsangehörige, soll den Austausch von Informationen zu strafrechtlichen Verurteilungen von Drittstaatsangehörigen erleichtern. Das europäische Reiseinformations- und -genehmigungssystem ETIAS soll Daten zu Reisen speichern, z. B. Zweck und Verlauf der Reise.

Auch geplant ist die Schaffung eines zentralen Informationsspeichers, in dem Berichte und Statistiken über die Anzahl von Datenabfragen und -speicherungen abgelegt werden sollen und der die Grundlage für regelmäßige Berichte über die Interoperabilität der Informationssysteme bilden soll.[152]

Die Pressemitteilung von EU-LISA führt zum mit den neuen Regelungen verfolgten Zweck aus: „The purpose of the regulations is to ensure that border guards and police officers have access to the right information when and where they need it to perform their duties, thus further closing security gaps."[153]

---

[152] *Raab*, MMR-Aktuell 2019, 414406.

[153] Pressemitteilung von EU-LISA vom 05.02.2019, https://www.eulisa.europa.eu/Newsroom/News/Pages/Political-Agreement-for-Interoperability-between-EU-Information-Systems.aspx.

Hinsichtlich des Datenschutzes liest sich auf der Website der Europäischen Kommission unter der Überschrift „Strong data protection safeguard": „*Privacy and security are two sides of the same coin. The proposed measures will not lead to the interconnectivity of the individual systems. Each system will keep its specific purpose limitation, access and data retention rules. The proposed measures will also not lead to an increase in the collection of new data. They provide a targeted and intelligent way of using existing information held in EU systems to best effect.*"[154]

Hinter diesen Zitaten steht jeweils der Gedanke die Abfrage- und bei entsprechend vorliegender Berechtigung die Abrufmöglichkeiten aus den bestehenden Informationssystemen zu verbessern.

5. Rechtsprechung des EuGH

Der EuGH hat in den vergangenen Jahren mehrfach hohe Datenschutzstandards verlangt.[155] Dabei dienten die Entscheidungen des BVerfG zum Datenschutz als „*wichtige Inspirationsquelle*"[156], insbesondere hinsichtlich der Reichweite des Schutzbereichs, unter den jedes Datum unabhängig seiner Bedeutung fällt, sowie der Ausdifferenzierung in prozeduraler und institutioneller Hinsicht.

a. Zur Ungültigkeit der EU-Richtlinie über die Vorratsdatenspeicherung

Das Urteil des EuGH zur Ungültigkeit der EU-Richtlinie über die Vorratsdatenspeicherung ist eines der wichtigsten Urteile des EuGH zum Datenschutzrecht.[157] Der EuGH hatte über ein Vorabentscheidungsersuchen des Irischen High Courts und des Österreichischen Verfassungsgerichtshofs zur Gültigkeit der RL 2006/24/EG des Europäischen Parlaments und des Rates vom 15. März 2006 über die Vorratsspeicherung von Daten, die bei der Bereitstellung öffentlich zugänglicher elektronischer Kommunikationsdienste oder öffentlicher Kommunikationsnetze erzeugt oder verarbeitet werden, und zur Änderung der RL 2002/58/EG[158] zu entscheiden.

---

[154] https://ec.europa.eu/home-affairs/sites/homeaffairs/files/what-we-do/policies/european-agenda-security/20190205_security-union-closing-information-gaps_en.pdf.

[155] *Kühling*, NJW 2017, 3069 (3069).

[156] *Kühling*, NJW 2017, 3069 (3069).

[157] EuGH NJW 2014, 2169.

[158] ABl. Nr. L 105 vom 13.04.2006, S. 54.

Der EuGH führt in diesem Zusammenhang aus:

> *„Zur Erforderlichkeit der durch die RL 2006/24 vorgeschriebenen Vorratsspeicherung der Daten ist festzustellen, dass zwar die Bekämpfung schwerer Kriminalität, insbesondere der organisierten Kriminalität und des Terrorismus, von größter Bedeutung für die Gewährleistung der öffentlichen Sicherheit ist und dass ihre Wirksamkeit in hohem Maß von der Nutzung moderner Ermittlungstechniken abhängen kann. Eine solche dem Gemeinwohl dienende Zielsetzung kann jedoch, so grundlegend sie auch sein mag, für sich genommen die Erforderlichkeit einer Speicherungsmaßnahme – wie sie die RL 2006/24 vorsieht – für die Kriminalitätsbekämpfung nicht rechtfertigen.*
>
> *Der Schutz des Grundrechts auf Achtung des Privatlebens verlangt nach ständiger Rechtsprechung des EuGH jedenfalls, dass sich die Ausnahmen vom Schutz personenbezogener Daten und dessen Einschränkungen auf das absolut Notwendige beschränken müssen [...].“*

Der EuGH kommt zu dem Schluss, dass die EU-Richtlinie zur Vorratsdatenspeicherung keine klaren und präzisen Regelungen zur Tragweite der Grundrechtseingriffe beinhaltet. Die Richtlinie stelle somit einen Eingriff in die Grundrechte von großem Ausmaß und besonderer Schwere dar, ohne dass sie Regelungen enthielte, die gewährleisten könnten, dass sich der Eingriff tatsächlich auf das absolut Notwendige beschränke.[159] Insbesondere führte das Gericht aus, dass die Richtlinie die notwendigen *„klaren und präzisen“* Regeln für die Datenverarbeitung nicht enthalte.[160] Darüber hinaus biete sie keine hinreichenden, den Anforderungen von Art. 8 GRCh entsprechenden Garantien dafür, *„dass die auf Vorrat gespeicherten Daten wirksam vor Missbrauchsrisiken sowie vor jedem unberechtigten Zugang zu ihnen und jeder unberechtigten Nutzung geschützt sind.“*[161] Außerdem gewährleiste die Richtlinie keine wirksame Datenschutzkontrolle. Eine solche Kontrolle sei aber *„ein wesentlicher Bestandteil der Wahrung des Schutzes der Betroffenen bei der Verarbeitung personenbezogener Daten.“*[162] Dementsprechend etablierte der EuGH in dieser Entscheidung zugleich allgemeingültige datenschutzrechtliche Standards.[163]

---

[159] EuGH NJW 2014, 2169 (2172 f.).
[160] EuGH NJW 2014, 2169 (2173), Rn. 54.
[161] EuGH NJW 2014, 2169 (2173), Rn. 66.
[162] EuGH NJW 2014, 2169 (2173), Rn. 68.
[163] *Eichenhofer,* EuR 2016, 76 (78).

Im Ergebnis forderte der EuGH dem Konzept der Vorratsdatenspeicherung zwar strenge Regelungen ab, die Möglichkeit einer rechtmäßig ausgestalteten Vorratsdatenspeicherung lehnte er jedoch nicht ab.[164]

b. Zur Vorratsdatenspeicherung durch die Mitgliedstaaten

Mit seinem Urteil vom 21. Dezember 2016 hat der EuGH eine weitere Entscheidung zur Vorratsdatenspeicherung getroffen,[165] mit der er den Mitgliedstaaten bei Erlass nationaler Regelungen Mindestanforderungen auferlegte und eine allgemeine und unterschiedslose Speicherung als unionsrechtswidrig beurteilte.[166] Das Urteil war eng an die Entscheidung zur Ungültigkeit der EU-Richtlinie über die Vorratsdatenspeicherung von 2014 angelehnt.[167]

Der Entscheidung lagen zwei Vorabentscheidungsersuchen betreffend die Gesetze zur Vorratsdatenspeicherung in Schweden und Großbritannien des Oberverwaltungsgerichts Stockholm und des Berufungsgerichts für England und Wales zugrunde. Die Gesetze waren jeweils zur Umsetzung der RL 2006/24/EG erlassen und nach deren Nichtigkeitserklärung durch die Entscheidung des EuGH von 2014 aufrechterhalten worden. Die Gerichte legten dem EuGH die Frage vor, ob diese nationalen Gesetze dem Unionsrecht unterliegen und Art. 15 Abs. 1 der Richtlinie 2002/58/EG im Lichte der Art. 7 und 8 sowie Art. 52 Abs. 1 GRCh entsprechen.

Der EuGH stellte fest, dass alle nationalen Gesetze zur Vorratsdatenspeicherung an den Vorgaben von Art. 15 Abs. 1 der Richtlinie 2002/58/EG zu messen seien. Demnach gelten für die nationalen Vorschriften auch die Unionsgrundrechte. In Bestätigung seiner Entscheidung von 2014 führte der EuGH aus, dass die Gesetze der Mitgliedstaaten zur Vorratsdatenspeicherung vorsehen müssen, dass Grundrechtseingriffe auf das *„absolut Notwendige"* begrenzt sind.[168] Dies sei bei einer Regelung, die *„die allgemeine und unterschiedslose Vorratsspeicherung sämtlicher Verkehrs- und Standortdaten vorsieht"*, nicht gewährleistet.[169]

Aktuell liegen dem EuGH erneut Fragen zur Vorratsdatenspeicherung zur Entscheidung vor. Diese stammen aus Großbritannien, Frankreich und Belgien

---

[164] *Simitis*, NJW 2014, 2158 (2160).

[165] EuGH NJW 2017, 717.

[166] *Priebe*, EuZW 2017, 136.

[167] *Priebe*, EuZW 2017, 136 (137).

[168] EuGH NJW 2017, 717 (721).

[169] EuGH NJW 2017, 717 (722).

und haben jeweils Auskunftsverlangen von Polizei und Nachrichtendiensten gegenüber den Anbietern von Telekommunikationsdiensten auf Herausgabe von Telefon- und Internetdaten ihrer Nutzer zum Gegenstand.[170] Die Formulierung der Vorlagefrage aus Großbritannien verweist auf die Entscheidung nationaler Gerichte. Diese hätten festgestellt, dass eine strenge Umsetzung der EU-Vorgaben die nationale Sicherheit gefährde. Auch das BVerwG hat dem EuGH kürzlich eine Vorlagefrage zur Vorratsdatenspeicherung vorgelegt.[171]

c. *Zur Ungültigkeit der Safe-Harbor-Entscheidung der EU betreffend die USA*

Bedeutend ist auch die Entscheidung des EuGH zur Ungültigkeit der Safe-Harbor-Entscheidung der EU betreffend die USA.[172] Diese bezieht sich zwar nicht auf den sicherheitsrechtlichen Bereich. Der EuGH macht jedoch grundsätzlich den hohen Stellenwert des Schutzes personenbezogener Daten deutlich, indem er ihm Vorrang vor dem Grundsatz des freien Datenverkehrs einräumt, der entsprechend Art. 16 Abs. 1 AEUV innerhalb der EU eines der wesentlichen Ziele zur Harmonisierung des europäischen Binnenmarktes darstellt.[173]

Inhaltlich geht es um die Entscheidung der Kommission, dass Datenübermittlungen an die USA grundsätzlich zulässig seien, eine sogenannte „Safe-Harbor"-Entscheidung.[174] Grundlage dessen war Art. 25 Abs. 6 der Richtlinie 95/46/EG, nach dem die Kommission feststellte, ob „*ein Drittland aufgrund seiner innerstaatlichen Rechtsvorschriften oder innernationaler Verpflichtungen [...] ein angemessenes Schutzniveau im Sinne des Absatz 2 gewährleistet*". Art. 25 Abs. 2 der Richtlinie regelte, dass die Angemessenheit des Schutzniveaus, das ein Drittland bietet, unter Berücksichtigung aller Umstände beurteilt wird, die bei einer Datenübermittlung oder einer Kategorie von Datenübermittlungen eine Rolle spielen. Dazu sollten insbesondere die Art der Daten, die Zweckbestimmung sowie die Dauer der geplanten Verarbeitung, das Herkunfts- und das Endbestimmungsland, die in dem betreffenden Dritt-

---

[170] *Sehl*, EuGH verhandelt zur Vorratsdatenspeicherung, LTO, 06.09.2019, https://www.lto.de/recht/hintergruende/h/eugh-c62317-vorratsdatenspeicherung-ueberwachung-privacy-eu-deutschland/.

[171] BVerwG Beschl. v. 25.09.2019 6 C 12.18 u. a.; vgl. Pressemitteilung des BVerwG Nr. 66/2019 vom 25.09.2019, https://www.bverwg.de/pm/2019/66.

[172] EuGH NVwZ 2016, 43.

[173] *Eichenhofer*, EuR 2016, 76 (85 f.).

[174] Entscheidung 2000/520/EG der Kommission vom 26.07.2000, ABl. Nr. L 215 vom 25.8.2000, S. 7.

land geltenden allgemeinen oder sektoriellen Rechtsnormen sowie die dort geltenden Standesregeln und Sicherheitsmaßnahmen berücksichtigt werden.

In dem vom EuGH zu entscheidenden Verfahren ging es insbesondere um die Frage, ob die in Art. 28 der Richtlinie etablierten nationalen „Kontrollstellen" nach einer solchen Entscheidung der Kommission nicht mehr befugt seien, ihrerseits Untersuchungen und Einwirkungen geltend zu machen und ihr entsprechendes Klagerecht verlören. In dem der Entscheidung zugrunde liegenden Sachverhalt hatte sich der Österreicher Max Schrems im Jahr 2011 an den irischen Datenschutzbeauftragten gewandt. Dieser sollte den Internetkonzern Facebook Inc., dessen Sitz in den USA ist und der eine Niederlassung in Irland betreibt, dazu anweisen, alle Informationen herauszugeben, die das Unternehmen über ihn gespeichert hatte. In der Folge wurden ihm von Facebook Inc. alle über ihn gespeicherten Daten zugesandt. Darunter befanden sich auch solche Daten, die Herr Schrems bereits von seinem Facebook-Account gelöscht hatte. Daraufhin verlangte Herr Schrems 2013 vom irischen Datenschutzbeauftragten eine Überprüfung der Sicherheit der Daten aller europäischen Facebook-Nutzer vorzunehmen sowie Facebook Ireland die Übermittlung seiner personenbezogenen Daten in die USA zu untersagen. Der irische Datenschutzbeauftragte lehnte diesen Antrag mangels Prüfungsbefugnis ab und verwies den Antragsteller auf die seiner Ansicht nach bindende Safe-Harbor-Entscheidung der Europäischen Kommission. Gegen diese Entscheidung des irischen Datenschutzbeauftragten wandte sich Herr Schrems daraufhin an den irischen High Court. Dieser legte wiederum dem EuGH im Wege des Vorabentscheidungsverfahrens nach Art. 267 AEUV die Frage vor, ob Art. 25 Abs. 6 Datenschutz-RL mit Blick auf Art. 7 und 8 GRCh dahingehend auszulegen sei, dass es einer Datenschutzbehörde eines Mitgliedstaats verwehrt sei, die Übermittlung personenbezogener Daten in einen Drittstaat zu kontrollieren, dem die Kommission in ihrer aufgrund von Art. 25 Abs. 6 Datenschutz-RL ergangenen Entscheidung ein „angemessenes Schutzniveau" bescheinigt habe.[175]

Dies verneinte der EuGH. In seiner Entscheidung erklärt er bereits die Safe-Harbor-Entscheidung der Kommission gegenüber den USA für ungültig. Dies macht er insbesondere an einer fehlenden Begründung der Kommission

---

[175] *Eichenhofer*, EuR 2016, 76 (80 f.).

fest.[176] So habe die Kommission zu wesentlichen Punkten keine ausreichenden Feststellungen getroffen.[177]

Dabei trifft der EuGH am Ende seiner Urteilsbegründung einige wesentliche Aussagen, die den Gehalt der Grundrechte aus Art. 7 und 8 GRCh betreffen. Das Gericht führt aus:

> „Zu dem innerhalb der Union garantierten Schutzniveau der Freiheiten und Grundrechte ist festzustellen, dass eine Unionsregelung, die einen Eingriff in die durch die Art. 7 und 8 der Charta garantierten Grundrechte enthält, nach ständiger Rechtsprechung des EuGH klare und präzise Regeln für die Tragweite und die Anwendung einer Maßnahme vorsehen und Mindestanforderungen aufstellen muss, so dass die Personen, deren personenbezogene Daten betroffen sind, über ausreichende Garantien verfügen, die einen wirksamen Schutz ihrer Daten vor Missbrauchsrisiken sowie vor jedem unberechtigten Zugang zu diesen Daten und jeder unberechtigten Nutzung ermöglichen. Das Erfordernis, über solche Garantien zu verfügen, ist umso bedeutsamer, wenn die personenbezogenen Daten automatisch verarbeitet werden und eine erhebliche Gefahr des unberechtigten Zugangs zu ihnen besteht [...]."[178]

Darüber hinaus sieht der EuGH das in Art. 47 GRCh verankerte Grundrecht auf effektiven gerichtlichen Rechtsschutz als verletzt an, sofern eine Regelung keine Möglichkeit für den Bürger vorsehe, mittels eines Rechtsbehelfs Zugang zu den ihn betreffenden personenbezogenen Daten zu erlangen oder ihre Berichtigung oder Löschung zu erwirken.[179]

II. Nationales Recht

1. Verfassungsrecht: Recht auf informationelle Selbstbestimmung

Ein ausdrückliches Datenschutzgrundrecht findet sich im GG nicht. Inhaltlich gab es den „Datenschutz" im Sinne eines Schutzes besonderer personenbezogener Informationen in verschiedener Ausprägung jedoch bereits sehr

---

[176] *Bergt* fasst dies als „Begründungsmangel" zusammen, MMR 2015, 753 (760).

[177] *Streinz*, JuS 2016, 182 (184); EuGH, NVwZ 2016, 43 (48), Rn. 79 ff.

[178] EuGH, NVwZ 2016, 43 (49), Rn. 91.

[179] EuGH, NVwZ 2016, 43 (49), Rn. 95.

früh.[180] Als gesetzliche Verankerungen sind z. B. das Steuergeheimnis oder das Fernmeldegeheimnis und die Geheimhaltungsvorschriften für bestimmte Amtsträger zu nennen.[181] Auch werden immer wieder Stimmen laut, ein Datenschutzgrundrecht ausdrücklich im Grundgesetz zu verankern. So brachte 2008 z. B. die Fraktion BÜNDNIS 90/Die Grünen einen entsprechenden Entwurf zur Änderung des Grundgesetzes ein, in dem Art. 2a GG-E das Selbstbestimmungsrecht über persönliche Daten normierte.[182] Der Bundesgesetzgeber ist solchen Bestrebungen bislang nicht nachgekommen. Hingegen ist in der Nordrhein-Westfälischen Verfassung ein Grundrecht auf Datenschutz in Art. 4 Abs. 2 normiert.

Da es kein spezielles Datenschutzgrundrecht gibt, ist der Umgang mit personenbezogenen Daten auf nationaler Ebene insbesondere am Grundrecht auf informationelle Selbstbestimmung zu messen, das eine Ausprägung des allgemeinen Persönlichkeitsrechts ist.[183]

a. Herleitung des Grundrechts

Die Tendenzen zur Entwicklung eines Grundrechts auf informationelle Selbstbestimmung zeigten sich ab den frühen 1970er-Jahren, vor allem im Zuge der politischen Diskussionen rund um die Schaffung eines Bundesdatenschutzgesetzes.[184] War man lange Zeit davon ausgegangen, dass sich der Schutzbereich der allgemeinen Handlungsfreiheit in nach außen tretenden Handlungen erschöpft, wurde im Zuge der politischen Debatte in den 1970er-Jahren verstärkt berücksichtigt, dass *„eine Handlung nach ihrer zeitlichen Beendigung noch Spuren in der Umwelt, etwa Informationen über den Handelnden [hinterlässt], die wiederum mit der Persönlichkeitsentfaltung in Beziehung gebracht werden können"*[185].[186] Diese Diskussion stieß auch datenschutzrechtliche Dis-

---

[180] *Bull*, Informationelle Selbstbestimmung 2011, S. 22; *Ostermann*, in: Jeserich/Pohl/von Unruh (Hrsg.), Deutsche Verwaltungsgeschichte, Bd. 5 1987, S. 1113; *von Lewinski*, Geschichte des Datenschutzrechts von 1600 bis 1977, in 48. Assistententagung Öffentliches Recht: Freiheit – Sicherheit – Öffentlichkeit 2009, S. 196.

[181] *Bull*, Informationelle Selbstbestimmung 2011, S. 23.

[182] BT-Drs. 16/9607, S. 3; *Kloepfer/Schärdel*, JZ 2009, 453.

[183] *Schantz*, in: Schantz/Wolff, Das neue Datenschutzrecht, S. 36 Rn. 136; den Begriff der „Ausprägung" verwendet das BVerfG z. B. in BVerfG NJW 2008, 822 (824 f.).

[184] Das Gesetz zum Schutz vor Missbrauch personenbezogener Daten bei der Datenverarbeitung (Bundesdatenschutzgesetz- BDSG) in der Fassung vom 27.01.1977 trat größtenteils zum 01.01.1978 in Kraft, BGBl. I, S. 201; das erste Datenschutzgesetz kam aus Hessen, vgl. *Möllers*, Wörterbuch der Polizei, S. 433.

[185] BT-Drs. VI/3826, S. 86.

[186] *Schwabenbauer*, in: Lisken/Denninger, Handbuch des Polizeirechts, Kap. G. Rn. 6.

kussionen im Polizeibereich an, was beispielsweise anlässlich der Arbeitstagung des BKA im November 1982 deutlich wird, die unter dem Thema „Polizeiliche Datenverarbeitung" stand und sich insbesondere mit neu aufgekommenen Fragen des Datenschutzes im polizeilichen Bereich befasste.[187]

Das heutige Verständnis des informationellen Selbstbestimmungsrechts geht zu großen Teilen auf das sogenannte Volkszählungsurteil des BVerfG vom 15. Dezember 1983[188] zurück, das Urteil war in dieser Hinsicht ein „Meilenstein"[189]. Das BVerfG hatte darüber zu entscheiden, ob die zwangsweise Erhebung und Verarbeitung von Daten durch den Staat auf Grundlage des Volkszählungsgesetzes[190] mit der Verfassung vereinbar seien. Das Gericht stellte zunächst die Existenz eines informationellen Selbstbestimmungsrechts fest, dessen Inhalt und Umfang es jedoch nicht ausdrücklich bestimmen musste, weil der Fall hierzu keinen Anlass bot. Außerdem arbeitete es Kriterien für die Rechtfertigung eines Eingriffs in dieses Recht heraus: Einschränkungen des Rechts auf informationelle Selbstbestimmung sind nur im überwiegenden Allgemeininteresse zulässig; sie bedürfen einer verfassungsgemäßen gesetzlichen Grundlage, die dem rechtsstaatlichen Gebot der Normenklarheit entsprechen und verhältnismäßig sein muss; der Gesetzgeber muss organisatorische und verfahrensrechtliche Vorkehrungen treffen, die der Gefahr einer Verletzung des Persönlichkeitsrechts entgegenwirken.

Die Entscheidung gab den Anstoß für gesetzgeberische Initiativen in verschiedenen Materien, insbesondere dem Datenschutzrecht, dem Personalausweisrecht und dem allgemeinen Polizeirecht.[191] Es hatte für den Datenschutz im polizeilichen Bereich deswegen immense Auswirkungen, als es die Schaffung neuer Rechtsgrundlagen notwendig machte. Das BVerfG forderte in diesem Urteil für die hoheitliche Verarbeitung personenbezogener Daten bereichsspezifische und detaillierte gesetzliche Regelungen. Diesen Voraussetzungen

---

[187] So spricht bereits *Boge* in seiner Begrüßungsansprache zur Tagung die Notwendigkeit der „Aufarbeitung der verschiedenen Probleme und Konflikte des Datenschutzes" an, BKA-Vortragsreihe Bd. 28, S. 6; Vorträge zu diesem Thema gibt es während der Tagung von *Tolksdorf*, Polizei und Datenschutz, BKA-Vortragsreihe Bd. 28, S. 175 ff. sowie *Simitis*, Datenschutz und Polizei, BKA-Vortragsreihe Bd. 28, S. 191 ff.

[188] BVerfG, NJW 1984, 419.

[189] *Schwabenbauer,* in: Lisken/Denninger, Handbuch des Polizeirechts, Kap. G. Rn. 7, m. w. N; *Möllers*, Wörterbuch der Polizei, S. 433.

[190] Gesetz über eine Volks-, Berufs-, Wohnungs- und Arbeitsstättenzählung (Volkszählungsgesetz 1983) vom 25.03.1982, BGBl. I, S. 369.

[191] *Denninger*, Kritische Justiz 1985, S. 215; vgl. auch *Vogelsang*, Grundrecht auf informationelle Selbstbestimmung?, S. 20 mit Hinweis auf Gesetzesänderungen, die das Ziel verfolgten, den Anforderungen des Volkszählungsurteils zu entsprechen.

entsprachen die Polizeigesetze zum Zeitpunkt der Urteilsverkündung nicht.[192] Auch das BKAG 1997 wurde im Wesentlichen erlassen, um die Vorgaben aus dem Volkszählungsurteil umzusetzen.[193]

An der Herleitung und Ausgestaltung des Rechts auf informationelle Selbstbestimmung wurde deutliche Kritik geübt.[194] Die Interpretationen der Vorgaben des BVerfG waren vielseitig.[195]

Zum einen wurde ein Eingriff des BVerfG in dem Gesetzgeber vorbehaltene Rechte kritisiert.[196] Zum anderen wurden die Anforderungen, die das Gericht an die Rechtfertigung eines Eingriffs in das informationelle Selbstbestimmungsrecht stellte, sehr unterschiedlich bewertet. So gab es etwa die Lesart, das Urteil des BVerfG habe keinen allgemeinen Gesetzesvorbehalt für staatliche Informationstätigkeit gefordert, auch wenn sich diese *„konkret auf die einzelne Person bezieht".*[197] Als herrschende Meinung hat sich jedoch die Auffassung durchgesetzt, dass ein solcher allgemeiner Gesetzesvorbehalt verfassungsrechtlich geboten ist.[198] Innerhalb dieser Auffassung gab es wiederum verschiedene Sichtweisen hinsichtlich der Anforderungen an die Ausgestaltung der entsprechenden Rechtsgrundlagen. Diese bedienten das Spektrum von einem möglichen Rückgriff auf die allgemeinen Aufgabenzuweisungsnormen oder wenigstens auf die bereits im BDSG geregelten allgemeinen Rechtsgrundlagen i. V. m. den Generalklauseln in den Polizeigesetzen[199] über die Forderung typisierter Einzelfallregelungen[200] bis hin zu der Forderung, im

---

[192] Ahlf/Daub/Lersch/Störzer, BKAG, Vorwort, S. V.; zu den fehlenden Datenerhebungskompetenzen auf dem Gebiet der Strafverfolgung auch *Schoreit*, ZRP 1981, 73 (75); *Vogelsang*, Grundrecht auf informationelle Selbstbestimmung?, 1987, S. 212.

[193] So ausdrücklich die Zielsetzung des Gesetzgebers, BT-Drs. 13/1550, S. 1.

[194] *Vogelsang*, Grundrecht auf informationelle Selbstbestimmung?, 1987, S. 19; *Miller*, DuD 1986, 7 (13); *Meister*, DuD 1986, 173 (175 f.).

[195] Den Diskurs und verschiedene Interpretationsansätze darstellend: *Groß*, AöR 1988, 162 (162 f.); *Vogelsang*, Grundrecht auf informationelle Selbstbestimmung?, 1987, S. 17 ff.

[196] *Krause*, JuS 1984, 268 (268); *Fromme*, FAZ vom 17.12.1983; Zur Geburt eines Grundrechts auf Datenschutz auch *Bäumler*, JR 1984, 361 (362).

[197] *Krause*, JuS 1984, 268 (275); *Kowalczyk*, Datenschutz im Polizeirecht, 1989, S 43.

[198] so z. B. *Denninger*, Kritische Justiz 1985, 215 (221).

[199] *Scholz/Pitschas*, Informationelle Selbstbestimmung und staatliche Informationsverantwortung, 1984, S. 175; *Schwabenbauer*, in: Lisken/Denninger, Handbuch des Polizeirechts, Kap. G. Rn. 4; *Knemeyer*, NVwZ 1988, 193 (197); *Pitschas/Aulehner*, NJW 1989, 2353 (2356 ff); *Schenke*, in: Steiner, Besonderes Verwaltungsrecht, II C Rn. 70, der Autor fügt jedoch hinzu, dass „detaillierte polizeigesetzliche Regelungen sicher rechtspolitisch wünschenswert sind".

[200] *Denninger*, Kritische Justiz 1985, 215 (230); *Kowalczyk*, Datenschutz im Polizeirecht, 1989, S. 57 f.; *Riegel*, NJW 1983, 656 (660).

Sicherheitsbereich gänzlich auf Generalklauseln zu verzichten.[201] Letztendlich gab das Urteil Anstoß für die Schaffung bereichsspezifischer Rechtsgrundlagen für die Verarbeitung von Daten.[202]

Allerdings gibt es in der Literatur fast 40 Jahre nach dem Volkszählungsurteil weiterhin kritische Stimmen zur Herleitung des Grundrechts, insbesondere im Zusammenhang mit sicherheitsbehördlichen Kompetenzen. So betrachteten Lindner/Unterreitmeier in einem Aufsatz von 2017 es nicht als zwingend, das Grundrecht der informationellen Selbstbestimmung aus dem *„um die Menschenwürde angereicherten"* Grundrecht der allgemeinen Handlungsfreiheit zu entwickeln. Stattdessen schlugen sie vor, das Grundrecht dem Eigentumsschutz nach Art. 14 GG zuzuordnen, da *„[p]ersonenbezogene Daten [...] – mit Ausnahme einiger besonders sensibler Informationen – weniger ein unveräußerlicher Teil der Persönlichkeit als vielmehr von außen an die Person herangetragene Attribute, die wie Rechte und Sachen von einem Verfügungsberechtigten zum nächsten übertragen werden können"* seien. Folglich könnten *„im Informationszeitalter [...] personenbezogene Daten nicht weniger sozialpflichtig sein als das ausdrücklich unter diesen Vorbehalt gestellte Eigentum".*[203] Gerade im Hinblick auf personenbezogene Daten, die für die Arbeit der Sicherheitsbehörden relevant sein dürften, vermag diese Auffassung jedoch nicht zu überzeugen. In diesem Zusammenhang geht es weniger um die im Informationszeitalter tatsächlich ähnlich einer Ware gehandelten Daten, z. B. hinsichtlich der Einkaufsgewohnheiten, sondern um oftmals sehr sensible Informationen, die im Zusammenhang mit der polizeilichen Arbeit eine Rolle spielen, wie mögliche Beteiligung an Straftaten, Milieuzugehörigkeit oder politische Gesinnung. Die Meinung ein Anspruch darauf, Daten über Mitmenschen zu sammeln, ergebe sich bereits aus einer *„Gemeinschaftsbezogenheit"* der Daten betreffend eines Menschen als *„soziales Wesen"* wurde bereits im Zuge der Diskussion über das Volkszählungsurteil vorgebracht. Sie kann jedoch nicht überzeugen, denn allein die Ungewissheit des Einzelnen, welche Daten

---

[201] Hinweis auf diese Forderung bei *Vogelsang*, Grundrecht auf informationelle Selbstbestimmung?, 1987, S. 213; *Simitis*, NJW 1984, 398 (440); *Simitis*, NJW 1984, 398 (400). *Simitis*, NJW 1986, 2795 (2802); *Bäumler*, AöR 111 1985, 30 (31 f.); speziell zum Verfassungsschutzgesetz *Riegel*, DVBl. 1985, 766 (769); ähnlich *Bäumler*, JR 1984, 361 (364 f.).

[202] vgl. BT-Drs. 13/1550, S. 1.

[203] *Lindner/Unterreitmeier*, DÖV 2017, 90 (97); Im Zusammenhang mit dem Eigentum an Daten im Rahmen einer fortschreitenden Digitalisierung gibt es in jüngster Zeit Diskussionen in der Rechtswissenschaft und Industrie *Stender-Vorwachs/Steege*, NJOZ 2018, 1361; *Markendorf*, ZD 2018, 409. Hierbei geht es aber um Daten als Grundlage des Geschäftsmodells ganzer Industrien, z. B. dem Online-Marketing oder Firmen wie Google, Amazon und Facebook, also zwischen Privaten in einem wirtschaftlichen Kontext.

wo und in welcher Weise über ihn verarbeitet werden, reichen aus, einen Anpassungszwang auszulösen.[204] Ein solcher würde im Ergebnis die grundrechtlich garantierte freie Entfaltung der Persönlichkeit erheblich behindern. Die informationelle Selbstbestimmung also auf Art. 2 Abs. 1 i. V. m. Art. 1 Abs. 1 GG
zu stützen, ist die logische Konsequenz. Das BVerfG erkannt an, dass Daten
nicht ausschließlich dem Betroffenen allein zugeordnet werden können.[205]
Somit kann das dem Eigentumsrecht ähnlich anmutende „Recht am eigenen
Datum" kein ausschließliches Herrschaftsrecht begründen. Vielmehr besagt
das Grundrecht lediglich, dass es grundsätzlich Sache des Betroffenen ist,
über die Verarbeitung seiner Daten zu entscheiden – ein Grundsatz, von dem
aus Gründen des überwiegenden Allgemeininteresses abgewichen werden
kann. Jedenfalls muss aber der Verarbeitungsprozess für den Betroffenen
transparent und nachvollziehbar sein. Gesetzlich festgelegte Grundrechtsein-
schränkungen muss der Betroffene hinnehmen. Diese Sichtweise des Grundrechts auf informationelle Selbstbestimmung vermag im Ergebnis zu überzeugen. Denn sie wird der tatsächlichen Bedeutung von Daten für den Einzelnen
als „Abbild sozialer Realität"[206] gerecht, die ein Stück der Persönlichkeit widerspiegelt, und ermöglicht zugleich die Einschränkung des Grundrechts aufgrund überwiegender öffentlicher Interessen. Das allgemeine Bedürfnis einer
Art Sozialpflichtigkeit für personenbezogene Daten besteht darüber hinaus
nicht.

b. Inhalt

aa. Schutzbereich

Das Grundrecht umfasst den Schutz des Einzelnen gegen unbegrenzte Erhebung, Speicherung, Verwendung und Weitergabe seiner personenbezogenen
Daten.

Hinsichtlich des Gehalts des Grundrechts auf informationelle Selbstbestimmung führt das BVerfG aus:

> „Freie Entfaltung der Persönlichkeit setzt unter den modernen Bedin-
> gungen der Datenverarbeitung den Schutz des Einzelnen gegen unbe-
> grenzte Erhebung, Speicherung, Verwendung und Weitergabe seiner
> persönlichen Daten voraus. Dieser Schutz ist daher von dem Grund-
> recht des Art. 2 Abs. 1 in Verbindung mit Art. 1 Abs. 1 GG umfaßt. Das

---

[204] *Simitis*, NJW 1984, 398 (400).
[205] BVerfG, NJW 1984, 419 (422).
[206] BVerfG, NJW 1984, 419 (422).

*Grundrecht gewährleistet insoweit die Befugnis des Einzelnen, grund-
sätzlich selbst über die Preisgabe und Verwendung seiner persönlichen Daten zu bestimmen.*"[207]

Der Schutzbereich des Grundrechts ist weit.[208] Umfasst sind alle Daten, die
Aussagen über die persönlichen oder sachlichen Verhältnisse einer Person
erlauben.[209] In diesem Zusammenhang gibt es keine belanglosen Daten.[210] Es
kommt vielmehr nicht darauf an, ob die Daten besonders sensibel oder aussa-
gekräftig sind, ob sie geheim gehalten werden oder öffentlich zugänglich
sind.[211] Denn auch eine auf den ersten Blick harmlose Information kann je
nach Kontext oder im Zusammenspiel mit anderen Informationen erhebliche
Auswirkungen auf die Freiheitsausübung des Grundrechtsträgers haben.[212]
Hiermit wendet sich das BVerfG von dem noch im Mikrozensus-Beschluss[213]
vertretenen Ansatz ab, nach dem unterschieden wurde zwischen Daten, die
den innersten Intimbereich betreffen und daher *„von Natur aus Geheimnis-
charakter"* haben und solchen, die *„an das Verhalten des Menschen in der
Außenwelt"* anknüpfen. Letztere drängen in der Regel nicht in den unantastbaren Bereich privater Lebensgestaltung ein, sodass der Schutzbereich von
Art. 2 Abs. 1 i. V. m. Art. 1 Abs. 1 GG ggf. nicht eröffnet sei.[214] Konkret ging es
hier um Angaben zu Urlaubs- und Erholungsreisen. Das BVerfG führte dazu
aus: *„Sämtliche Angaben über Ziel und Dauer der Reisen, Unterkunftsart und
die benutzten Verkehrsmittel ließen sich, wenn auch unter erheblich größeren
Schwierigkeiten, auch ohne eine Befragung ermitteln. Sie gehörten damit nicht
jenem innersten (Intim-)Bereich an, in den der Staat auch nicht durch eine Befragung zu statistischen Zwecken ohne Verletzung der Menschenwürde und
des Selbstbestimmungsrechts des Einzelnen eingreifen könnte."* Auch das
OVG Koblenz stellt in einem Beschluss aus dem Juli 1980, in dem es um die
Bekanntgabe der neuen Adresse durch die Deutsche Bundespost an Dritte
ging, für einen Eingriff in Art. 2 Abs. 1 i. V. m. Art. 1 Abs. 1 GG auf die Betrof-

---

[207] BVerfG NJW 1984, 419 (419).

[208] *Denninger*, Kritische Justiz 1985, 215 (230).

[209] *Schantz*, in: Schantz/Wolff, Das neue Datenschutzrecht, S. 41 Rn. 150; BVerfG NVwZ
2011, 94 (100).

[210] BVerfG NJW 1984 (422); *Di Fabio*, in: Maunz/Dürig, GG Kommentar, Art. 2 Rn. 174.

[211] *Schantz*, in: Schantz/Wolff, Das neue Datenschutzrecht, S. 41 Rn. 150; BVerfG NJW 1984,
419 (422).

[212] *Schantz*, in: Schantz/Wolff, Das neue Datenschutzrecht, S. 41 Rn. 150; BVerfG NJW 2008,
822 (826); BVerfG NJW 2007, 2464 (2466).

[213] BVerfG, NJW 1969, 1707.

[214] BVerfG, NJW 1969, 1707 (1707).

fenheit der Intimsphäre ab.[215] Im dortigen Fall hatte der Betroffene einen Nachsendeantrag bei der Deutschen Post gestellt, da er eine Haftstrafe in der Justizvollzugsanstalt verbüßte. Die Deutsche Post hatte die neue Adresse an die Berufsgenossenschaft weitergegeben, woraufhin der Betroffene das Verbot der Weitergabe seiner Adresse im Wege einer einstweiligen Anordnung beantragte. Im Ergebnis gab das OVG Koblenz dem Antrag statt, führte aber im Rahmen der Prüfung aus: *„Demnach fällt nicht etwa der gesamte Persönlichkeitsbereich unter den Schutz der Art. 1 I, Art. 2 I, Art. 19 II GG. Als gemeinschaftsbezogener Bürger muß jedermann Maßnahmen hinnehmen, die im überwiegenden Interesse der Allgemeinheit unter strikter Wahrung des Verhältnismäßigkeitsgebots erfolgen, soweit sie nicht den unantastbaren Bereich privater Lebensgestaltung beeinträchtigen."*[216]

bb. Eingriff

Grundsätzlich stellt jede Form der Informationsverarbeitung von persönlichen, also individualisierten oder individualisierbaren Daten durch den Staat einen Eingriff in das Grundrecht auf informationelle Selbstbestimmung dar. Entsprechend ist jeder Umgang mit Daten durch die Sicherheitsbehörden ein Grundrechtseingriff.[217] Dabei bedarf jede Phase der Datenverarbeitung jeweils einer eigenen Rechtfertigung.[218]

Dieses Eingriffsverständnis musste sich erst nach und nach entwickeln. Zum Teil wurde die Ansicht vertreten, dass die Datenerhebung nur eine Art Vorbereitungsakt darstelle und deswegen ihre Eingriffsqualität verneint oder zumindest erst ab einer gewissen Ausforschungsintensität anzuerkennen sei.[219] Das Eingriffsverständnis in das Recht auf informationelle Selbstbestimmung bietet nach wie vor Anlass zu Diskussion. Dies liegt vor allem daran, dass zum Teil angenommen wird, die in Form der Daten vorliegenden Informationen über einen Betroffenen seien mit diesem nicht so eng verbunden wie andere freiheitlich garantierte Rechte, z. B. die körperliche Unversehrtheit oder die allgemeine Handlungsfreiheit, wie sie bei einer Ingewahrsamnahme oder der Anordnung von Sicherungsverwahrung unmittelbar betroffen ist. Aus diesem Grund könne man einen Eingriff in das Recht auf informationelle Selbstbe-

---

[215] OVG Koblenz, NJW 1981, 837 (837 f.).

[216] OVG Koblenz, NJW 1981, 837 (838).

[217] *Schwabenbauer*, in: Lisken/Denninger, Handbuch des Polizeirechts, Kap. G. Rn. 9.

[218] *Schantz*, in: Schantz/Wolff, Das neue Datenschutzrecht, S. 42 Rn. 153; *Di Fabio*, in: Maunz/ Dürig, GG Kommentar, Art. 2 Rn. 176.

[219] *Schwabenbauer*, in: Lisken/Denninger, Handbuch des Polizeirechts, Kap. G. Rn. 4; *Kowalczyk*, Datenschutz im Polizeirecht, 1989, S. 43 ff., 61 ff. m. w. N.

stimmung nicht einfach mit anderen Grundrechtseingriffen gleichsetzen.[220] Dieser Kritik ist jedoch entgegenzuhalten, dass das Grundrecht der allgemeinen Handlungsfreiheit einem Wandel unterliegt. In der jetzigen Zeit spielen Informationen über eine Person eine besondere Rolle, z. B. Selbstdarstellung in sozialen Medien, Kommunikation über Telekommunikationsanbieter, die Datenspuren hinterlässt, etc. Dies führt auch zu einer besonderen Relevanz der Frage, wer über welche Informationen über eine Person verfügt. Dies kann im Ergebnis einen derart starken Anpassungsdruck ausüben, dass trotz mittelbarer Beeinträchtigung die Wirkung nicht hinter anderen Grundrechtseingriffen zurückbleibt oder sogar darüber hinausgeht.

Dies wird z. B. anhand eines Vergleichs mit einer Ingewahrsamnahme deutlich. Diese führt dazu, dass sich der Betroffene für eine bestimmte Zeit nicht mehr frei bewegen kann, das Grundrecht auf allgemeine Handlungsfreiheit ist also ganz unmittelbar betroffen. Bei einem Eingriff in das Grundrecht auf informationelle Selbstbestimmung entstehen hingegen unkontrollierbare Stigmatisierungswirkungen gepaart mit einem Anpassungszwang. Diese gehen regelmäßig auch weniger kurzfristig vorüber als der Grundrechtseingriff im Rahmen einer Ingewahrsamnahme. Ähnlich wie das Nicht-Eingesperrtsein Voraussetzung für die Ausübung der allgemeinen Handlungsfreiheit ist, kann auch die Verfügungsbefugnis über die eigenen Daten als Bedingung für die freie Entfaltung der Persönlichkeit im Rahmen einer selbstbestimmten Verhaltenssteuerung angesehen werden.[221] Daher vermag es im Ergebnis nicht zu überzeugen, von einer grundsätzlichen Unvergleichbarkeit eines Eingriffs in die informationelle Selbstbestimmung mit Eingriffen in andere Grundrechte bzw. Erscheinungsformen der allgemeinen Handlungsfreiheit zu sprechen. Dies lässt sich auch damit bekräftigen, dass das Recht auf informationelle Selbstbestimmung eben eine Ausprägung der allgemeinen Handlungsfreiheit ist. Einer generellen Abstufung der Grundrechtseingriffe über eine konkrete Einzelfallprüfung hinaus bedarf es nicht.

---

[220] *Bull,* Informationelle Selbstbestimmung, 2011, S. 16; *Schwan,* VerwArch 1975, 120 (130). *Schwan* führt aus, dass der Informationseingriff immer mit einem Begleit- oder Folgeeingriff verbunden ist, betont aber, dass jeder einzelne Eingriffsakt einer entsprechenden Rechtfertigung bedürfe; *Gallwas,* Der Staat 1979, 507 (511); *Vogelsang,* Grundrecht auf informationelle Selbstbestimmung?, S. 174 f., 258; *Duttge,* Der Staat 1997, 281 (302, 308); *Ladeur,* DuD 2000, 12 (15). *Ladeur,* DÖV 2009, 45, der die Frage aufwirft, ob es sich bei dem Grundrecht auf informationelle Selbstbestimmung um eine „juristische Fehlkonstruktion" handelt.
[221] *Denninger,* Kritische Justiz 1985, 215 (219).

cc. Rechtfertigung

Das Recht auf informationelle Selbstbestimmung gilt nicht schrankenlos.[222] Es kann zugunsten eines überwiegenden Allgemeininteresses eingeschränkt werden. Hierbei gilt der Gesetzesvorbehalt.[223] Dieses Gesetz muss seinerseits rechtmäßig sowie hinreichend bestimmt und normenklar sein.

Die Anforderungen, die das BVerfG an die Einschränkungen des Grundrechts auf informationelle Selbstbestimmung definiert, sind vergleichsweise hoch. Der Betroffene muss einen Eingriff nur hinnehmen, wenn dieser auf ein überwiegendes Allgemeininteresse gestützt ist. Dabei darf das Grundrecht nicht weiter eingeschränkt werden, als es zum Schutz öffentlicher Interessen unerlässlich ist.[224]

Die Bestimmtheit dient aus Sicht des Betroffenen insbesondere der Vorhersehbarkeit von Grundrechtseingriffen. Im polizeilichen Bereich, in dem Grundrechtseingriffe mehr und mehr durch heimliche Maßnahmen geschehen, ist dies von besonderer Bedeutung. Denn wenn der Betroffene ständig mit einer heimlichen Überwachung rechnen muss, ist die Gefahr für seine freie Persönlichkeitsentwicklung noch gravierender.[225]

c. Aktuelle Entwicklungen

Für die Prüfung der Verfassungsmäßigkeit der Regelungen des BKAG 2018 können insbesondere die Urteile des BVerfG vom 23. April 2013 und vom 20. April 2016 herangezogen werden. In beiden Entscheidungen hat sich das BVerfG sehr detailliert mit einzelnen Regelungen auseinandergesetzt und teilweise sehr konkrete Anforderungen formuliert. Beide Entscheidungen wurden zum Teil als zu starker Eingriff der Richter in den Bereich der Gesetzgebung kritisiert.[226] Darüber hinaus wurde die empfundene Bevorzugung von individuellen Freiheiten, insbesondere in Form des Grundrechts auf informationelle Selbstbestimmung, vor den Belangen der Gefahrenabwehr zum Teil sehr kritisch bewertet. Lindner/Unterreitmeier sprachen gar von der Gefahr einer *„wehrlosen Republik"* *„in Zeiten des Terrors"*.[227]

---

[222] *Di Fabio*, in: Maunz/Dürig, GG, Art. 2 Rn. 179.

[223] *Grzeszick*, in: Maunz/Dürig, GG, Art. 20 Rn. 81.

[224] *Di Fabio*, in: Maunz/Dürig, GG, Art. 2 Rn. 181.

[225] *Schantz*, in: Schantz/Wolff, Das neue Datenschutzrecht, S. 44 Rn. 159.

[226] *Wolff*, NVwZ 2010, 751; *Schluckebier*, abw. Meinung, BVerfG NJW 2016, 1781 (1811); hierzu auch *Beaucamp*, DVBl 2017, 534 (539 f.).

[227] Lindner/Unterreitmeier, DÖV 2017, 90.

aa. Vorgaben des BVerfG im Urteil vom 23. April 2013

Das BVerfG hat mit seinem Urteil vom 23. April 2013[228] ausdrücklich zu dem Umgang mit Daten in sicherheitsbehördlichen Verbunddateien entschieden. In dem Urteil ging es um die Verfassungsmäßigkeit der Antiterrordatei (ATD), auf die sowohl polizeiliche als auch nachrichtendienstliche Stellen Zugriff haben. Das BVerfG setzte sich damit auseinander, wie Speicherung und Gewährung von Zugriffsrechten in Verbunddateien verfassungskonform ausgestaltet werden können. Hieraus lassen sich Rückschlüsse für die vorliegende Arbeit ziehen.

Die ATD wurde am 30. März 2007 in Betrieb genommen. Sie wurde zu dem Zweck geschaffen, den Informationsaustausch zwischen Polizeibehörden und Nachrichtendiensten im Bereich des internationalen Terrorismus zu intensivieren und zu beschleunigen.[229] Neben dem BKA sind die Bundespolizeidirektion, die Landeskriminalämter, das Bundesamt für Verfassungsschutz (BfV) und die Landesämter für Verfassungsschutz (LfV), der Militärische Abschirmdienst (MAD), der Bundesnachrichtendienst (BND), das Zollkriminalamt (ZKA) und bei Vorliegen bestimmter Voraussetzungen weitere Polizeivollzugsbehörden der Länder beteiligt.[230] Insgesamt nehmen nach der Errichtungsanordnung 60 Sicherheitsbehörden an der ATD teil.[231] Die beteiligten Stellen sind nach § 2 ATDG verpflichtet, entsprechende Daten zu relevanten Personen und Objekten in die Datei zu speichern. Die Daten dienen der Informationsanbahnung. Abgesehen von speziellen Eilfällen dürfen die Daten nach § 6 Abs. 1 ATDG nur dazu verwendet werden, zu prüfen, ob der Treffer der gesuchten Person oder der gesuchten Angabe nach § 2 Abs. 1 ATDG zuzuordnen ist, die Übermittlung der entsprechenden Daten zur Erfüllung ihrer Aufgaben zur Aufklärung oder Bekämpfung des internationalen Terrorismus zu ersuchen, oder für erweiterte projektbezogene Dateien nach § 6a ATDG. Nur in Eilfällen darf die abfragende Behörde die entsprechenden Daten direkt zur Aufgabenwahrnehmung verwenden. Ein Eilfall liegt nach § 6 Abs. 2 ATDG dann vor, wenn die Verwendung zur Abwehr einer Gefahr des internationalen Terrorismus unerlässlich ist.

Das BVerfG erklärte die ATD für grundsätzlich mit der Verfassung vereinbar. Allerdings sei die Umsetzung der Datei in einigen Punkten verfassungswidrig.

---

[228] BVerfG NJW 2013, 1499.

[229] BT-Drs. 16/2950, S. 12.

[230] https://www.verfassungsschutz.de/de/service/glossar/anti-terror-datei-atd.

[231] BVerfG NJW 2013, 1499 (1506).

Das BVerfG bestimmte eine Übergangsfrist bis zum 31. Dezember 2014 zur Veränderung der als verfassungswidrig beurteilten Aspekte.

Das BVerfG stellte zunächst fest, dass der Errichtung und dem Charakter einer solchen Datei keine grundsätzlichen verfassungsrechtlichen Bedenken entgegenstehen.[232]

Das BVerfG führte aus, dass der Gesetzgeber mit der Einrichtung der ATD ein legitimes Ziel verfolge, indem er durch die Datei ermögliche, dass die teilnehmenden Behörden schneller und zielführender Informationen darüber erhalten könnten, bei welcher Behörde bereits Informationen zu bestimmten Personen aus dem Umfeld des internationalen Terrorismus vorlägen. Somit könnten Informationsersuchen schneller an die richtige Behörde gestellt werden. Hiermit würde der Informationsaustausch zwischen den Behörden erleichtert. Die Grenze einer von vorneherein unzulässigen Zielsetzung sei erst dann erreicht, wenn eine Regelung den Grundsatz der Zweckbindung unterlaufe. Dies sei erst dann der Fall, wenn der Gesetzgeber *„einen allgemeinen Austausch personenbezogener Daten aller Sicherheitsbehörden oder den Abbau jeglicher Informationsgrenzen zwischen ihnen"*[233] anstrebe.

Zur Erreichung des legitimen Ziels sei die Schaffung der ATD auch geeignet und erforderlich. Das BVerfG kam darüber hinaus zu dem Ergebnis, dass die ATD grundsätzlich auch mit dem Verhältnismäßigkeitsgrundsatz im engeren Sinne vereinbar sei. Das BVerfG nahm eine Abwägung zwischen dem Eingriff in die Grundrechte der Betroffenen durch die Bereitstellung ihrer Daten in der ATD und den gegenüberstehenden öffentlichen Belangen vor, namentlich der wirksamen Bekämpfung des internationalen Terrorismus durch den Datenaustausch zwischen den verschiedenen Sicherheitsbehörden. Zunächst machte das Gericht Ausführungen zum Eingriffsgewicht. So sei der Eingriff nach der Rechtsprechung des BVerfG zur ATD unter anderem deshalb von großem Gewicht, weil er einen Informationsaustausch von Sicherheitsbehörden mit sehr unterschiedlichen Aufgabenbereichen und insbesondere zwischen Polizeibehörden und Nachrichtendiensten ermögliche.[234] Aufgrund der verschiedenen Aufgabenbereiche von Polizei und Nachrichtendiensten erfordere das Grundrecht auf informationelle Selbstbestimmung eine Trennung zwischen den Daten der Polizeibehörden und denen der Nachrichtendienste („informationelles Trennungsgebot"). Das bedeute, dass die Daten grundsätzlich nicht

---

[232] BVerfG NJW 2013, 1499 (1503).
[233] BVerfG NJW 2013, 1499 (1502).
[234] BVerfG NJW 2013, 1499 (1503).

ausgetauscht werden dürften. Ein Austausch könne nur ausnahmsweise durch ein herausragendes öffentliches Interesse gerechtfertigt werden.[235] Demgegenüber dürfe der Gesetzgeber dem gezielten Informationsaustausch zur Aufklärung und Bekämpfung des internationalen Terrorismus ein hohes Gewicht zumessen. Somit könne er, *„wenn er einen Informationsaustausch allein auf der Grundlage der Einzelübermittlungsvorschriften für unzureichend hält, eine sie koordinierende Verbunddatei zur Informationsanbahnung wie die Antiterrordatei schaffen."*[236] Die Grundstruktur der Datei sei daher nicht zu beanstanden. Unter Bestimmtheitsgesichtspunkten beanstandete das Gericht aber die Möglichkeit der Beteiligung weiterer Polizeibehörden, die § 1 Abs. 2 ATDG vorsah,[237] sowie zum Teil Vorschriften, die den in der Datei erfassten Personenkreis betrafen,[238] nämlich § 2 S. 1 Nr.1b ATDG, indem die Vorschrift Personen miteinbezieht, die Gruppierungen unterstützen, die wiederum eine terroristische Vereinigung unterstützen, sowie § 2 S. 1 Nr. 2 ATDG, der Personen betrifft, die möglicherweise in der Nähe zum Terrorismus stehen. Darüber hinaus genügten die Regelungen zur Verwendung der Daten nicht in jeder Hinsicht dem Übermaßverbot.[239] Zwar seien die Abfrage- und Nutzungsmöglichkeiten in Bezug auf Grunddaten verhältnismäßig, da es sich hierbei lediglich um Einzelabfragen handeln dürfe, die somit einen konkreten Ermittlungsansatz voraussetzten. Unverhältnismäßig sei jedoch die Möglichkeit, in den erweiterten Grunddaten merkmalbezogene Suchen vorzunehmen und in einem Trefferfall direkt auf die Daten zugreifen zu können. Durch diese *„Inverssuche"* sei es für die suchende Behörde möglich, durch eine Treffermeldung bei der merkmalbasierten Suche erlangte erweiterte Grunddaten mit einfachen Grunddaten, auf die sie durch die normale Suchfunktion Zugriff habe, zu verbinden. Die erweiterten Grunddaten gemäß § 3 Abs. 1 Nr. 1b ATDG reichen jedoch sehr weit und könnten *„die Biografie des Betroffenen nachzeichnende Informationen"* enthalten. Sodass, *„[w]enn der Gesetzgeber in diesem Umfang Daten in die Datei einzustellen anordnet, dürfen diese im Rahmen der Informationsanbahnung nur zur Ermöglichung eines Fundstellennachweises genutzt werden. Dementsprechend muss eine Nutzungsregelung so ausgestaltet sein, dass dann, wenn sich eine Recherche auch auf erweiterte Grunddaten erstreckt, nur das Aktenzeichen und die informationsführende Behörde ange-*

[235] BVerfG NJW 2013, 1499 (1505).
[236] BVerfG NJW 2013, 1499 (1506).
[237] BVerfG NJW 2013, 1499 (1507 f.).
[238] BVerfG NJW 2013, 1499 (1508 ff.).
[239] BVerfG NJW 2013, 1499 (1514 f.).

*zeigt werden, nicht aber auch die korrespondierenden einfachen Grundda-
ten.*"[240]

Das BVerfG äußert sich darüber hinaus zu Anforderungen an Transparenz,
individuellen Rechtsschutz und aufsichtliche Kontrolle. Dabei betont das Gericht die Bedeutung der Transparenz bei der Datenverarbeitung: *„Transparenz
der Datenverarbeitung soll dazu beitragen, dass Vertrauen und Rechtssicherheit entstehen können und der Umgang mit Daten in einen demokratischen
Diskurs eingebunden bleibt.*"[241] Entsprechend der Ausgestaltung und Wirkweise der ATD seien die im ATDG getroffenen Regelungen in dieser Hinsicht jedoch nicht zu beanstanden.

Der Gesetzgeber hat mit dem Gesetz zur Änderung des Antiterrordateigesetzes und anderer Gesetze vom 18. Dezember 2014[242] die vom BVerfG bean-
standeten Vorschriften geändert.[243] Dabei fügte der Gesetzgeber außerdem
§ 6a ATDG ein, der bei Vorliegen bestimmter Voraussetzungen die erweiterte
Nutzung von nach § 3 ATDG gespeicherten Daten mit Ausnahme der nach § 4
ATDG verdeckt gespeicherten Daten vorsieht. Die Vorschrift erlaubt einer beteiligten Behörde des Bundes die erweiterte Nutzung der Daten im Rahmen
von bestimmten einzelfallbezogenen Projekten, die der Sammlung und Auswertung von Informationen über eine internationale terroristische Bestrebung
dienen, bei der bestimmte Tatsachen die Annahme rechtfertigen, dass Straftaten des internationalen Terrorismus nach den §§ 129a, 129b und 211 StGB
begangen werden sollen und dadurch Gefahren für Leib, Leben oder Freiheit
von Personen drohen, soweit dies im Einzelfall erforderlich ist, um weitere Zusammenhänge des Einzelfalls aufzuklären (Abs. 1). Die Daten dürfen von einer beteiligten Behörde des Bundes außerdem zur Erfüllung ihrer gesetzlichen
Aufgaben genutzt werden, soweit dies im Rahmen eines bestimmten einzelfallbezogenen Projekts für die Verfolgung qualifizierter Straftaten des internationalen Terrorismus im Einzelfall erforderlich ist, um weitere Zusammenhänge
des Einzelfalls aufzuklären. Qualifizierte Straftaten des internationalen Terrorismus sind Taten, die einen Straftatbestand nach §§ 89a, 89b, 91, 102, 129a,
129b, 211 oder 212 StGB erfüllen (Abs. 2). Darüber hinaus darf eine beteiligte
Behörde des Bundes zur Erfüllung ihrer gesetzlichen Aufgaben die Daten erweitert nutzen, soweit dies im Rahmen eines bestimmten einzelfallbezogenen

---

[240] BVerfG NJW 2013, 1499, (1515).
[241] BVerfG NJW 2013, 1499 (1515).
[242] BGBl. I S. 2318.
[243] BT-Drs. 18/1565, S. 1.

Projekts für die Verhinderung von qualifizierten Straftaten des internationalen Terrorismus erforderlich ist, um weitere Zusammenhänge des Einzelfalls aufzuklären, und Tatsachen die Annahme rechtfertigen, dass eine solche Straftat begangen werden soll (Abs. 3). Unter einem solchen Projekt ist gemäß Abs. 4 eine gegenständlich abgrenzbare und auf bestimmte Zeiträume bezogene Aufgabe zu verstehen, der durch die Gefahr oder den drohenden Schaden, die am Sachverhalt beteiligten Personen, die Zielsetzung der Aufgabe oder deren Folgewirkungen eine besondere Bedeutung zukommt. Unter einer erweiterten Nutzung von Daten versteht der Gesetzgeber gemäß Abs. 5 das Herstellen von Zusammenhängen zwischen Personen, Personengruppierungen, Institutionen, Objekten und Sachen, der Ausschluss von unbedeutenden Informationen und Erkenntnissen, die Zuordnung eingehender Informationen zu bekannten Sachverhalten sowie die statistische Auswertung der gespeicherten Daten. Hierzu dürfen die beteiligten Behörden des Bundes Daten auch mittels phonetischer oder unvollständiger Daten (Nr. 1), der Suche über eine Mehrzahl von Datenfeldern (Nr. 2), der Verknüpfung von Personen, Institutionen, Organisationen, Sachen (Nr. 3) oder der zeitlichen Eingrenzung der Suchkriterien (Nr. 4) aus der Datei abfragen sowie räumliche und sonstige Beziehungen zwischen Personen und Zusammenhänge zwischen Personen, Personengruppierungen, Institutionen, Objekten und Sachen darstellen sowie die Suchkriterien gewichten.

Die Regelung wurde von Bäcker bereits im Rahmen des Gesetzgebungsverfahrens als verfassungswidrig kritisiert, da die Nutzungsermächtigungen in Abs. 1-3 jeweils erheblich unter den mindestens zu fordernden Eingriffsschwellen ansetzten.[244] Nach ihrem Inkrafttreten wurde gegen § 6a ATDG vom 22. Dezember 2006 in der Fassung des Gesetzes zur Änderung des Antiterrordateigesetzes und anderer Gesetze vom 18. Dezember 2014 Verfassungsbeschwerde erhoben.[245]

---

[244] *Bäcker*, Stellungnahme zum zu dem Entwurf eines Gesetzes zur Änderung des Antiterrordateigesetzes und anderer Gesetze vom 17.09.2014, S. 9.
[245] Das Verfahren wird beim BVerfG unter dem Aktenzeichen 1 BvR 3214/15 geführt, https://www.bundesverfassungsgericht.de/DE/Verfahren/Jahresvorausschau/vs_2020/voraus schau_2020_node.html.

bb. Vorgaben des BVerfG im Urteil vom 20. April 2016

In seinem Urteil vom 20. April 2016 entschied das BVerfG über Regelungen des BKAG 2009.

Gegenstand der Verfassungsbeschwerden waren die Regelungen des Unterabschnitts 3a, die durch das Gesetz zur Abwehr von Gefahren des internationalen Terrorismus durch das Bundeskriminalamt vom 25. Dezember 2008[246] mit Wirkung zum 1. Januar 2009 eingefügt wurden. Hiermit hatte der Bundesgesetzgeber auf der Grundlage des hierfür durch das Gesetz zur Änderung des Grundgesetzes vom 28. August 2006 neu geschaffenen Art. 73 Abs. 1 Nr. 9a GG[247] dem Bundeskriminalamt über die bisherigen Aufgaben der Strafverfolgung hinaus die Aufgabe der Abwehr von Gefahren des internationalen Terrorismus übertragen. Diese Aufgabe war bis dahin allein den Ländern vorbehalten. Die Verfassungsbeschwerden richteten sich darüber hinaus gegen eine bereits zuvor bestehende Regelung des BKAG zur Übermittlung von Daten ins Ausland, die durch die Aufgabenerweiterung ein weiteres Anwendungsfeld erhielt.

Die folgenden Ermittlungsbefugnisse wurden im Wege der Verfassungsbeschwerde angegriffen: die Ermächtigung zur Befragung von Personen gemäß § 20c BKAG 2009 sowie zum Einsatz von besonderen Mitteln der Datenerhebung außerhalb von Wohnungen gemäß § 20g Abs. 1-3 BKAG 2009; die Befugnis zur Durchführung optischer und akustischer Wohnraumüberwachungen gemäß § 20h BKAG 2009; die Rasterfahndung gemäß § 20j BKAG 2009; die Zugriffe auf informationstechnische Systeme gemäß § 20k BKAG 2009; die Überwachung der laufenden Telekommunikation gemäß § 20l BKAG 2009 sowie die Erhebung von Telekommunikationsverkehrsdaten gemäß § 20m Abs. 1, 3 BKAG 2009. Gegenstand der Verfassungsbeschwerden waren auch § 20u BKAG 2009, der den Schutz zeugnisverweigerungsberechtigter Personen regelte, sowie § 20w BKAG 2009, der die Pflicht zur Benachrichtigung der betroffenen Personen nach Abschluss der Überwachungsmaßnahme anordnete.

Darüber hinaus richteten sich die Verfassungsbeschwerden jedoch auch gegen Regelungen zur Datennutzung. Die Beschwerdeführer wendeten sich zunächst gegen die Regelung zur Nutzung der nach dem Unterabschnitt 3a des Gesetzes erhobenen Daten gemäß § 20v Abs. 4 S. 2 BKAG 2009 durch die

---

[246] BGBl. I S. 3083.
[247] BGBl. I S. 2034.

Behörde selbst. Außerdem betraf die Verfassungsbeschwerde die Befugnisse gemäß § 20v Abs. 5 BKAG 2009 – mit Ausnahme von S. 3 Nr. 2 – zur Übermittlung dieser Daten an andere öffentliche Stellen im Inland.

Schlussendlich richteten sich die Verfassungsbeschwerden auch gegen allgemeine Datenübermittlungsvorschriften des BKAG. Nämlich gegen § 14 Abs. 1 S. 1 Nr. 1 und 3 und S. 2, Abs. 7 BKAG 2009, der allgemein die Übermittlung von Daten an ausländische Stellen erlaubte.[248]

Letzteres führte dazu, dass sich das BVerfG im Rahmen seiner Entscheidung auch zum Umgang mit Daten der Betroffenen äußerte. Diesbezüglich hat es insbesondere den Grundsatz der hypothetischen Datenneuerhebung entwickelt bzw. vertieft, der in den nachfolgenden Abschnitten dargestellt werden soll.

(i) Grundsatz der hypothetischen Datenneuerhebung

Der Grundsatz der hypothetischen Datenneuerhebung ist eine Ausprägung des datenschutzrechtlichen Zweckbindungsgrundsatzes.[249] Er besagt, dass die weitere Nutzung der Daten dem Schutz von Rechtsgütern oder der Aufdeckung von Straftaten solchen Gewichts dienen muss, die verfassungsrechtlich die Neuerhebung mit vergleichbaren Mitteln rechtfertigen könnten.[250] Die Prüfung anhand des Grundsatzes der hypothetischen Datenneuerhebung ersetzt damit das nach der früheren Rechtsprechung des BVerfG zu prüfende Kriterium der Unvereinbarkeit zwischen dem Zweck der Datenerhebung und dem veränderten Zweck der weiteren Datennutzung.[251] Auf die gesetzgeberische Umsetzung des Grundsatzes der hypothetischen Datenneuerhebung wird unten unter E.II. im Detail eingegangen.

Das BVerfG stellte zunächst fest, dass der Gesetzgeber die Nutzung von Daten über den konkreten Anlass und Rechtfertigungsgrund ihrer Erhebung hinaus erlauben kann, indem er hierfür entsprechende Rechtsgrundlagen schafft. Dabei kann er erstens die Weiternutzung der Daten im Rahmen der für die Datenerhebung maßgeblichen Zwecke vorsehen, die den verfassungsrechtlichen

---

[248] Nicht Gegenstand des Verfahrens war demgegenüber § 14a BKAG 2009, der eine spezielle Befugnis zur Übermittlung personenbezogener Daten an EU-Mitgliedstaaten begründete.

[249] BVerfG NJW 2016, 1781, (1802); *Löffelmann*, GSZ 1/2019, 16 (17).

[250] BVerfG NJW 2016, 1781, Leitsatz 2 lit. c).

[251] BVerfG NJW 2016, 1781 (1801); eine solche Unvereinbarkeitsprüfung wurde z. B. noch im Urteil des BVerfG zum Großen Lauschangriff vorgenommen, vgl. BVerfG NJW 2004, 999 (1019) m. w. N.

Anforderungen der Zweckbindung genügen muss. Zweitens kann er aber auch die weitere Nutzung zu anderen Zwecken erlauben. Eine solche Regelung unterliegt wiederum den spezifischen verfassungsrechtlichen Anforderungen an die Zweckänderung.[252]

Die Nutzungen der Daten im ersten Fall, also die Weiternutzung der Daten im Rahmen des für die Datenerhebung anlassgebenden Zwecks, kann auf die der Datenerhebung zugrundeliegenden Befugnisse gestützt werden. Hinsichtlich der Reichweite dieser Nutzung stellte das BVerfG fest:

> *„Die zulässige Reichweite solcher Nutzungen richtet sich nach der Ermächtigung für die Datenerhebung. Die jeweilige Eingriffsgrundlage bestimmt Behörde, Zweck und Bedingungen der Datenerhebung und definiert damit die erlaubte Verwendung. Die Zweckbindung der auf ihrer Grundlage gewonnenen Informationen beschränkt sich folglich nicht allein auf eine Bindung an bestimmte, abstrakt definierte Behördenaufgaben, sondern bestimmt sich nach der Reichweite der Erhebungszwecke in der für die jeweilige Datenerhebung maßgeblichen Ermächtigungsgrundlage. Eine weitere Nutzung innerhalb der ursprünglichen Zwecksetzung kommt damit nur seitens derselben Behörde im Rahmen derselben Aufgabe und für den Schutz derselben Rechtsgüter in Betracht wie für die Datenerhebung maßgeblich: Ist diese nur zum Schutz bestimmter Rechtsgüter oder zur Verhütung bestimmter Straftaten erlaubt, so begrenzt dies deren unmittelbare sowie weitere Verwendung auch in derselben Behörde, soweit keine gesetzliche Grundlage für eine zulässige Zweckänderung eine weitergehende Nutzung erlaubt.“*[253]

Um den Anforderungen an die Weiternutzung zum ursprünglichen Erhebungszweck gerecht zu werden, komme es nicht auf die für die Datenerhebungsmaßnahme maßgeblichen Einschrittsschwellen in Form einer ausreichend konkretisierten Gefahrenlage im Gefahrenabwehrrecht oder eines qualifizierten Tatverdachts im Rahmen der Strafverfolgung an. Denn *„[d]as Erfordernis einer hinreichend konkretisierten Gefahrenlage oder eines qualifizierten Tatverdachts bestimmt den Anlass, aus dem entsprechende Daten erhoben werden dürfen, nicht aber die erlaubten Zwecke, für die die Daten der Behörde dann zur Nutzung offen stehen.“*

---

[252] BVerfG NJW 2016, 1781 (1800).
[253] BVerfG NJW 2016, 1781 (1800 f.).

Und weiter:

> *„Folglich widerspricht es nicht von vornherein dem Gebot einer dem ursprünglichen Erhebungszweck entsprechenden Verwendung, wenn die weitere Nutzung solcher Daten bei Wahrnehmung derselben Aufgabe auch unabhängig von weiteren gesetzlichen Voraussetzungen als bloßer Spurenansatz erlaubt wird. Die Behörde kann die insoweit gewonnenen Kenntnisse zum Schutz derselben Rechtsgüter und im Rahmen derselben Aufgabenstellung – allein oder in Verbindung mit anderen ihr zur Verfügung stehenden Informationen – als schlichten Ausgangspunkt für weitere Ermittlungen nutzen. Dies trägt dem Umstand Rechnung, dass sich die Generierung von Wissen – nicht zuletzt auch, wenn es um das Verstehen terroristischer Strukturen geht – nicht vollständig auf die Addition von je getrennten, nach Rechtskriterien formell ein- oder ausblendbaren Einzeldaten reduzieren lässt. In den dargelegten Grenzen erkennt das die Rechtsordnung an.“*[254]

Hierdurch sei hinreichend gewährleistet, dass keine Datennutzung *„ins Blaue hinein"* stattfinde. Denn es werde ein konkreter Ermittlungsbezug bei Verwendung der Daten als Spurenansatz dadurch verlangt, dass die zweckkonforme Weiternutzung an die für die Datenerhebung maßgeblichen Aufgaben und die Anforderungen an den Rechtsgüterschutz gebunden sei. Weitere einschränkende Maßnahmen des Gesetzgebers bedürfe es insoweit nicht:

> *„Für die Wahrung der Zweckbindung kommt es demnach darauf an, dass die erhebungsberechtigte Behörde die Daten im selben Aufgabenkreis zum Schutz derselben Rechtsgüter und zur Verfolgung oder Verhütung derselben Straftaten nutzt, wie es die jeweilige Datenerhebungsvorschrift erlaubt. Diese Anforderungen sind erforderlich, aber grundsätzlich auch ausreichend, um eine weitere Nutzung der Daten im Rahmen der Zweckbindung zu legitimieren.“*[255]

Für Daten, die mit den besonders eingriffsintensiven Maßnahmen der Wohnraumüberwachung oder Online-Durchsuchung erhoben wurden, gilt ein strengerer Maßstab. Das BVerfG stellte bezüglich der Anforderungen an die Zweckbindung bei diesen Datenerhebungsmaßnahmen grundsätzlich fest:

> *„Hier ist jede weitere Nutzung der Daten nur dann zweckentsprechend, wenn sie auch aufgrund einer den Erhebungsvoraussetzungen ent-*

---

[254] BVerfG NJW 2016, 1781 (1801).
[255] BVerfG NJW 2016, 1781 (1801 f.).

sprechenden dringenden Gefahr [...] oder im Einzelfall drohenden Ge-
fahr [...] erforderlich ist. Das außerordentliche Eingriffsgewicht solcher
Datenerhebungen spiegelt sich hier auch in einer besonders engen
Bindung jeder weiteren Nutzung der gewonnenen Daten an die Vo-
raussetzungen und damit Zwecke der Datenerhebung. Eine Nutzung
der Erkenntnisse als bloßer Spuren- oder Ermittlungsansatz unabhän-
gig von einer dringenden oder im Einzelfall drohenden Gefahr kommt
hier nicht in Betracht."[256]

Daraufhin traf das BVerfG auch Feststellungen dazu, unter welchen Voraussetzungen die Daten im zweiten Fall, also zu anderen Zwecken als dem
ursprünglichen Erhebungszweck entsprechenden Fällen weiterverarbeitet
werden dürfen und konkretisierte die verfassungsrechtlichen Anforderungen
an die Zweckänderung. Bei der zweckändernden Weiternutzung von Daten
müsse dem Eingriffsgewicht der Datenerhebung auch hinsichtlich der weiteren
Nutzung der Daten Rechnung getragen werden. Denn die zweckändernde
Weiternutzung von Daten begründe einen neuen Eingriff in das Grundrecht, in
das bei der Datenerhebung eingegriffen worden sei, sodass Zweckänderungen wiederum an diesem Grundrecht zu messen seien. Entscheidend sei dabei der Verhältnismäßigkeitsgrundsatz. Ansatzpunkt der Verhältnismäßigkeitsprüfung sei das Gewicht des Grundrechtseingriffs der Zweckänderung,
das wiederum am Eingriffsgewicht der Datenerhebungsmaßnahme orientiert
sei. Insofern gelte: *„Informationen, die durch besonders eingriffsintensive*
Maßnahmen erlangt wurden, können auch nur zu besonders gewichtigen
Zwecken benutzt werden [...]. Für Daten aus eingriffsintensiven Überwa-
chungs- und Ermittlungsmaßnahmen wie denen des vorliegenden Verfahrens
kommt es danach darauf an, ob die entsprechenden Daten nach verfassungs-
rechtlichen Maßstäben neu auch für den geänderten Zweck mit vergleichbar
schwerwiegenden Mitteln erhoben werden dürften [...]."[257]

Das BVerfG verweist insofern auf das Kriterium des hypothetischen Ersatzeingriffs in § 477 Abs. 2 S. 2 StPO. Danach dürfen personenbezogene Daten, die
durch eine Maßnahme erhoben wurden, die nach der StPO nur bei dem Verdacht bestimmter Straftaten angewendet werden darf, ohne die Einwilligung
der betroffenen Person in anderen Strafverfahren nur zur Aufklärung solcher
Straftaten verwendet werden, zu deren Aufklärung eine solche Maßnahme
nach der StPO ebenfalls hätte angeordnet werden dürfen.

---

[256] BVerfG NJW 2016, 1781 (1801).
[257] BVerfG NJW 2016, 1781 (1801).

Darüber hinaus führte das BVerfG aus, dass das Kriterium der hypothetischen Datenneuerhebung nicht schematisch abschließend gelte, sondern weitere Gesichtspunkte berücksichtigt werden könnten:

„So steht die Tatsache, dass die Zielbehörde bestimmte Datenerhebungen, zu denen die Ausgangsbehörde berechtigt ist, ihrerseits wegen ihres Aufgabenspektrums nicht vornehmen darf, einem Datenaustausch nicht prinzipiell entgegen [...]. Auch können Gesichtspunkte der Vereinfachung und der Praktikabilität bei der Schaffung von Übermittlungsvorschriften es rechtfertigen, dass nicht alle Einzelanforderungen, die für die Datenerhebung erforderlich sind, in gleicher Detailliertheit für die Übermittlung der Daten gelten. Das Erfordernis einer Gleichgewichtigkeit der neuen Nutzung bleibt hierdurch jedoch unberührt."[258]

Jedenfalls müsse die neue Nutzung der Daten *"dem Schutz von Rechtsgütern oder der Aufdeckung von Straftaten eines solchen Gewichts dien[en], die verfassungsrechtlich ihre Neuerhebung mit vergleichbar schwerwiegenden Mitteln rechtfertigen könnten [...]."*[259]

Jedoch verzichtet das BVerfG in seinem Urteil insbesondere auf die Eingriffsschwellen, die für die Neuerhebung von Daten durch bestimmte Maßnahmen notwendig wären:

„Nicht in jedem Fall identisch sind die Voraussetzungen einer Zweckänderung mit denen einer Datenerhebung hingegen hinsichtlich des erforderlichen Konkretisierungsgrades der Gefahrenlage oder des Tatverdachts. Die diesbezüglichen Anforderungen bestimmen unter Verhältnismäßigkeitsgesichtspunkten primär den Anlass nur unmittelbar für die Datenerhebung selbst, nicht aber auch für die weitere Nutzung der erhobenen Daten. Als neu zu rechtfertigender Eingriff bedarf aber auch die Ermächtigung zu einer Nutzung für andere Zwecke eines eigenen, hinreichend spezifischen Anlasses. Verfassungsrechtlich geboten, aber regelmäßig auch ausreichend, ist insoweit, dass sich aus den Daten – sei es aus ihnen selbst, sei es in Verbindung mit weiteren Kenntnissen der Behörde – ein konkreter Ermittlungsansatz ergibt.

Der Gesetzgeber kann danach – bezogen auf die Datennutzung von Sicherheitsbehörden – eine Zweckänderung von Daten grundsätzlich dann erlauben, wenn es sich um Informationen handelt, aus denen

---

[258] BVerfG NJW 2016, 1781 (1801 f.).
[259] BVerfG NJW 2016, 1781 (1802).

sich im Einzelfall konkrete Ermittlungsansätze zur Aufdeckung von vergleichbar gewichtigen Straftaten oder zur Abwehr von zumindest auf mittlere Sicht drohenden Gefahren für vergleichbar gewichtige Rechtsgüter wie die ergeben, zu deren Schutz die entsprechende Datenerhebung zulässig ist. "[260]

Nach den Vorgaben des BVerfG kann also ein konkreter Ermittlungsansatz grundsätzlich ausreichen, um eine zweckändernde Weiternutzung der Daten zu erlauben. Strengere Anforderungen gelten wiederum für Daten aus Wohnraumüberwachungen oder dem Zugriff auf informationstechnische Systeme: *„Angesichts des besonderen Eingriffsgewichts dieser Maßnahmen muss für sie jede neue Nutzung der Daten wie bei der Datenerhebung selbst auch durch eine dringende Gefahr [...] oder eine im Einzelfall hinreichend konkretisierte Gefahr (siehe oben C IV 1 b) gerechtfertigt sein.* "[261]

Die aus den besonders eingriffsintensiven Maßnahmen der Wohnraumüberwachung und Online-Durchsuchung stammenden Daten dürfen demnach nicht zweckändernd als bloße Spuren- oder Ermittlungsansätze weiterverarbeitet werden. Daraus ergibt sich, dass der Gesetzgeber auch bei Daten, die aus diesen besonders eingriffsintensiven Maßnahmen stammen, die zweckändernde Weiternutzung grundsätzlich zulassen kann. Dazu muss er jedoch sicherstellen, dass dem Eingriffsgewicht der Erhebungsmaßnahme auch bei der Weiternutzung der Daten Rechnung getragen wird.[262] Aus diesem Grund sind solche Daten besonders zu kennzeichnen.

Darüber hinaus lassen diese Ausführungen den Umkehrschluss zu, dass eine zweckändernde Nutzung als Spuren- oder Ermittlungsansatz für Daten aus nicht besonders eingriffsintensiven Maßnahmen möglich ist. Das BVerfG erläutert nicht weiter, was es unter dem Begriff des konkreten Ermittlungsansatzes versteht. In seiner Urteilsbegründung macht das Gericht aber deutlich, dass es dabei auf einen einzelfallbezogenen tatsächlichen Anlass für die Weiterverarbeitung ankommt, der über einen *„potenziellen Informationsgehalt"* bestimmter Daten hinausgehen muss.[263]

---

[260] BVerfG NJW 2016, 1781 (1802).
[261] BVerfG NJW 2016, 1781 (1802).
[262] BVerfG NJW 2016, 1781 (1801).
[263] *Bäcker*, Stellungnahme zum BKAG-E vom 16.03.2017, S. 7; BVerfG NJW 2016, 1781 (1804).

(ii) Kritik am Urteil/Sondervoten

Das Urteil wurde mit zwei Gegenstimmen gefasst. Gegen die Entscheidung sprachen sich die Richter Eichberger und Schluckebier aus.

Eichberger stellte in seinem Sondervotum zunächst fest, dass das Urteil die in der bisherigen Rechtsprechung des BVerfG entwickelten Grundsätze zur Datenerhebung und -weitergabe bei eingriffsintensiven Ermittlungsmaßnahmen für den für das Urteil maßgeblichen Bereich der Terrorismusabwehr zusammenfasst, konsolidiert und teilweise weiterentwickelt. Er kritisierte, dass der Senat *„in einer ganzen Reihe von Punkten [...] überzogene Anforderungen an die Datenerhebung und -weiterverwendung und insbesondere an die daraus von ihm abgeleiteten Ausgestaltungspflichten für den Gesetzgeber"* stellt.[264] Derart strenge und detailgenaue Vorgaben, die das BVerfG an den Gesetzgeber richtet, ließen sich der Verfassung jedoch nicht entnehmen. Darüber hinaus sei aufgrund der Einschätzungsprärogative des Gesetzgebers auch auf Ebene der Verhältnismäßigkeitsprüfung im engeren Sinne mehr richterliche Zurückhaltung geboten. Eichberger stimmte zwar grundsätzlich der (Fort-) Entwicklung des Grundsatzes der hypothetischen Datenneuerhebung zu, hielt es jedoch für überzogen, an die zweckändernde Weiterverarbeitung von Daten aus Wohnraumüberwachungen oder Online-Durchsuchungen noch strengere Maßstäbe anzulegen, indem die konkrete Anlassschwelle der Eingriffsmaßnahme als zusätzliche Voraussetzung in Bezug genommen wird. Vielmehr solle auch hier die Prüfung der Zulässigkeit der zweckändernden Weiterverarbeitung den allgemeinen Regeln folgen.[265]

Auch Richter Schluckebier kritisierte in seinem Sondervotum einen zu starken Eingriff in den Zuständigkeitsbereich des Gesetzgebers. So führte er aus: *„Der Senat setzt mit zahlreichen gesetzgebungstechnischen Detailanforderungen letztlich seine konkretisierenden eigenen Vorstellungen von dem Regelwerk in meines Erachtens zu weit gehender Weise an die Stelle derjenigen des demokratisch legitimierten Gesetzgebers, der sich für seine Konzeption politisch zu verantworten hat und diese gegebenenfalls auch leichter korrigieren kann."*[266]

Die Kritik aus der Fachliteratur setzte an ganz unterschiedlichen Punkten an. Zum einen wurde ebenfalls kritisiert, dass das BVerfG zu weit in die Rechte

---

[264] BVerfG NJW 2016, 1781 (1809).

[265] BVerfG NJW 2016, 1781(1811).

[266] BVerfG NJW 2016, 1781 (1811), abweichende Meinung des Richters *Schluckebier*, Rn. 2.

und Zuständigkeiten des Gesetzgebers eingreife, indem es sehr ins Detail gehende Vorgaben mache.[267]

Diese Kritik war zum Teil damit gepaart, dass diese Vorgaben zu streng seien und somit die Arbeit der Sicherheitsbehörden unnötig erschwerten.[268]

Es gab aber auch Kritik daran, dass die Ausgestaltung des Grundsatzes der hypothetischen Datenneuerhebung durch das BVerfG Raum dafür lasse, Daten durch dieselbe Behörde im Rahmen derselben Aufgabe zum Schutz gleichwertiger Rechtsgüter schon weit im Vorfeld einer Gefahr als Ermittlungs- oder Spurenansätze weiterzuverarbeiten.[269] Das BVerfG nehme hier Daten aus den besonders eingriffsintensiven Maßnahmen der Wohnraumüberwachung oder der Online-Durchsuchung zwar aus. Allerdings berücksichtige es dabei nicht die Möglichkeit, dass andere, äußerlich weniger eingriffsintensive Maßnahmen, nicht zuletzt beim Zusammentreffen verschiedener Maßnahmen gegen einen Betroffenen, in ihrer tatsächlichen Wirkung für den Betroffenen die Intensität einer Wohnraumüberwachung oder Online-Durchsuchung sogar übersteigen könnten.[270] Löffelmann schlägt daher vor, das Kriterium der Gleichwertigkeit des Rechtsgüterschutzes durch eine eingriffsspezifische Abwägung zu ersetzen. An deren Ende solle dann eine Kategorisierung der Daten anhand ihrer Schutzwürdigkeit stehen, die zusammen mit einer Kategorisierung der Schutzbedürftigkeit der Rechtsgüter einen einfachen Abgleich zur Verwendung der Daten ermögliche.[271]

Bei aller Kritik daran, dass das BVerfG zum Teil sehr genaue Anforderungen an den Gesetzgeber stellt, muss man jedoch rückblickend beachten, dass der Gesetzgeber den „Anreiz" aus Karlsruhe dankbar angenommen hat. Denn er plante ohnehin weitreichende Änderungen der IT-Infrastruktur der Sicherheitsbehörden. Gerade die umfassenden Vorgaben des BVerfG hat der Gesetzgeber daher als Argumentationsgrundlage für diese grundlegenden Änderungen herangezogen.[272]

---

[267] Mit Hinweis auf die Kritik in den beiden Sondervoten *Löffelmann*, GSZ 1/2019, 16 (18).

[268] Lindner/Unterreitmeier, DÖV 2017, 90 (98).

[269] *Löffelmann*, GSZ 1/2019, 16 (18).

[270] *Löffelmann*, GSZ 1/2019, 16 (18) mit Hinweis auf die BVerfGE zum kumulativen/additiven Grundrechtseingriff, BVerfG NJW 2005, 1338.

[271] *Löffelmann*, GSZ 1/2019, 16 (20 ff.) mit entsprechenden Vorschlägen zum Gesetzestext.

[272] Vgl. BT-Drs. 18/11163, S. 2.

2. Prüfungsmaßstab einer Verfassungsbeschwerde gegen das BKAG 2018 – die Beschlüsse des BVerfG vom 6. November 2019

Das BVerfG erließ am 6. November 2019 zwei sich ergänzende Beschlüsse, Recht auf Vergessen I[273] und Recht auf Vergessen II[274], in denen es den verfassungsgerichtlichen Prüfungsmaßstab der Grundrechte des Grundgesetzes im Kontext des Unionsrechts erörterte und diesen im Verhältnis zu möglicherweise gleichzeitig geltenden Unionsgrundrechten präzisierte.[275]

Diese Entscheidungen geben Aufschluss über die Frage, an welchem Grundrechtsstandard die Verfassungsbeschwerde gegen das BKAG 2018 zu messen wäre.

a. Recht auf Vergessen I

Dem Beschluss Recht auf Vergessen I lag die Verfassungsbeschwerde eines im Jahr 1982 rechtskräftig wegen Mordes verurteilten und 2002 aus der Haft entlassenen Beschwerdeführers zugrunde. Das Magazin „Der Spiegel" hatte 1982 und 1983 insgesamt drei Artikel über den Fall und die Person des namentlich genannten Beschwerdeführers veröffentlicht. Seit dem Jahr 1999 stellt die Spiegel Online-GmbH diese Artikel in ihrem Onlinearchiv kostenfrei und ohne Zugangsbarriere zum Abruf bereit. Bei Eingabe des Namens des Beschwerdeführers in eine Online-Suchmaschine wurden diese Artikel unter den ersten Suchtreffern angezeigt. Nach erfolgloser Abmahnung klagte der Beschwerdeführer auf Unterlassung des Berichts über die Straftat unter Nennung seines Familiennamens. Der BGH wies im Gegensatz zu den Vorinstanzen die Klage ab, hiergegen hat der Beschwerdeführer schließlich Verfassungsbeschwerde erhoben.

Das BVerfG entschied, dass die Entscheidung des BGH den Beschwerdeführer in seinem Grundrecht aus Art. 2 Abs. 1 GG i. V. m. Art. 1 Abs. 1 GG verletzt.

Das BVerfG stellte in seiner Entscheidung fest, dass es innerstaatliches Recht und dessen Anwendung grundsätzlich am Maßstab der Grundrechte des Grundgesetzes prüft. Dieser Grundsatz gelte auch dann, wenn das innerstaatliche Recht im Anwendungsbereich des Unionsrechts liegt, dabei aber – wie im zu entscheidenden Fall – durch dieses nicht vollständig determiniert ist.

---

[273] BVerfG NJW 2020, 300.

[274] BVerfG NJW 2020, 314.

[275] BVerfG, Pressemitteilung Nr. 83/2019 vom 27. November 2019, https://www.bundesver fassungsgericht.de/SharedDocs/Pressemitteilungen/DE/2019/bvg19-083.html.

Das gelte auch, soweit im Einzelfall nach Art. 51 Abs. 1 S. 1 GRCh daneben auch die Grundrechtecharta der Europäischen Union Geltung beansprucht. Das BVerfG führte für diese grundsätzliche Annahme die folgenden Argumente an: Die grundsätzliche Prüfung am Maßstab der Grundrechte des Grundgesetzes entspreche zunächst der allgemeinen Funktion des BVerfG und seiner verfassungsrechtlichen Einbindung in den europäischen Integrationsprozess. Darüber hinaus sei im Rahmen gestaltungsoffener unionsrechtlicher Regelungen Raum für grundrechtliche Vielfalt eröffnet und es gelte die Vermutung, dass der Schutz der deutschen Grundrechte das Schutzniveau der Charta mitgewährleiste. Bei der primären Anwendung der deutschen Grundrechte sei dabei auch deren Auslegung im Lichte der Charta eingeschlossen.[276]

Ausnahmen der alleinigen Heranziehung der deutschen Grundrechte als Prüfungsmaßstab für innerstaatliches Recht, das der Durchführung gestaltungsoffenen Unionsrechts dient, gälten jedoch dann, wenn konkrete und hinreichende Anhaltspunkte dafür vorliegen, dass das grundrechtliche Schutzniveau des Unionsrechts ausnahmsweise nicht gewährleistet sei. In solchen Fällen sei eine Prüfung des innerstaatlichen Rechts, das der Durchführung des Unionsrechts dient, unmittelbar an den Grundrechten der GRCh zu messen.[277] Erstens gelte die Annahme, dass gestaltungsoffenes unionsrechtliches Fachrecht Gestaltungsräume für grundrechtliche Vielfalt eröffne, nicht uneingeschränkt, sondern könne durch konkrete Anhaltspunkte, die sich aus dem Wortlaut und Regelungszusammenhang des unionsrechtlichen Fachrechts selbst ergeben, erschüttert werden.[278] Darüber hinaus sei trotz zulässiger Grundrechtsvielfalt bei Vorliegen konkreter Anhaltspunkte zu prüfen, ob die Anwendung deutscher Grundrechte das grundrechtliche Schutzniveau des Unionsrechts mitgewährleiste. Anhaltspunkte hierfür könnten sich insbesondere aus der Rechtsprechung des EuGH ergeben, nämlich wenn dieser erkennbar spezifische Schutzstandards zugrunde lege, die von den deutschen Grundrechten nicht gewährleistet werden.[279]

Der der Entscheidung zugrunde liegenden Sachverhalt spielte sich ursprünglich im Anwendungsbereich der Datenschutz-RL 95/46/EG und heute in dem der DSGVO ab. Allerdings existiert im Anwendungsbereich der zu prüfenden Vorschriften sowohl unter der alten als auch unter der neuen Rechtslage ein

---

[276] BVerfG NJW 2020, 300 (301).
[277] BVerfG NJW 2020, 300 (304).
[278] BVerfG NJW 2020, 300 (304).
[279] BVerfG NJW 2020, 300 (305).

Gestaltungsspielraum der Mitgliedstaaten im Rahmen des so genannten Medienprivilegs. Es handelte sich somit um einen Bereich des nicht vollständig determinierten Unionsrechts. Unabhängig davon, dass das innerstaatliche Recht zugleich der Durchführung des Unionsrechts im Sinne des Art. 51 Abs. 1 S. 1 GRCh diente, prüfte das BVerfG den Rechtsstreit daher am Maßstab der deutschen Grundrechte.[280]

b. Recht auf Vergessen II

Dem zweiten Beschluss vom 6. November 2019 lag die Verfassungsbeschwerde der Geschäftsführerin eines Unternehmens zugrunde, die erfolglos einen Anspruch gegen den Suchmaschinenbetreiber Google auf Unterlassung der Anzeige in den Suchergebnissen verfolgt hatte.

Bei Eingabe des vollständigen Namens der Beschwerdeführerin in die Google-Suchleiste erschien unter den ersten Ergebnissen ein Link zu einem Beitrag des NDR-Fernsehmagazins „Panorama" aus dem Jahr 2010. Dieser Beitrag enthielt unter dem Titel „Kündigung: die fiesen Tricks der Arbeitgeber" den Vorwurf, die Beklagte sei mit ihren Mitarbeitern unfair umgegangen. Der Beitrag enthält auch ein Interview mit der Beschwerdeführerin, das diese dem Fernsehsender 2010 auf Anfrage gegeben hatte.

Die Verfassungsbeschwerde hatte keinen Erfolg, da das entscheidende Oberlandesgericht eine im Ergebnis nicht zu beanstandende Grundrechtsabwägung vorgenommen habe.

Das BVerfG erkannte im Rahmen dieser Entscheidung erstmals die Unionsgrundrechte als eigenen Prüfungsmaßstab an, soweit die Grundrechte des Grundgesetzes durch den Anwendungsvorrang des Unionsrechts verdrängt werden. So seien bei „*der Anwendung unionsrechtlich vollständig vereinheitlichter Regelungen [...] nach dem Grundsatz des Anwendungsvorrangs des Unionsrechts in aller Regel nicht die Grundrechte des Grundgesetzes, sondern allein die Unionsgrundrechte maßgeblich.*"[281]

Darüber hinaus erkannte das BVerfG an, dass die letztverbindliche Auslegung des Unionsrechts in der Zuständigkeit des EuGH liege. Eine Anwendung der Unionsgrundrechte komme daher nur in Betracht, wenn deren Auslegung be-

---

[280] BVerfG NJW 2020, 300 (305).
[281] BVerfG NJW 2020, 314.

reits vom EuGH geklärt oder deren Auslegung aus sich heraus offenkundig sei. Ist dies nicht der Fall, seien Auslegungsfragen dem EuGH vorzulegen.[282]

Im Unterschied zu dem der Entscheidung Recht auf Vergessen I zugrunde liegenden Sachverhalt waren bezüglich des Sachverhalts des zweiten Beschlusses Fragen des unionsrechtlich abschließend vereinheitlichten Datenschutzrechts betroffen. Denn das so genannte Medienprivileg, das im Beschluss Recht auf Vergessen I eine Rolle spielte, fand hier eben nicht zugunsten des Suchmaschinenanbieters Anwendung. Das BVerfG prüfte den Sachverhalt daher am Maßstab der Unionsgrundrechte.

c. Bedeutung für den Prüfungsmaßstab einer Verfassungsbeschwerde gegen das BKAG 2018

Das BVerfG unterscheidet also zwischen Sachverhalten, die unionsrechtlich nicht vollständig determiniertem innerstaatlichem Recht unterfallen (Recht auf Vergessen I) und solchen, die sich im Anwendungsbereich vollständig unionsrechtlich determinierter Regelungen abspielen (Recht auf Vergessen II).

Da es sich bei den Regelungen des BKAG 2018 nicht um unionsrechtlich vollständig determiniertes innerstaatliches Recht handelt, würde das BVerfG eine Verfassungsbeschwerde gegen Regelungen des BKAG 2018 allein am Maßstab der deutschen Grundrechte prüfen, sofern es sie zur Entscheidung annimmt.

Hierfür spricht zunächst, dass die Regelungen des BKAG 2018 dem Anwendungsbereich der JI-RL und nicht der DSGVO unterfallen. Zwar kann allein aus der Rechtsform des unionsrechtlichen Rechtsaktes nicht zwingend auf das Vorliegen oder Nichtvorliegen von vollständig unionsrechtlich determinierten Regelungen geschlossen werden. Vielmehr führte das BVerfG ausdrücklich aus, dass auch im Anwendungsbereich einer Verordnung Gestaltungsspielraum eröffnet sein könne, wie es auch im Beschluss Recht auf Vergessen I zum Tragen kam, oder Richtlinien *„zwingende und abschließende Forderungen machen können.“*[283] Beim Regelungsbereich des BKAG 2018 handelt es sich jedoch nicht um einen solchen vollständig unionsrechtlich determinierten Bereich. Dies ergibt sich bereits daraus, dass den Mitgliedsstaaten Umsetzungsspielräume zustehen, beispielsweise bei der Ausgestaltung der Befugnisse der Datenschutzaufsichtsbehörde und sie entsprechend Art. 1 Abs. 3 JI-RL von den Vorgaben der Richtlinie dahingehend abweichen können, als

---

[282] BVerfG NJW 2020, 314 (320).
[283] BVerfG NJW 2020, 314 (320 f.).

dass sie strengere Garantien zum Schutz der Rechte und Freiheiten der von einem Datenverarbeitungsvorgang Betroffenen vorsehen können.

Es sind keine konkreten und hinreichenden Anhaltspunkte ersichtlich, dass durch die Heranziehung der deutschen Grundrechte das grundrechtliche Schutzniveau des Unionsrechts nicht gewährleistet ist. Denn weder gibt es konkrete Anhaltspunkte dafür, dass das Unionsrecht trotz seiner Gestaltungsoffenheit ausnahmsweise engere grundrechtliche Maßgaben enthält. Noch liegen Anhaltspunkte vor, die die Vermutung widerlegen, dass der Schutzbereich der GRCh durch den Schutz deutscher Grundrechte mitgewährleistet ist.

Solche Anhaltspunkte ergeben sich nicht aus einem Vergleich der Rechtsprechung des BVerfG und des EuGH zur Vorratsdatenspeicherung. Zwar erklärte der EuGH 2014[284] die EU-Richtlinie über die Vorratsdatenspeicherung für ungültig und legte in seiner Entscheidung von 2016[285] einen besonders grundrechtsschonenden Standard zugrunde, indem er unter anderem erneut betonte, dass die Vorratsdatenspeicherung in den Mitgliedstaaten nur auf das absolut Notwendige beschränkt sein darf. Demgegenüber hatte das BVerfG in seiner Entscheidung aus 2010, also zu einem Zeitpunkt, zu dem die EU-Richtlinie über die Vorratsdatenspeicherung noch in Kraft war, die Vorratsdatenspeicherung auf Grundlage der Richtlinie als grundsätzlich mit den deutschen Grundrechten vereinbar angesehen.[286] Diese Divergenz führt jedoch nicht zu dem Schluss, dass der EuGH bezüglich des Schutzes personenbezogener Daten grundsätzlich einen grundrechtlichen Schutzstandard zugrunde legt, der von den deutschen Grundrechten nicht gewährleistet wird. Denn zum einen forderte das BVerfG für die verfassungskonforme Umsetzung der Vorratsdatenspeicherung ebenfalls sehr strenge Verfahrensregelungen. Zum anderen stellte das BVerfG im Beschluss Recht auf Vergessen I fest, dass bei primärer Anwendung der deutschen Grundrechte diese im Lichte der GRCh auszulegen seien.[287] Dementsprechend wirkt sich die strengere Rechtsprechung des EuGH zur Vorratsdatenspeicherung aus 2014 und 2016 auf die Auslegung der deutschen Grundrechte aus und entfaltet somit auch für eine verfassungsgerichtliche Prüfung am Maßstab der deutschen Grundrechte Wirkung.

Ein sonstiges spezielles Grundrecht, das nur in der Grundrechtecharta nicht jedoch in den deutschen Grundrechten zu finden ist, existiert ebenfalls nicht.

---

[284] EuGH NJW 2014, 2169.

[285] EuGH NJW 2017, 717.

[286] BVerfG NJW 2010, 833.

[287] BVerfG NJW 2020, 300 (301).

3. Einfaches Recht, datenschutzrechtliche Grundsätze

Das Datenschutzrecht ist ein neuer und aufgrund schneller technischer Entwicklungen auch ein sehr dynamischer Rechtsbereich. Einige datenschutzrechtliche Grundsätze prägten das Datenschutzrecht von Anfang an und müssen sich hinsichtlich gegenwärtiger und zukünftiger Entwicklungen beweisen.

a. Grundsatz der Datenvermeidung oder Datensparsamkeit

Der Grundsatz der Datenvermeidung oder Datensparsamkeit beschreibt das datenschutzrechtliche Ziel so wenig Daten wie möglich zu verarbeiten. Er war bisher in § 3a BDSG 2003 geregelt und beschrieb ein wesentliches Prinzip des deutschen Datenschutzrechts.[288]

Der Grundsatz wurde im Rahmen der BDSG-Novelle von 2001 erstmals in das BDSG aufgenommen. Zuvor war er in einigen Datenschutzgesetzen der Länder und im Teledienstedatenschutzgesetz verankert.[289] Zur Begründung der Schaffung dieses Grundsatzes führte der Gesetzgeber in der Gesetzesbegründung aus, es solle damit Einfluss auf die Gestaltung der Systemstrukturen, in denen personenbezogene Daten erhoben und verarbeitet werden, genommen werden.[290] Dadurch sollten Gefahren für das informationelle Selbstbestimmungsrecht der Betroffenen von Anfang an minimiert werden.[291] Durch die Überarbeitung des Gesetzes 2009 wurde der Grundsatz neu formuliert. Der gesamte Datenverarbeitungsvorgang sollte am Grundsatz der Datenvermeidung und Datensparsamkeit ausgerichtet sein.[292] Der Gesetzgeber bezeichnete den Grundsatz im Zuge dessen noch als „Zielvorgabe".[293]

Im BDSG n. F. ist dieser Grundsatz nicht mehr zu finden. Auch die europäischen Regelungen enthalten keine ebenso ausdrückliche Formulierung dieses Grundsatzes. Zwar findet sich in Art. 4 Abs. 1 lit. c)-e) sowie in Art. 20 Abs. 1 JI-RL der Grundsatz der Datenminimierung. Dieser entspricht seiner Reichweite nach jedoch eher dem Erforderlichkeitsgebot. Er bleibt hinter dem zuvor im deutschen Datenschutzrecht verankerten Grundsatz der Datenvermeidung und Datensparsamkeit zurück.

---

[288] *Schulz*, in: BeckOK Datenschutzrecht, Vorbemerkungen zu § 3a BDSG 2003 [aK].

[289] *Schulz*, in: BeckOK Datenschutzrecht, § 3 BDSG 2003 [aK] Rn. 1.

[290] BT-Drs. 14/4329, S. 27.

[291] BT-Drs. 14/4329, S. 33.

[292] *Schulz*, in: BeckOK Datenschutzrecht, § 3 BDSG 2003 [aK] Rn. 5; BT-Drs. 16/13657, S. 17.

[293] BT-Drs. 16/13657, S. 17.

b. Grundsatz der Zweckbindung

Der Grundsatz der Zweckbindung besagt, dass jede Verarbeitung von Daten zweckorientiert erfolgen muss. Die Datenverarbeitung darf demnach kein Selbstzweck sein, sondern sie muss zu einem bestimmten, bereichsspezifischen und gesetzlich festgelegten anderen Zweck erfolgen. Eine Datenerhebung zu unbestimmten oder erst in Zukunft bestimmbaren Zwecken ist daher unzulässig.[294] Der Grundsatz lässt sich aus dem Volkszählungsurteil des BVerfG herauslesen.[295] Es handelt sich dabei um einen grundlegenden Eckpfeiler des Datenschutzkonzepts des BVerfG.[296] Ausdrücklichen Eingang fand der Grundsatz in das BDSG allerdings nicht. An mehreren Stellen wird er jedoch erwähnt bzw. vorausgesetzt, so z. B. in § 14 Abs. 1 S. 1 BDSG a. F. Auch auf europäischer Ebene ist der Grundsatz anerkannt und wird in Art. 4 Abs.1 lit. b) JI-RL dahingehend genannt, als dass „*personenbezogene Daten für festgelegte eindeutige und rechtmäßige Zwecke erhoben und nicht in einer mit diesen Zwecken nicht zu vereinbarenden Weise weiterverarbeitet werden.*" Eine entsprechende Regelung findet sich nunmehr in § 47 Nr. 2 BDSG n. F.

Im sicherheitsrechtlichen Bereich wird dieser Grundsatz nunmehr durch den bereichsspezifischen Grundsatz der hypothetischen Datenneuerhebung aufgegriffen und bereichsspezifisch ausgestaltet.

---

[294] *Schwabenbauer*, in: Lisken/Denninger, Handbuch des Polizeirechts, Kap. G. Rn. 12.
[295] BVerfG, NJW 1984, 419 (423).
[296] *Kutscha*, ZRP 1999, 156 (157) m. w. N.

D. Wesentliche Veränderungen durch das Gesetz zur Neustrukturierung des BKAG

Der folgende Abschnitt fasst die für die Fragestellung relevanten Neuerungen durch das BKAG 2018 zusammen.

I. Das bisherige Dateiensystem

Das alte Dateiensystem des BKA erscheint bei der Recherche wie eine nach und nach gewachsene Flickenlandschaft. Zu Beginn der Arbeit des BKA in den 1950er-Jahren konnten Daten noch nicht elektronisch gespeichert werden, sondern wurden in Papierakten angelegt. In den 1970er-Jahren wurde die Informationstechnologie des BKA geschaffen. 1992 wurde ein Grobkonzept zur Überarbeitung und zur Schaffung von INPOL-neu erarbeitet. Dieses ging 2003 mit zweijähriger Verzögerung an den Start, nachdem bei der Implementierung zahlreiche Hindernisse überwunden werden mussten.[297] Seither ist die Dateienstruktur des BKA als Reaktion auf aktuelle Bedrohungslagen immer weiter gewachsen.

1. Aufbau

a. Struktur des Gesetzes

Die Struktur des BKAG 1997[298] gliederte sich im Hinblick auf Datenverarbeitungsbefugnisse wie folgt. §§ 1-6 BKAG 1997 regelten die Aufgabenbereiche des BKA. Daraufhin folgte Abschnitt 2, der die jeweiligen Befugnisnormen hinsichtlich der Aufgabenbereiche enthielt: §§ 7-13 BKAG 1997 die Befugnisse des BKA als Zentralstelle, §§ 14-15a BKAG 1997 solche des BKA im Hinblick auf die internationale Zusammenarbeit, §§ 16-20 BKAG 1997 solche der Strafverfolgung und Datenspeicherung zum Zwecke künftiger Strafverfahren, §§ 20a-20z BKAG 1997 solche im Aufgabenbereich der Abwehr von Gefahren des internationalen Terrorismus, §§ 21-25 BKAG 1997 solche zum Schutz von Mitgliedern von Verfassungsorganen und der Leitung des BKA und schließlich § 27 BKAG 1997 zum Zeugenschutz. Innerhalb dieser aufgabenspezifischen Befugnisnormen waren auch die Datenverarbeitungsbefugnisse des BKA geregelt.

---

[297] *Abbühl*, Der Aufgabenwandel des Bundeskriminalamtes, S. 170 f.

[298] Mit dem Gesetz zur Abwehr von Gefahren des internationalen Terrorismus durch das Bundeskriminalamt vom 25.12.2008, BGBl. I, S. 3083 wurde lediglich der Terrorismusteil neu eingefügt, sodass hier auf das Gesetz von 1997 Bezug genommen wird.

Abschnitt 3 des Gesetzes enthielt unter der Überschrift „*Gemeinsame Be-stimmung*" darüber hinaus datenschutzrechtliche Verfahrensregelungen, z. B. hinsichtlich des Abgleichs personenbezogener Daten mit Dateien (§ 28), der weiteren Verwendung von Daten (§ 30) oder der Berichtigung, Löschung und Sperrung personenbezogener Daten in Dateien und Akten (§§ 32, 33).

b. Statische Abgrenzung einzelner Dateien

Auf Grundlage der alten Rechtslage existieren – zum jetzigen Zeitpunkt noch – einzelne, voneinander abgegrenzte Datentöpfe bzw. Datensilos. Diese Da-tentöpfe sind jeweils phänomenologisch, also nach Kriminalitätsbereich, von-einander getrennt. Darüber hinaus unterscheiden sich die Datentöpfe hinsicht-lich der Ausgestaltung ihres Teilnehmerkreises. Dazu ist zunächst ein Blick auf die Arten der beim BKA geführten Dateien zu werfen.

Eine erste Differenzierung der verschiedenen Dateien erfolgt auf der Ebene der polizeilichen Dateien und Verwaltungsdateien. Letztere bezeichnen solche vom BKA betriebene Datensammlungen, die es für den Eigenbedarf, also den ordnungsgemäßen Amtsablauf und die Erfüllung seiner ordnungsbehördlichen Aufgaben im Bereich des Waffen- und Spielerechts führt. Für diese Dateien findet das BDSG unmittelbar Anwendung. Für diese Dissertation sind nur die polizeilichen Dateien relevant. Die beim BKA geführten polizeilichen Dateien (Zentralstellendateien) lassen sich wiederum unterteilen in Zentral-, Verbund- und Amtsdateien.[299]

Zentraldateien sind solche, bei denen die Daten vom BKA selbst eingegeben werden. Diese Dateien sind nicht Teil von INPOL. Es haben also zunächst nur die Organisationseinheiten des BKA Zugriff. Die Übermittlung der Daten an andere Stellen richtete sich nach § 10 BKAG 1997. Sie erfolgte bei den Zentraldateien grundsätzlich manuell, gemäß § 10 Abs. 1, Abs. 2 BKAG 1997. Das bedeutete, dass bei jeder Anfrage durch das BKA geprüft wurde, ob die anfragende Stelle im Einzelfall die Daten erhalten soll. In Sonderfällen war auch ein automatisiertes Abrufverfahren nach § 10 Abs. 7 BKAG 1997 mög-lich. Als Zentraldateien ausgestaltet sind beispielsweise die Dateien „*Landes-verrat*" oder „*InTE-Z*", die der Bekämpfung des internationalen Terrorismus

---

[299] Antwort der Bundesregierung auf die Kleine Anfrage der Fraktion DIE LINKE, BT-Drs. 16/2875, S. 2.

und Extremismus dient sowie die Datei *"IgaSt – international agierende gewaltbereite Störer"*.[300]

Die Verbunddateien des polizeilichen Informationssystems (INPOL) sind durch mehrere Teilnehmer charakterisiert. Die Teilnehmer geben die Daten online in die jeweilige Datei ein. Das BKA war nach § 11 Abs. 1 BKAG 1997 Zentralstelle für den polizeilichen Datenverbund zwischen Bund und Ländern. Die datenschutzrechtliche Verantwortlichkeit lag nach § 12 Abs. 2 S. 1 BKAG 1997 bei der die Daten eingebenden Stelle. Das BKA überwachte die Einhaltung der Regelungen nach § 12 Abs. 1 BKAG 1997. Es gibt beispielsweise die als Verbunddateien ausgestalteten Datentöpfe *„Gewalttäter Sport"* und *„Gewalttäter links"*.[301]

Amtsdateien führt das BKA zu Erfüllung seiner spezifischen Aufgaben, ohne dass hieran andere Dienststellen beteiligt werden. Diese Dateien sind also ebenfalls nicht Teil von INPOL. Sie dienen insbesondere zur Projektauswertung des BKA als Zentralstelle, zur Unterstützung der entsprechend den originären Ermittlungsbefugnissen oder im Auftrag durchgeführten Verfahren nach § 4 BKAG 1997, sowie zur Erfüllung spezialgesetzlicher Aufgaben.[302] Amtsdateien werden beim BKA beispielsweise hinsichtlich des Verdachts der Bildung oder des Verdachts der Unterstützung terroristischer Vereinigungen geführt, wobei die Dateinamen in der als Anlage 3 der Antwort der Bundesregierung auf eine Kleine Anfrage der Fraktion DIE LINKE jeweils geschwärzt sind.[303]

2. Zugriffsrechte

Die Zugriffsberechtigung richtet sich nach der Art der Datei. Auf die Zentral- und Amtsdateien haben die Mitarbeiter des BKA Zugriff. Laut Erläuterungen in dem von der Verfasserin geführten Experteninterview beim BKA führt das BKA ein zentrales Vorgangsverarbeitungssystem, über das Daten abgerufen werden können. Das System sucht *„sternförmig"* in den verschiedenen Datentöpfen nach den gesuchten Daten. Nach dieser Erläuterung erscheint die Darstellung des Gesetzgebers in der Gesetzesbegründung zum BKAG 2018 irreführ-

---

[300] Dies ergibt sich aus Anlage 2 der Antwort der Bundesregierung auf die Kleine Anfrage der Fraktion DIE LINKE, BT-Drs. 16/2875, S. 16.

[301] Dies ergibt sich aus der Antwort der Bundesregierung auf die Kleine Anfrage der Fraktion DIE LINKE, BT-Drs. 16/13563, S. 1, BT-Drs. 17/2803, S. 3; vgl. auch *Arzt*, NJW 2011, 352 (353).

[302] *Daub*, in: Ahlf/Daub/Lersch/Störzer, BKAG, § 11 Rn. 38.

[303] BT-Drs. 16/2875, S. 19 ff.

rend. Dieser führt aus, dass sich die Zugriffsberechtigung nach der Zugehörigkeit zu einer bestimmten Organisationseinheit im BKA richte:

> *„Bislang wird der Datenschutz in der IT-Architektur des Bundeskriminalamtes vertikal durch die Speicherung der Daten in vielen Dateien, welche den Aufgabenzuschnitt der jeweiligen Organisationseinheiten abbilden, umgesetzt. Dies führt dazu, dass die gleichen personenbezogenen Daten in vielen verschiedenen Dateien mehrfach gespeichert sind, wenn sie für das jeweilige Aufgabengebiet des betreffenden Fachreferats des Bundeskriminalamtes erforderlich sind.*
>
> *Die Berechtigungsverwaltung für den Zugriff auf die Daten wird statisch und lediglich nach Datei und Benutzerrolle vergeben: Innerhalb einer* <u>*Datei, auf die der jeweilige Bearbeiter aufgrund seiner Zugehörigkeit zu einer Organisationseinheit des Bundeskriminalamtes Zugriff hat,*</u> *können diese Bearbeiter (rollenabhängig) auf alle Daten zugreifen.“*[304] *(Hervorhebung durch die Verfasserin)*

Nach den interviewten Mitarbeitern des BKA sei dies auf eine Fehlvorstellung über die Zugriffsprüfung beim BKA zurückzuführen. Eine solche habe sich insbesondere durch die Vorfälle um den ehemaligen Bundestagsabgeordneten Edathy gefestigt. Dabei sei den verschiedenen Abteilungen des BKA vorgeworfen worden, jeder schaue *„nur in seinen eigenen Topf"*.[305] Bei den Verbunddateien werden die Teilnehmer und somit die zur Dateneinspeisung und -abruf berechtigten Teilnehmer für die jeweilige Datei im Vorhinein durch die Errichtungsanordnung festgelegt. Die Teilnehmer speichern die Daten ein und rufen sie bei Bedarf ab. Besteht ein Zugriffsrecht auf die Daten, kann in der Regel auf den gesamten Datensatz zugegriffen werden. Der Datensatz beinhaltet sämtliche zu einer Person in diesem Datentopf gespeicherten Daten, unabhängig davon, durch welche Maßnahme das jeweilige Datum gewonnen wurde. Ein bestehendes Zugriffsrecht unterliegt nach der alten Rechtslage somit keiner Abstufung.[306]

3. Kontrollmechanismen

Ein entscheidender Kontrollmechanismus war die Notwendigkeit einer Errichtungsanordnung jeweils vor Eröffnung eines neuen Datentopfs. Die Errichtungsanordnung war in § 34 BKAG 1997 geregelt. Dieser lautete:

---

[304] BT-Drs. 18/11163, S. 75.
[305] Anlage 1, S. A-6 f.
[306] White Paper Polizei2020, S. 11.

§ 34 Errichtungsanordnung

(1) Das Bundeskriminalamt hat für jede bei ihm zur Erfüllung seiner Aufgaben geführte automatisierte Datei mit personenbezogenen Daten in einer Errichtungsanordnung, die der Zustimmung des Bundesministeriums des Innern bedarf, festzulegen:

1. Bezeichnung der Datei,

2. Rechtsgrundlage und Zweck der Datei,

3. Personenkreis, über den Daten gespeichert werden,

4. Art der zu speichernden personenbezogenen Daten,

5. Arten der personenbezogenen Daten, die der Erschließung der Datei dienen,

6. Anlieferung oder Eingabe der zu speichernden Daten,

7. Voraussetzungen, unter denen in der Datei gespeicherte personenbezogene Daten an welche Empfänger und in welchem Verfahren übermittelt werden,

8. Prüffristen und Speicherungsdauer,

9. Protokollierung.

Der Bundesbeauftragte für den Datenschutz ist vor Erlaß einer Errichtungsanordnung anzuhören.

(2) Bei Dateien des polizeilichen Informationssystems bedarf die Errichtungsanordnung auch der Zustimmung der zuständigen Innenministerien und Senatsinnenverwaltungen der Länder.

(3) Ist im Hinblick auf die Dringlichkeit der Aufgabenerfüllung eine Mitwirkung der in den Absätzen 1 und 2 genannten Stellen nicht möglich, so kann das Bundeskriminalamt, in den Fällen des Absatzes 2 im Einvernehmen mit den betroffenen Teilnehmern des polizeilichen Informationssystems, eine Sofortanordnung treffen. Das Bundeskriminalamt unterrichtet gleichzeitig unter Vorlage der Sofortanordnung das Bundesministerium des Innern. Das Verfahren nach den Absätzen 1 und 2 ist unverzüglich nachzuholen.

(4) In angemessenen Abständen ist die Notwendigkeit der Weiterführung oder Änderung der Dateien zu überprüfen.

Die Notwendigkeit einer Errichtungsanordnung vor der Eröffnung eines neuen Datentopfs hat zumindest systematisch einen besonderen Stellenwert hinsichtlich der Kontrollmechanismen der Dateienstruktur des BKA. Dies ergibt sich aufgrund des Zeitpunkts, an dem die Kontrolle einsetzt, nämlich bevor

Daten von Betroffenen in dem etwaigen Datentopf gespeichert werden können.

Das BKA muss also die Eröffnung einer neuen Datei begründen und dem BMI
vorlegen, um dessen Einverständnis einzuholen. Der BfDI muss im Rahmen
dieses Verfahrens angehört werden. Handelt es sich um eine Verbunddatei,
bedarf es auch der Zustimmung der zuständigen Innenministerien und Senatsinnenverwaltungen der Länder. Im Rahmen der Errichtungsanordnung war
nach § 34 Abs. 1 Nr. 6 BKAG 1997 anzugeben, woher die Daten stammen.
Die in der Norm verwendeten Begriffe „Anlieferung" und „Eingabe" sind dabei
den verschiedenen Dateitypen geschuldet. Angeliefert werden die Daten bei
den Zentral- und Amtsdateien vom BKA selbst. Eingegeben werden sie bei
den Verbunddateien von den jeweiligen Verbundteilnehmern.[307] Demnach war
also bereits in der Errichtungsordnung durch die eingebenden Stellen festge-
schrieben, welche Behörden an einer Datei teilnahmen.

Die Errichtungsanordnung diente damit zum einem als Instrument der Selbstkontrolle durch das BKA und der Fremdkontrolle durch das BMI und – im
Rahmen des Anhörungsrechts – durch den BfDI. Die Selbstkontrolle bestand
darin, dass dem BKA eine Begründungspflicht auferlegt wurde. Die Kontrolle
durch das BMI bildete die Kontrolle von außen ab. Hier ließe sich zwar argumentieren, dass BMI und BKA „im selben Lager" stehen und somit eine allzu
strenge Kontrolle nicht zu erwarten war. Statistiken zur Genehmigung und Ab-
lehnung von Dateien existieren offenbar nicht. Allerdings gebe es aus Sicht
der interviewten Mitarbeiter des BKA sehr wenige Fälle, in denen das BMI die
Errichtung einer Datei abgelehnt habe. Andererseits durfte sich das BMI keinen allzu lockeren Umgang mit seit jeher kontrovers diskutierten sicherheitsrechtlichen Themen erlauben und musste seinerseits Entscheidungen treffen,
die es nach außen rechtfertigen konnte. Das dritte Element des Verfahrens zu
Errichtungsanordnung war das Anhörungsrecht des BfDI. Zwar musste der
BfDI lediglich angehört werden, eine Entscheidungsgewalt kam ihm nicht zu.
Sofern sich der BfDI in seiner Stellungnahme jedoch kritisch äußerte, bestand
für das BMI automatisch ein höherer Rechtfertigungsaufwand, um der Errichtung eines neuen Datentopfes zuzustimmen.

§ 34 Abs. 4 BKAG 1997 sah darüber hinaus vor, dass die Notwendigkeit der
Weiterführung der Datei in regelmäßigen Abständen durch das BKA zu prüfen

---

[307] *Kugelmann*, BKAG § 34 Rn. 11.

war. Dies sollte zum einen Verhältnismäßigkeitserwägungen gerecht werden, als auch dem Grundsatz der Datensparsamkeit Rechnung tragen.[308]

4. Gesetzgeberische Begründung

Die Einteilung der Daten in verschiedene Dateien wurde seit der Entstehung der Datensammlung beim BKA so vorgenommen. Die Gesetzesänderungen der Jahre 1997 und 2008 änderten hieran nichts. Die Gesetzesbegründung zum BKAG 1997 ging auf die Einteilung in verschiedene Dateien nicht dezidiert ein. Vielmehr setzte die Gesetzesbegründung zu § 7 BKAG 1997 als gegeben voraus, dass es verschiedene *„Zentraldateien"* und *„Verbunddateien"* (Hervorhebungen durch die Verfasserin) gibt.[309]

Die BKADV vom 4. Juni 2010[310] enthält in § 9 Abs. 1 Nr. 1 sowie in § 10 Abs. 2 Nr. 1, Abs. 3 BKADV erstmals den Begriff der *„delikts- und phänomenbezogenen Dateien"*. Die Begründung der BKADV führt hierzu aus:

> *„Die automatisierte Datenverarbeitung ermöglicht es, durch das schnelle Zusammenfügen relevanter Informationen die Effektivität in der Bearbeitung zu steigern und – soweit möglich – denen zur Verfügung zu stellen, die diese Informationen für ihre Aufgabenwahrnehmung benötigen. Konkret dient die Abbildung personenbezogener Daten von Beschuldigten und Verdächtigen in den delikts- und phänomenbezogenen Dateien dem Erkennen von überregionalen oder sogar internationalen Tätergruppierungen und Zusammenhängen. Bei der Auswertung von Informationen zu einer Person können dessen Kontakte und Beziehungen im deliktsspezifischen Umfeld zu neuen Erkenntnissen und Ermittlungsansätzen führen."[311]*

Zu der seit dem BKAG 1997 bis zum Inkrafttreten des BKAG 2018 in § 34 geregelten Errichtungsanordnung hieß es in der Gesetzesbegründung vergleichsweise knapp, es handele sich dabei um eine weitere spezielle Datenschutzvorschrift. Die Errichtungsanordnung sei wegen der *„Auswirkung der automatisierten Datenverarbeitung"* zu erlassen.[312]

---

[308] *Kugelmann*, BKAG § 34 Rn. 19.

[309] BT-Drs. 13/1550, S. 24.

[310] BGBl. I, S. 716.

[311] BR-Drs. 329/10, S. 45.

[312] BT-Drs. 13/1550, S. 38.

5. Probleme/Reformbedarf

Die bisherigen polizeilichen IT-Systeme stammen in ihrer Grundstruktur noch aus den 1970er-Jahren.[313]

In jüngster Zeit wurden immer wieder Probleme der Dateienstruktur augenscheinlich.[314] So kann es zu Doppelung von Daten kommen und es sind Fälle denkbar, in denen Daten zu Gefährdern in einem Datentopf auftauchen, jedoch den Ermittlern aus anderen Kriminalitätsbereichen, in welchen der Betroffene ebenfalls in Erscheinung tritt, aufgrund der Trennung der Datentöpfe nicht zur Verfügung stehen und somit die Ermittlungsarbeit gehindert wird.

Letzteres wurde in Bezug auf die Zusammenarbeit verschiedener Polizeibehörden insbesondere durch die Schwierigkeiten bei den Ermittlungen betreffend den NSU-Komplex deutlich. Der hierzu eingesetzte Untersuchungsausschuss benannte die fehlende technische Kompatibilität als Hindernis für die Zusammenarbeit der Polizeibehörden und forderte ihre Überarbeitung.[315] Hierauf nimmt der Gesetzgeber des BKAG 2018 in seiner Gesetzesbegründung ausdrücklich Bezug.[316]

Des Weiteren ist die Neustrukturierung der Dateien beim BKA auch ein wichtiger Schritt im Rahmen des Projekts Polizei2020.[317] Hierdurch soll das Informationsmanagement der Polizeibehörden des Bundes und der Länder, so heißt es im White Paper des BMI, modernisiert und vereinheitlicht werden. Erklärtes Ziel des Vorhabens ist es, die Verfügbarkeit polizeilicher Informationen zu verbessern, die Wirtschaftlichkeit zu erhöhen und Datenschutz durch Technik zu gewährleisten. Um dies zu erreichen, hat das BKAG 2018 eine Art Vorreiterfunktion inne. Die Länder sollen sich in ihrer Gesetzgebung hieran orientieren können. So formuliert Graulich in einem Aufsatz aus 2017: *„Die Novellierung*

---

[313] Pressemitteilung des BMI vom 01.02.2017, https://www.bmi.bund.de/SharedDocs/presse mitteilungen/DE/2017/02/bkag-neu.html.

[314] Beispielsweise im Zusammenhang mit G20-Akkreditierungen: *Gebauer*, Spiegel online, 30.08.2017, www.spiegel.de/politik/deutschland/g20-gipfel-in-hamburg-akkreditierungsentzug-offenbart-daten-chaos-beim-bka-a-1165367.html; Unter anderem hierzu auch: Regierungspres sekonferenz vom 30.08.2017, Mitschrift abrufbar unter https://www.bundesregierung.de/Content/ DE/Mitschrift/Pressekonferenzen/2017/08/2017-08-30-regpk.html.

[315] Beschlussempfehlung und Bericht des 2. Untersuchungsausschusses nach Artikel 44 des Grundgesetzes, BT-Drs. 17/14600, S. 862.

[316] BT-Drs. 18/11163, S. 76.

[317] Laut Pressemitteilung des BMI handelt es sich hierbei um den „Startschuss" der Umsetzung des Projekts Polizei2020; auf der Website des BKA wird das BKAG 2018 als „Grundlage für das Programm" beschrieben, https://www.bka.de/DE/UnsereAufgaben/Ermittlungs unterstuetzung/ElektronischeFahndungsInformationssysteme/Polizei2020/Polizei2020_node. html.

macht rechtspolitisch die Forderungen nach einem neuen „Musterentwurf für ein einheitliches Polizeigesetz" überflüssig, denn das vorliegende BKAG ist dieses Muster."[318]

Hinsichtlich des beim BKA geführten und im Rahmen des Projekts Polizei2020 umfassend zu überarbeitenden polizeilichen Informationsverbunds, erhält das BKA noch stärker als bisher die Funktion eines „Datenhauses" (vgl. E.VIII.).[319]

II. Der neue Informationsbestand

1. Aufbau

a. Struktur des Gesetzes

Das BKAG 2018 regelt in Abschnitt 2 die allgemeinen Befugnisse der Datenverarbeitung und in Abschnitt 9 Vorschriften zum Datenschutz und der Datensicherheit sowie den Rechten der betroffenen Person.

Abschnitt 2 spiegelt die Bemühungen des Gesetzgebers wider, die bisher an unterschiedlichen Stellen geregelten allgemeinen Datenverarbeitungsbefugnisse an einer Stelle zusammenzufassen. Dabei werden die besonderen aufgabenspezifischen Datenverarbeitungsbefugnisse weiterhin in den die jeweiligen Aufgaben des BKA betreffenden Abschnitten des Gesetzes geregelt.[320]

aa. Allgemeine Befugnisse der Datenverarbeitung

Das BKAG 2018 regelt in den §§ 9 ff. allgemeine Befugnisse der Datenverarbeitung.

§ 9 BKAG 2018 regelt die allgemeine Datenerhebung durch und Datenübermittlung an das BKA entsprechend seiner Aufgaben. § 10 BKAG 2018 ermächtigt das BKA zur sogenannten Bestandsdatenauskunft. § 11 BKAG 2018 enthält eine Ermächtigungsgrundlage zur Aufzeichnung eingehender Telefonanrufe.

Im Fokus der allgemeinen Datenverarbeitungsbefugnisse steht die Umsetzung der Vorgaben des BVerfG zum Grundsatz der hypothetischen Datenneuerhebung (vgl. oben C.II.1.c.bb.) in § 12 BKAG 2018, die der Gesetzgeber als

---

[318] *Graulich,* KriPoZ 2017, 278 (278); Das Ziel der Schaffung eines Musterpolizeigesetzes findet sich im Koalitionsvertrag 2018, S. 17 Z. 594, S. 126 Z. 5923 ff.

[319] Vgl. White Paper Polizei2020, S. 9.

[320] Vgl. BT-Drs. 18/11163, S. 90.

„*zentrales Element*"[321] der Entscheidung des BVerfG erkennt. Hieran solle sich das neue Informationssystem „*strikt*"[322] orientieren. Die Norm lautet wie folgt:

§ 12 Zweckbindung Grundsatz der hypothetischen Datenneuerhebung

(1) Das Bundeskriminalamt kann personenbezogene Daten, die es selbst erhoben hat, weiterverarbeiten

1. zur Erfüllung derselben Aufgabe und

2. zum Schutz derselben Rechtsgüter oder zur Verfolgung oder Verhütung derselben Straftaten.

Für die Weiterverarbeitung von personenbezogenen Daten, die aus Maßnahmen nach den §§ 46 und 49 erlangt wurden, muss im Einzelfall eine dringende Gefahr oder eine Gefahrenlage im Sinne des § 49 Absatz 1 Satz 2 vorliegen.

(2) Das Bundeskriminalamt kann zur Erfüllung seiner Aufgaben personenbezogene Daten zu anderen Zwecken, als denjenigen, zu denen sie erhoben worden sind, weiterverarbeiten, wenn

1. mindestens

   a) vergleichbar schwerwiegende Straftaten verhütet, aufgedeckt oder verfolgt oder

   b) vergleichbar bedeutende Rechtsgüter geschützt werden sollen und

2. sich im Einzelfall konkrete Ermittlungsansätze

   a) zur Verhütung, Aufdeckung oder Verfolgung solcher Straftaten ergeben oder

   b) zur Abwehr von in einem übersehbaren Zeitraum drohenden Gefahren für mindestens vergleichbar bedeutsame Rechtsgüter erkennen lassen.

Die §§ 21 und 22 bleiben unberührt.

(3) Für die Weiterverarbeitung von personenbezogenen Daten, die durch einen verdeckten Einsatz technischer Mittel in oder aus Wohnungen oder technischer Mittel in informationstechnischen Systemen erlangt wurden, gilt Absatz 2 Satz 1 Nummer 2 Buchstabe b mit der Maßgabe entsprechend, dass im Einzelfall eine dringende Gefahr oder eine Gefahrenlage im Sinne des § 49 Absatz 1 Satz 2 vorliegen muss. Personenbezogene Daten, die durch Herstellung von Lichtbil-

---

[321] BT-Drs. 18/11163, S. 75.
[322] BT-Drs. 18/11163, S. 76.

dern oder Bildaufzeichnungen über eine Person im Wege eines verdeckten Einsatzes technischer Mittel in oder aus Wohnungen erlangt
wurden, dürfen nicht zu Strafverfolgungszwecken weiterverarbeitet
werden.

(4) Abweichend von Absatz 2 kann das Bundeskriminalamt die vorhandenen Grunddaten (§ 18 Absatz 2 Nummer 1 Buchstabe a) einer
Person auch weiterverarbeiten, um diese Person zu identifizieren.

(5) Bei der Weiterverarbeitung von personenbezogenen Daten stellt das
Bundeskriminalamt durch organisatorische und technische Vorkehrungen sicher, dass die Absätze 1 bis 4 beachtet werden.

Um die Prüfung der zulässigen Weiterverarbeitung von Daten anhand des
Maßstabs der hypothetischen Datenneuerhebung zu ermöglichen, bedarf es
einer Kategorisierung der Erhebungsmaßnahmen und deren Voraussetzungen. Die Daten müssen dieser Kategorisierung entsprechend gekennzeichnet
werden. § 12 Abs. 5 BKAG 2018 verpflichtet das BKA bei der Verarbeitung
personenbezogener Daten durch technische und organisatorische Vorkehrungen sicherzustellen, dass die Voraussetzungen des Grundsatzes der hypothetischen Datenneuerhebung beachtet werden. § 14 BKAG 2018 normiert die
entsprechende Kennzeichnungspflicht.[323] Die Norm lautet:

§ 14 Kennzeichnung

(1) Bei der Speicherung im Informationssystem sind personenbezogene
Daten wie folgt zu kennzeichnen:

    1. Angabe des Mittels der Erhebung der Daten einschließlich der
Angabe, ob die Daten offen oder verdeckt erhoben wurden,

    2. Angabe der Kategorie nach den §§ 18 und 19 bei Personen, zu
denen Grunddaten angelegt wurden,

    3. Angabe der

        a) Rechtsgüter, deren Schutz die Erhebung dient oder

        b) Straftaten, deren Verfolgung oder Verhütung die Erhebung
dient,

    4. Angabe der Stelle, die sie erhoben hat, sofern nicht das Bun-
deskriminalamt die Daten erhoben hat.

Die Kennzeichnung nach Satz 1 Nummer 1 kann auch durch Angabe der
Rechtsgrundlage der jeweiligen Mittel der Datenerhebung ergänzt werden.

---

[323] *Graulich*, in: Schenke/Graulich/Ruthig, Sicherheitsrecht des Bundes, § 14 BKAG Rn. 1.

(2) Personenbezogene Daten, die nicht entsprechend den Anforderungen des Absatzes 1 gekennzeichnet sind, dürfen so lange nicht weiterverarbeitet oder übermittelt werden, bis eine Kennzeichnung entsprechend den Anforderungen des Absatzes 1 erfolgt ist.

(3) Nach einer Übermittlung an eine andere Stelle ist die Kennzeichnung nach Absatz 1 durch diese Stelle aufrechtzuerhalten.

§ 15 BKAG 2018 regelt die Ausgestaltung der Zugriffsberechtigung. Der Normtext lautet:

§ 15 Regelung von Zugriffsberechtigungen

(1) Das Bundeskriminalamt hat bei der Erteilung von Zugriffsberechtigungen der Nutzer des Informationssystems sicherzustellen, dass

1. auf Grundlage der nach § 14 Absatz 1 vorzunehmenden Kennzeichnungen die Vorgaben des § 12 bei der Nutzung des Informationssystems beachtet werden und

2. der Zugriff nur auf diejenigen personenbezogenen Daten und Erkenntnisse möglich ist, deren Kenntnis für die Erfüllung der jeweiligen dienstlichen Pflichten erforderlich ist.

(2) Das Bundeskriminalamt hat darüber hinaus sicherzustellen, dass Änderungen, Berichtigungen und Löschungen von personenbezogenen Daten im Informationssystem nur durch eine hierzu befugte Person erfolgen können.

(3) Das Bundeskriminalamt trifft hierzu alle erforderlichen organisatorischen und technischen Vorkehrungen und Maßnahmen, die dem Stand der Technik entsprechen. Die Vergabe von Zugriffsberechtigungen auf die im Informationssystem gespeicherten Daten erfolgt auf der Grundlage eines abgestuften Rechte- und Rollenkonzeptes, das die Umsetzung der Maßgaben der Absätze 1 und 2 technisch und organisatorisch sicherstellt. Die Erstellung und Fortschreibung des abgestuften Rechte- und Rollenkonzeptes erfolgt im Benehmen mit der oder dem Bundesbeauftragten für den Datenschutz und die Informationsfreiheit.

(4) Das Informationssystem ist so zu gestalten, dass eine weitgehende Standardisierung der nach § 76 Absatz 1 des Bundesdatenschutzgesetzes zu protokollierenden Abfragegründe im Rahmen der Aufgaben des Bundeskriminalamtes erfolgt.

§ 16 BKAG 2018 regelt die Datenweiterverarbeitung im Informationssystem durch das BKA. Die Norm lautet:

§ 16 Datenweiterverarbeitung im Informationssystem

(1) Das Bundeskriminalamt kann personenbezogene Daten nach Maßgabe des § 12 im Informationssystem weiterverarbeiten, soweit dies
zur Erfüllung seiner Aufgaben erforderlich ist und soweit dieses Gesetz keine zusätzlichen besonderen Voraussetzungen vorsieht.

(2) Das Bundeskriminalamt kann personenbezogene Daten im Informationssystem weiterverarbeiten, soweit dies erforderlich ist zur Fahndung und polizeilichen Beobachtung oder gezielten Kontrolle, wenn
das Bundeskriminalamt oder die die Ausschreibung veranlassende
Stelle nach dem für sie geltenden Recht befugt ist, die mit der Ausschreibung für Zwecke der Strafverfolgung, des Strafvollzugs, der
Strafvollstreckung oder der Abwehr erheblicher Gefahren vorgesehene Maßnahme vorzunehmen oder durch eine Polizeibehörde vornehmen zu lassen. Satz 1 gilt entsprechend für Ausschreibungen zur
Durchführung aufenthaltsbeendender oder einreiseverhindernder
Maßnahmen. Die veranlassende Stelle trägt die Verantwortung für
die Zulässigkeit der Maßnahme. Sie hat in ihrem Ersuchen die be-
zweckte Maßnahme sowie Umfang und Dauer der Ausschreibung zu
bezeichnen. Nach Beendigung einer Ausschreibung nach Satz 1 o-
der Satz 2 sind die zu diesem Zweck gespeicherten Daten unverzüglich zu löschen.

(3) Das Bundeskriminalamt kann personenbezogene Daten, die es bei
der Wahrnehmung seiner Aufgaben auf dem Gebiet der Strafverfolgung erlangt hat, unter den Voraussetzungen der §§ 18 und 19 im
Informationssystem für Zwecke künftiger Strafverfahren weiterverarbeiten.

(4) Das Bundeskriminalamt kann im Informationssystem personenbezogene Daten mit Daten, auf die es zur Erfüllung seiner Aufgaben zugreifen darf, abgleichen, wenn Grund zu der Annahme besteht, dass
dies zur Erfüllung einer Aufgabe erforderlich ist. Rechtsvorschriften
über den Datenabgleich in anderen Fällen bleiben unberührt.

(5) Das Bundeskriminalamt kann zur Erfüllung seiner Aufgaben nach § 2
Absatz 4 im Informationssystem personenbezogene Daten, die bei
der Durchführung erkennungsdienstlicher Maßnahmen erhoben
worden sind, weiterverarbeiten,

1. wenn eine andere Rechtsvorschrift dies erlaubt oder

2. wenn dies erforderlich ist,

a) weil bei Beschuldigten und Personen, die einer Straftat
verdächtig sind, wegen der Art oder Ausführung der Tat,

der Persönlichkeit der betroffenen Person oder sonstiger Erkenntnisse Grund zu der Annahme besteht, dass gegen sie Strafverfahren zu führen sind, oder

b) um eine erhebliche Gefahr abzuwehren.

§ 18 Absatz 5 gilt entsprechend.

(6) Das Bundeskriminalamt kann in den Fällen, in denen bereits Daten zu einer Person vorhanden sind, zu dieser Person auch weiterverarbeiten:

1. personengebundene Hinweise, die zum Schutz dieser Person oder zur Eigensicherung von Beamten erforderlich sind, oder

2. weitere Hinweise, die geeignet sind, dem Schutz Dritter oder der Gewinnung von Ermittlungsansätzen zu dienen.

bb. Auf die jeweiligen Aufgabenbereiche zugeschnittene Datenverarbeitungsbefugnisse

Auf die jeweilige Aufgabe zugeschnittene Verarbeitungsbefugnisse ergeben sich aus den jeweiligen Unterabschnitten.[324] Diese spielen für die weitere Prüfung keine Rolle und werden daher hier nicht dargestellt.

cc. Datenschutz, Datensicherheit und Betroffenenrechte

Schließlich regeln die §§ 69-86 BKAG 2018 den Datenschutz und die Datensicherheit sowie die Rechte der betroffenen Personen.

§ 69 BKAG 2018 regelt die Befugnisse des BfDI als Datenschutzaufsichtsbehörde. Die Norm lautet:

§ 69 Aufgaben und Befugnisse der oder des Bundesbeauftragten für den Datenschutz und die Informationsfreiheit

(1) Die oder der Bundesbeauftragte für den Datenschutz und die Informationsfreiheit führt, unbeschadet ihrer oder seiner in § 14 des Bundesdatenschutzgesetzes genannten Aufgaben, auch im Hinblick auf die Datenverarbeitung im Informationssystem nach § 13 und im Informationsverbund nach § 29 Kontrollen bezüglich der Datenverarbeitung bei Maßnahmen nach Abschnitt 5, nach § 34 oder nach § 64 und von Übermittlungen nach § 27 mindestens alle zwei Jahre durch. Sie oder er kontrolliert darüber hinaus mindestens alle zwei Jahre, dass Zugriffe auf personenbezogene Daten im Informationssystem und, im Rahmen ihrer oder seiner Zu-

---

[324] BT-Drs. 18/11163, S. 90.

ständigkeit, im Informationsverbund nur innerhalb der Zugriffsberechtigungen nach § 15 Absatz 1 erfolgen.

(2) Sofern die oder der Bundesbeauftragte für den Datenschutz und die Informationsfreiheit Verstöße nach § 16 Absatz 2 des Bundesdatenschutzgesetzes beanstandet hat, kann sie oder er geeignete Maßnahmen anordnen, wenn dies zur Beseitigung eines erheblichen Verstoßes gegen datenschutzrechtliche Vorschriften erforderlich ist.

Regelungen zur Ernennung und Rechtsstellung des Datenschutzbeauftragten finden sich in §§ 70-72 BKAG 2018.

§§ 74-76 BKAG 2018 statuieren Benachrichtigungspflichten des BKA gegenüber dem von einem Datenverarbeitungsvorgang Betroffenen.

§ 77 BKAG 2018 enthält Regelungen zu Aussonderungsprüfpflichten, während § 78 BKAG 2018 Berichtigungspflichten, die Einschränkung der Verarbeitung in Akten und die Vernichtung von Akten regelt. § 79 BKAG 2018 sieht besondere Löschungspflichten für durch Maßnahmen zur Abwehr von Gefahren des internationalen Terrorismus oder vergleichbaren Maßnahmen erlangte Daten vor.

§ 80 BKAG 2018 verpflichtet das BKA zur Führung eines umfassenden Verarbeitungsverzeichnisses.

Die Protokollierungspflichten des BKA sind in §§ 81 und 82 BKAG 2018 geregelt. § 81 BKAG 2018 enthält die allgemeinen Protokollierungspflichten. Die Norm lautet:

§ 81 Protokollierung

(1) Die Protokollierung nach § 76 des Bundesdatenschutzgesetzes erfolgt zu Verarbeitungsvorgängen im Informationssystem ergänzend zu den dort genannten Anforderungen in einer Weise, dass die Protokolle

1. der oder dem Datenschutzbeauftragten des Bundeskriminalamtes und der oder dem Bundesbeauftragten für den Datenschutz und die Informationsfreiheit in elektronisch auswertbarer Form für die Überprüfung der Rechtmäßigkeit der Datenverarbeitung zur Verfügung stehen und

2. eine Überprüfung ermöglichen, dass Zugriffe auf personenbezogene Daten im Informationssystem innerhalb der Zugriffsberechtigungen nach § 15 Absatz 1 und 2 erfolgen.

(2) [1]Absatz 1 gilt für Zugriffe der Teilnehmer am polizeilichen Informationsverbund entsprechend. [2]Das Bundeskriminalamt hat insbesondere den Zeitpunkt, die Angaben, die die Feststellung der aufgerufenen Datensätze ermöglichen, sowie die für den Zugriff verantwortliche Dienststelle zu protokollieren.

(3) Die nach § 76 des Bundesdatenschutzgesetzes und unter Beachtung der Absätze 1 und 2 generierten Protokolldaten sind nach zwölf Monaten zu löschen.

Die §§ 84 und 85 BKAG 2018 enthalten Betroffenenrechte.

Schließlich enthält § 88 BKAG 2018 eine Berichtspflicht des BKA gegenüber dem Deutschen Bundestag.

b. Abkehr von statischer Abgrenzung der Dateien

Durch das BKAG 2018 findet eine Abkehr der statischen Abgrenzung der Dateien nach Kriminalitätsbereichen statt. Stattdessen werden nunmehr sämtliche Daten des BKA in einem einheitlichen Informationssystem/Informationsbestand gespeichert. Aus dieser Abgrenzung zum vorherigen Dateiensystem lässt sich auch der Begriff des horizontalen Datenschutzkonzepts erklären. Diese grundlegende Veränderung des informationstechnischen Systems ergibt sich nicht ausdrücklich aus dem Gesetz. Vielmehr wird sie aus den Materialien, die hinsichtlich des Projekts Polizei2020 zur Verfügung stehen und deren Bezugnahme auf das BKAG 2018 als Grundlage deutlich.[325]

Ein wesentlicher Unterschied besteht in dem Ablauf der Suche nach einem bestimmten Datum. Nunmehr findet keine sternförmige Suche in verschiedenen Datentöpfen statt, sondern eine horizontale Suche im gesamten Informationsbestand.

Das BKA nimmt mit seinem Informationsbestand gemäß § 13 Abs. 3 BKAG 2018 am polizeilichen Informationsverbund teil. Die Norm verweist u. a. auf den § 29 BKAG 2018. Diese Regelung bestimmt, dass das BMI im Einvernehmen mit den Innenministerien und Senatsinnenverwaltungen der Länder sowie im Benehmen mit dem BfDI festlegt, welche Daten in das polizeiliche Informationssystem aufzunehmen sind. Diese Regelung entspricht im Wesentlichen § 11 BKAG 1997.

---

[325] White Paper Polizei2020, S. 3, 5, 11 f.; Ausführungen auf der Homepage des BKA zum Projekt Polizei2020, https://www.bka.de/DE/UnsereAufgaben/Ermittlungsunterstuetzung/Elektronische Fahndungsinformationssysteme/Polizei2020/Polizei2020_node.html.

2. Zugriffsrechte

Die Zugriffsberechtigung wird laut § 15 Abs. 3 S. 2 BKAG 2018 durch ein abgestuftes Rechte- und Rollenkonzept geregelt. In der Gesetzesbegründung heißt es, das horizontal wirkende Datenschutzkonzept stelle für den Datenzugriff *„nicht auf eine Zugehörigkeit zu einer Organisationseinheit"* ab. Wie oben erläutert, ist diese Formulierung irreführend, da auch bisher der Zugriff durch ein zentrales Zugriffsmanagement im Rahmen einer sternförmigen Suche möglich war. Entscheidend sei laut Gesetzgeber nunmehr die *„Bindung an die für die Datenerhebung maßgebliche Aufgabe"* sowie die *„Anforderungen des Rechtsgüterschutzes"*. Der Gesetzgeber weist außerdem auf die Empfehlungen des NSU-Untersuchungsausschusses hin.[326] Dieser hatte unter anderem das Fehlen informationstechnischer Grundlagen für die notwendige Vernetzung aller an den Ermittlungen teilnehmenden Dienststellen kritisiert.[327]

Eine Abstufung der Zugriffsrechte erfolgt zukünftig innerhalb eines Datensatzes.[328] So kann es vorkommen, dass ein Mitarbeiter zum Zwecke seiner Aufgabenerfüllung zwar auf die Grunddaten, aber nicht auf weitere vorliegende Daten eines Betroffenen zugreifen kann.

Bei der Entwicklung des Zugriffskonzepts muss sich das BKA insbesondere an den gesetzlichen Vorgaben aus § 12 BKAG 2018 orientieren (siehe hierzu E.II.).

3. Kontrollmechanismen

Da es aufgrund der neuen Rechtslage nicht mehr zu Neueröffnungen von Datentöpfen kommt, fällt auch das Kontrollinstrument der Errichtungsanordnung weg.[329] Der Gesetzgeber benennt als Kompensation hierfür die Regelung zur Festlegung von Relevanzkriterien in § 30 BKAG 2018.[330] Außerdem ist das BKA gemäß § 70 BDSG i. V. m. § 80 BKAG 2018 in Zukunft verpflichtet, Verarbeitungsverzeichnisse über sämtliche Datenverarbeitungsvorgänge zu führen. Nach § 80 Abs. 6 BKAG 2018 muss das BKA dieses Verzeichnis dem BfDI zur Verfügung stellen. Aus § 81 BKAG 2018 ergeben sich außerdem um-

---

[326] BT-Drs. 18/11163, S. 76.

[327] Beschlussempfehlung und Bericht des 2. Untersuchungsausschusses nach Artikel 44 des Grundgesetzes, BT-Drs. 17/14600, S. 862.

[328] BT-Drs. 18/11163, S. 96.

[329] Im Bereich projektbezogener gemeinsamer Dateien wird nach § 17 Abs. 6 BKAG 2018 am Instrument der Errichtungsanordnung festgehalten. Dies entfaltet jedoch für die vorliegende Ausarbeitung keine Relevanz.

[330] BT-Drs. 18/11163, S. 110.

fangreiche Protokollierungspflichten. Auch diese Protokolle müssen dem BfDI gemäß § 81 Abs. 1 Nr. 1 BKAG 2018 in elektronisch auswertbarer Form zur Verfügung stehen. Bei verdeckten und eingriffsintensiven Maßnahmen gelten die Protokollierungspflichten des § 82 BKAG 2018. Darüber hinaus ist gemäß § 83 BKAG 2018 der BfDI bei einer Verletzung des Schutzes personenbezogener Daten entsprechend § 65 Abs. 6 BDSG zu informieren.

Nach § 88 BKAG 2018 berichtet das BKA dem BMI alle zwei Jahre über die Ausübung seiner Befugnisse aus Abschnitt 5 und §§ 34 und 64 BKAG 2018 sowie über Datenübermittlungen nach § 27 BKAG 2018. Im Rahmen dieses Berichts hat das BKA insbesondere darzustellen, in welchem Umfang es von welchen Befugnissen aus Anlass welcher Verdachtslagen Gebrauch gemacht hat und inwieweit es die betroffenen Personen hierüber informiert hat. Das BMI leitet diesen Bericht der Bundesregierung und dem Deutschen Bundestag innerhalb von zwei Monaten zu. Der Deutsche Bundestag macht die Unterrichtung der Öffentlichkeit zugänglich. Der erste Bericht des BKA musste bis 1. Oktober 2019 erfolgen.

4. Gesetzgeberische Begründung

In der Gesetzesbegründung heißt es, eine Überarbeitung des bisherigen Dateisystems sei nicht oder nur mit unverhältnismäßigem Aufwand möglich. Vielmehr sei die neue IT-Architektur notwendig, um den Anforderungen des BVerfG und den europäischen Regelungen gerecht zu werden:

> *„Die Umsetzung der Vorgaben aus dem Urteil des Bundesverfassungsgerichts vom 20. April 2016 zieht eine grundlegende Neustrukturierung der bestehenden IT-Architektur des Bundeskriminalamtes, insbesondere des polizeilichen Informationssystems INPOL, nach sich. Der Grundsatz der hypothetischen Datenneuerhebung muss als zentrales Element des Urteils des Bundesverfassungsgerichts effektiv und effizient in der IT-Architektur umsetzbar sein."*[331]

In Abgrenzung zu dem neuen *„horizontalen Datenschutzkonzept"* könnte man das bisherige Konzept als vertikales Datenschutzkonzept bezeichnen. In diesem werden Datenschutzmechanismen in der IT-Architektur des BKA vertikal durch die Speicherung der Daten in verschiedenen Dateien umgesetzt.

---

[331] BT-Drs. 18/11163, S. 75.

Dies führte dazu, dass personenbezogenen Daten in unterschiedlichen Datei-en mehrfach gespeichert sein konnten, wenn in mehreren phänomenologi-schen Bereichen Anlass für ihre Speicherung bestand.

Die Berechtigungsverwaltung für den Zugriff auf die Daten wurde statisch und lediglich nach Datei und Benutzerrolle vergeben.

Der Gesetzgeber vertritt in seiner Gesetzesbegründung die Auffassung, das BVerfG habe die bisherige Trennung in Datentöpfe selbst aufgehoben und durch ein horizontal wirkendes Datenschutzkonzept ersetzt:

> *„Dieses bisherige System zum Schutz der personenbezogenen Daten hat das Bundesverfassungsgericht in seinem Urteil vom 20. April 2016 für verfassungsrechtlich nicht ausreichend erachtet und es durch ein horizontal wirkendes Datenschutzkonzept, welches durch den Grund-satz der hypothetischen Datenneuerhebung bestimmt und geprägt ist, ersetzt. Es [...] hat ausgeführt, dass der Grundsatz der hypothetischen Datenneuerhebung dem Umstand Rechnung trägt, „dass sich die Ge-nerierung von Wissen – nicht zuletzt auch, wenn es um das Verstehen terroristischer Strukturen geht – nicht vollständig auf die Addition von je getrennten, nach Rechtskriterien formell ein- oder ausblendbaren Ein-zeldaten reduzieren lässt. In den dargelegten Grenzen erkennt das die Rechtsordnung an".*[332]

---

[332] BT-Drs. 18/11163, S. 75.

E. Zentrale Problempunkte

I. Zunächst: Grundsätzliche Zulässigkeit der Schaffung eines polizeilichen Informationsverbunds

Wie das BVerfG in seinem Urteil zum ATDG festgestellt hat, ist das Führen gemeinsamer Dateien bzw. eines Informationsverbunds verschiedener Polizeibehörden nicht per se verfassungsrechtlich zu beanstanden (vgl. C.II.1.c.aa.).

Dem Bund steht nach Art. 73 Abs. 1 Nr. 10a GG die Gesetzgebungskompetenz zu. Nach dieser Vorschrift ist die Zusammenarbeit des Bundes und der Länder auf dem Gebiet der Kriminalpolizei Gegenstand der ausschließlichen Gesetzgebung.

Wie oben gezeigt, stellte das BVerfG fest, dass die ATD *„in ihren Grundstrukturen mit dem Recht auf informationelle Selbstbestimmung gem. Art. 2 I i. V. mit Art. 1 I GG vereinbar"* ist.[333] Der Verhältnismäßigkeitsgrundsatz steht der Einrichtung der ATD nicht entgegen. Das BVerfG stellte fest, dass der Gesetzgeber mit der Einrichtung der ATD ein legitimes Ziel verfolgt. Die Grenze eines solchen legitimen Ziels sei erst dann erreicht, wenn der Gesetzgeber den Austausch personenbezogener Daten sämtlicher Sicherheitsbehörden oder den Abbau jeglicher Informationsgrenzen anstreben würde. Dies *„würde den Grundsatz der Zweckbindung unterlaufen und wäre dann von vorneherein unzulässig."*[334]

Über diese Grenze geht die Ausgestaltung des polizeilichen Informationsverbunds durch das BKAG 2018 nicht hinaus. Zwar fallen *„Informationsgrenzen"* weg, da es keine vertikalen Trennlinien mehr durch die Speicherung in verschiedenen Datentöpfen gibt. Das bedeutet jedoch nicht, dass tatsächlich ein unbegrenzter Zugriff auf sämtliche im neuen Informationsbestand vorhandene Daten durch sämtliche Sicherheitsbehörden ermöglicht wird. Auch bisher haben diese Datentöpfe nicht primär als Informationsgrenze zwischen den Daten verschiedener Sicherheitsbehörden, sondern als Abgrenzung verschiedener phänomenologischer Bereiche gedient. Auch nach dem neuen System bedarf der Zugriff auf die Daten einer Prüfung. Ihm sind somit nach wie vor Grenzen gesetzt, die vor allem bei den Datenweiterverarbeitungsvorgängen deutlich werden, bei denen von einer Stelle erhobene und ins System eingegebene Daten durch eine andere Stelle verarbeitet werden. Denn hierbei handelt es

---

[333] BVerfG NJW 2013, 1499 (1502).
[334] BVerfG NJW 2013, 1499 (1502).

sich immer um eine Zweckänderung (hierzu unten unter E.II.), die eine Prüfung am Grundsatz der hypothetischen Datenneuerhebung voraussetzt.

Auch ist der neue Informationsbestand zum Erreichen des Ziels des erleichter-
ten Informationsaustausches zwischen den Behörden, der verbesserten
Schnittstellenkompatibilität und der Vermeidung von Fehlern und Redundanzen grundsätzlich geeignet. Indem Daten zukünftig in einem großen Informationsbestand abgelegt sind, lässt sich das Problem der fehlenden Schnittstellenkompatibilität einzelner technischer Systemlösungen beheben. Dadurch
kann auch sichergestellt werden, dass ohne Redundanzen Daten für jeden
potentiell Zugriffsberechtigten zur Verfügung stehen können. Auch die Erforderlichkeit ist zu bejahen, denn dem Gesetzgeber stand kein milderes, gleich
effektives Mittel zur Erreichung des Ziels zur Verfügung. Etwaige Alternativen
(hierzu unten unter F.) erreichen nicht denselben Grad an Effektivität.

Bezüglich des ATDG stellte das BVerfG fest, dass dieses auch mit dem Verhältnismäßigkeitsgrundsatz im engeren Sinne vereinbar sei. Hierzu nahm es
die oben dargestellte Abwägung vor.

Bezüglich des Eingriffsgewichts nannte das BVerfG verschiedene Faktoren,
die sich erhöhend oder reduzierend auf das Eingriffsgewicht auswirken. Diese
Faktoren müssen für eine Angemessenheitsprüfung des hier zu prüfenden Informationsbestands des BKA angepasst werden. Zunächst nannte das BVerfG
als einen das Eingriffsgewicht erhöhenden Faktor den Umstand, dass durch
die ATD der Informationsaustausch zwischen Sicherheitsbehörden mit sehr
unterschiedlichen Aufgabenbereichen stattfindet. Dieser umfasse *„insbesondere"* den Informationsaustausch zwischen Nachrichtendiensten und Polizeibehörden. Als das Eingriffsgewicht mindernden Umstand führte das BVerfG
auf, dass es sich um bereits erhobene Daten handele, diese im Rahmen der
ATD zur Informationsanbahnung verwendet werden sollen und sich die Aus-
richtung allein auf die Aufklärung und Bekämpfung des internationalen Terrorismus beziehe.[335]

Hinsichtlich des ersten Aspekts kann man bezüglich des Informationsbestands
des BKA ein weniger hohes Eingriffsgewicht zugrunde legen, da im Hinblick
auf den polizeilichen Informationsverbund jedenfalls nur Polizeibehörden Zugriff auf die Daten haben.[336] Jedoch macht die vom BVerfG gewählte Formulierung durch die Verknüpfung mit *„insbesondere"* deutlich, dass sich auf das

---

[335] BVerfG NJW 2013, 1499 (1503).

[336] Bzw. Behörden, die in dem spezifischen Kontext polizeiliche – und nicht geheimdienstliche – Aufgaben wahrnehmen, z. B. Zoll, Auswärtiges Amt.

Eingriffsgewicht in besonderem Maße, jedoch nicht ausschließlich, der Informationsaustausch zwischen Nachrichtendiensten und Polizeibehörden auswirkt. Das bedeutet aber auch, dass in geringerem Maße auch der Informationsaustausch zwischen Polizeibehörden mit sehr unterschiedlichen Aufgaben für das Eingriffsgewicht eine Rolle spielt, wie es bezüglich des Informationsbestands des BKA der Fall ist. Das BVerfG betonte die Bedeutung des Zweckbindungsgrundsatzes beim Datenaustausch zwischen Polizeibehörden, deren Datenverarbeitungsbefugnisse jeweils auf ihre eigenen speziellen Aufgaben zugeschnitten seien. Es führte in diesem Zusammenhang aus: *„Die Aufgliederung der Sicherheitsbehörden nach fachlichen und föderalen Gesichtspunkten entfaltet damit für den Datenschutz auch eine besondere grundrechtliche Dimension. Dass Informationen zwischen den verschiedenen Sicherheitsbehörden nicht umfassend und frei ausgetauscht werden, ist nicht Ausdruck einer sachwidrigen Organisation der Behörden, sondern von der Verfassung durch den datenschutzrechtlichen Grundsatz der Zweckbindung grundsätzlich vorgegeben und gewollt.“*[337]

Im Folgenden merkte das Gericht an, dass der Zweckbindungsgrundsatz die Möglichkeit des Gesetzgebers, auch zweckändernde Datenverarbeitungen zu gestatten, nicht ausschließe. Es betonte, dass es für die Verhältnismäßigkeitsprüfung insbesondere auf die Vergleichbarkeit der Informationszusammenhänge, konkret der Aufgabenzuschnitte und darauf aufbauender Befugnisnormen, ankomme, die die Behörden zur Datenverarbeitung ermächtigen. Sodann verglich es die Informationszusammenhänge für Daten, die zunächst in nachrichtendienstlichem und nicht in polizeilichem Kontext verarbeitet wurden.

Zunächst kann man an dieser Stelle also feststellen, dass die Informationszusammenhänge, aus denen Daten in den Informationsbestand des BKA eingespeist werden können, enger sind als im Kontext der ATD, da eben nur Polizeibehörden hieran teilnehmen. Interessant ist aber ein Blick auf den Kern der Argumentation des BVerfG. In Abgrenzung zur polizeilichen Tätigkeit betonte es insbesondere das *„vorfeldbezogene Aufgabenspektrum“* der Nachrichtendienste. Dass sich Kompetenztitel der Polizeibehörden der Länder immer weiter ins Vorfeld einer Gefahr verschieben (hierzu unten unter E.VIII.), sollte hier also nicht vollständig ausgeblendet werden. Nichtsdestotrotz ist klar, dass auch eine befürchtete *„Vernachrichtendienstlichung der Polizei“*[338] jedenfalls bisher nicht dazu führt, dass hier das Eingriffsgewicht ebenso wie bei der ATD

---

[337] BVerfG NJW 2013, 1499 (1503).

[338] *Löffelmann*, GSZ 3/2018, 85 (86); zu diesem Begriff auch *Dietrich*, in: Dietrich/Eiffler, Handbuch des Rechts der Nachrichtendienste, Teil III § 3 Rn. 8 m. w. N.

zu bewerten ist. Auch das „*informationelle Trennungsgebot*" zwischen Nachrichtendiensten und Polizei spielt für den Informationsbestand des BKA keine
Rolle.

Bezüglich des zweitgenannten Aspekts besteht ein Unterschied, der sich auf
das Eingriffsgewicht auswirkt, darin, dass bei der neuen Dateistruktur des BKA
im Gegensatz zu der ATD der Schwerpunkt nicht allein auf der Informationsanbahnung liegt.[339] Vielmehr können die Daten zur operativen Aufgabenwahrnehmung der teilnehmenden Polizeibehörden genutzt werden. Somit wirkt sich
die Ausgestaltung des polizeilichen Informationsbestands des BKA eingriffsintensiver aus. Darüber hinaus ist noch ein weiterer Aspekt zu berücksichtigen.
So ist die ATD allein auf die Aufklärung und Bekämpfung des internationalen
Terrorismus gerichtet. Dahingegen sollen im Informationsbestand des BKA
zukünftig bereichsübergreifend sämtliche polizeilichen Daten gespeichert werden. Die Einführung eines bereichsübergreifenden Informationsbestands beim
BKA hat also ein höheres Eingriffsgewicht als die nur auf einen Phänomen-
bereich beschränkte ATD.

Zuletzt wog das BVerfG das so ermittelte Eingriffsgewicht mit dem gegenüberstehenden öffentlichen Interesse an der Aufklärung und Bekämpfung des internationalen Terrorismus ab. Diesem Interesse billigt das Gericht besonderes Gewicht zu. Denn der Terrorismus richte sich gegen die Grundpfeiler der
verfassungsmäßigen Ordnung und des Gemeinwesens als Ganzes.[340] Der
Informationsbestand des BKA betrifft jedoch Daten aus sämtlichen Kriminalitätsbereichen, die Verbundrelevanz entfalten. Eine Einschränkung auf Datenverarbeitung im Zusammenhang mit der Bekämpfung des internationalen
Terrorismus findet gerade nicht statt. Dies hat Auswirkungen auf die Bewertung des öffentlichen Interesses an der Erreichung der Zielsetzung. Denn
während der Terrorismusbekämpfung eine besonders wichtige Bedeutung zukommt, bedarf dies hinsichtlich anderer Kriminalitätsfelder Abstufungen. So
mögen die Bereiche „*Gewalttäter Sport*" oder Rauschmittelkriminalität zwar
durchaus ein wichtiger Aspekt der Arbeit des BKA und anderer Polizeibehörden sein, ihre Bedeutung für die freiheitlich demokratische Grundordnung
kann jedoch nicht mit der der Terrorismusbekämpfung gleichgesetzt werden.
Daher kann an diesem Punkt nicht nur eine höhere Eingriffstiefe durch eine

---

[339] BVerfG NJW 2013, 1499 (1503); im ATDG ist abweichend von der grundsätzlichen Ausgestaltung zur Informationsanbahnung eine Eilkompetenz geregelt, nach der Daten in besonderen Eilfällen auch unmittelbar zu operativen Zwecken ausgetauscht werden können,
vgl. BVerfG NJW 2013, 1499 (1506).
[340] BVerfG NJW 2013, 1499 (1506).

thematisch umfangreichere Datei angenommen werden, sondern es besteht auch ein höherer Rechtfertigungsaufwand, da die Abwehr anderer Kriminalitätsformen nicht dasselbe Gewicht hat wie die Terrorismusabwehr. Somit steht auf der anderen Seite der Abwägung nicht ein vergleichbar großes öffentliches Interesse.

Der systematische Vergleich zeigt zunächst, dass der Einrichtung eines polizeilichen Informationsverbunds keine grundsätzlichen verfassungsrechtlichen Bedenken gegenüberstehen. Mit der Einrichtung verfolgt der Gesetzgeber des Weiteren ein legitimes Ziel. Die Maßnahme ist zur Erreichung dieses Ziels auch geeignet und erforderlich.

Zur Überprüfung, ob der Informationsbestand des BKA auch einer Verhältnismäßigkeitsprüfung im engeren Sinne standhalten kann, kommt es im Wesentlichen auf die Ausgestaltung des Systems und die Berücksichtigung der Grundrechte der Betroffenen an. Inwieweit dies dem Gesetzgeber gelingt, soll in den nachfolgenden Kapiteln detailliert anhand der relevanten Vorschriften erörtert werden.

II. Datenzugriff durch abgestuftes Rechte- und Rollenkonzept

Im nachfolgenden Abschnitt soll zunächst problematisiert werden, wie die Prüfung der Zugriffsberechtigungen auf die beim BKA gespeicherten Daten grundsätzlich abläuft. Ob ein einzelner Datenzugriff letztendlich den verfassungs- und europarechtlichen Vorgaben entspricht, muss einer Einzelfallprüfung vorbehalten bleiben, die diese Arbeit nicht leisten kann. Vielmehr soll in diesem Kapitel geprüft werden, ob die Vorgaben des Bundesverfassungsgerichts sowie des EU-Rechts durch die neue Ausgestaltung des Datenzugriffs im Dateisystem des BKA eingehalten werden können.

Für den Betroffenen mag zwar in erster Linie relevant sein, ob und unter welchen Voraussetzungen seine Daten überhaupt in das Informationssystem des BKA gelangen können. Darüber hinaus ist aber eine ebenfalls wichtige Frage, wie die Daten weiterverarbeitet werden können, also wie sie gespeichert und ggf. verknüpft werden und im Ergebnis letztendlich auch, ob diese Daten die Grundlage für zukünftige Maßnahmen der Behörde aufgrund einer Zugriffsberechtigung der handelnden Mitarbeiter werden können. Jedoch bestehen genau an dieser Stelle zum Zeitpunkt des Inkrafttretens des BKAG 2018 noch Unklarheiten.[341]

---

[341] Ähnlich *Petri*, in: Lisken/Denninger, Handbuch des Polizeirechts, Kap. G. Rn. 457.

Die konkrete technische Ausgestaltung der neuen IT-Infrastruktur war bei In-krafttreten des Gesetzes noch nicht ausgearbeitet, für die *„Erneuerung der INPOL-Systemlandschaft"* schätzt der Gesetzgeber eine Dauer von circa fünf Jahren.[342] Ob diese Zeitvorgabe realistisch ist, bleibt abzuwarten.

Klarheit darüber, wie das BKA diesen gesetzlichen Rahmen in der Praxis um-setzen will, konnte insbesondere das am 18. Oktober 2018 bei der Dienststelle des BKA in Wiesbaden geführte Experteninterview und die zeitnah zum In-krafttreten des neuen BKAG geschaffenen Handlungsanleitungen zur prakti-schen Umsetzung der gesetzlichen Vorschriften bringen.[343] Die dort beschrie-benen Verfahren sollen daher in die Prüfung mit einfließen.

Die Norm, die hier im Zentrum stehen soll, ist § 12 BKAG 2018, der den Grundsatz der hypothetischen Datenneuerhebung in die Gesetzesgrundlage des BKA aufnimmt und somit eine wesentliche Neuerung darstellt.

1. Umsetzung der hypothetischen Datenneuerhebung

Die Vorschriften, die jeweils den Zugriff auf Daten im Informationssystem re-geln, verweisen auf § 12 BKAG 2018. So regelt § 15 BKAG 2018 die Zugriffs-berechtigung, Abs. 1 Nr. 1 enthält den Verweis auf § 12 BKAG 2018. Für die Verbundteilnehmer ist der Verweis in § 29 Abs. 4 S. 2 BKAG 2018 geregelt. Dort wird nur auf § 12 Abs. 2-5 BKAG 2018 verwiesen, da eine zweckiden-tische Weiterverarbeitung nach § 12 Abs. 1 BKAG 2018 durch eine andere als die die Daten erhebende Stelle nicht in Betracht kommt.

Für die Weiterverarbeitung von Daten stellt § 12 BKAG 2018 verschiedene Voraussetzungen auf, die sich jeweils an der Schutzbedürftigkeit der betref-fenden Daten sowie dem Zweck der weiteren Nutzung orientieren.

a. Anwendungsbereich von § 12 BKAG

Aus dem Anwendungsbereich des Grundsatzes der hypothetischen Daten-neuerhebung sind einige Fälle bereits von Anfang an ausgeklammert. Zentrale Norm, die die Daten beschreibt, die nicht dem Anwendungsbereich von § 12 BKAG 2018 unterfallen, ist § 16 BKAG 2018.

§ 16 Abs. 2 BKAG 2018 (entspricht § 9 Abs. 1 BKAG 1997) betrifft Daten, die für die Fahndung nach Personen, deren polizeiliche Beobachtung und ihrer

---

[342] BT-Drs. 18/11163, S. 81.
[343] Vgl. Anlagen 1–3. Die Anlagen spiegeln jeweils die Annahmen der Autoren zum Zeitpunkt des Bearbeitungsstands wider.

gezielten Kontrolle verarbeitet werden. Ausgenommen von den Regelungen des § 12 BKAG 2018 sind außerdem die Daten, die im Anwendungsbereich von § 16 Abs. 3 BKAG 2018 (entspricht § 20 BKAG 1997) verarbeitet werden, also solche, die künftigen Strafverfahren unter den Voraussetzungen der §§ 18, 19 BKAG 2018 dienen. § 16 Abs. 4 BKAG 2018 (entspricht § 28 Abs. 1, 2 BKAG 1997) regelt den Abgleich von personenbezogenen Daten und somit die Feststellung, ob zu einer bestimmten Person bereits Daten im Informationssystem enthalten sind. Der Abgleich ist dabei nicht auf bei der Polizei vorhandene Daten beschränkt, sondern es ist auch ein Abgleich mit externen Dateien möglich, solange das BKA zur Erfüllung seiner Aufgaben zum Abgleich der Daten berechtigt ist. Außerdem ist die Datenverarbeitung in den Fällen des § 16 Abs. 5 BKAG 2018 (entspricht § 8 Abs. 6 BKAG 1997) vom Anwendungsbereich des § 12 BKAG 2018 ausgenommen. Hiervon umfasst sind bestimmte erkennungsdienstlich erhobene Personendaten, die zur Erfüllung bestimmter Zentralstellenaufgaben verarbeitet werden müssen. Hierzu zählen Fälle, in denen eine andere Rechtsvorschrift die Verarbeitung erlaubt, z. B. § 16 Abs. 3 AsylG.

b. Unterscheidung zwischen § 12 Abs. 1 und 2 BKAG 2018

Das Zusammenspiel von § 12 Abs. 1 und Abs. 2 BKAG 2018 justiert das Verständnis des Begriffs der Zweckänderung neu. Vor dem BKAG-Urteil des BVerfG von 2016 ging sowohl das BVerfG selbst als auch die herrschende Literatur davon aus, dass jede Nutzung von Daten über den konkreten Erhebungszweck hinaus eine Zweckänderung darstellt.[344] Die zweckkonforme Weiternutzung (Abs. 1) in Unterscheidung zur zweckändernden Weiternutzung (Abs. 2) gab es bisher nicht.

aa. § 12 Abs. 1 BKAG 2018

§ 12 Abs. 1 BKAG 2018 befasst sich mit der zweckkonformen Weiternutzung. Bei der Weiternutzung von Daten, die in den Anwendungsbereich dieses Absatzes fallen, muss keine Prüfung am Maßstab der hypothetischen Datenneuerhebung vorgenommen werden. Der Gesetzgeber orientiert sich hinsichtlich der zweckkonformen Weiternutzung stark an den oben dargestellten Vorgaben des BVerfG.

Hierunter fallen zum einen Konstellationen, in denen die Daten im Rahmen desselben Lebenssachverhalts weiterverarbeitet werden, aufgrund dessen sie auch erhoben wurden. Es handelt sich dann um einen Fall der engen Zweck-

---

[344] *Schwabenbauer*, in: Lisken/Denninger, Handbuch des Polizeirechts, Kap. G. Rn. 16.

bindung. Als Beispiel führt die Handlungsanleitung des BKA hierzu den folgenden Fall an: Gegen einen Betroffenen wird ein Ermittlungsverfahren wegen des Verdachts des versuchten Mordes eingeleitet. Aufgrund einer entsprechenden Ermächtigungsgrundlage werden daraufhin Daten erhoben und in eine Datei eingestellt. Nach erneuter rechtlicher Würdigung wird von der Staatsanwaltschaft nur wegen gefährlicher Körperverletzung Anklage erhoben. Die Änderung in der strafrechtlichen Würdigung ist für die Frage der Datenverwendbarkeit unbeachtlich.[345]

Zum anderen umfasst § 12 Abs. 1 BKAG 2018 auch Konstellationen, in denen die Daten im Rahmen eines neuen Lebenssachverhalts weiterverarbeitet werden, jedoch sämtliche Merkmale des § 12 Abs. 1 BKAG 2018 vorliegen. Folgender Beispielfall wird in der Handlungsanleitung des BKA gebildet: Gegen A wird ein Ermittlungsverfahren wegen Raubes zulasten des B eingeleitet und personenbezogene Daten erhoben. Später stellt sich heraus, dass der Tatverdächtige auch für andere, rechtlich selbständige Raubtaten (andere Lebenssachverhalte) zulasten anderer Opfer verdächtigt wird. Die Daten können nach § 12 Abs. 1 für alle Raubtaten des Tatverdächtigen A genutzt werden.[346]

Als Gegenbeispiel wird folgender Fall geschildert: Wie im vorherigen Beispielfall wird gegen A ein Ermittlungsverfahren wegen Raubes eingeleitet. Wird später festgestellt, dass der Tatverdächtige A auch für Delikte der Steuerverkürzung oder Geldwäsche in Betracht kommt, die mit den ursprünglichen Raubtaten in keinem Zusammenhang stehen, ist eine Datenweiternutzung nur nach den Voraussetzungen des § 12 Abs. 2 BKAG 2018 möglich.

Die Weiterverarbeitung der Daten erfolgt in den ersten beiden oben genannten Fällen zweckkonform. Dies ist nur bei Daten möglich, die vom BKA selbst erhoben worden sind. Es muss außerdem dieselbe Aufgabe Grundlage der Weiterverarbeitung sein, die auch Grundlage der Datenerhebung war. Nach dem Verständnis des BKA sei in diesem Rahmen von einer Dualität der Aufgaben auszugehen, also Strafverfolgung und Gefahrenabwehr. Einer weiteren Differenzierung nach den §§ 2-8 BKAG 2018 bedürfe es nicht, da sich die Aufgaben jeweils entweder der Gefahrenabwehr oder der Strafverfolgung zuordnen ließen.[347] Darüber hinaus muss die Datenweiterverarbeitung zur Bekämpfung derselben Straftaten und zum Schutz derselben Rechtsgüter erfolgen. Auch diese Voraussetzungen sind nach der Auffassung des BKA nicht restriktiv

---

[345] Anlage 2, S. 8.
[346] Anlage 2, S. 8.
[347] Anlage 2, S. 7.

auszulegen. Demnach sei bei unverändertem der Datenerhebung zugrunde liegendem Sachverhalt aber veränderter rechtlicher Einordnung der Tat (wie oben im Beispielfall 1), sowie bei einem neuen Sachverhalt aber dem gleichen Delikt wie bei der Datenerhebung (wie oben im Beispielfall 2), die Voraussetzung „*derselben Straftat*" des § 12 Abs. 1 BKAG 2018 erfüllt. Gleiches gelte im Bereich der Gefahrenabwehr.[348] Das bedeutet, dass für die Annahme der zweckidentischen Weiterverwendung der Daten nach Ansicht des BKA grundsätzlich ein weiter Raum besteht.

Für Daten, die mit besonders eingriffsintensiven Mitteln der Datenerhebung gewonnen wurden, gelten darüber hinaus die Regelungen von § 12 Abs. 1 S. 2 BKAG 2018. Es muss dann im Einzelfall zusätzlich entweder eine dringende Gefahr im Sinne des § 46 Abs. 1 BKAG 2018 oder eine Gefahrenlage im Sinne des § 49 Abs. 1 BKAG 2018 vorliegen.

bb. § 12 Abs. 2 BKAG 2018

§ 12 Abs. 2 BKAG 2018 regelt die zweckändernde Datenweiterverarbeitung, für die der Grundsatz der hypothetischen Datenneuerhebung als Prüfungsmaßstab relevant wird.

Dieser Grundsatz bedarf einer praktischen Umsetzung. In einem automatisierten Datenabrufsystem muss es also einen Mechanismus geben, der bei der Prüfung der Zugriffsrechte auch den Grundsatz der hypothetischen Datenneuerhebung berücksichtigt. Es müssen also jeweils der originäre Erhebungszweck und das eingesetzte Erhebungsmittel auf der einen Seite dem Anlass der Weiterverarbeitung auf der anderen Seite gegenübergestellt werden.

Der Ablauf der Weiterverarbeitung von Daten, der dem Anwendungsbereich von § 12 Abs. 2 BKAG 2018 unterfällt, gliedert sich wie folgt.

Zunächst müssen die Daten mit einer Markierung versehen werden, die das Erhebungsmittel kenntlich macht. Das jeweilige Datum wird dadurch bereits bei seiner Speicherung auf Grundlage der Eingriffsintensität des Erhebungsmittels kategorisiert. Um dies gewährleisten zu können, hat das BKA die Erhebungsmittel der StPO und des BKAG in einem speziellen Katalog kategorisiert. Diese Kennzeichnung wird als „*Datenlabel*" bezeichnet.[349]

---

[348] Anlage 2, S. 7.
[349] Anlage 2, S. 10.

Eine zweite Kategorisierung erfolgt, indem die Daten bezüglich des Sachverhalts, zu dem sie weiterverarbeitet werden sollen, der Schwere der Straftat oder der Bedeutung des betroffenen/gefährdeten Rechtsguts eingeordnet werden. Je nach entsprechender Schwere/Bedeutung wird eine Berechtigungsstufe für den Zugriff auf bereits erhobene Daten vergeben. Auch hierfür hat das BKA einen entsprechenden Katalog erarbeitet. Diese Berechtigungsstufe wird darin als „Ticket" bezeichnet.[350]

Im dritten Schritt findet eine Vergleichsprüfung statt, die den Kern der Prüfung am Grundsatz der hypothetischen Datenneuerhebung ausmacht. Hierbei werden das Datenlabel des ersten Schritts und das Ticket des zweiten Schritts miteinander verglichen. Es wird also geprüft, ob die Schwere der Straftat oder die Bedeutung des betroffenen/gefährdeten Rechtsguts zu einem vergleichbaren Erhebungsmittel berechtigen würde, wie das aufgrund dessen das Datum im Ausgangsfall erhoben wurde. Wenn ja, kann auf das Datum zugegriffen werden. Die Tickets sind hierarchisch aufgebaut. Mit einem Ticket einer höheren Hierarchiestufe kann daher auf Daten zugegriffen werden, die mit einem nur eine niedrigere Stufe verlangendem Datenlabel markiert sind. Den Tickets sind Farben zugeordnet, wobei der höchsten Hierarchiestufe die Farbe Rot zugeordnet ist. Mit einem solchen Ticket kann auf alle Daten zugegriffen werden, sodass es einer entsprechenden Prüfung nicht bedarf. In der Handlungsanleitung des BKA zur Datenweiterverarbeitung nach § 12 BKAG 2018 findet sich zu den verschiedenen Kategorien die folgende Grafik[351]:

---

[350] Anlage 2, S. 10.
[351] Anlage 2, S. 11.

Erforderlich ist jedoch für jede Datennutzung, die zu einem anderen Zweck als dem Erhebungszweck erfolgt, dass ein konkreter Ermittlungsansatz vorliegt. Durch diese Formulierung soll verhindert werden, dass eine Datennutzung ins Blaue hinein geschieht. Einer bereits konkretisierten Gefahrenlage oder eines Tatverdachts, wie regelmäßig von der Ermächtigungsgrundlage der Datenerhebung vorausgesetzt, bedarf es hingegen nicht.[352] Vielmehr hat der Gesetzgeber hier den Begriff des konkreten Ermittlungsansatzes aus der folgenden Formulierung des BVerfG übernommen: *„Verfassungsrechtlich geboten, aber regelmäßig auch ausreichend, ist insoweit, dass sich aus den Daten – sei es aus ihnen selbst, sei es in Verbindung mit weiteren Kenntnissen der Behörde – ein konkreter Ermittlungsansatz ergibt."*[353]

Wurden die Daten durch den Einsatz besonders eingriffsintensiver Erhebungsmittel gewonnen, müssen für ihre Weiterverwendung zusätzlich die Voraussetzungen des § 12 Abs. 3 BKAG 2018 erfüllt sein. Abs. 3 nimmt Bezug auf § 12 Abs. 1 S. 2 BKAG 2018 und bestimmt darüber hinaus, dass personenbezogene Daten, die durch Herstellung von Lichtbildern oder Bildaufzeichnungen über eine Person im Wege eines verdeckten Einsatzes technischer

---

[352] BVerfG NJW 2016, 1781 (1802); *Ruthig*, in: Schenke/Graulich/Ruthig, Sicherheitsrecht des Bundes, § 12 BKAG Rn. 18, 19.
[353] BVerfG NJW 2016, 1781 (1802).

Mittel in oder aus Wohnungen erlangt wurden, nicht zu Strafverfolgungszwecken weiterverarbeitet werden dürfen.

c. Kennzeichnungspflichten aus § 14 BKAG 2018

Damit der in § 12 BKAG 2018 benannte Grundsatz in der Praxis funktionieren kann, müssen die Daten entsprechend ihrer Erhebungsmaßnahmen gekennzeichnet werden.

Da § 12 BKAG 2018 sämtliche Daten betrifft, die das BKA verarbeitet, gehen hiermit umfangreiche Kennzeichnungspflichten einher (hierzu sogleich).

Kennzeichnungspflichten an sich sind jedoch nicht neu und waren z. B. bereits in § 20v Abs. 3 BKAG 2009 oder § 101 Abs. 3 StPO vorgesehen. Das BVerfG entschied bereits 1999 in einer Entscheidung zum G10-Gesetz, dass personenbezogene Daten, die durch eine in das Fernmeldegeheimnis eingreifende Maßnahmen erlangt wurden, mit einer Kennzeichnung über die Erhebungsmaßnahme zu versehen sind, um die Einhaltung des Zweckbindungsgrundsatzes zu ermöglichen.[354] Unter Verweis auf diese Entscheidung entschied das BVerfG hinsichtlich aus einer akustischen Wohnraumüberwachung erlangter Daten: „Der Gesetzgeber hat sowohl den datenerhebenden als auch den datenempfangenden Behörden zur Sicherung der Zweckbindung eine Kennzeichnungspflicht aufzuerlegen. Sonst könnten die aus der akustischen Wohnraumüberwachung stammenden Daten in einer Weise gespeichert und mit anderen Daten vermischt werden, die ihre Herkunft nicht mehr erkennen lässt [...]."[355]

Die durch das BKAG 2018 eingeführten Kennzeichnungsregelungen weiten diese bisher auf bestimmte Datenerhebungsmaßnahmen bezogenen Kennzeichnungspflichten nunmehr zu generellen Pflichten aus. Dies geht mit der umfassenden Einführung des Grundsatzes der hypothetischen Datenneuerhebung zwangsläufig einher.

Die Handlungsanleitung des BKA sieht hierzu vor, dass sämtliche Daten zu kennzeichnen sind, wenn sie in die Verbund- oder Zentraldateien des BKA eingestellt werden, unabhängig davon, ob sie auf Grundlage des BKAG, der StPO oder des Polizeirechts erhoben worden sind.[356]

---

[354] BVerfG NJW 2000, 55 (57).
[355] BVerfG NJW 2004, 999 (1020).
[356] Vgl. Anlage 3, S. 5.

Etwaige Kennzeichnungen, die auf Kennzeichnungspflichten aus anderen Gesetzen beruhen, müssen aufrechterhalten werden. Dies kann z. B. der Fall
sein, wenn eine Landespolizeibehörde Daten auf Grundlage einer Ermächtigungsnorm der StPO erhebt, diese Daten zunächst nicht verbundrelevant sind
und deshalb nicht in den polizeilichen Informationsverbund eingespeist werden. Solche Daten muss die Landesbehörde nach § 101 Abs. 3 S. 1 StPO
kennzeichnen. Kommt es dann zu einer Erkenntnisanfrage nach § 163
Abs. 1 StPO, im Rahmen derer die Daten dem BKA mitgeteilt werden, muss
dieses die Kennzeichnung der Daten aufrechterhalten.[357]

> d. Kritische Betrachtung der gesetzgeberischen Umsetzung der
> hypothetischen Datenneuerhebung

Die Umsetzung des Grundsatzes der hypothetischen Datenneuerhebung
durch den Gesetzgeber wirft einige Fragen auf. Zum Teil hat sich der Gesetzgeber sehr eng an den Formulierungen des BVerfG orientiert, zum Teil ist er
jedoch ohne ersichtlichen Grund davon abgewichen. Auf entsprechende Kritik
in der Stellungnahme des Bundesrates, nach der das vom Gesetzgeber vorgesehene horizontale Datenschutzkonzept jedenfalls nicht vollständig auf einem korrekten Verständnis der Entscheidung des BVerfG beruhe, erwiderte
die Bundesregierung, man habe sich eng an den Vorgaben des BVerfG orientiert.[358] Inwiefern das zutrifft, soll in den folgenden Abschnitten unter anderem
geprüft werden.

> aa. § 12 Abs. 1 BKAG 2018

Die Regelung in § 12 Abs. 1 BKAG 2018 ergibt sich in ihrer Systematik nicht
ohne Weiteres aus den Vorgaben des BVerfG.

Unter der Überschrift der Norm „Grundsatz der hypothetischen Datenneuerhebung" werden Ausführungen zu Daten aus sämtlichen, also auch nicht besonders eingriffsintensiven, Erhebungsmaßnahmen gemacht. In der Gesetzesbegründung heißt es hierzu:

> „Das Kriterium der hypothetischen Datenneuerhebung wird im neuen
> § 12 als allgemeiner Grundsatz formuliert, der bei jeder Datenverarbei-
> tung durch das Bundeskriminalamt – unabhängig von der jeweiligen

---

[357] Vgl. Anlage 3, S. 6.
[358] BT-Drs. 18/11658, S. 10.

*Eingriffsintensität der ursprünglichen Erhebungsmaßnahme – zu be-
achten ist.*"[359]

§ 12 Abs. 1 BKAG 2018 regelt darüber hinaus aber auch Fälle, in denen eine
Prüfung am Grundsatz der hypothetischen Datenneuerhebung gerade nicht
notwendig sein soll.

Der Gesetzgeber orientiert sich dabei hinsichtlich der Systematik am Vorgehen des BVerfG, das in seiner Urteilsbegründung in den oben dargestellten
Rn. 278 ff. ebenfalls zunächst zur zweckidentischen Weiternutzung von Daten
und sodann zur zweckändernden Weiternutzung ausführte.

Der Gesetzgeber weitet die vom BVerfG aufgestellten Anforderungen jedoch
auf sämtliche verarbeitete Daten aus. Damit führt die Regelung für das BKA zu
einem neuen umfangreichen Prüf- und Kennzeichnungsaufwand.

(i) Gesetzgeberische Umsetzung der Vorgaben des BVerfG

Fraglich ist jedoch, ob sich die Ausführungen des BVerfG tatsächlich auf sämtliche Daten bezogen. Anlass für die Entscheidung des BVerfG lieferte der
2008 neu eingefügte Abschnitt zur Abwehr von Gefahren des internationalen
Terrorismus durch das BKA. Da damit jedoch auch Datenerhebungs- und Da-
tenübermittlungsnormen angegriffen waren, machte das BVerfG auch allgemeine Ausführungen zum polizeilichen Datenschutz. Allerdings wurden diese
Ausführungen jedenfalls durch das Gericht nicht ausdrücklich auf Daten aus
sämtlichen Datenerhebungsmaßnahmen bezogen.[360] Vielmehr machte das
Gericht hinsichtlich Daten aus *„normalen"* Erhebungsmaßnahmen nur in Abgrenzung zu aus besonders eingriffsintensiven Maßnahmen stammenden Daten Ausführungen. Wie die Weiternutzung solcher Daten zu erfolgen hat, wurde somit höchstens negativ definiert. Auch der in der Gesetzesbegründung
zitierte Abschnitt der Urteilsbegründung bezieht sich ausdrücklich nur auf Daten aus eingriffsintensiven und besonders eingriffsintensiven Maßnahmen der
Wohnraumüberwachung und Online-Durchsuchung. Hierfür spricht auch die
vom BVerfG gezogene Parallele zum hypothetischen Ersatzeingriff nach § 477
Abs. 2 S. 2 StPO.[361] Auch diese Vorschrift betrifft nur Daten aus besonders
eingriffsintensiven Maßnahmen. Denn an die Zweckentfremdung sind ebenso

---

[359] BT-Drs. 18/11163, S. 92.

[360] Dieses Verständnis wird auch aus den einleitenden Worten im Sondervotum des Richters
Eichberger deutlich, vgl. BVerfG NJW 2016, 1781 (1809) Rn. 2.

[361] BVerfG NJW 2016, 1781 (1801).

wie an die Erhebungsmaßnahme umso höhere Anforderungen zu stellen, je intensiver der Grundrechtseingriff ist.[362]

Das BVerfG hat den Grundsatz anhand des Umgangs mit Daten aus besonders eingriffsintensiven Maßnahmen entwickelt. Dennoch steht es dem Gesetzgeber frei, dieses Grundprinzip auf sämtliche Daten zu übertragen, wie er es in § 12 Abs. 1 S. 1 BKAG 2018 getan hat. Eine solche verallgemeinernde Übertragung der Vorgaben des BVerfG ist jedoch nicht ohne Weiteres nachvollziehbar. Das BVerfG trägt in seiner Entscheidung dem besonderen Eingriffsgewicht bei der Erhebung von Daten durch eingriffsintensive Maßnahmen Rechnung. Einerseits soll die weitere Datennutzung nicht unnötig eingeschränkt werden, andererseits aber auch der Grundrechtsschutz des Betroffenen auf informationelle Selbstbestimmung ausreichend berücksichtigt werden. Das Ausdehnen der verfassungsgerichtlichen Vorgaben stieß bei Mitarbeitern des BKA als Rechtsanwender auf Unverständnis.[363] Denn die Regelung führt zu einem erheblichen Mehraufwand, da sämtliche Daten entsprechend ihrer Erhebungsmaßnahme nach § 14 BKAG 2018 zu kennzeichnen sind. Überdies sind die Mitarbeiter mit dem Kennzeichnungsvorgang bisher nicht vertraut und somit muss jedenfalls in der Übergangszeit auch erheblicher Mehraufwand für den Lernprozess einkalkuliert werden.

(ii) Gesetzgeberische Umsetzung der europarechtlichen Vorgaben

Für die Rechtmäßigkeit der Ausgestaltung des Datenzugriffs ist insbesondere Art. 20 JI-RL relevant. Es muss durch technische und organisatorische Maßnahmen sichergestellt werden, dass nur personenbezogene Daten verarbeitet werden, die für den Verwendungszweck erforderlich sind. Dieser Anforderung werden die Regelungen in § 15 i. V. m. § 12 BKAG 2018 gerecht, indem sie ein Prüfungssystem für den Zugriff auf personenbezogene Daten vorsehen, das am Grundsatz der hypothetischen Datenneuerhebung orientiert ist.

Darüber hinaus ist die Regelung in Art. 29 JI-RL von Bedeutung. Diese Regelung wurde primär in § 64 BDSG umgesetzt, aber sie spielt auch für die Umsetzung des Datenzugriffskonzepts im BKAG eine Rolle. Denn sie sieht vor, dass die verantwortliche Stelle sicherstellen muss, Unbefugten den Zugriff auf die Daten zu verwehren. Der Umsetzung dient darüber hinaus § 15 Abs. 1 Nr. 2 BKAG 2018.

---

[362] *Singelnstein*, in: MüKo StPO, § 477 Rn. 25.
[363] Anlage 1, S. A-3.

(iii) Praktische Umsetzung der gesetzlichen Vorgaben durch das BKA

Das BKA hat im Rahmen der gesetzgeberischen Vorgaben praxistaugliche Lösungen gefunden, die es in entsprechenden Handlungsanleitungen erläutert. Das BKA als Rechtsanwender scheint dabei zu versuchen, die über die verfassungsrechtlichen Vorgaben des BVerfG hinausgehende Umsetzung durch den Gesetzgeber „einzufangen", indem jedenfalls an die zweckidentische Weiternutzung der Daten keine allzu hohen Voraussetzungen geknüpft werden. Die Auslegung des BKA betreffend die Voraussetzungen von § 12 Abs. 1 S. 1 BKAG 2018 ist dementsprechend nicht restriktiv. Dies verdeutlicht sich an mehreren Stellen.

Zunächst werden sämtliche vom BKA erhobenen Daten als *„von derselben Behörde"* erhobene Daten verstanden. Es erfolgt keine Aufteilung nach den verschiedenen Fachabteilungen. Die Abteilungen haben zwar entsprechend den Aufgaben des BKA teils sehr unterschiedliche Befugnisse, aber gegenüber dem Betroffenen sowie als datenschutzrechtlich Verantwortlicher tritt das BKA als eine einheitliche Stelle auf. Diese Auslegung des BKA ist vor dem Hintergrund der gesetzlichen Vorgaben und den Entscheidungen des BVerfG unproblematisch. Ein Problem hinsichtlich der *„von derselben Behörde"* erhobenen Daten könnte sich jedoch auf Landesebene abzeichnen (hierzu unten E.VIII.). Denn anders als das BKA, das lediglich in verschiedene Fachabteilungen und auf drei unterschiedliche Standorte aufgeteilt ist, sind die Polizeibehörden in den Ländern größtenteils viel stärker in einzelne Behörden untergliedert.

Des Weiteren bedienen sich die Handlungsanleitungen auch einer weiten Auslegung hinsichtlich des Merkmals *„derselben Aufgabe"*. Hier wird nur zwischen zwei Aufgaben des BKA differenziert, nämlich der Strafverfolgung und der Gefahrenabwehr. Eine genauere Einteilung in die verschiedenen Aufgabenbereiche des BKA (wie in §§ 2-8 BKAG 2018) erfolgt hingegen nicht. Begründet wird diese Sichtweise damit, dass sich auch die konkreten Aufgabenbereiche des BKA jeweils entweder der Strafverfolgung oder der Gefahrenabwehr zuordnen ließen.

Gegen eine solche Interpretation durch das BKA spricht, dass das BVerfG im BKAG-Urteil entschieden hat, dass für die Zweckbestimmung die jeweilige Erhebungsbefugnis maßgeblich ist und nicht die im Gesetz bestimmten abstrakt definierten Behördenaufgaben.[364] Den Vorgaben des BVerfG folgend gibt es

---

[364] BVerfG NJW 2016, 1781 (1800 f.).

also keinen allgemeinen Datenerhebungszweck der Gefahrenabwehr,[365] wie es das BKA in seiner Handlungsanleitung zugrunde legt. Die Argumentation des BKA ist außerdem auf Grundlage des Gesetzestexts, seines Sinns und Zwecks und seiner Entstehungsgeschichte keineswegs zwingend.[366] Vielmehr versteht der Gesetzgeber die hypothetische Datenneuerhebung als „zentralen Grundsatz" des BKAG 2018. Dies spricht gegen eine derart einschränkende Auslegung des Grundsatzes.

Für die Argumentation des BKA spricht hingegen ein systematischer Vergleich mit anderen Bereichen des Polizei- und Ordnungsrechts, in denen jeweils von der Dualität von Strafverfolgung und Gefahrenabwehr ausgegangen wird. Auch die Ausführungen des BVerfG, an denen sich der Gesetzgeber ausdrücklich orientiert, lassen durchaus ein so weites Verständnis des Merkmals „derselben Aufgabe" zu. Das Gericht stellt an einigen Stellen keine allzu hohen Hürden an die Weiterverarbeitung von Daten, indem es z. B. eine Gefahr auf lange Sicht ausreichen lässt oder ausdrücklich betont, dass die Weiternutzung der Daten nicht an dieselben Anforderungen geknüpft ist wie die erstmalige Erhebung (sogar im Kontext eingriffsintensiver Maßnahmen). Darüber hinaus lässt das BVerfG die „abstrakt definierten Behördenaufgaben"[367] zwar nicht als alleinigen Maßstab für die zweckkonforme Weiternutzung ausreichen. Ein solcher alleiniger Maßstab soll die Behördenaufgabe auch nach der Auslegung des BKA nicht sein, denn es erfolgt eine weitere Eingrenzung der zweckidentischen Weiterverarbeitungsmöglichkeiten über die Betroffenheit derselben Straftaten oder Rechtsgüter. Somit wird im Ergebnis gerade nicht allein auf die abstrakten Behördenaufgaben abgestellt, diese werden vielmehr lediglich bzgl. einer der Voraussetzung der zweckkonformen Weiternutzung, nämlich der derselben Aufgabe, herangezogen.

Schließlich ist auch das Verständnis „derselben Straftaten oder Rechtsgüter" nach dem BKA nicht restriktiv auszulegen. So könnte auch ein vollkommen anderer Lebenssachverhalt zur Feststellung einer Zweckkonformität und damit zur Nichtanwendung des Grundsatzes der hypothetischen Datenneuerhebung führen, weil die davon möglicherweise verletzten Strafvorschriften oder geschützten Rechtsgüter identisch sind. Auch dieser weiten Auslegung können die oben genannten Argumente entgegengehalten werden. Auch wenn man im Ergebnis dazu kommen möchte, Daten bei der auf einem unterschiedlichen

---

[365] *Schwabenbauer*, in: Lisken/Denninger, Handbuch des Polizeirechts, Kap. G. Rn. 15.
[366] Abweichend hiervon auch das Verständnis bei *Löffelmann*, GSZ 1/2019, 16 (17).
[367] BVerfG NJW 2016, 1781 (1800 f.).

Lebenssachverhalt beruhenden selben Straftat weiterverwenden zu können, wäre dies auch unter Anwendung des Grundsatzes der hypothetischen Datenneuerhebung möglich. Hier wird eine Prüfung an diesem Maßstab aber von vornherein ausgeschlossen. Ein verfassungsrechtliches Problem könnte daher bereits darin gesehen werden, dass schon zu viele Datenweiternutzungsvorgänge aus dem Anwendungsbereich des Grundsatzes der hypothetischen Datenneuerhebung ausgenommen werden.[368]

Für eine „Beliebigkeit" des Merkmals des Schutzes derselben Rechtsgüter führt Löffelmann das Beispiel an, dass die Beeinträchtigung des Schutzgutes der Gesundheit aufgrund einer zu befürchtenden schweren oder sogar lebensbedrohlichen Straftat, aber auch aufgrund einer geringfügigen, ggf. fahrlässigen Körperverletzung oder einer Selbstverletzung bestehen könne.[369]

Jedoch ist auch die Kategorisierung anhand der geschützten Rechtsgüter oder den verletzten Strafvorschriften im Gefahrenabwehrrecht nicht unüblich.[370] Außerdem bedarf es wegen der Unüberschaubarkeit möglicher Sachverhalte Kategorisierungen. Darüber hinaus steht eine solche auch nicht im Widerspruch zu den Vorgaben des BVerfG als Maßstab für die Weiternutzung von Daten. Denn das BVerfG führt zur Ermächtigungsgrundlage der Datenerhebung als einschränkenden Maßstab der zweckkonformen Weiternutzung aus: *„Ist diese* [Datenerhebung] *nur zum Schutz bestimmter Rechtsgüter oder zur Verhütung bestimmter Straftaten erlaubt, so begrenzt dies deren unmittelbare sowie weitere Verwendung auch in derselben Behörde, soweit keine gesetzliche Grundlage für eine zulässige Zweckänderung eine weitergehende Nutzung erlaubt. Im Ergebnis hält sich auch diese Auslegung im Rahmen des rechtlich Zulässigen."*[371] Demnach wäre eine zweckkonforme Weiternutzung der Daten nicht nur zulässig, wenn dasselbe Rechtsgut oder dieselbe Straftat vorliegt, sondern sogar dann, wenn ein weiteres (anderes) durch die Ermächtigungsnorm geschütztes Rechtsgut geschützt werden soll.[372]

---

[368] Zu einem ähnlichen Ergebnis kommt auch *Bäcker*, Stellungnahme zum BKAG-E vom 16.03.2017, S. 4.

[369] *Löffelmann*, GSZ 1/2019, 16 (17).

[370] Vgl. z. B. § 14 Abs. 2 S. 2 BPolG; § 17 Abs. 3 ASOG-Bln.

[371] BVerfG NJW 2016, 1781 (1800 f.).

[372] *Schwabenbauer*, in: Lisken/Denninger, Handbuch des Polizeirechts, Kap. G. Rn. 17.

(iv) Zwischenergebnis

Die Regelung entspricht im Ergebnis den verfassungsrechtlichen und europarechtlichen Vorgaben. Zwar sind die Auslegungsmöglichkeiten der einzelnen Tatbestandsmerkmale des § 12 Abs. 1 S. 1 BKAG 2018, die das BKA als Rechtsanwender in seinen entsprechenden Handlungsanleitungen ausgeschöpft hat, sehr weit und es gibt Argumente, die für eine restriktivere Auslegung sprechen. Jedoch ist die jeweilige weite Auslegung der Begriffe im sicherheitsrechtlichen Bereich nicht unüblich und auch an anderer Stelle zulässig. Darüber hinaus entspricht der Gesetzgeber durch die Ausgestaltung von § 12 Abs. 1 S. 1 BKAG 2018 den Vorgaben des BVerfG und geht sogar zum Teil über die vom BVerfG aufgestellten Voraussetzungen hinaus, sodass auch eine weite Auslegung der Tatbestandsmerkmale im Ergebnis noch zu einem höheren als dem verfassungsrechtlich gebotenen Schutzniveau führt.

bb. § 12 Abs. 2 BKAG 2018

Die zweckändernde Weiternutzung verlangt die oben beschriebene mehrschrittige Prüfung (E.II.1.bb.). Die Kategorisierung der Daten und Erhebungsbefugnisse dürfte die einzig denkbare praktische Umsetzung der Vorgaben des BVerfG zum Grundsatz der hypothetischen Datenneuerhebung sein. Ansonsten wäre nur eine umständliche Einzelfallprüfung denkbar, die dem gewollten Effekt der Beschleunigung des Abrufverfahrens entgegenstünde. Das BVerfG trifft hinsichtlich der Ausgestaltung von Verarbeitungskategorien keine konkreten Vorgaben. Auch der Gesetzgeber trifft solche nicht. Die vom BKA als Rechtsanwender in der entsprechenden Handlungsleitung festgeschriebenen Kategorien orientieren sich an der Unterteilung von Straftaten nach ihrem Gewicht aus der StPO. Da hierdurch keine neuen Kategorien eröffnet werden müssen, erscheint dieser Weg als praktikabel. Die datenschutzrechtliche Kontrolle der Ausgestaltung der Kategorien wird durch § 15 Abs. 3 S. 3 BKAG 2018 sichergestellt. Dieser sieht vor, dass die Erstellung und Fortschreibung des abgestuften Rechte- und Rollenkonzeptes im Benehmen mit dem BfDI erfolgt.

(i) Bestimmtheit

Fraglich ist jedoch, ob § 12 Abs. 2 Nr. 2 BKAG 2018 hinreichend bestimmt ist. Sowohl die Formulierung *„konkrete Ermittlungsansätze"* als auch *„in einem übersehbaren Zeitraum drohenden Gefahren"* sind auslegungsbedürftig.

Tatsächlich wird mit diesen Formulierungen bereits die Wortwahl des BVerfG konkretisiert, welches von *„konkrete[n] Ermittlungsansätze[n] zur Aufdeckung vergleichbar gewichtiger Straftaten oder zur Abwehr von zumindest auf mittlere Sicht drohenden Gefahren"*[373] spricht. Nur weil eine Formulierung, die auch das BVerfG so gewählt hat, Eingang in den Gesetzestext gefunden hat, heißt das nicht, dass diese Formulierung dem Bestimmtheitsgebot automatisch gerecht wird.[374] Denn dieses gilt ja gerade nicht für das BVerfG bei Abfassung seiner Urteile, sondern für den Gesetzgeber bei Formulierung gesetzlicher Vorschriften. Dies hat der Gesetzgeber offenbar erkannt und versucht die Formulierung zu präzisieren. Dies gelingt ihm allerdings nur teilweise.[375]

Es stellt sich die Frage, ob für den Betroffenen noch ausreichend nachvollziehbar ist, ob die Voraussetzung für die Datenverarbeitung zu einem anderen als dem Erhebungszweck vorliegen und somit ein erneuter Eingriff in sein Grundrecht auf informationelle Selbstbestimmung gerechtfertigt wäre. Zum anderen stellt sich auch für den handelnden Polizeibeamten als Rechtsanwender die Frage nach Rechtssicherheit. Die Begriffe der abstrakten und konkreten Gefahr sind im Polizeirecht etabliert. Auch Abstufungen, wie der Gefahrenverdacht, sind den handelnden Polizeibeamten geläufig. Was aber die darüber hinausgehenden kleinteiligen Differenzierungen anbelangt, dürfte vermutlich Unsicherheit bestehen bleiben.

Dabei muss aber berücksichtigt werden, dass grundsätzlich auf Prognose- und Verdachtsentscheidungen basierende Begriffe dem Gefahrenabwehrrecht und der Aufklärung von Straftaten immanent sind. Da es für den Gesetzgeber unmöglich ist, jede denkbare Situation zu regeln, gibt es keine andere Möglichkeit, als auf Gefahrenprognosen zu vertrauen. Die Formulierung der *„konkreten Ermittlungsansätze"* verlangen jedenfalls objektiv vorliegende konkrete Ansätze oder Informationen, die somit auch einer konkreten Nachprüfung zugänglich sind. Eine Weiternutzung der Daten ins Blaue hinein wird dadurch gerade ausgeschlossen. Auch die Formulierung *„übersehbarer Zeitraum"* dient im Kern der Eingrenzung des Begriffs einer zukünftigen Gefahr.

---

[373] BVerfG NJW 2016, 1781 (1802).

[374] Hingegen argumentiert *Möstl* im Zusammenhang der Einführung der „konkreten Gefahr" im BayPAG, man könne vom Gesetzgeber nicht verlangen, dass er klüger ist als das BVerfG, BayVBl. 5/2018, 156 (159).

[375] Kritisch gegenüber der wortgetreuen Übernahme von Formulierungen aus der Urteilsbegründung in den Gesetzestext auch *Buermeyer*, Stellungnahme zum BKAG-E, 20.03.2017, S. 2 f.

(ii) Zwischenergebnis

Die Norm entspricht dem verfassungsmäßigen Bestimmtheitsgebot. Ausfüllungsbedürftige Rechtsbegriffe sind der Besonderheit des Sicherheitsrechts geschuldet. Hinsichtlich Gefahrenprognosen ist der Gesetzgeber darauf angewiesen, den handelnden Personen der Sicherheitsbehörden einen Spielraum zu überlassen, den diese aufgrund ihrer Kenntnisse der jeweiligen Situation mit möglichst nachvollziehbaren Prognoseentscheidungen füllen sollen.

Auch wenn die Ausgestaltung der Norm den verfassungsrechtlichen Vorgaben entspricht, stellt sich die Frage, ob eine Aufgabe der Formulierung des Grundsatzes der „Zweckbindung" sinnvoll wäre. Denn der Grundsatz existiert eigentlich nur noch als Ausgangsgedanke. Konsequenter wäre es demnach z. B. von einem Grundsatz der Zweckprüfung oder Ähnlichem zu sprechen.[376] Auch Löffelmann hält das Festhalten an der Ausgestaltung des Grundsatzes der Zweckbindung, wie er durch das Volkszählungsurteil aus dem Verhältnismäßigkeitsprinzip abgeleitet wurde, für diskutabel.[377] Problematisiert wird die Zurückdrängung des Zweckbindungsgrundsatz bereits seit langem. So fragt sich Kutscha in seinem Aufsatz aus dem Jahr 1999 bereits, ob der Datenschutz durch Zweckbindung ein Auslaufmodell darstellt.[378] Gut 20 Jahre später lässt sich festhalten, dass am Grundsatz der Zweckbindung jedenfalls begrifflich festgehalten wird, seine Zurückdrängung aber weiter fortschreitet.

Daran vermag auch die Vorgabe nichts zu ändern, dass die Daten auch für den neuen Zweck auf die gleiche Weise hätten erhoben werden dürfen. Dies gilt insbesondere deshalb, weil das BKAG 2018 entsprechend der Vorgaben des BVerfG, wie oben dargestellt, eben nicht identische Voraussetzungen für die Neuerhebung und die Zweckänderung verlangt. Es lässt vielmehr unter anderem bloße Spurenansätze als Voraussetzung zu. Ein Spurenansatz – nicht einmal das Vorliegen einer konkreten Spur – weicht die scheinbar strikten Voraussetzungen des Grundsatzes der hypothetischen Datenneuerhebung in der praktischen Anwendung signifikant auf. Demzufolge verliert auch der Zweckbindungsgrundsatz entscheidend an Relevanz. Dabei ist natürlich zu beachten, dass die Durchbrechung des Grundsatzes der Zweckbindung der Daten ggf. auch grundrechtsschonende Wirkung entfaltet. Nämlich dort, wo

---

[376] So auch *Petri*, in: Lisken/Denninger, Handbuch des Polizeirechts, Kap G. Rn. 855. Dort heißt es: „Angesichts des Ausmaßes der möglichen Zweckänderungen kann man sagen, dass eine Zweckbindung zwar gesetzlich vorgetäuscht wird, tatsächlich aber nicht gegeben ist."

[377] *Löffelmann*, GSZ 1/2019, 16 (19).

[378] *Kutscha*, ZRP 1999, Heft 4, 156.

der Betroffene ansonsten einer erneuten eingriffsintensiven Datenerhebungs-maßnahme unterworfen würde.[379]

Darüber hinaus ist zu beachten, dass der Zweckbindungsgrundsatz nicht so verstanden werden darf, als dass er dem Gesetzgeber verbietet zu entscheiden, wie er Daten zu einer bestimmten staatlichen Stelle bringen will. Dies kann er nämlich entweder dadurch erreichen, indem er genau bei dieser Stelle die Datenerhebungskompetenz schafft. Er kann dieses Ergebnis aber auch dadurch erreichen, indem er bei einer anderen Stelle die Befugnis schafft, die Daten an die entsprechende Stelle weiterzugeben.

cc. § 14 BKAG 2018

Um den Grundsatz der hypothetischen Datenneuerhebung in der Praxis um-zusetzen, sieht § 14 BKAG 2018 umfassende Kennzeichnungspflichten vor. Dies gilt grundsätzlich für alle in das Informationssystem eingegebene Daten, denn bei Eingabe des Datums können noch nicht alle möglichen Weiternut-zungen bekannt sein. Ein Datum kann je nach Kontext der Weiterverwendung in einem Fall am Maßstab der hypothetischen Datenneuerhebung zu prüfen sein (zweckändernde Weiternutzung) oder auch nicht (zweckkonforme Wei-ternutzung). Das heißt jedoch, dass sämtliche Daten mit der entsprechenden Kennzeichnung zu versehen sind, um eine Prüfung im Einzelfall zu ermögli-chen.

(i) Praktische Herausforderungen

Mit der Kennzeichnungspflicht ist ein erheblicher Mehraufwand beim BKA ver-bunden. Darüber hinaus wird dieser Mehraufwand auch auf die Mitarbeiter der Länderpolizeien zukommen, da die von den Ländern in das Verbundsystem eingegebenen Daten ebenfalls entsprechend gekennzeichnet werden müssen. Dies kritisierte der Bundesrat bereits in seiner Stellungnahme im Rahmen des Gesetzgebungsverfahrens und wies darauf hin, dass die Kennzeichnung aller personenbezogener Daten *„die Sachbearbeitung in den Ländern vor schwer-wiegendste Probleme stellen"*[380] würde (hierzu unter E.VIII.).

(ii) Prüfung/Kontrolle

Es bleibt die Frage, wie und von wem die Richtigkeit der Kennzeichnung ge-prüft wird. Die falsche Kennzeichnung von Daten, etwa indem sie in die fal-

---

[379] *Schwabenbauer*, in: Lisken/Denninger, Handbuch des Polizeirechts, Kap. G. Rn. 13.
[380] BT-Drs. 18/11658, S. 3.

sche Kategorie eingeordnet werden, verfälscht die Prüfung der Weiterverwendung am Maßstab der hypothetischen Datenneuerhebung. Eine Kontrolle der Richtigkeit könnte insbesondere dadurch erfolgen, dass dem BfDI nach § 81 Abs. 1 Nr. 1, 2 BKAG 2018 sämtliche protokollierte Datenverarbeitungsvorgänge zur Verfügung zu stellen sind. Im Rahmen der gesetzlich vorgesehenen Überprüfung der Rechtmäßigkeit der Datenverarbeitung könnte er also auch die richtige Kennzeichnung der Daten überprüfen.

(iii) Umgang mit Altdaten

Fraglich ist auch, wie mit den Massen an „Altdaten" praktisch und rechtlich umzugehen ist, also Daten, die bis zur Einführung der Kennzeichnungspflicht im System vorhanden sind. Ein ungekennzeichnetes Datum darf gemäß § 14 Abs. 2 BKAG 2018 grundsätzlich nicht weiterverarbeitet oder übermittelt werden, bis die Kennzeichnung entsprechend den in § 14 Abs. 1 BKAG 2018 normierten Anforderungen nachgeholt ist. Dieses Problem wurde erst im Laufe des Gesetzgebungsprozesses gezielter angegangen. Nach entsprechendem Vorschlag des Bundesrats wurde die Regelung des § 91 BKAG 2018 in den Gesetzesentwurf aufgenommen.[381] Nach § 91 BKAG 2018 dürfen sogenannte „Altdaten" abweichend von § 14 Abs. 2 BKAG 2018 ohne Kennzeichnung weiterverarbeitet oder übermittelt werden.

Der genaue Regelungsgehalt dieser Norm ist auf den ersten Blick nur schwer zu erfassen. Indem § 91 BKAG 2018 eine Ausnahmeregelung zu § 14 Abs. 2 BKAG 2018 darstellt, regelt er eben nur eine Ausnahme zur Kennzeichnungspflicht. Zwar ist die Kennzeichnung wie oben dargestellt praktische Grundlage der Prüfung der Weiternutzung von Daten am Grundsatz der hypothetischen Datenneuerhebung. Jedoch wird dies eben nicht in § 14 Abs. 2 BKAG 2018, sondern in § 12 BKAG 2018 geregelt. Von letzterem stellt § 91 BKAG 2018 keine Ausnahme dar. Denn er regelt eben keine Ausnahme zu § 12 Abs. 2 BKAG 2018, sondern nur zur Kennzeichnungspflicht. Das bedeutet, dass das BKA als Rechtsanwender auch ohne entsprechende Kennzeichnung bei der Weiternutzung von Daten den Maßstab der hypothetischen Datenneuerhebung zu beachten hat. Letztendlich schweigt die Vorschrift also weitestgehend zur Integration der Altdaten in das neue Informationssystem.[382]

Die nicht gekennzeichneten Altdaten sind bei ihrer Weiterverwendung demnach am Grundsatz der hypothetischen Datenneuerhebung zu messen, sofern

---

[381] BT-Drs. 18/11658, S. 3.

[382] *Ruthig*, in: Schenke/Graulich/Ruthig, Sicherheitsrecht des Bundes, § 91 BKAG Rn. 3.

ein Fall von § 12 Abs. 2 BKAG 2018 vorliegt. Da jedoch eine entsprechende Kategorisierung fehlt, ist dies im Rahmen des oben dargestellten automatisierten Ablaufs nicht möglich. Vielmehr bedarf es einer eigenen bzw. manuellen Prüfung, die sich inhaltlich an den Kennzeichnungen, die sich für die Altdaten aus den entsprechenden Errichtungsanordnungen ergeben, abspielen dürfte. Auch hier entsteht also ein erheblicher Mehraufwand.

(iv) Zwischenergebnis

Die Kennzeichnungspflichten bedeuten für das BKA einen erheblichen Mehraufwand. Sie sind jedoch zur Umsetzung des Grundsatzes der hypothetischen Datenneuerhebung, wie ihn § 12 BKAG 2018 vorsieht, unabdingbar. Es bleibt jedoch die Frage, warum der Gesetzgeber dem BKA als Rechtsanwender so weitreichende Kennzeichnungspflichten ohne eine verfassungsrechtliche Notwendigkeit auferlegt. Fraglich ist, ob dies ungewollt erfolgte. Dafür könnte die gesetzgeberische Zielsetzung sprechen, die Verfügbarkeit von Daten zu erhöhen und zu vereinfachen, die den Gesetzgebungsprozess prägte. Dagegen spricht allerdings, dass dieses Verständnis der Entscheidung des BVerfG im Rahmen des Gesetzgebungsprozesses von verschiedenen Seiten kritisiert wurde, so z. B im Entschließungsantrag der Fraktion BÜNDNIS 90/DIE GRÜNEN. Der Gesetzgeber war also mit der entsprechenden Kritik konfrontiert. Reaktionen des Gesetzgebers auf diese Kritik oder entsprechende Diskussionen sind nicht zu finden. Das mit verschiedenen Mitarbeitern des BKA geführte Experteninterview legt außerdem den Schluss nahe, dass auch innerhalb der Behörde Unverständnis darüber herrscht, wieso der Gesetzgeber die Vorgaben des BVerfG so weitreichend interpretiert.

Praktische Probleme ergeben sich darüber hinaus im Umgang mit Altdaten. Bis auf die Regelung in § 91 BKAG 2018, die eine Ausnahme zu § 14 Abs. 2 BKAG 2018 statuiert und somit jedenfalls regelt, dass nicht sämtliche Kennzeichnungen für Altdaten nachgeholt werden müssen, um die entsprechenden Daten weiter nutzen und übermitteln zu können, findet sich keine Regelung hierzu im BKAG 2018.

e. Vereinbarkeit mit den Vorgaben der JI-RL

Europarechtlich ließe sich problematisieren, dass die Gesetzesgrundlage unklar und unpräzise erscheint. Für den Betroffenen ist es schwer nachzuvollziehen, was mit seinen Daten auf welche Weise geschieht.

In Erwägungsgrund Nr. 33 der JI-RL, der sich auf Art. 8 bezieht, heißt es:

> „Recht der Mitgliedstaaten, Rechtsgrundlagen oder Gesetzgebungs-
> maßnahmen sollten jedoch klar und präzise sein und ihre Anwendung
> sollte für diejenigen, die ihnen unterliegen, vorhersehbar sein, wie in
> der Rechtsprechung des Gerichtshofs und des Europäischen Gerichts-
> hofs für Menschenrechte gefordert."

Die Unklarheit für den Betroffenen ergibt sich allerdings insbesondere aus dem Prognosegehalt der Regelungen. Prognoseentscheidungen sind dem Polizeirecht jedoch immanent. Aufgrund der immer wieder neu und einzelfallabhängig auftretenden Gefahren für die öffentliche Sicherheit und Ordnung sind keine starren Voraussetzungen möglich. Im Kontext des Polizei- und Ordnungsrechts ist für den Betroffenen nicht klar vorauszusagen, welcher Maßnahme er aufgrund einer bestimmten tatsächlichen Situation ausgesetzt sein wird, da es jeweils auf eine vom handelnden Beamten vorzunehmende Gefahrenprognose ankommt. Ähnlich stellt es sich auch bezüglich der Weiterverarbeitung von Daten dar. Auch hier beruht die Entscheidung des handelnden Beamten auf einer Prognose der zukünftigen Relevanz der Daten zur Abwehr zukünftiger Gefahren.

> f. Alternative Umsetzung der hypothetischen Datenneuerhebung im Zollfahndungsdienstgesetz

Ein systematischer Vergleich von § 12 BKAG 2018 mit der entsprechenden Regelung im Referentenentwurf des Zollfahndungsdienstgesetzes (ZFdG)[383] zeigt, dass das den Referentenentwurf verfassende BMF auf vergleichbarer Grundlage eine ganz anders formulierte Regelung vorgeschlagen hat.

Im allgemeinen Teil der Begründung zum ZFdG-E verweist auch das BMF auf die Notwendigkeit der Neuregelung zur Umsetzung der Vorgaben des BVerfG und der JI-RL:

> „Das Bundesverfassungsgericht hat in diesem Zusammenhang ein
> Grundsatzurteil zum polizeilichen Datenschutz gesprochen, in dem es
> die bisherige Rechtsprechung zu den einzelnen verdeckten Ermitt-
> lungsbefugnissen zusammenführt, sie in übergreifende Prinzipien sys-
> tematisiert, die verfassungsrechtlichen Anforderungen an Zweckbin-
> dung und Zweckänderung von Daten fortentwickelt und erstmals Aus-

---

[383] Referentenentwurf des Bundesministeriums der Finanzen, Entwurf eines Gesetzes zur Neustrukturierung des Zollfahndungsdienstgesetzes, Bearbeitungsstand 24.07.2018, 12:56 Uhr (ZFdG-E).

sagen zur Übermittlung von Daten an öffentliche Stellen im Ausland trifft. Es hat insbesondere ausgeführt, dass sich die Anforderungen an die Nutzung und Übermittlung staatlich erhobener Daten nach den Grundsätzen von Zweckänderung und Zweckbindung richten und sich die Verhältnismäßigkeitsanforderungen für eine solche Zweckänderung am Grundsatz der hypothetischen Datenneuerhebung zu orientieren haben. [...] Zudem ist bis Mai 2018 die Richtlinie (EU) 2016/680 vom 27. April 2016 zum Schutz natürlicher Personen bei der Verarbeitung personenbezogener Daten durch die zuständigen Behörden zum Zwecke der Verhütung, Ermittlung, Aufdeckung oder Verfolgung von Straftaten oder der Strafvollstreckung sowie zum freien Datenverkehr umzusetzen. Mit dieser Richtlinie soll der Datenschutz im Bereich der Ermittlungsbehörden weiter harmonisiert werden, um zum einen ein vergleichbar hohes Schutzniveau für personenbezogene Daten – unter anderem durch Stärkung der Betroffenenrechte – zu gewährleisten und zum anderen den unionsweiten Informationsaustausch zu erleichtern und zu verbessern. Anpassungsbedarf besteht hier vor allem im Bezug auf die Neujustierung datenschutzrechtlicher Begrifflichkeiten und Betroffenenrechte.[384]

Unter diesen vergleichbaren Voraussetzungen findet der Grundsatz der hypothetischen Datenneuerhebung in den ZFdG-E jedoch wie folgt Eingang:

§ 29 Grundsatz der hypothetischen Datenneuerhebung

(1) Die Verwendung und Übermittlung von nach den §§ 10, 30, 48 und 63 erhobenen personenbezogenen Daten, richtet sich nach den folgenden Absätzen, sofern nicht in diesem Gesetz oder in sonstigen Rechtsvorschriften besondere Regelungen für die Verwendung und Übermittlung dieser Daten getroffen werden.

(2) Die Behörden des Zollfahndungsdienstes können personenbezogene Daten nach Absatz 1 verwenden und übermitteln

    1.   zur Erfüllung derselben Aufgabe und

    2.   zum Schutz derselben Rechtsgüter oder zur Verfolgung oder Verhütung derselben Straftaten.

(3) Die Behörden des Zollfahndungsdienstes können zur Erfüllung ihrer Aufgaben personenbezogene Daten nach Absatz 1 zu anderen Zwecken, als denjenigen, zu denen sie erhoben worden sind, verwenden und über-

---

[384] ZFdG-E, S. 79.

mitteln, wenn sich aus den erhobenen personenbezogenen Daten konkrete Ermittlungsansätze

1. zur Aufdeckung oder Verfolgung vergleichbar gewichtiger Straf-
    taten oder

2. zur Abwehr von zumindest auf mittlere Sicht drohenden Gefah-
    ren für vergleichbar gewichtige Rechtsgüter ergeben und die
    entsprechende Datenerhebung dafür zulässig wäre.

(4) Bei der Verarbeitung von personenbezogenen Daten stellen die Behörden des Zollfahndungsdienstes durch technische und organisatorische
Maßnahmen sicher, dass Absatz 1 und 2 beachtet werden.

Vergleicht man die beiden Regelungen, lassen sich folgende Unterschiede
feststellen: Das BKAG 2018 regelt den Umgang mit Daten aus sämtlichen
Erhebungsmaßnahmen in einer Norm. Dies hat zur Folge, dass es nach
§ 12 BKAG 2018 hinsichtlich der Anwendbarkeit des Grundsatzes der hypothetischen Datenneuerhebung nur zwei Kategorien von Daten gibt, nämlich die
nach §§ 46 oder 49 BKAG 2018 erhobenen und die durch andere Maßnahmen
erhobenen Daten. Der ZFdG-E hingegen bezieht sich nur auf Daten aus eingriffsintensiven Maßnahmen und klammert dabei die Telekommunikationsüberwachung aus, indem § 29 Abs. 1 i. V. m. §§ 73 ff. ZFdG-E als leges spe-
ciales Geltung finden. Nach dem ZFdG-E gibt es demnach drei Kategorien von
Daten, nämlich die durch einfache, die durch eingriffsintensive und die nach
den §§ 73 ff. ZFdG-E erhobenen Daten. Im Ergebnis führt das dazu, dass
nach dem BKAG 2018 viel weitreichendere Kennzeichnungspflichten ausgelöst werden als nach dem ZFdG-E. Denn die Regelung des BKAG 2018 führt
dazu, dass sämtliche verarbeitete Daten einer Kennzeichnung bedürfen, während dies nach dem ZFdG-E nur für die in § 29 genannten Daten aus eingriffsintensiven Maßnahmen der Fall ist.

Damit ist die Regelung im ZFdG-E wohl hinsichtlich der Kennzeichnungspflichten praktikabler. Auch ist sie weniger streng, indem die inhaltlichen Anforderungen, die das BKA bereits an die Weiterverarbeitung von Daten aus einfachen Maßnahmen stellt, nach der Regelung des ZFdG-E erst für Daten aus
eingriffsintensiven Maßnahmen gelten.

Der ZFdG-E orientiert sich damit enger an den Vorgaben des BVerfG als das
BKAG 2018. Denn das BVerfG führt, wie oben dargestellt, nicht unmittelbar zu
Daten aus einfachen, also nicht eingriffsintensiven Erhebungsmaßnahmen
aus. Vielmehr tut es das nur indirekt in Abgrenzung zum Umgang mit Daten
aus eingriffsintensiven Maßnahmen. Die Regelung im ZFdG-E ist damit auch

enger an dem vom BVerfG bei Schaffung des Grundsatzes der hypothetischen Datenneuerhebung genannten hypothetischen Ersatzeingriff nach § 477 Abs. 2 S. 2 StPO orientiert.[385]

Interessant ist, dass auch die Begründung des ZFdG-E argumentiert, der vom BVerfG aufgestellte Grundsatz der hypothetischen Datenneuerhebung werde als allgemeiner Grundsatz umgesetzt.[386] Beide Gesetze verallgemeinern die Ausführungen des BVerfG also, um sie in Gesetzesform umzusetzen, gehen mit der Verallgemeinerung allerdings unterschiedlich weit.

Dass der Gesetzgeber des BKAG 2018 diese Vorgaben auf sämtliche Daten überträgt und damit strenger ist, als es das BVerfG vorsieht, ist rechtlich unproblematisch. Denn es steht dem Gesetzgeber frei, die Grundrechte intensiver zu schützen als es das Verfassungsrecht gebietet (zu den praktischen Problemen für das BKA vgl. E.II.1.d.cc.).

2. Folgeprobleme hinsichtlich Daten aus besonders eingriffsintensiven Maßnahmen

Das BVerfG hat in seinem Urteil vom 20. April 2016 betont, dass Daten, die mit besonders eingriffsintensiven Maßnahmen erhoben wurden, besonderen Regeln unterliegen müssen.

Wie oben bereits dargestellt, sind in § 12 Abs. 1 S. 2 sowie § 12 Abs. 3 BKAG 2018 gesonderte Regeln für die zweckkonforme und zweckändernde Weiternutzung von Daten aus besonderes eingriffsintensiven Maßnahmen geschaffen worden. Problematisch könnte dabei bereits die Kennzeichnung der Daten sein. Sonderregeln hat der Gesetzgeber darüber hinaus hinsichtlich der Speicherungsrechte vorgesehen.

a. Kennzeichnung als selbstständiger Eingriff?

Bezüglich Daten aus den besonders eingriffsintensiven Maßnahmen der Wohnraumüberwachung und Online-Durchsuchung stellt sich die Frage, ob bereits in der Kennzeichnung der Daten nach § 14 BKAG 2018 ein selbstständiger Eingriff in das Grundrecht der Betroffenen auf informationelle Selbstbestimmung liegen könnte.

Denn sobald ein nicht zum Datenzugriff berechtigter Anfragender auch nur von der Kennzeichnung erfährt, kann er bestimmte Rückschlüsse ziehen. Die be-

---

[385] BVerfG NJW 2016, 1781 (1801 f.).
[386] ZFdG-E, S. 103.

sonders eingriffsintensiven Maßnahmen dürfen entsprechend der jeweiligen Ermächtigungsgrundlagen nur bei Vorliegen bestimmter Voraussetzungen Anwendung finden. Die Kennzeichnung würde also dazu führen, dass das Vorliegen dieser Voraussetzungen mit der betroffenen Person in Verbindung gebracht werden könnte. Ohne also auf den Datensatz zugreifen zu dürfen, könnte der anfragende Mitarbeiter allein aus der Kennzeichnung Rückschlüsse ziehen, die er nicht hätte ziehen können, wenn er von den besonders eingriffsintensiven Maßnahmen keine Kenntnis erlangt hätte. Die Kennzeichnung könnte also für sich genommen einen Eingriff in das Grundrecht auf informationelle Selbstbestimmung des Betroffenen darstellen.

Abhilfe zu dieser Problematik könnte die Möglichkeit der verdeckten Recherche schaffen, die auch im Rahmen der ATD zum Einsatz kommt. Dabei wird im Trefferfall aber fehlender Zugriffsberechtigung nur die informationsführende Behörde und das Aktenzeichen angezeigt.[387] Denkbar wäre auch, die Recherche nach dem Hit-/No-Hit-Prinzip auszugestalten, wie es beim FIU.net zur Anwendung kommt (siehe hierzu unter E.III.2.cc.). Auch hier wird im Trefferfall aber fehlender Zugriffsberechtigung lediglich die Information über das Vorliegen einer Übereinstimmung und die Stelle, bei der die Übereinstimmung festgestellt wurde, generiert.[388]

Mangels vollständiger Implementierung des neuen Systems zum Zeitpunkt des Abfassens der vorliegenden Arbeit kann hierzu keine abschließende Aussage getroffen werden.

b. Einschränkung der Speicherungsrechte

Auch die Speicherungsrechte sind hinsichtlich Daten aus besonders eingriffsintensiven Maßnahmen eingeschränkt. Dies ist in §§ 46 Abs. 7 S. 1 und 2, 49 Abs. 7 S. 3 BKAG 2018 verankert. Die Daten, die durch solche Maßnahmen erhoben werden, sind unverzüglich einem Gericht vorzulegen, welches über deren Verwertbarkeit oder Löschung entscheidet.

3. Schutz vor unberechtigten Datenzugriffen

Art. 4 Abs. 1 lit. f) JI-RL verpflichtet die Mitgliedstaaten durch technische und organisatorische Maßnahmen sicherzustellen, dass „*personenbezogene Daten in einer Weise verarbeitet werden, die eine angemessene Sicherheit der personenbezogenen Daten gewährleistet, einschließlich des Schutzes vor un-*

---

[387] BVerfG NJW 2013, 1499 (1511).
[388] *Barreto da Rosa*, in: Herzog, GwG, § 36 Rn. 2; BT-Drs. 18/11555, S. 151.

befugter oder unrechtmäßiger Verarbeitung und vor unbeabsichtigtem Verlust, unbeabsichtigter Zerstörung oder unbeabsichtigter Schädigung."

Hierbei ist zum einen an den Missbrauch von innen, also durch Mitarbeiter, sowie an Missbrauchsmöglichkeiten durch Externe, z. B. durch Hackerangriffe, zu denken.

a. Gefahr des Missbrauchs durch Mitarbeiter des BKA

Die Möglichkeit, dass ein Mitarbeiter des BKA das Informationssystem missbräuchlich – z. B. aus persönlichen Motiven – verwendet, kann nicht vollkommen ausgeschlossen werden. In jüngster Vergangenheit wurde dieses Problem beispielsweise bei über 80 Abfragen zu Daten der Schlagersängerin Helene Fischer nach einem ihrer Konzerte augenscheinlich.[389] Fraglich ist, ob sich die Missbrauchsgefahren im neuen BKA-Informationssystem erhöhen. Dafür spricht, dass ein vereinfachter Zugriff auf sämtliche verknüpfte Daten möglich ist, sobald die Zugriffsprüfung einmal überwunden ist, z. B. indem dem System das Vorliegen eines roten Tickets vorgetäuscht wird. Unter dem alten Dateiensystem war es dem Grunde nach ebenfalls möglich, sich sämtliche zu einer Person vorliegende Daten zu beschaffen. Dazu musste man sich jedoch vom Systemadministrator für den Zugriff auf sämtliche Datentöpfe freischalten lassen und konnte dann sämtliche zu einer Person vorliegenden Daten aus den einzelnen Dateien zusammentragen. Somit bestand die grundsätzliche Missbrauchsmöglichkeit in gleicher Weise, ihre Verwirklichung war aber, zumindest wenn missbräuchlich auf sämtliche zu einer Person vorliegenden Daten zugegriffen werden sollte, mit mehr Aufwand verbunden. Das abgestufte Zugriffskonzept gemäß § 15 BKAG 2018 kann der Missbrauchsgefahr entgegenwirken. Ferner soll der Zugriff auf Daten stärkerer Kontrolle unterworfen sein, indem der BfDI mindestens alle zwei Jahre prüfen soll, ob dieser im Rahmen der gesetzlichen Vorgaben erfolgte.

Um die missbräuchliche Nutzung des Informationssystems durch Mitarbeiter des BKA darüber hinaus zu verhindern, werden entsprechend der Ergebnisse aus dem geführten Experteninterview verschiedene Ideen diskutiert. Denkbar sei z. B. die Vergabe eines eindeutigen Aktenzeichens, welches für den Datenabruf benötigt wird. Allerdings stellt sich auch dabei das Problem, dass ein

---

[389] Diesen und weitere aktuelle Beispielfälle beschreibt *Golla*, LTO 16.08.2019, https://www.lto.de/recht/hintergruende/h/polizei-datenbanken-missbrauch-datenkriminalitaet-abfragen-daten-schutz/.

solches Aktenzeichen unrechtmäßig erlangt werden kann, z. B. durch Nachfrage oder heimliches Suchen bei Kollegen.

Präventivwirkung könnte auch entfalten, dass unter dem BKAG 2018 dem BfDI umfassende Verarbeitungsverzeichnisse vorgelegt werden müssen. Demnach könnte der BfDI theoretisch für jeden einzelnen Datenverarbeitungsvorgang überprüfen, ob dieser rechtmäßig erfolgt ist. Die somit erhöhte Gefahr der Aufdeckung rechtswidriger Datenzugriffe könnte eine Abschreckungswirkung entfalten.

b. Gefahr des Missbrauchs durch Externe

Zur Gefahr des Missbrauchs „von außen", z. B. durch Hackerangriffe, können bisher keine Feststellungen getroffen werden. Denn das IT-System befindet sich noch in der Entwicklung.

4. Problem: noch ausstehende technische Umsetzung

Auch wenn man entsprechend der oben dargestellten Zwischenergebnisse zu dem Ergebnis kommt, dass die Umsetzung des durch das BVerfG aufgestellten Grundsatzes der hypothetischen Datenneuerhebung den verfassungsrechtlichen Anforderungen gerecht wird, verbleibt das Problem der noch ausstehenden technischen Umsetzung. Zwar ist das Vorgehen gesetzlich normiert, aber es besteht zunächst nur auf dem Papier. In die Praxis umgesetzt ist es noch nicht und konnte es auch nicht sein, da der Gesetzgeber keinen abschließenden vorausgehenden Abstimmungs- und Entwicklungsprozess durchlaufen hat. Dabei war ihm aber vollkommen bewusst, dass die tatsächliche technische Realisierung der gesetzlichen Vorgaben Jahre, wenn nicht gar Jahrzehnte in Anspruch nehmen würde. Entsprechend führt der Gesetzgeber in der Gesetzesbegründung aus:

> *„Die hierfür erforderlichen grundsätzlichen Änderungen der IT-Architektur erfordern einen erheblichen technischen Aufwand und lassen sich nicht kurzfristig realisieren.*
>
> *Bis zum Abschluss des entsprechenden IT-Projekts zur Neugestaltung des Informationssystems des Bundeskriminalamtes und der vollständigen technischen Umsetzung der §§ 14 und 15 im Informationssystem trifft das Bundeskriminalamt geeignete Maßnahmen, die ein hohes Maß an Beachtung des Grundsatzes der hypothetischen Neuerhebung gewährleisten, gleichzeitig jedoch nicht dazu führen, dass – gerade auch vor dem Hintergrund der zeitaufwändigen Prozesse innerhalb des*

*derzeitigen INPOL-Verbundes, für den die Vorschrift gemäß § 29 gilt –
die technische Implementierung behindert oder verzögert wird.*

*[...] Das Bundeskriminalamt und die Verbundteilnehmer treffen vor die-
sem Hintergrund alle angemessenen Maßnahmen, die geeignet sind,
die neuen gesetzlichen Vorgaben auch auf Altdatenbestände anzu-
wenden, ohne die Funktionsfähigkeit der Polizei zu beeinträchtigen.*"[390]

Die vom BVerfG gesetzte Frist von zwei Jahren, nämlich bis Mai 2018 wird
damit aber gerade nicht eingehalten. Denn der Gesetzgeber berücksichtigt die
verfassungsrechtlichen Voraussetzungen zwar im Gesetzestext, macht aber in
der Gesetzesbegründung deutlich, dass deren Einhaltung *„vertagt"* wird.[391]
Zwar sieht der Gesetzgeber in der Gesetzesbegründung zu § 12 Abs. 5 BKAG
2018 vor, dass das BKA *„geeignete Maßnahmen"*[392] treffen soll. Hinsichtlich
der konkreten Ausgestaltung dieser *„geeigneten Maßnahmen"* schweigt er jedoch. Auch aus dem White Paper Polizei2020 ergibt sich nur formelhaft, dass
während der Konzeptentwicklung die Einhaltung datenschutzrechtlicher Standards sichergestellt und ein Konzept zum Umgang mit Altdaten entwickelt
werden soll.[393] Darüber hinaus statuiert der Gesetzgeber in der oben zitierten
Stelle der Gesetzesbegründung lediglich, dass ein *„hohes Maß an Beachtung
des Grundsatzes der hypothetischen Neuerhebung"* (Hervorhebung durch die
Verfasserin) gewährleistet werden soll. Dies dürfte aber zur Erfüllung der Vorgaben des BVerfG innerhalb der zweijährigen Frist gerade nicht ausreichen.

III. Automatisierte Verknüpfung von Daten / Datenabgleich

An dem neuen BKAG wurde insbesondere kritisiert, dass das Gesetz voraus-
setzungslos den automatisierten Abgleich und die Verknüpfung von Daten
durch beliebige Methoden ermögliche.[394] Hier stellt sich zunächst die Frage,
was das bedeutet und woraus diese Gefahr resultiert. Das Gesetz lässt den
anlasslosen technischen automatisierten Datenabgleich bzw. eine systemim-
manente Verknüpfung sämtlicher zu einer Person vorliegender Daten unerwähnt. Es führt weder aus ob noch wie dies ablaufen sollte. Vielmehr ist das
Gesetz bewusst technikoffen oder technikneutral gestaltet und soll dies aus

---

[390] BT-Drs. 18/11163, S. 95.

[391] Schenke/Graulich/Ruthig, Sicherheitsrecht des Bundes, Einführung Rn. 21.

[392] BT-Drs. 18/11163, S. 95.

[393] White Paper Polizei2020, S. 8.

[394] BT-Drs. 18/12131, S. 2; Entschließung der Konferenz der unabhängigen Datenschutzbehörden des Bundes und der Länder: Neues Bundeskriminalamtgesetz – Informationspool
beschneidet Grundrechte, Hannover 16.03.2017.

Sicht des BKA als Rechtsanwender auch sein, um der Behörde zu ermöglichen im Rahmen der gesetzlichen Vorgaben sämtliche technische Möglichkeiten und ggf. Neuerungen nutzen zu können.[395] Ermächtigungsgrundlage für den Abgleich von Daten in einem konkreten Einzelfall bei Vorliegen der gesetzlichen Voraussetzungen ist § 16 Abs. 4 BKAG 2018, hierzu sogleich.

1. Ablauf

Wie ein automatisierter Datenabgleich beziehungsweise eine automatische systematische Verknüpfung von Daten funktioniert, wird in keiner Quelle erwähnt und auch im Rahmen des Experteninterviews konnte die Verfasserin hierauf keine konkrete Antwort finden. Es kann jedoch als feststehend bezeichnet werden, dass in irgendeiner Weise die eingegebenen Daten automatisch mit dem bereits im System gespeicherten Bestand an Daten verglichen werden müssen. Denn der Gesetzgeber betont, dass die Neuregelung insbesondere dazu beitrage, Redundanzen bzw. Doppel-/Mehrfachspeicherungen in der Informationssammlung des BKA zu verhindern.[396] Dies kann faktisch aber nur geschehen, wenn erstens ein automatisierter Abgleich und darüber hinaus auch eine automatische Verknüpfung der Daten zu einer Person stattfinden.

Denn um zu vermeiden, dass Angaben zu einer Person doppelt gespeichert werden, muss eine Prüfung ablaufen, ob entsprechende Daten bereits vorliegen. Sollte das der Fall sein, stellt sich die Frage, ob die eingebende Stelle in irgendeiner Weise darauf hingewiesen wird, oder ob es durch technische Vorrichtungen innerhalb des Systems möglich ist, ein bereits vorhandenes Datum zu „überschreiben" oder neue zu einer bereits im Datensystem vorhandenen Person hinzukommende Daten automatisch an diese anzuknüpfen. Jedenfalls könnte dieser Vorgang eine Umgehung von § 16 Abs. 4 BKAG 2018 darstellen, der den Abgleich von Daten erlaubt. Sollte ein Hinweis an den eingebenden Mitarbeiter erfolgen, dass ein entsprechendes Datum bereits im Informationssystem vorliegt, müsste diese auch Informationen zum Kontext der Datenerhebung erhalten, um prüfen zu können, ob und ggf. in welchem Umfang die vorliegenden Daten mit den neu eingefügten „überschrieben" werden können/sollen. Dieser Informationsfluss bestand unter der alten Rechtslage nicht.

Außerdem führt dies zwangsläufig zu einer automatischen Verknüpfung aller zu einer Person vorliegenden Daten. Denn wenn eine bestimmte Person nur

---

[395] Anlage 1, S. A-3.
[396] BT-Drs. 18/11163, S. 84.

ein einziges Mal im Informationsbestand vorkommen soll, also Doppelspeicherungen vermieden werden sollen, bedeutet das auch, dass sämtliche auf diese Person bezogenen Daten an diesem einen Eintrag anhängen müssen. Es ist also nicht wie unter der alten Rechtslage möglich, dass in Datentopf A einmal Person X samt Daten aus Kontext A gespeichert waren, während in Datentopf B erneut Person X samt Daten aus Kontext B gespeichert waren.

2. Grundrechtsrelevanz

Der Gesetzgeber argumentiert, dass die Vermeidung von Doppelspeicherungen das Datenschutzniveau für die Betroffenen erhöhe, da das Prinzip der Datensparsamkeit besser beachtet werde.[397] Fraglich ist jedoch, ob die umfangreiche Verknüpfung von Daten, die logische Voraussetzung für die Vermeidung von Doppelspeicherungen ist, nicht vielmehr das Eingriffsgewicht erhöht und im Gegenteil das Datenschutzniveau sogar senkt. Die automatisierte Verknüpfung der Daten könnte daher einer eigenständigen gesetzlichen Rechtfertigung bedürfen. In der Gesetzesbegründung führt der Gesetzgeber außerdem aus, dass „[e]ine einheitliche und gute Datenqualität sowie eine phänomenübergreifende Auswertung und Analyse [...] für eine erfolgreiche und effiziente polizeiliche Arbeit zwingend erforderlich" seien.[398] Ob es sich bei diesen faktischen Datenvergleichs-/-abgleichs-Abläufen um jeweils eigenständig zu rechtfertigende Grundrechtseingriffe handelt, soll in den folgenden Kapiteln erörtert werden.

a. Eingriff in das Grundrecht auf informationelle Selbstbestimmung

Der automatisierte Abgleichs- und Verknüpfungsvorgang könnte in den Schutzbereich des Grundrechts auf informationelle Selbstbestimmung eingreifen. Maßstab ist das moderne Eingriffsverständnis, nach dem jedes staatliche Handeln, das dem Betroffenen ein grundrechtlich geschütztes Verhalten erschwert oder unmöglich macht, einen Grundrechtseingriff darstellt, unabhängig davon, ob die grundrechtsbeschränkende Wirkung final oder unbeabsichtigt, unmittelbar oder mittelbar, rechtlich oder tatsächlich und mit oder ohne Befehl oder Zwang erfolgt.[399]

Bei Eingriffen in das Recht auf informationelle Selbstbestimmung können mittelbare Grundrechtseingriffe eine wichtige Rolle spielen. Wegen der Auffang-

---

[397] BT-Drs. 18/11163, S. 84.

[398] BT-Drs. 18/11163, S. 77.

[399] *Zöller*, in: Roggan/Kutscha, Handbuch zum Recht der Inneren Sicherheit, S. 453; *Badura*, Staatsrecht, C 18; *Jarass*, in: Jarass/Pieroth, GG, Vorb. vor Art. 1, Rn. 26.

funktion dieses Grundrechts sei laut Di Fabio bei der Prüfung, ob ein mittelbarer Grundrechtseingriff vorliegt *„Zurückhaltung geboten".*[400] Denn die Auffangfunktion gepaart mit einer extensiven Auslegung des Grundrechtseingriffs könne im Ergebnis zu einer ausufernden Bindung der öffentlichen Gewalt an die Grundrechte führen: *„Die Relation von Ursache und Wirkung muss für den Träger öffentlicher Gewalt hinreichend voraussehbar bleiben. Grundrechtsbindung ist Verantwortungszurechnung; Verantwortung aber setzt – auch für die Träger öffentlicher Gewalt – die Möglichkeit der Erkenn- und Beherrschbarkeit voraus."*[401]

Diese Ansicht steht der Annahme eines Grundrechtseingriffs durch den automatischen Abgleich der im Informationsbestand vorhandenen Daten mit den neu einzugebenden jedoch nicht entgegen. Dies wird insbesondere an den in der Kommentierung gewählten Beispielfällen deutlich. So weist Di Fabio insbesondere darauf hin, dass Maßnahmen, die sich eigentlich an Dritte richten nur aufgrund möglicher Folgewirkungen nicht automatisch als Grundrechtseingriff in Art. 2 Abs. 1 GG zulasten des von der Folgewirkung Betroffenen zu werten seien. Dies ist jedoch hinsichtlich der von Di Fabio ins Zentrum gestellten Relation zwischen Ursache und Wirkung und somit Erkenn- und Beherrschbarkeit für den Träger öffentlicher Gewalt nicht mit der hiesigen Situation gleichzusetzen.

Denn hier geht es um eine konkrete und für den Gesetzgeber vorhersehbar und beherrschbare Eingriffssituation, deren maßgeblicher Inhalt im Folgenden dargestellt werden soll.

Die Speicherung von Daten ist nach den Ausführungen des BVerfG ein Grundrechtseingriff.[402] Jeder Schritt des „Lebenszyklus" eines Datums stellt grundsätzlich einen selbstständigen Eingriff in das Grundrecht dar.[403]

Fraglich ist, ob auch der automatische Abgleich von Daten einen solchen eigenständigen Schritt im Lebenszyklus eines Datums darstellt, oder ob es sich lediglich um eine Modalität der Speicherung ohne eigenständige Bedeutung handelt. Die Rechtfertigung der Speicherung würde dann auch deren inhaltli-

---

[400] *Di Fabio*, in: Maunz/Düring, GG Kommentar, Art. 2 Rn. 49.

[401] *Di Fabio*, in: Maunz/Düring, GG Kommentar, Art. 2 Rn. 49.

[402] In den Anfängen der Diskussion um polizeilichen Datenschutz wurde z. T. noch die Auffassung vertreten, bei der Datenspeicherung handele es sich nur um eine verarbeitungstechnische Konsequenz der Datenerhebung, der somit kein eigenes Eingriffsgewicht zukomme. *Rohlf*, der grundrechtliche Schutz der Privatsphäre, S. 207 m. w. N.

[403] *Schwabenbauer*, in: Lisken/Denninger, Handbuch des Polizeirechts, Kap. G Rn. 9.

che Ausgestaltung abdecken. Handelt es sich bei dem Abgleich jedoch um einen eigenständigen Datenverarbeitungsvorgang, der vom „Ob" der Speicherung differenziert werden muss, so bedürfte er einer eigenen gesetzlichen Rechtfertigung. Dafür spricht, dass die Speicherung und der ihr vorangehende Abgleich mit bereits im System befindlichen Daten jeweils eine andere Zielrichtung haben. Bei der Speicherung geht es darum, die durch eine bestimmte polizeiliche Maßnahme erhobenen Daten im System abzulegen. Der Abgleich dient der Prüfung, ob die Daten im System bereits vorliegen bzw. ob zu der betroffenen Person überhaupt schon Daten im System vorhanden sind. Zweck ist also nicht das Speichern, also das Aufbewahren in einem elektronischen Datenspeicher, sondern die Redundanzprüfung innerhalb dieses elektronischen Datenspeichers. Einfacher gesagt geht es bei der einen Maßnahme um das Aufbewahren einer bestimmten Information, bei der anderen um eine Bestandsprüfung bestehender Informationen.

Die oben dargestellten zwei Standpunkte sind in einem ersten Schritt gegeneinander abzuwägen, damit in einem zweiten Schritt geprüft werden kann, wie sich die Veränderung der Speichermodalität bzw. der vorgelagerten Bestandsprüfung im konkreten Fall des Informationssystems des BKA auf die Grundrechtsposition des Betroffenen auswirken kann.

aa. Selbstständige rechtliche Relevanz des Datenabgleichs

Zunächst ist zu klären, ob der Abgleich der Daten einen selbstständigen Schritt im Lebenszyklus eines Datums darstellt.

Für die Auffassung, dass ein mit der Speicherung automatisch einhergehender Datenabgleich lediglich die praktische/technische Modalität der Datenspeicherung betrifft, und somit keinen eigenständigen grundrechtsrelevanten Datenverarbeitungsvorgang darstellt, spricht insbesondere, dass die Datenspeicherung und deren Modalitäten gezwungenermaßen eng miteinander verknüpft sind. Um Daten zu speichern, muss zwangsläufig ein bestimmter technischer Vorgang der Datenspeicherung in einem informationstechnischen System ablaufen. Ob dieser technischer Vorgang lediglich in der „Ablage" der Daten besteht, oder ob es sich hierbei um eine „intelligente Ablage" handelt, bei der zuvor noch das bereits Vorliegen der Daten im System geprüft wird, spielt für die Grundrechtsbeeinträchtigung des Betroffenen keine Rolle. Gegenüber dem Betroffenen stellt sich das „Ob" und das „Wie" der Datenspeicherung als ein und dieselbe Maßnahme dar. Relevant dürfte für ihn lediglich sein, dass seine Daten in einem informationstechnischen System gespeichert werden. Somit bedarf die Speicherung jeweils einer Rechtsgrundlage. Die

Rechtsgrundlage für die Speicherung würde demzufolge die Modalitäten der Speicherung mit abdecken, einer eigenständigen Rechtsgrundlage für etwaige technische Abläufe bei der Datenspeicherung, z. B. um Doppelspeicherungen zu verhindern, bedürfte es nicht.

Dafür, dass der Datenabgleich selbstständig rechtlich relevant ist, spricht jedoch, dass er über eine Datenspeicherung an sich hinausgeht. Denn um sicherzustellen, dass es nicht zu Doppelspeicherungen kommt, müssen sämtliche Daten im System dahingehend überprüft werden, ob sie die neu einzugebenden Daten bereits enthalten. Dieser Abgleich mit allen Daten und die automatisierte Verknüpfung von Daten stellen aber ihrerseits selbstständige Datenverarbeitungsvorgänge dar. So sieht es auch Aulehner in Bezug auf die im BayPAG vorhandene Ermächtigungsgrundlage zum internen polizeilichen Abgleich von Daten (hierzu unter E.VIII.2.b.): *„Der Datenabgleich stellt einen – in seiner Intensität allerdings geringen – Eingriff in das Recht auf informationelle Selbstbestimmung dar.“*[404] Grundsätzlich stellt „jeder Schritt im gesamten „Lebenszyklus“ einer Information einen Eingriff dar"[405]. Auch die Vorgaben der JI-RL sehen dies ausdrücklich vor. Wie oben bereits dargestellt, bezeichnet das Verarbeiten im Sinne der Richtlinie *„jeden mit oder ohne Hilfe automatisierter Verfahren ausgeführten Vorgang oder jede solche Vorgangsreihe im Zusammenhang mit personenbezogenen Daten wie das Erheben, Erfassen, die Organisation, das Ordnen, die Speicherung, die Anpassung oder Veränderung, das Auslesen, das Abfragen, die Verwendung, die Offenlegung durch Übermittlung, Verbreiten oder eine andere Form der Bereitstellung, den* <u>*Abgleich oder die Verknüpfung*</u>*, die Einschränkung, das Löschen oder die Vernichtung“*[406] (Hervorhebung durch die Verfasserin). Abgleich und Verknüpfung werden also als einzelne Datenverarbeitungsvorgänge benannt. Neben dem Erfassen beschreiben auch das Ordnen und die Organisation eigenständige Datenverarbeitungsvorgänge. Auch die Kommentarliteratur zu § 16 Abs. 4 BKAG 2009 sieht den Datenabgleich als *„besondere Form der Datenverarbeitung“*.[407] Die Formulierung des BVerfG im Volkszählungsurteil, in der es nur Erhebung, Speicherung, Verwendung und Weitergabe[408] nennt, steht dem nicht entgegen. Denn diese Aufzählung sollte nicht abschließend sein, sondern vielmehr zum Ausdruck bringen, dass eben jeder einzelne Schritt der

---

[404] *Aulehner,* in: BeckOK Polizei- und Sicherheitsrecht Bayern, PAG Art. 61 Rn. 1.

[405] *Schwabenbauer,* in: Lisken/Denninger, Handbuch des Polizeirechts, Kap. G. Rn. 9.

[406] Art. 3 Nr. 2 JI-RL, § 46 Nr. 2 BDSG.

[407] *Graulich,* in: Schenke/Graulich/Ruthig, Sicherheitsrecht des Bundes, § 16 BKAG Rn. 36.

[408] BVerfG, NJW 1984, 419, Leitsatz 1.

Datenverarbeitung einen eigenen rechtfertigungsbedürftigen Grundrechtseingriff darstellt.

bb. Eingriffsqualität des Datenabgleichs

Im zweiten Schritt soll geprüft werden, ob sich die im Rahmen der Speicherung neuer Daten vollziehende Bestandsprüfung auf die Grundrechtsposition der Betroffenen auswirken kann.

Da weder aufgrund der zur Verfügung stehenden Quellen noch im Rahmen des am 18. Oktober 2018 geführten Experteninterviews geklärt werden konnte, wie der Abgleich mit den Bestandsdaten zur Vermeidung von Doppelspeicherungen praktisch ablaufen soll, werden hier zwei denkbare Konstellationen geprüft. Erstens könnte das System technisch so ausgestaltet sein, dass es Daten verknüpfen und bei Doppelungen ggf. überschreiben kann, ohne dass ein Mitarbeiter der dateneingebenden Stelle diesen Vorgang manuell betreuen muss. Zweitens wäre eine technische Ausgestaltung denkbar, bei der eine Nachricht an die die Daten eingebenden Stelle gesandt wird, sobald bei der Datenspeicherung eine Doppelspeicherung vorliegt. Die eingebende Stelle könnte dann prüfen, ob und in welchem Umfang Redundanzen vorliegen und Daten ggf. überschrieben werden können.

(i) Konstellation 1

In Konstellation 1 läuft der automatisierte Datenabgleich systemintern ohne Kenntniserlangung durch einen Mitarbeiter des BKA bzw. der die Daten eingebenden Stelle. Das informationstechnische System müsste demnach bei der Neueingabe eines Datums erkennen, dass dieses Datum bereits vorliegt. Es überschreibt dann automatisch das bestehende Datum bzw. hängt Daten an bereits bestehende Personeneinträge an, ohne noch einmal neu einen Datensatz zu einer Person zu speichern.

Fraglich ist, ob durch die systeminternen Abläufe ein Eingriff in die Grundrechte der betroffenen Person stattfindet. Der Grundrechtseingriff in das informationelle Selbstbestimmungsrecht setzt nicht notwendigerweise die Kenntnisnahme der Daten durch einen Menschen voraus. Vielmehr reicht bereits die technische Fixierung oder der technische Datenumgang.[409] Die Ent- oder Neukontextualisierung ist dabei bereits der Grundrechtseingriff.[410] Grundsätzlich sind alle weiteren Datenverarbeitungsschritte am durch die Datenerhe-

---

[409] *Schwabenbauer*, in: Lisken/Denninger, Handbuch des Polizeirechts, Kap. G. Rn. 10.

[410] *Schwabenbauer*, in: Lisken/Denninger, Handbuch des Polizeirechts, Kap. G. Rn. 10.

bung betroffenen Grundrecht zu messen.[411] So hat das BVerfG in einem Urteil zu Art. 10 GG allgemein und wohl auf andere Grundrechte übertragbar[412] ausgeführt: *„Da die Kommunikation ihren von Art. 10 GG vermittelten Geheimnisschutz nicht dadurch verliert, dass bereits eine staatliche Stelle von dem Fernmeldevorgang Kenntnis erlangt hat, beziehen sich die Anforderungen des Grundrechts auch auf die Weitergabe der Daten und Informationen, die unter Aufhebung des Fernmeldegeheimnis erlangt worden sind."* Und weiter: *„Das gilt umso mehr, als es sich bei der Weitergabe regelmäßig nicht nur um eine Ausweitung der Stellen und Personen, die über die Kommunikation informiert werden, sondern um die Überführung der Daten in einen anderen Verwendungszusammenhang handelt, der für den Betroffenen mit zusätzlichen, uU schwereren Folgen verbunden ist als im ursprünglichen Verwendungszusammenhang."*[413] Vorliegend muss man sich insbesondere vor Augen führen, dass bei dem umfangreichen Informationsbestand des BKA ein Abgleich mit allen hierin vorliegenden Daten vorgenommen wird und bei einem Treffer sämtliche, ggf. aus ganz unterschiedlichen Kontexten stammende Daten, die bezüglich einer Person vorliegen, an diesen Eintrag angehängt und somit jedenfalls mittelbar miteinander verknüpft werden. Das Risiko einer Neukontextualisierung von Daten ist also hoch. Die Daten werden im Sinne der oben genannten Rechtsprechung des BVerfG in einen anderen Verwendungszusammenhang übertragen.

Vor diesem Hintergrund muss auch die jüngste Entscheidung des BVerfG zur automatisierten Kfz-Kennzeichenerfassung in Abkehr von früheren Entscheidungen des BVerfG und des BVerwG beachtet werden.[414]

In seinem Urteil aus dem Jahr 2008 entschied das BVerfG über Verfassungsbeschwerden gegen Ermächtigungsgrundlagen im hessischen und schleswig-holsteinischen Polizeigesetz zur automatischen Kfz-Kennzeichenerfassung.[415] Im Rahmen dieser Entscheidung hatte das BVerfG einen Eingriff in das Grundrecht auf informationelle Selbstbestimmung noch abgelehnt, sofern der Abgleich mit den Fahndungsdatenbanken unverzüglich erfolgt und bei einem Nichttreffer die Daten sofort und spurenlos wieder gelöscht werden. Das Gericht hatte ausgeführt, dass durch die fehlende Möglichkeit, tatsächlich einen

---

[411] *Schwabenbauer*, in: Lisken/Denninger, Handbuch des Polizeirechts, Kap. G. Rn. 11.

[412] *Schwabenbauer*, in Lisken/Denninger, Handbuch des Polizeirechts, Kap. G. Rn. 11; zur Übertragbarkeit auch *Becker*, NVwZ 2015, 1335 (1337).

[413] BVerfG NJW 2000, 55 (57).

[414] BVerfG NJW 2019, 827.

[415] BVerfG MMR 2008, 308.

Personenbezug herzustellen, die Schwelle eines Grundrechtseingriffs nicht erreicht sei.[416] In diesem Sinne hatte später auch das BVerwG in einer Entscheidung aus 2015 entschieden.[417] Beide Gerichte waren davon ausgegangen, dass bei einem Nichttreffer sowie laut Entscheidung des BVerwG auch bei einem Fehltreffer und unverzüglicher Löschung ein Grundrechtseingriff zu verneinen sei, da durch die fehlende Möglichkeit, einen Personenbezug herzustellen, eine faktische Grundrechtsbetroffenheit ausscheide. In vergleichbarer Weise war das BVerfG bereits in einer Entscheidung aus dem Jahr 2003 zu Art. 10 Abs. 1 GG zu dem Ergebnis gekommen, dass es nicht zu einer Beeinträchtigung subjektiver Rechte komme, wenn ein Datenzugriff rein maschinell erfolge und im Falle eines erfolglosen Abgleichs anonym, spurenlos und ohne Erkenntnisinteresse für die Strafverfolgungsbehörden von statten gehe.[418]

Diese Entscheidungen waren bereits vor der jüngsten Entscheidung des BVerfG – hierzu sogleich – Kritik ausgesetzt.[419] Die Kritiker führten aus, dass nur dann kein Grundrechtseingriff vorläge, wenn es überhaupt nicht zu einer Ent- oder Neukontextualisierung eines Datums käme. Insbesondere sei auch ein Nichttreffer mit einem Erkenntnisgewinn verbunden. Nämlich, dass ein entsprechender Treffer eben gerade nicht vorliege.[420] Das hatte das BVerfG in seinem Urteil aus dem Jahr 2003 zwar bereits anerkannt, hierin aber keine Grundrechtsbeeinträchtigung gesehen, da an dieser Erkenntnis kein Interesse der Strafverfolgungsbehörden bestehe.[421] Dagegen führte Schwabenbauer aus, dass bereits die technische Erhebung eines Datums den Eingriff begründe. Auf eine weitere Auswertungsmöglichkeit oder auf ein Zur-Verfügung-Stehen der Daten komme es gerade nicht an. Dies begründete er unter anderem damit, dass sonst erst das tatsächliche Ergebnis der Datenerhebung ex post darüber entscheiden würde, ob die Datenerhebung einen Grundrechtseingriff darstelle oder nicht. Beurteilungszeitpunkt für das Vorliegen könne aber allein der Erhebungszeitpunkt sein.[422] Ähnlich argumentiert auch Breyer, der es für grundrechtsdogmatisch und aus Gründen der Rechtssicherheit für nicht überzeugend hält, die Eingriffsqualität einer Maßnahme von zeitlich

---

[416] BVerfG MMR 2008, 308 (309).

[417] BVerwG NVwZ 2015, 906.

[418] BVerfG NJW 2003, 1787 (1792 f.).

[419] *Schwabenbauer*, in: Lisken/Denninger, Handbuch des Polizeirechts, Kap. G. Rn. 30.

[420] *Schwabenbauer*, in: Lisken/Denninger, Handbuch des Polizeirechts, Kap. G. Rn. 32; *Schwabenbauer*, Heimliche Grundrechtseingriffe, S. 154.

[421] BVerfG NJW 2003, 1787 (1792 f.).

[422] *Schwabenbauer*, Heimliche Grundrechtseingriffe, S. 154.

nachgelagerten und zum Zeitpunkt der in Rede stehenden Maßnahme noch nicht festgelegten Schritten abhängig zu machen.[423]

In seiner jüngsten Entscheidung zur Kfz-Kennzeichenerfassung hatte sich das BVerfG im Rahmen einer Verfassungsbeschwerde insbesondere mit Art. 33 BayPAG a. F. (nunmehr Art. 39 BayPAG) zu befassen.[424] Art. 33 Abs. 2 S. 2 BayPAG a. F. ermächtigte die bayerische Polizei zum Einsatz automatisierter Kennzeichenlesegeräte, sofern die Voraussetzungen einer Identitätsfeststellung nach Art. 13 Abs. 1 BayPAG a. F. vorlagen. Es durften Kfz-Kennzeichen, Ort, Datum, Uhrzeit und Fahrtrichtung erfasst werden. Die so erhobenen Daten durften nach Art. 33 Abs. 2 S. 3 BayPAG a. F. mit bestehenden Fahndungsdatenbeständen abgeglichen werden. Eine unverzügliche Löschungspflicht nach Datenabgleich bestand unter der alten Rechtslage nicht. Eine solche ist nunmehr in Art. 39 Abs. 3 S. 1 BayPAG n. F. geregelt.

Wenn der Datenabgleich zu einem Treffer in den Fahndungsdatenbanken führte, glich ein Polizeibeamter die Daten noch einmal ab. Der Polizeibeamte löschte „False Positives" manuell und speicherte positive Treffer für weitere Maßnahmen. Die betroffenen Fahrzeugführer wurden nicht über die Datenverarbeitung informiert. Nur circa 1 % der gemeldeten Treffer seien positive Treffer gewesen. Primärer Einsatzzweck sei nach Angaben der bayerischen Regierung die Schleierfahndung gem. Art. 13 Abs. 1 Nr. 5 BayPAG gewesen. Situationsbedingt seien allerdings auch die restlichen Rechtsgrundlagen des Art. 13 Abs. 1 BayPAG zur Anwendung gekommen.

Im Rahmen seiner Entscheidung stellte das BVerfG nunmehr fest, dass automatisierte Kennzeichenkontrollen einen Grundrechtseingriff darstellen, auch wenn die Daten direkt nach dem Abgleich wieder gelöscht werden. Es nahm somit mit 5:2 Stimmen eine Korrektur seiner früheren Rechtsprechung vor.[425] Dabei führte es ausdrücklich aus, dass der Abgleich der Daten mit den Fahndungsdatenbanken einen Grundrechtseingriff darstelle: „Maßgeblich ist hierfür, dass Erfassung und Abgleich der Daten einen Kontrollvorgang begründen, der sich bewusst auf alle in der Kennzeichenkontrolle einbezogenen Personen erstreckt und erstrecken soll. Die Einbeziehung von Personen, deren Abgleich letztlich zu Nichttreffern führt, erfolgt nicht ungezielt und allein technikbedingt,

---

[423] *Breyer*, NVwZ 2008, 824 (825).
[424] BVerfG NJW 2019, 827.
[425] *Möstl*, GSZ 3/2019, 101 (101).

sondern ist notwendiger und gewollter Teil der Kontrolle und gibt ihr als Fahndungsmaßnahme erst ihren Sinn."[426]

Diese Einschätzung ist auch nur konsequent, wenn man den weiten Schutzbereich des Grundrechts auf informationelle Selbstbestimmung zugrunde legt. Die Betroffenen sollen davor geschützt werden, dass ihre Daten in für sie unüberblickbarer Weise durch den Staat verarbeitet werden. Unter dem Begriff *„Datenverarbeitung"* ist eben auch die technische Erhebung und Verarbeitung der Daten zu verstehen. Ob die Verarbeitung zu einem Ergebnis führt oder nicht, ist für die Eröffnung des Schutzbereichs hingegen nicht von Bedeutung. Überzeugen kann die oben dargestellte Argumentation von Schwabenbauer, dass sonst erst nachträglich die Eingriffsqualität der Datenerhebung festgestellt werden könnte, nämlich erst wenn feststeht, ob Daten weiter genutzt bzw. – wie hier – verknüpft werden.[427]

Zwar darf man die Unterschiede hinsichtlich des neuen Informationsbestands zu den vom BVerfG jüngst zu entscheidenden Fällen der Kfz-Kennzeichenerfassung nicht unbeachtet lassen. Zum einen erfolgt die Erfassung der Daten für den Datenabgleich bei der Kfz-Kennzeichenerfassung nicht in einem polizeilichen Kontext. Vielmehr werden Daten von Personen, die nicht in polizeilichem Kontext in Erscheinung treten, sondern nur eine bestimmte Strecke mit ihrem Auto fahren, mit Fahndungsdatenbeständen abgeglichen. Im Gegensatz dazu werden bei der Speicherung in den Informationsbestand des BKA Daten bereits in einem polizeilichen Kontext in den Informationsbestand eingebracht. Allerdings muss dabei berücksichtigt werden, dass dieser polizeiliche Kontext ein sehr weites Feld an tatsächlichen Sachverhalten umfasst. Dies ist gerade nicht darauf beschränkt, dass eine Person durch ihr eigenes Verhalten in für sie vorhersehbarer Weise in diesem Kontext in Erscheinung getreten ist. Durch die weitreichenden Möglichkeiten z. B. auch Daten von Kontaktpersonen zu speichern, können vielmehr auch Daten von Personen, die nur sehr mittelbar in einem polizeilichen Kontext in Erscheinung treten, Gegenstand der Speicherung im Informationsbestand des BKA werden. Zwar merkt Möstl zur Rechtsprechungsänderung des BVerfG im Bereich der Kfz-Kennzeichenerfassung zurecht an, dass die Feststellung der Eingriffsqualität einer Maßnahme nicht überdehnt und unbedacht auf andere Fallgestaltungen übertragen werden sollte.[428] Diese Auffassung steht aber einer Übertragung der

---

[426] BVerfG NJW 2019, 827 (830).

[427] *Schwabenbauer*, Heimliche Grundrechtseingriffe, S. 154.

[428] *Möstl*, GSZ 3/2019, 101 (102).

Rechtsprechung des BVerfG auf die hiesige Frage nicht im Weg. Denn das von Möstl angeführte Beispiel, für das seiner Ansicht nach eine Übertragung ausscheide, ist mit der hier zu prüfenden Konstellation nicht vergleichbar. Er zieht nämlich einen Sachverhalt heran, in dem eben kein zielgerichteter Datenabgleich stattfindet. So nennt er die Bodycam-Aufnahmen mit Pre-Recording-Funktion, bei denen von Polizeibeamten zum Selbstschutz mitgeführte sogenannte Bodycams Bildaufnahmen machen, die laufend überschrieben und gelöscht werden, ohne dass eine irgendwie geartete Kenntnisnahme oder ein Abgleich der Daten erfolgt. Vielmehr werden die Aufnahmen nur dann dauerhaft angefertigt, wenn der Polizeibeamte eine Auslösefunktion betätigt, mit der die letzten 30 Sekunden der Aufnahme verarbeitungsfähig werden. Entgegen dieses Beispielfalls findet im neuen Informationsbestand des BKA jedoch ein Abgleich und eine Verknüpfung sämtlicher zu einer Person vorliegenden Daten statt.

Darüber hinaus ist zu berücksichtigen, dass bei dem der Entscheidung zugrundeliegenden Sachverhalt, wie das BVerfG auch ausdrücklich formuliert, eine konkrete Fahndungsmaßnahme, deren Zweck unter anderem der Abgleich aller von der Maßnahme betroffenen Personen ist, verfassungsrechtlich geprüft wurde. Im Fall des Informationsbestands beim BKA gibt es hingegen keine dem Datenabgleich derart zugrunde liegende Fahndungsmaßnahme. Jedoch erfolgt der Abgleich ebenso zweckgerichtet. Denn der Grund warum Daten in Zukunft in einem einheitlichen Informationsverbund gespeichert werden sollen, ist u. a. die Vermeidung von Doppelungen und die bessere Verknüpfbarkeit von Daten. Gerade hierfür geschieht bei der Speicherung neuer Daten ein Datenabgleich, dieser erfolgt also zweckgerichtet und nicht lediglich als eine technikbedingte Notwendigkeit.

Aulehner grenzt den Datenabgleich in polizeilichen Datenbanken nach Art. 61 BayPAG (hierzu auch unten unter E.VIII.2) von den Fällen eines Nicht- oder Fehltreffers beim automatischen Kennzeichenabgleich ab. Die Kommentierung stammt aus dem Februar 2019 und erfolgte damit vor der jüngsten BVerfG-Entscheidung zur automatisierten Kfz-Kennzeichenerfassung. Abgrenzungskriterium für die Annahme eines Grundrechtseingriffs ist für Aulehner daher noch die fehlende Kenntnis des Polizeibediensteten von einem Nichttreffer beim automatischen Kennzeichenabgleich. Hingegen werde der polizeiinterne Datenabgleich von einem Polizeibediensteten in Gang gesetzt und dieser erhalte auch das Ergebnis des Abgleichs, sodass beide Sachverhalte unterschiedlich zu bewerten seien.

Die fehlende Kenntnisnahme des Polizeibediensteten, wie in der ersten Konstellation angenommen, steht aber der Annahme eines Grundrechtseingriffs
hier nicht im Weg. Zum einen lässt sich hierfür die jüngste Entscheidung des
BVerfG ins Feld führen. Zum anderen spricht noch ein anderer Aspekt, der in
der Abgrenzung bei Aulehner deutlich wird, für die Annahme eines Grundrechtseingriffs. Aulehner führt aus, dass beim automatischen Kennzeichenabgleich bei einem Nichttreffer nicht nur keine Kenntnis des Polizeibediensteten
vorliege, sondern das automatisch erfasste Kennzeichen ebenso automatisch
auch wieder gelöscht werde. Weiter *„bleiben auch keine unmittelbaren Spuren
der Erfassung zurück"*[429]. Anders ist es jedoch bei dem mit der Speicherung
einhergehenden Datenabgleich im neuen Informationsbestand des BKA. Denn
die von dem Abgleich zurückbleibende Spur ist entweder die verknüpfte Speicherung an bereits im System vorhandene Daten oder eben die, sei es auch
ausschließlich maschinell verarbeitete, Erkenntnis, dass zu dieser Person
noch keine Daten im Informationsbestand vorliegen und somit eine Erstspei-
cherung zum Betroffenen erfolgen muss.

(ii) Konstellation 2

In der zweiten denkbaren Konstellation prüft das System bei der Neueingabe
von Daten, ob zu der betroffenen Person bereits Daten vorliegen, und macht,
wenn dies der Fall ist, dem eingebenden Mitarbeiter eine entsprechende Mitteilung. Dieser kann dann entscheiden, ob und in welchem Umfang bereits bestehende Daten überschrieben oder verknüpft werden.

In diesem Fall ist ein Eingriff in das Grundrecht auf informationelle Selbstbestimmung zu bejahen. Denn der BKA-Mitarbeiter erhielte Kenntnis von bereits
im System vorliegenden Daten, ohne dass das Vorliegen von Zugriffsrechten
auf diese Daten geprüft worden wäre. Darüber hinaus muss man im Lichte der
oben dargestellten Ausführungen zu dem Ergebnis gelangen, dass bei einer
Kenntnisnahme durch einen Mitarbeiter jedenfalls ein Eingriff in das Grundrecht auf informationelle Selbstbestimmung vorliegt, wenn dessen Schutzbereich bereits durch die rein maschinelle Erfassung und Abgleich der Daten betroffen ist.

cc. Vergleichbare Regelungen

Auch ein Blick in andere Gesetze, die einen automatisierten Datenabgleich
ermöglichen, zeigt, dass der automatische Datenabgleich einen Grundrechtseingriff darstellt. Z. B. sieht § 52 Abs. 1 SGB II vor, dass die Bundesagentur für

---

[429] *Aulehner*, in: BeckOK Polizei- und Sicherheitsrecht Bayern, PAG Art. 61 Rn. 2.

Arbeit und die zugelassenen kommunalen Träger[430] zum Abgleich der Daten von Personen, die Leistungen nach dem SGB II beziehen, mit den Daten anderer Leistungsträger und bestimmter anderer Stellen berechtigt sind. Hiermit soll der Missbrauch der Inanspruchnahme von Leistungen nach dem SGB II verhindert werden.[431] Nach der Vorschrift sind in regelmäßigen Abständen erfolgende Überprüfungen der Daten aller Personen vorgesehen, die im Abgleichszeitraum Leistungen nach dem SGB II bezogen haben. Es geht dabei also nicht um Einzelfallprüfungen, auch müssen keine konkreten Hinweise vorliegen, die eine Prüfung notwendig erscheinen lassen.[432] In der Kommentarliteratur ist unstreitig, dass es sich bei dieser Maßnahme um einen Eingriff in das Grundrecht auf informationelle Selbstbestimmung handelt. Nach herrschender Meinung werde dieser jedoch durch die Vorschrift gerechtfertigt.[433] Dabei problematisiert Schmidt die fehlende Zweckbestimmung in der Norm selber und konstatiert, dass an die Ermächtigungsgrundlage für den automatisierten Datenabgleich hohe Anforderungen zu stellen seien, da die Maßnahme heimlich und ohne besonderen Anlass erfolge.[434] Das Bundessozialgericht geht von einem gerechtfertigten Grundrechtseingriff aus.[435] Vergleichbare Vorschriften enthalten § 397 Abs. 1 SGB III sowie § 118 Abs. 1 SGB XII.

Als weiteres Beispiel ist § 36 GwG zu nennen. Die Vorschrift setzt Art. 56 der 4. EU-Geldwäscherichtlinie um und ermächtigt die Zentralstelle für Finanztransaktionsuntersuchungen im Verbund mit zentralen Meldestellen anderer Mitgliedstaaten ein System zum verschlüsselten automatisierten Abgleich von Daten, die die nationalen Meldestellen im Rahmen ihrer Aufgabenerfüllung erhoben haben, einzurichten und zu betreiben. Hierzu wurde das dezentrale IT-System FIU.net geschaffen, welches seit 2000 in Betrieb ist und an dem alle 28 EU-Mitgliedstaaten und EUROPOL teilnehmen.[436] Es handelt sich um einen verschlüsselten Abgleich. Das bedeutet, dass in FIU.net lediglich anonymisierte Daten nach dem Hit-/No-Hit-Prinzip abgeglichen werden. Es erfolgt kein Abgleich personenbezogener Daten. Diese werden vielmehr im Rahmen des Anonymisierungsverfahrens in einen alphanumerischen Wert umgewan-

---

[430] Die entsprechenden Leistungsträger sind in § 6 SGB II geregelt.

[431] *Harich*, in: Eicher/Luik, SGB II, § 52 Rn. 1; BT-Drs. 15/1516, S. 64; BT-Drs. 16/1410, S. 30.

[432] *Harich*, in: Eicher/Luik, SGB II, § 52 Rn. 6.

[433] *Harich*, in: Eicher/Luik, SGB II, § 52 Rn. 6; *Merten*, in: BeckOK Sozialrecht, SGB II, § 52 Rn. 2, m. w. N.

[434] *Schmidt,* in: Gagel SGB II/SGB III, SGB II § 52 Rn. 8 f.

[435] BSG, NZS 2015, 792 (793).

[436] BT-Drs. 18/11555, S. 151.

delt, aus dem sich dann der Fundstellendatensatz ergibt. Die Systemteilnehmer gestatten sich gegenseitig Zugriff auf diesen Fundstellendatensatz im Wege eines automatisierten Abgleichs der jeweiligen Datensätze. Wird dabei eine Übereinstimmung festgestellt, erhält die anfragende Meldestelle lediglich die Information über das Vorliegen einer Übereinstimmung und das Land, in dessen Fundstellendaten die Übereinstimmung festgestellt wurde, sodass sich die anfragende Meldestelle sodann an das Land wenden und um Übermittlung von Informationen bitten kann.[437] Der deutsche Gesetzgeber führt zur Begründung von § 36 GwG aus: *„Da Fälle von Geldwäsche oder Terrorismusfinanzierung häufig grenzüberschreitende Bezüge aufweisen, soll dieses System den Datenaustausch zwischen den beteiligten zentralen Meldestellen erleichtern. Um dennoch den Datenschutzinteressen gerecht zu werden, erfolgt allerdings nur ein verschlüsselter automatisierter Abgleich der von den einzelnen zentralen Meldestellen jeweils vorgehaltenen Daten."*[438]

Die Zentralstelle für Finanztransaktionsuntersuchungen ist darüber hinaus nach § 31 Abs. 4 GwG berechtigt, die in ihrem Informationssystem gespeicherten Daten mit denen im polizeilichen Informationsverbund nach § 13 i. V. m. § 29 Abs. 1 und 2 BKAG 2018 gespeicherten Daten automatisiert abzugleichen, soweit dies zur Erfüllung ihrer Aufgaben erforderlich ist.

Darüber hinaus ermöglicht § 90b AufenthG den Datenabgleich zwischen Ausländer- und Meldebehörden. Nach S. 2 ist ein automatisierter Datenabgleich zulässig. Hierzu werden die Daten übermittelt und sind nach dem erfolgten Abgleich wieder zu löschen. Die Vorschrift dient der Vermeidung von Abweichungen in der Ausländerstatistik.[439]

Nicht unerwähnt bleiben soll in diesem Zusammenhang auch die Ermächtigungsgrundlage zur Rasterfahndung, die im BKAG 2018 in § 48 geregelt ist (eine vergleichbare Regelung findet sich in § 98a StPO). Die Norm gestattet es dem BKA von öffentlichen oder nichtöffentlichen Stellen die Übermittlung personenbezogener Daten bestimmter Personengruppen zu verlangen, um diese mit anderen Datenbeständen automatisiert abzugleichen. Voraussetzung ist, dass dies zur Abwehr einer Gefahr für den Bestand oder die Sicherheit des Bundes oder eines Landes oder für Leib, Leben oder Freiheit einer Person oder Sachen von bedeutendem Wert, deren Erhalt im öffentlichen Interesse geboten ist, erforderlich ist (Abs. 1). Der Umfang der Daten, auf die sich

---

[437] *Barreto da Rosa*, in: Herzog, GwG, § 36 Rn. 2; BT-Drs. 18/11555, S. 151.
[438] BT-Drs. 18/11555, S. 151.
[439] *Kluth*, in: BeckOK Ausländerrecht, AufenthG § 90b Rn. 1; BR-Drs. 224/07, S. 354 f.

das Übermittlungsgesuch erstrecken darf, ist gesetzlich festgelegt und umfasst Namen, Anschrift, Tag und Ort der Geburt sowie andere im Einzelfall festzulegende Merkmale. Es darf sich nicht auf personenbezogene Daten erstrecken, die einem Berufs- oder besonderen Amtsgeheimnis unterliegen (Abs. 2). Die Norm sieht darüber hinaus die Löschung nicht mehr benötigter Daten und die Dokumentation der Maßnahme vor (Abs. 3). Des Weiteren darf sie nur auf Antrag des Präsidenten des BKA oder seiner Vertretung durch ein Gericht angeordnet werden (Abs. 4).

Die dargestellten Rechtsgrundlagen haben gemeinsam, dass sie einem unmittelbaren – eine Maßnahme oder Handlungsentscheidung der Behörde begründenden – Zweck dienen. Denn durch den Abgleich sollen Übereinstimmungen aufgedeckt und aufgrund dieser Übereinstimmung eine bestimmte Maßnahme ergriffen werden. Demnach erfolgt der Abgleich unmittelbar zielgerichtet. Notwendig ist dann auch eine Treffermeldung, sofern eine Übereinstimmung vorliegt. Darüber hinaus setzen die Normen jeweils die Datenübermittlung, oder – im Falle von § 36 GwG – ein Zugriffsrecht auf den Fundstellendatenbestand einer anderen Stelle voraus.

Im Unterschied dazu erfolgt der hier zu erörternde automatisierte Datenabgleich im neuen Informationsbestand des BKA aufgrund der bereits in diesem Informationsbestand vorhandenen Daten. Einer vorherigen Datenübermittlung oder Einräumung von Zugriffsrechten auf bestimmte Datensätze zu diesem Zweck bedarf es nicht. Zweitens unterscheiden sich diese Konstellationen von der hier zu erörternden auch dadurch, dass im Falle einer Übereinstimmung eine entsprechende Mitteilung erfolgt. Dahingegen könnte man bezüglich des durch das neue Informationssystem beim BKA hervorgerufenen Vorgehens die Annahme zugrunde legen, dass eine solche Treffermeldung nicht erfolgen muss (siehe oben Konstellation 1).

Hinsichtlich Konstellation 2 ist ein Grundrechtseingriff ohnehin zu bejahen. Dieser Fall ist für diese Ausarbeitung daher weniger interessant. Zumal wohl auch davon ausgegangen werden könnte, dass der Gesetzgeber, hätte er eine solche Treffermeldung auf den bei der Datenspeicherung erfolgenden Abgleich vor Augen gehabt, diese entsprechend § 16 Abs. 4 BKAG 2018 geregelt hätte.

Daher soll hier davon ausgegangen werden, dass keine Treffermeldung generiert wird, sondern tatsächlich nur ein Abgleich im Rahmen eines technischen Vorgangs zur redundanzfreien Datenspeicherung erfolgt. Fraglich ist dann, ob man unter dieser Annahme in Abgrenzung zu den oben dargestellten Maßnahmen mit Eingriffsgewicht, einen Eingriff ablehnen könnte. Denn im Unterschied zu den dargestellten Regelungen ließe sich argumentieren, dass der dem neuen Informationsbestand des BKA zugrundeliegende Datenabgleich weder für einen Menschen wahrnehmbar zweckgerichtet erfolgt noch Grundlage für eine spätere Maßnahme oder Handlungsentscheidung der Behörde sein kann. Darüber hinaus setzt er auch keine Datenübermittlung oder das Einräumen von Zugriffsrechten auf Datenbestände anderer Stellen voraus, wie es die oben dargestellten Regelungen tun.

Hiergegen lässt sich allerdings Folgendes anführen: Dass keine Übereinstimmungsmeldung erfolgt, bedeutet für den neuen Informationsbestand des BKA im Umkehrschluss nicht, dass der der Speicherung vorgelagerte Abgleich für den Betroffenen keine Auswirkungen haben kann. Denn selbst wenn bei einem technischen Vorfinden bereits vorliegender Daten keine „Treffermeldung" in irgendeiner Form an einen Mitarbeiter des BKA gesendet wird, werden die Daten sodann zusammenhängend mit diesem bereits vorhandenen Eintrag gespeichert. Es entsteht eine Art Spinnennetz der über eine Person möglicherweise aus ganz verschiedenen Anlässen im Informationsbestand des BKA gespeicherten Daten. Das alleinige Entstehen dieser technischen Verknüpfungen stellt, wie oben erläutert, eine Neukontextualisierung der Daten dar. Darüber hinaus hat es aber auch noch eine praktische Folge. Wenn nämlich zukünftig Teilnehmer des polizeilichen Informationsbestands auf die Daten zu einer Person zugreifen wollen, ist Zugriffsobjekt zunächst einmal der gesamte zu einer Person gespeicherte Datensatz. Zwar sieht das BKAG abgestufte Zugriffsrechte vor. Je nach „Ticket" ist aber ein Zugriff auf mehr bis hin zu allen Daten bei einem roten Ticket möglich. Die Kategorien der Tickets (nach den Handlungsanleitungen des BKA gibt es insgesamt vier) sind dabei nicht sehr kleinteilig, sondern nehmen eher eine grobe Einteilung vor. Dass hierdurch auch ein Zugriff auf Daten ermöglicht wird, die für den Weiterverarbeitungszweck nicht erforderlich sind, kann nicht ausgeschlossen werden.

Außerdem ist zu berücksichtigen, dass, selbst wenn es nicht zu einer verknüpften Speicherung kommt, weil zu einem Betroffenen noch keine Daten im Informationsbestand des BKA vorhanden sind, dessen Daten dennoch mit allen vorliegenden abgeglichen werden. Auch hierdurch erfolgt eine Neukontextualisierung. Hiermit lassen sich nicht zuletzt Stigmatisierungsgefahren begründen. Darüber hinaus kann auch die bloße Möglichkeit des Datenabgleichs mit daran anknüpfender vernetzter Speicherung abschreckende Wirkung auf den Grundrechtsträger haben. Denn er weiß im Zweifelsfall nicht, ob in irgendeinem Kontext bereits Daten von ihm im Informationsbestand des BKA vorhanden sind – sei es nur als Kontaktperson, oder aufgrund eines Zufalls, z. B. aufgrund der Teilnahme an einer Demonstration, die ohne Zutun des Betroffenen Anlass zur Speicherung in den BKA-Datenbanken gegeben hat.

Darüber hinaus gilt Folgendes: Auch wenn der Abgleich der Daten sich nur auf bereits im System vorhandene Daten bezieht, schließt das den Eingriffscharakter nicht per se aus. Denn zum einen handelt es sich um einen Informationsverbund, an dem verschiedene Stellen teilnehmen. Somit erfolgt auch ein Abgleich mit Daten anderer als der die Daten erhebenden Stelle. Darüber hinaus ist wiederum auf die Argumentation zur jüngsten Rechtsprechung zur Kfz-Kennzeichenerfassung zu verweisen. Durch den Abgleich findet eine Neukontextualisierung der Daten statt, die zuvor durch die vertikalen Trennlinien der einzelnen Datentöpfe verhindert wurde. Außerdem sehen die oben dargestellten Regelungen aus anderen Gesetzen jeweils eine Löschung der zum Zwecke des Abgleichs übermittelten Daten vor. Eine solche Regelung kommt für die hier erörterte Konstellation aber nicht in Betracht, da die Daten gespeichert werden sollen. Sie sind folglich bei zukünftigen Abgleichen Teil der „Vergleichsmasse". Auch dies verdeutlicht, dass die hier erörterte Regelung aufgrund ihres Eingriffscharakters nicht deswegen hinter den oben beschriebenen Regelungen zurückbleibt, weil die Daten zuvor nicht an das BKA übermittelt werden müssen.

Dies lässt sich insbesondere anhand der oben dargestellten Abgleichsmöglichkeiten in den verschiedenen Büchern des SGB verdeutlichen. Im größeren Kontext der Verwirklichung sozialer Gerechtigkeit und sozialer Sicherheit sieht das SGB entsprechend § 1 Abs. 1 SGB I Sozialleistungen vor. Das SGB II regelt die Grundsicherung für Arbeitssuchende, die entsprechenden Leistungsträger sind nach § 52 Abs. 1 SGB II zum Abgleich mit Daten anderer Leistungsträger und Stellen berechtigt, u. a. mit solchen, deren Aufgabe ebenfalls in einem (anderen) Buch des SGB geregelt ist. Einer entsprechenden Ermächtigung zum Datenabgleich bedarf es trotzdem. Diese Notwendigkeit würde wohl auch dann nicht wegfallen, wenn sich der Gesetzgeber aus Gründen der Vereinfachung entscheiden würde, das sämtliche Sozialleistungsträger nach allen Büchern des SGB die von ihnen verarbeiteten Daten in nur noch einem einzigen Informationsbestand speichern. Denn das faktische Eingriffsgewicht bliebe dasselbe. Eine abweichende Bewertung kann nicht allein deshalb erreicht werden, weil sich der Gesetzgeber entscheidet, bestimmte Datenbanken zusammenzulegen.

dd. *Verknüpfung von Daten auf Vorrat*

Praktisch könnte man in der redundanzfreien Datenspeicherung im neuen Informationsbestand des BKA eine Art „Vorratsdatenverknüpfung" als Äquivalent zur Vorratsdatenspeicherung sehen.

Unter der Vorratsdatenspeicherung versteht man die Sammlung von Daten mit dem Ziel, sie erst in der Zukunft nutzen zu wollen.[440] Auch die Datenverknüpfung findet ohne einen konkreten aktuellen Nutzungszusammenhang deshalb statt, weil sie in der zukünftigen Arbeit des BKA noch einmal relevant werden könnte und ähnelt diesbezüglich der Vorratsdatenspeicherung. Dass es für die Verknüpfung zunächst keinen konkreten Anlass gibt und ein solcher vom Gesetzgeber auch gar nicht verlangt wird, zeigt sich bereits daran, dass ein Datenabgleich in bestimmten Einzelfällen in § 16 Abs. 4 BKAG 2018 eine Regelung erfahren hat. Das gesetzgeberische Argument, diese Art der Speicherung diene der Vermeidung von Redundanzen, wird wohl auch davon flankiert, dass entsprechende Verknüpfungen ggf. später einmal nützlich sein könnten. Allerdings ist eine so weitgehende Verknüpfung zur Erreichung dieses Ziels gerade nicht erforderlich, da es die Abgleichsmöglichkeit des § 16 Abs. 4 BKAG 2018 gibt.

Auf diese „*Datenverknüpfung auf Vorrat*" lassen sich die Ausführungen des BVerfG zur Weiterverarbeitung von Daten im Rahmen des BKAG-Urteils nicht übertragen. Denn diese setzen sowohl hinsichtlich der Prüfung, ob eine zweckidentische oder zweckändernde Datenverarbeitung erfolgt, als auch hinsichtlich der Gewichtung der Erhebungsmaßnahme zum einer möglichen Weiterverarbeitung zugrundeliegenden Sachverhalt im Rahmen des Grundsatzes der hypothetischen Datenneuerhebung konkrete Sachverhalte voraus. Solche liegen aber bei einer generellen Verknüpfung der Daten gerade nicht vor.

Ähnlich befasst sich auch die gegen das BKAG 2018 erhobene Verfassungsbeschwerde mit dieser Problematik. Hier ist begrifflich von einer „*Bevorratung personenbezogener Daten in polizeilichen Datensammlungen*" die Rede, für die es „*bislang an konsolidierten verfassungsrechtlichen Maßstäben fehle*".[441] Die dort vorgebrachte Kritik an der Nichtregelung bestimmter faktischer Zustände im Informationssystem des BKA geht nach Ansicht der Verfasserin nicht weit genug. Denn der dort als „Bevorratung" bezeichneten Datenspeicherung im Informationssystem des BKA haftet darüber hinaus noch der Umstand

---

[440] *Möllers*, Wörterbuch der Polizei, S. 2203.
[441] Verfassungsbeschwerde vom 21.05.2019, S. 5 f., 39 ff.

an, dass die zu einer Person gespeicherten Daten umfangreich miteinander verknüpft werden.

Natürlich ist im Unterschied zur Vorratsdatenspeicherung anzumerken, dass die Daten hier bereits auf Grundlage einer polizeirechtlichen Ermächtigung erhoben werden, ihnen also bereits von Anfang an sicherheitsrechtliche Relevanz zukommt. Hingegen findet die Speicherung bei der Vorratsdatenspeicherung zunächst nur statt, um ggf. zu einem späteren Zeitpunkt eine gefahrenabwehrrechtliche Relevanz festzustellen. Zwar halten weder das BVerfG noch der EuGH das Instrument der Vorratsdatenspeicherung per se für unzulässig; es ist allerdings an sehr strenge Anforderungen geknüpft.[442]

ee. Zwischenergebnis

Folglich ist der gesetzlich nicht geregelte, aber tatsächlich vorausgesetzte automatisierte Abgleich und die automatisierte Verknüpfung der Daten ein selbstständiger Eingriff in das Grundrecht auf informationelle Selbstbestimmung, der über das bloße Ob der Speicherung hinausgeht.

Dies dürfte sogar dann gelten, wenn der automatisierte Abgleich nicht zu einem Treffer führt.

b. Rechtfertigung

Das Grundrecht auf informationelle Selbstbestimmung gilt nicht schrankenlos. Es darf aus Gründen des überwiegenden Allgemeininteresses eingeschränkt werden. Dieser Grundrechtseingriff bedarf einer gesetzlichen Grundlage, die dem Gebot der Normenklarheit entsprechen muss, indem sie die Voraussetzungen des Grundrechtseingriffs klar und für den Betroffenen erkennbar deutlich macht. Die Rechtsgrundlage muss außerdem verhältnismäßig sein. Der Gesetzgeber muss darüber hinaus durch organisatorische und verfahrensrechtliche Maßnahmen sicherstellen, dass einer Grundrechtsverletzung vorgebeugt wird.[443]

aa. Mögliche Ermächtigungsgrundlage: § 16 Abs. 4 BKAG 2018

Rechtsgrundlage für den Abgleich von personenbezogenen Daten mit Daten, auf die das BKA zur Erfüllung seiner Aufgaben zugreifen darf, ist

---

[442] EuGH NJW 2014, 2169; BVerfG NJW 2010, 833.

[443] *Nusser*, in: Möstl/Trurnit, BeckOK Polizeirecht Baden-Württemberg, § 21 Rn. 13.

§ 16 Abs. 4 BKAG 2018. Dieser entspricht dem bisherigen § 28 Abs. 1 und 2 BKAG 1997.[444]

Voraussetzung für den Abgleich der Daten ist die begründete Annahme, dass dies zur Erfüllung einer Aufgabe erforderlich ist. Die Norm bezieht sich ihrer Systematik nach auf den Datenabgleich in konkreten Einzelfällen. Ähnliche Ermächtigungsgrundlagen für den Datenabgleich in Einzelfällen finden sich auch in § 98c StPO, der den Datenabgleich zur Aufklärung einer Straftat oder zur Ermittlung des Aufenthaltsortes ermöglicht, sowie in den Polizeigesetzen der Länder, z. B. in Art. 61 BayPAG (hierzu unten E.VIII.).

Die Gesetzesbegründung des BKAG 1997 bezeichnet den Datenabgleich nach § 16 Abs. 4 als eine besondere Form der Datenverarbeitung, die weder zur Erhebung noch zur Speicherung neuer Daten ermächtigt und daher von nur geringer Eingriffsintensität ist.[445] Die Gesetzesbegründung spricht von Daten *„einer Person"*, sodass auch dem Wortlaut nach davon auszugehen ist, dass sich die Ermächtigungsgrundlage auf den jeweiligen Einzelfall bezieht.[446] Darüber hinaus entspricht die Norm dem bisherigen § 28 Abs. 1 und 2 BKAG 1997, der sich nur auf den Abgleich in konkreten Einzelfällen bezog. Diese Norm galt unter der alten Rechtslage, bei der der hier problematisierte Datenabgleich zur redundanzfreien Speicherung noch nicht vorgesehen war, sodass sich diese Ermächtigungsgrundlage hierauf nicht beziehen kann. Die Gesetzesbegründung gibt auch keine Hinweise dafür, dass nun für § 16 Abs. 4 BKAG 2018 etwas anderes gelten sollte.

Wortlaut, Systematik und historische Auslegung der Norm zeigen also, dass es sich um eine Ermächtigungsnorm für den jeweiligen Einzelfall handelt. Auch eine Auslegung nach Sinn und Zweck kommt zu keinem anderen Ergebnis. Die Ermächtigungsgrundlage ist nicht auf den ständigen automatisierten Datenabgleich im Informationssystem des BKA zugeschnitten. Vielmehr geht es darum, dass das BKA in begründeten Einzelfällen Datenabgleiche vornehmen können soll. Insbesondere die Formulierung der Voraussetzungen der Ermächtigungsgrundlage lassen sich nicht ohne Weiteres auf einen generell stattfindenden automatisierten Datenabgleich übertragen. Denn die Ermächtigung zum Datenabgleich setzt die begründete Annahme voraus, dass der Datenabgleich für die Aufgabenerfüllung des BKA erforderlich ist. Wenn man den Gesetzestext sehr weit auslegt, könnte man zwar argumentieren, dass es für

---

[444] BT-Drs. 18/11163, S. 98.

[445] BT-Drs. 13/1550, S. 36.

[446] BT-Drs. 13/1550, S. 36.

die Arbeit des BKA erforderlich ist, dass keine Doppelungen im System vorliegen. Dies kann jedoch im Ergebnis nicht überzeugen. Die Vermeidung von
Doppelungen soll vielmehr die Arbeit der Behörde lediglich erleichtern und
nach den Ausführungen des Gesetzgebers der Beachtung datenschutzrechtlicher Grundsätze dienen.[447] Erforderlich für die Erfüllung der Aufgaben nach
§§ 2-8 BKAG 2018 ist sie indes nicht.

bb. Mögliche Ermächtigungsgrundlage: § 16 Abs. 1 BKAG 2018

Der automatisierte systeminterne Abgleich könnte jedoch von der allgemeinen
Ermächtigungsgrundlage für die Datenverarbeitung in § 16 Abs. 1 BKAG 2018
gedeckt sein.

Grundsätzlich unterliegen die Gesetzesgrundlagen dem Gebot der Bestimmtheit und der Verhältnismäßigkeit. Allerdings scheiden auch Generalklauseln
nicht per se als Ermächtigungsgrundlage aus, denn an das Bestimmtheitsgebot sind nicht zwingend allzu hohe Anforderungen zu stellen. So kann es auch
ausreichen, wenn Zweck und Ermächtigungsumfang hinreichend deutlich aus
der Norm hervorgehen, oder sich ein Minus an Bestimmtheit gerade im Zusammenspiel mit sonstigen Normen kompensieren lässt.[448] Die Anforderungen
an die Bestimmtheit der Norm orientieren sich an der Eingriffstiefe.[449] In diesem Kontext stellt des BVerfG an die Bestimmtheit im Bereich der Datenverarbeitung zwar hohe Anforderungen.[450] Vorliegend könnte jedoch grundsätzlich von einem Eingriff mit geringem Gewicht ausgegangen werden. Ebenso
wie beim Datenabgleich nach § 16 Abs. 4 BKAG 2018 werden auch bei einem
automatisierten Datenabgleich keine neuen Daten erhoben oder gespeichert,
sondern es findet lediglich ein Abgleich mit den Daten statt, auf die das BKA
bereits Zugriff hat.[451] Dies gilt umso mehr, falls das Informationssystem des
BKA technisch so ausgestaltet werden kann, dass ein Abgleich der Daten systemintern, also ohne Meldung an den eingebenden Mitarbeiter, verläuft und
das System eigenständig in der Lage ist, doppelt vorliegende Datensätze zu
überschreiben.

Zunächst stellt sich jedoch die Frage, ob § 16 Abs. 1 BKAG 2018 systematisch
überhaupt auf die automatisierte Verknüpfung von Daten Anwendung finden

---

[447] BT-Drs. 18/11163, S. 84.

[448] *Di Fabio*, in: Maunz/Dürig, GG, Art. 2 Rn. 182.

[449] *Di Fabio*, in: Maunz/Dürig, GG, Art. 2 Rn. 182; *Starck*, in: v. Mangoldt/Klein/Starck, GG,
Art. 2 Rn. 116; *Beaucamp*, DVBI 2017, 534 (536) verweist auf die st. Rspr. des BVerfG.

[450] *Beaucamp*, DVBI 2017, 534 (536 f.).

[451] Vgl. BT-Drs. 13/15550, S. 36.

kann. Dagegen spricht der Verweis auf § 12 BKAG 2018, also auf die Umsetzung des Zweckbindungsgrundsatzes, konkretisiert durch den Grundsatz der hypothetischen Datenneuerhebung. Die Norm sieht vor, dass das BKA Daten „*nach Maßgabe des § 12*" im Informationssystem weiterverarbeiten können soll. Wie oben bereits dargestellt, passen die Vorgaben des § 12 BKAG 2018 systematisch nicht auf Fälle der automatisierten Datenverknüpfung. Daher kann auch § 16 Abs. 1 BKAG 2018 nicht Rechtsgrundlage hierfür sein. Denn für eine Datenverarbeitung außerhalb des Anwendungsbereichs des § 12 BKAG 2018 lässt die Norm gerade keinen Raum.

Außerdem ermächtigt § 16 Abs. 1 BKAG 2018 nur dann zur Datenverarbeitung, „*soweit dieses Gesetz keine zusätzlichen besonderen Voraussetzungen vorsieht*". § 16 Abs. 4 BKAG 2018 könnte aber eine zusätzliche Voraussetzung in diesem Sinne darstellen. Der Zusatz in Abs. 1 ist rein deklaratorischer Natur, denn wenn es eine spezielle Ermächtigung gibt, dürfen deren Voraussetzungen nicht dadurch umgangen werden, dass auf eine Generalklausel zurückgegriffen wird.[452] Darüber hinaus ist ein Rückgriff auf eine polizeiliche Generalklausel auch dann verwehrt, wenn eine gewollte Nichtregelung vorliegt. Das bedeutet, dass bei Nichtregelung eines konkreten Eingriffs vom selben Typus eines geregelten Eingriffs grundsätzlich davon auszugehen ist, dass die Polizei zu diesem nicht befugt ist.[453]

Gegen das Vorliegen einer gewollten Nichtregelung spricht aber, dass unter dem „*Abgleich*" in § 16 Abs. 4 BKAG 2018 etwas anderes zu verstehen sein könnte als unter dem automatisierten Datenabgleich, der zur Vermeidung von Redundanzen der Datenspeicherung vorausgehen muss. Beide Vorgänge unterscheiden sich im Einzelnen. Ersterer betrifft den zielgerichteten Abgleich von Daten aufgrund einer begründeten Annahme, dass dies zur Aufgabenerfüllung des BKA erforderlich ist. Zweiterer ist ein systemtechnischer Ablauf, der bei jeder Datenneueingabe in Gang gesetzt wird. Fraglich ist jedoch, ob dies schon dazu ausreicht, auch den „*Typus*" der Maßnahme als unterschiedlich anzuerkennen.

Für eine unterschiedliche Typizität beider Abläufe spricht, dass die Maßnahme nach § 16 Abs. 4 BKAG 2018 im Einzelfall zielgerichtet und mit einem entsprechenden Erkenntniswillen der eingebenden Stelle in Gang gesetzt wird. Hingegen wird bei dem im Rahmen der Speicherung erfolgenden Abgleich mit den bereits bestehenden Daten lediglich das allgemeine Ziel verfolgt, Doppel-

---

[452] *Graulich*, in: Lisken/Denninger, Handbuch des Polizeirechts, Kap. E. Rn. 194.

[453] *Graulich*, in: Lisken/Denninger, Handbuch des Polizeirechts, Kap. E. Rn. 196.

oder Mehrfachspeicherungen im System zu vermeiden. Bei der Eingabe der Daten, die diesen Prozess in Gang setzt, hat die eingebende Stelle aber kein darüber hinausgehendes Erkenntnisinteresse.

Folglich könnte § 16 Abs. 4 BKAG 2018 den Rückgriff auf die Generalklausel des § 16 Abs. 1 BKAG 2018 nicht versperren.

Dagegen spricht jedoch, dass praktisch der gleiche Vorgang in Gang gesetzt wird, nämlich ein Datum wird mit den bereits im Informationsbestand vorhandenen Daten abgeglichen. Auch liegt wie oben dargestellt ebenso wie bei § 16 Abs. 4 BKAG 2018 ein entsprechender Erkenntnisgewinn vor, ggf. in Form der Erkenntnis, dass zu einer bestimmten Person noch keine Daten im Informationsbestand vorhanden sind und die neu eingegebenen Daten somit als „Erstdaten" bzgl. des Betroffenen gespeichert werden. Ob sich diese Erkenntnis durch die Kenntnisnahme eines Menschen manifestiert, ist, wie oben gezeigt, unerheblich. Der bloße „Durchlauf" von Daten durch ein Informationssystem stellt einen eigenen Grundrechtseingriff dar, der mit dem gezielten Datenabgleich vergleichbar ist. Ebenso wie bei einem zielgerichteten Datenabgleich, der zu einem konkreten Erkenntnisgewinn für das BKA führt, kann die Art der Speicherung für den Betroffenen auch zu besonderen Erkenntnissen und Konsequenzen führen. Denn ggf. zuvor zusammenhangslose Informationen werden durch den Abgleich neu kontextualisiert. Durch die Existenz von speziellen Ermächtigungsgrundlagen für den Datenabgleich macht der Gesetzgeber darüber hinaus deutlich, dass er die eigenständige Eingriffsqualität und Rechtfertigungsbedürftigkeit von Datenabgleichen anerkennt. Dies ist in den Kontext der jüngsten Rechtsprechung des BVerfG zur Neukontextualisierung von Daten einzuordnen. Danach spielt es auch keine Rolle mehr, ob eine menschliche Kenntnisnahme erfolgt.[454] Auch einer präzisen Nachteilsbestimmung bedarf es nicht. Vielmehr liegt der Nachteil bereits in der Datenverarbeitung selbst.[455] Der auf das primäre Ziel der Erkenntnisgewinnung gerichtete Datenabgleich nach § 16 Abs. 4 BKAG 2018 und der bei der Datenspeicherung aufgrund der neuen Rechtslage automatisch in Gang gesetzte Abgleich mit den im Informationsbestand vorhandenen Daten sind demnach als Maßnahmen des selben Typus zu klassifizieren. Die speziellere Regelung versperrt somit den Rückgriff auf die Generalklausel.

---

[454] BVerfG NJW 2000, 55 (59).

[455] *Schwabenbauer*, in: Lisken/Denninger, Handbuch des Polizeirechts, Kap. G. Rn. 10.

c. Zwischenergebnis

Das durch die neue Rechtslage zu schaffende Informationssystem des BKA setzt voraus, dass sämtliche neu eingegebene Daten mit den bereits im Informationsbestand vorhandenen Daten abgeglichen werden, um Doppel- oder Mehrfachspeicherungen zu vermeiden. Dies hat der Gesetzgeber nicht ausdrücklich im Gesetz verankert, es ist aber logische Voraussetzung eines redundanzfreien Informationsbestands. Bei diesem Datenabgleich handelt es sich um einen eigenständigen Eingriff in das Grundrecht auf informationelle Selbstbestimmung, der einer gesetzlichen Ermächtigungsgrundlage bedarf. Der Eingriff kann nicht auf § 16 Abs. 4 BKAG 2018 gestützt werden. Die tatbestandlichen Voraussetzungen liegen nicht vor. Der Rückgriff auf die Generalklausel zur Datenverarbeitung in § 16 Abs. 1 BKAG 2018 ist zum einen aufgrund des Verweises auf § 12 BKAG 2018 systematisch fernliegend sowie durch die speziellere Ermächtigungsgrundlage für Maßnahmen desselben Typus nach § 16 Abs. 4 BKAG 2018 versperrt. Andere Rechtsgrundlagen kommen nicht in Betracht. Der Grundrechtseingriff kann daher nicht gerechtfertigt werden. Die durch das BKAG 2018 geschaffene Rechtslage führt demnach zu einem verfassungswidrigen Zustand.

Dies führt dazu, dass ein wesentlicher Aspekt der neuen Informationsstruktur des BKA rechtlich nicht geregelt ist. Auch ist hierauf eine Übertragung des vom BVerfG entwickelten Grundsatzes der hypothetischen Datenneuerhebung bereits strukturell nicht möglich. Denn dieser setzt voraus, dass eine konkrete Datenerhebungsmaßnahme mit einer konkreten Datenverarbeitungsmaßnahme verglichen werden kann.[456] Dies ist aber bezüglich der verknüpften Speicherung im neuen Informationsbestand des BKA nicht der Fall, vielmehr werden die Daten ohne konkreten Anlass durch die Verknüpfung weiterverarbeitet.

3. Lösungsvorschlag

Das Eingriffsgewicht des festgestellten Grundrechtseingriffs könnte in einer abstrakten Betrachtung zunächst als gering eingeschätzt werden. Denn es werden Daten, die aufgrund einer Rechtsgrundlage rechtmäßig erhoben und im Informationsbestand des BKA gespeichert werden dürfen, lediglich mit solchen Daten abgeglichen, die ihrerseits aufgrund einer Rechtsgrundlage im Informationsbestand gespeichert sind. Somit sind an die entsprechende Ermächtigungsgrundlage für einen solchen Eingriff nicht allzu hohe Vorausset-

---

[456] So auch in der Verfassungsbeschwerdeschrift, S. 40 ff.

zungen zu stellen. Als Lösungsvorschlag könnte also in § 9 BKAG 2018 folgender Abs. 6 eingefügt werden:

> „Zur Vermeidung von Redundanzen darf das BKA technische Maßnahmen vorsehen, die selbst erhobene oder durch eine am polizeilichen Informationsverbund teilnehmende Stelle neu in den Informationsbestand einzugebende Daten mit den bereits im Informationsbestand, in dem die Speicherung erfolgen soll, vorhandenen Daten abgleichen und bereits vorliegende personenbezogene Daten um die neu eingegebenen Daten ergänzen."

Jedoch müssten bei der Einordnung des Eingriffsgewichts vor dem Hintergrund der neuen Informationsstruktur im BKA verschiedene weitere Aspekte Berücksichtigung finden. Diese sollen im folgenden Kapitel detailliert erläutert werden. Insbesondere verschärfen die umfangreichen Verknüpfungsmöglichkeiten die Gefahr der Entstehung verfassungswidriger Persönlichkeitsprofile. In diesem Kontext ist auch die verfassungsrechtlich bedenkliche Möglichkeit des BKA, nach § 16 Abs. 6 BKAG 2018 unter sehr niedrigen Voraussetzungen weitere Hinweise zu bereits im Informationssystem gespeicherten Personen zu verarbeiten, relevant (hierzu unter E.IV.2.b.). Aus diesen Gründen könnte der oben gemachte Vorschlag um weitere Voraussetzungen ergänzt werden, um dem Verhältnismäßigkeitsgrundsatz Rechnung zu tragen. Der Gesetzgeber könnte z. B. vorsehen, dass nur in bestimmten Kriminalitätsbereichen automatisierte Datenabgleiche zulässig sind. Zugrunde gelegt werden könnten hierfür Erkenntnisse aus der Kriminalistik über Zusammenhänge in verschiedenen Kriminalitätsbereichen. Gemeint sind hiermit beispielsweise Entwicklungen, aus denen sich abzeichnet, dass terroristischen Vereinigungen zugeneigte Personen verstärkt auch in anderen Kriminalitätsbereichen auffällig werden können, wie z. B. der Beschaffung von Waffen oder der Beschaffung von Geldmitteln durch Drogenkriminalität. Hingegen dürften Fälle, wie der eines als gewaltbereit aufgefallenen Sportfans, nach kriminalistischer Erfahrung nicht ohne Weiteres einen Anlass zur Verknüpfung von vorliegenden Daten erforderlich machen. Darüber hinaus könnte auch der Anlass für die Speicherung Berücksichtigung finden. Hierbei könnte unterschieden werden, ob die Person selbst als Täter oder Gefährder oder nur als Kontaktperson oder Teilnehmer einer Veranstaltung in Erscheinung getreten ist. Darüber hinaus könnte die Norm eine Abwägung zwischen den Interessen des Betroffenen und dem Interesse des BKA vorsehen.

Schließlich käme auch die folgende Alternative in Betracht. Als zentrales Argument, warum Polizeikompetenzen erweitert oder technische Kompatibilität von Systemen verbessert werden müssen, wird regelmäßig die Stärkung der Sicherheitsbehörden im Kampf gegen den internationalen Terrorismus vorgebracht. Das BKA hat jedoch neben dieser auch andere Aufgaben, die hinsichtlich ihrer Bedeutung für den Rechtsstaat ggf. anders zu gewichten sind. Demnach wäre die automatisierte Verknüpfung von Daten nur im Bereich der Terrorismusabwehr zu gestatten. Folglich könnte eine alternative Formulierung von § 9 Abs. 6 BKAG 2018 lauten:

> *„Zur Vermeidung von Redundanzen und Erkennung von ermittlungsrelevanten Zusammenhängen darf das BKA technische Maßnahmen vorsehen, die nach den Vorschriften unter Abschnitt 5 dieses Gesetzes (Befugnisse zur Abwehr von Gefahren des internationalen Terrorismus) selbst erhobene oder durch eine am polizeilichen Informationsverbund teilnehmende Stelle zur Erfüllung dieser Aufgabe in den Informationsbestand einzufügende Daten mit den bereits im Informationsbestand, in dem die Speicherung erfolgen soll, vorhandenen Daten abgleichen und bereits vorliegende personenbezogene Daten um die neu eingegebenen Daten ergänzen."*

IV. Gefahr der Erstellung von Persönlichkeitsprofilen

Die durch den Gesetzgeber bei Schaffung des BKAG 2018 angestrebte Vermeidung von Redundanzen im Informationsbestand des BKA führt außerdem dazu, dass sämtliche zu einer Person gespeicherten Daten künftig an einem Ort, geknüpft an einen Personeneintrag, gespeichert sein müssen. Denn nicht wie zuvor können Daten zu einer Person im Kontext A im Datentopf A und im Kontext B in Datentopf B gespeichert werden. Folglich kann es zu umfangreichen Verknüpfungen von über eine Person vorliegenden Informationen kommen. Dies birgt die Gefahr der Erstellung von Persönlichkeitsprofilen.

Unter einem Persönlichkeitsprofil versteht man nach der Rechtsprechung des BVerfG die Registrierung und Katalogisierung der ganzen Persönlichkeit eines Menschen durch den Staat[457] oder eine sich über einen längeren Zeitraum erstreckende Überwachung, die derart umfassend ist, dass nahezu alle Bewegungen und Lebensäußerungen des Betroffenen registriert werden.[458]

---

[457] BVerfG NJW 1969, 1707 (1707).
[458] BVerfG NJW 2004, 999 (1004).

In einem umfassenden Gutachten für das BMI zur Modernisierung des Daten-schutzrechts lassen Roßnagel/Pfitzmann/Garstka nicht allein den quantitativen Maßstab für eine Klassifizierung als Persönlichkeitsprofil ausreichen. Vielmehr sollte lediglich dann von einer Profilbildung gesprochen werden, *„wenn die ge-sammelten Daten auf ein bestimmtes Ziel hin – zum Beispiel zur Abbildung der Konsumentenpersönlichkeit – inhaltlich verknüpft und umgestaltet wer-den."*[459]

Vergleicht man diese Definition mit den Ausführungen des BVerfG zum Ge-fährdungspotential von sogenannten additiven Grundrechtseingriffen in Form eines Zusammenspiels verschiedener Überwachungsmaßnahmen,[460] die zu einer unzulässigen Rundumüberwachung des Betroffenen führen können, wird deutlich, dass das BVerfG bei dieser Gefahr nicht einmal auf die zielgerichtete inhaltliche Verknüpfung der durch die Maßnahmen erhobenen Daten, sondern allein auf das Nebeneinander „unkoordinierter" Überwachungsmaßnahmen abstellt. Zwar geht es hierbei um parallel stattfindende Überwachungsmaß-nahmen selbst und nicht um die Verknüpfung erhobener Daten. Die Sachver-halte sind jedoch deshalb vergleichbar, weil jeweils das Risiko von der die ver-fassungsrechtlichen Zulässigkeitsgrenzen überschreitenden Erstellung von Persönlichkeitsabbildern im Raum steht.[461]

Auch wenn man die bei Roßnagel/Pfitzmann/Garstka geforderte Zielgerichtet-heit der Datenverknüpfung zugrunde legt, stellen die neuen technischen Ver-knüpfungsmöglichkeiten unter dem BKAG 2018 eine Profilbildung dar. Denn es geht dem Gesetzgeber gerade darum, Redundanzen zu vermeiden und Zusammenhänge besser erkennen zu können. Die Verknüpfung erfolgt damit auch in qualitativer Hinsicht zielgerichtet.

1. Verfassungswidrigkeit von Persönlichkeitsprofilen

Mit der Gefahr der Erstellung umfangreicher Persönlichkeitsprofile setzte sich das BVerfG bereits im Zuge des Volkszählungsurteils auseinander. Darin hieß es: *„eine umfassende Registrierung und Katalogisierung der Persönlichkeit durch die Zusammenführung einzelner Lebens- und Personaldaten zur Erstel-lung von Persönlichkeitsprofilen der Bürger ist auch in der Anonymität statisti-scher Erhebungen unzulässig."*[462] Dabei verwies das Gericht auf den Mikro-

---

[459] *Roßnagel/Pfitzmann/Garstka,* Modernisierung des Datenschutzrechts, S. 119.

[460] BVerfG NJW 2005, 1338.

[461] BVerfG NJW 2005, 1338 (1340 f.).

[462] BVerfG, NJW 1984, 419 (424).

zensus-Beschluss von 1969, in dem es bereits ausführte, dass es mit der Menschenwürde unvereinbar sei, wenn der Staat seine Bürger zwangsweise in ihrer ganzen Persönlichkeit registrieren und katalogisieren könne. Denn damit würden sie wie eine Sache behandelt, *„die einer Bestandsaufnahme in jeder Beziehung zugänglich ist"*.[463]

Im Gegensatz zum Mikrozensus-Beschluss, in dem das BVerfG noch auf die Registrierung und Katalogisierung der *„ganzen Persönlichkeit"*[464] abstellte, ging es im Volkszählungsurteil auch auf die Verfassungswidrigkeit von *„Teilabbildern"*[465] ein.

2005 entschied das BVerfG zur Verfassungsmäßigkeit einer auf den damaligen § 100c Abs. 1 Nr. 1 lit. b) StPO gestützten Observation unter Einsatz eines Global Positioning Systems (GPS) in einem Ermittlungsverfahren, bei dem zeitgleich weitere Observationsmaßnahmen gegen den Betroffenen durchgeführt wurden,[466] dass die Regelung der StPO als Ermächtigungsgrundlage den verfassungsmäßigen Anforderungen genüge. Leitsatz 2 und 3 der Entscheidung lauteten wie folgt:

„2. Beim Einsatz moderner, insbesondere dem Betroffenen verborgener Ermittlungsmethoden müssen die Strafverfolgungsbehörden mit Rücksicht auf das dem „additiven" Grundrechteingriff innewohnende Gefährdungspotenzial besondere Anforderungen an das Verfahren beachten.

3. Wegen des schnellen und für den Grundrechtsschutz riskanten informationstechnischen Wandels muss der Gesetzgeber die technischen Entwicklungen aufmerksam beobachten und notfalls durch ergänzende Rechtsetzung korrigierend eingreifen. Dies betrifft auch die Frage, ob die bestehenden verfahrensrechtlichen Vorkehrungen angesichts zukünftiger Entwicklungen geeignet sind, den Grundrechtsschutz effektiv zu sichern und unkoordinierte Ermittlungsmaßnahmen verschiedener Behörden verlässlich zu verhindern."

In der Urteilsbegründung führte das BVerfG aus, dass eine *„von Verfassungs wegen stets unzulässige Rundumüberwachung"*, die zur Erstellung eines umfassenden Persönlichkeitsprofils eines Beteiligten führe, durch allgemeine ver-

---

[463] BVerfG, NJW 1969, 1707 (1707).

[464] BVerfG NJW 1969, 1707 (1707).

[465] BVerfG NJW 1984, 419 (424); *Denninger*, Kritische Justiz 1985, 215 (227).

[466] BVerfG NJW 2005, 1338.

fahrensrechtliche Sicherungen ausgeschlossen werden müsse.[467] In dem der Entscheidung zugrunde liegenden Sachverhalt habe der Gesetzgeber die Vermeidung unzumutbarer *„Eingriffsadditionen"* den Behörden vor Ort überlassen dürfen. Es habe keiner gesonderten gesetzlichen Regelungen für den Einsatz mehrerer Ermittlungsmaßnahmen gegen den Betroffenen zur selben Zeit bedurft. Dennoch betonte das BVerfG, dass den additiven Grundrechtseingriffen ein Gefährdungspotential innewohne, welches besondere Anforderungen an das Verfahren nötig mache. Insbesondere müsse die Möglichkeit der Prüfung einer übermäßigen Belastung des Betroffenen bestehen. Hierzu sei es notwendig, dass die zuständige Staatsanwaltschaft als primär verantwortlicher Entscheidungsträger über sämtliche Ermittlungseingriffe informiert sei. Hierzu bedürfe es zum einen einer vollständigen Dokumentation sowie zum anderen der Nutzung des länderübergreifenden staatsanwaltlichen Verfahrensregisters, welches in §§ 492 ff. StPO geregelt ist. Dadurch solle verhindert werden, dass verschiedene Behörden ohne Wissen voneinander *„doppelt"* in die Grundrechte des Betroffenen eingreifen. Für die Abstimmung der Ermittlungstätigkeit mit den Verfassungsschutzbehörden und Nachrichtendiensten biete § 492 Abs. 4 StPO die entsprechende Rechtsgrundlage. Weiter erkannte das BVerfG dem Gesetzgeber die Aufgabe zu, zu beobachten, ob die bestehenden Verfahrensregeln auch in Zukunft geeignet sein werden, die Grundrechte der Betroffenen wirksam zu schützen. Dabei dürfe erwogen werden, ob *„durch ergänzende Regelung der praktischen Ermittlungstätigkeit [...] unkoordinierte Ermittlungsmaßnahmen verschiedener Behörden verlässlich verhindert werden können."*[468]

Auch in seinem BKA-Urteil von 2016 verdeutlichte das BVerfG die Gefahr der Erstellung von Persönlichkeitsprofilen. Auch wenn es dort konkret um die Durchführung eingriffsintensiver Überwachungsmaßnahmen ging und nicht um die Modalität der Datenspeicherung, wird dennoch deutlich, dass das BVerfG im Zusammenhang mit dem BKAG 2018 entsprechende Gefahren verortet.

Im Einzelnen führte das BVerfG im Zusammenhang mit der Durchführung besonders eingriffsintensiver Überwachungsmaßnahmen aus, dass eine verfassungsrechtliche Grenze dann erreicht sei, wenn, insbesondere durch das Zusammenspiel verschiedener Überwachungsmaßnahmen, sich die Überwachung über einen derart langen Zeitraum hinziehe und so umfassend sei, dass nahezu vollständig die Bewegungen und Lebensäußerungen des Be-

---

[467] BVerfG NJW 2005, 1338 (1340 f.).
[468] BVerfG NJW 2005, 1338 (1341).

troffenen aufgezeichnet würden und somit zur Grundlage von Persönlichkeits-
profilen werden könnten. Dies sei mit der Menschenwürde unvereinbar.[469]
Damit griff es die bereits im Volkszählungsurteil aus dem Jahr 1983 getroffenen
Feststellungen auf. Danach könnten die durch Datensammlung verursachte
Registrierung und Katalogisierung der Persönlichkeit die Verfassungswidrig-
keit einer Regelung begründen.[470] Es solle nur zur Erfüllung zweckbezogener
Einzelaufgaben zulässig sein, Daten zu erheben und zusammenzuführen. Die
Erstellung von umfassenden Persönlichkeitsprofilen sei dahingegen unzuläs-
sig.[471]

Auch aus der oben dargestellten Entscheidung des BVerfG zur ATD lassen
sich Rückschlüsse auf die verfassungsrechtlichen Hindernisse bei der Verknüpfung von Daten im Rahmen von Informationsverbünden ziehen. So hielt
das BVerfG die Zugriffsmöglichkeit der Teilnehmer der ATD auf erweiterte
Grunddaten insbesondere deshalb für problematisch, weil die erweiterten
Grunddaten *„höchstpersönliche sowie die Biografie der Betreffenden nachzeichnende Informationen enthalten."*[472]

2. Auswirkungen des BKAG 2018

a. Veränderung der IT-Infrastruktur

Indem Daten durch das neue Informationssystem des BKA einfacher (und
nach derzeitiger Rechtslage ohne Rechtsgrundlage) verknüpft werden können,
wird die Gefahr der Erstellung von Persönlichkeitsprofilen größer. Denn die
zuvor existierenden Trennwände der abgegrenzten Datentöpfe entfallen.
Themenübergreifende Verknüpfungen und Abgleiche aller im System gespeicherten Personen werden ermöglicht.[473] Es wäre somit denkbar, dass verschiedene Maßnahmen verschiedener Organisationseinheiten oder Behörden
gegen einen Betroffenen zwar zulässig sind, die (automatisierte) Zusammenfügung oder der (automatisierte) Abgleich der Daten im Dateisystem des
BKAG 2018 jedoch die verfassungsrechtlichen Grenzen überschreitet. Ein wesentlicher Problempunkt an dieser Stelle ist die bereits oben erörterte Frage,
wie genau der Abgleich der Daten im neuen Dateisystem des BKA geschehen

---

[469] BVerfG NJW 2016, 1781 (1787 f.).

[470] BVerfG NJW 1984, 419 (424).

[471] *Di Fabio*, in: Maunz/Dürig, GG, Art. 2, Rn. 184.

[472] BVerfG NJW 2013, 1499 (1514).

[473] *Petri*, in: Lisken/Denninger, Handbuch des Polizeirechts, Kap. G. Rn. 457; DSK; Entschließung der unabhängigen Datenschutzbehörden des Bundes und der Länder vom
16.03.2017, Neues Bundeskriminalamtgesetz – Informationspool beschneidet Grundrechte.

soll. Hierauf gibt das BKAG 2018 keine Antworten. Auch scheint diese Frage im Rahmen der Gesetzgebung nicht beantwortet worden zu sein. So kritisiert der Entschließungsantrag einiger Abgeordneter und der Fraktion BÜNDNIS 90/DIE GRÜNEN zu der dritten Beratung des Gesetzesentwurfs, dass das BKA die Daten nach beliebigen Methoden miteinander abgleichen dürfe.[474]

Auch bisher ist es theoretisch möglich, dass sich ein Mitarbeiter des BKA sämtliche beim BKA gespeicherten Daten über eine Person zusammensucht, soweit es ihm möglich ist, Zugriffsberechtigung für sämtliche Datentöpfe zu erhalten.[475] Er könnte dann also händisch bereits jetzt sämtliche Daten verknüpfen und somit ggf. das Risiko der Erstellung eines Persönlichkeitsprofils begründen. Diese manuelle Verknüpfung von Daten ist aber mit einem weitaus größeren Aufwand verbunden und stellt daher eine geringere Gefahr dar. Das neue System ermöglicht hingegen einen automatisierten Abgleich und eine Verknüpfung der Daten bzw. setzt diese sogar voraus. Dies erhöht die Gefahr der Entstehung (nicht einmal aktiven Erstellung) von Persönlichkeitsprofilen.

Wie oben gezeigt, kann eine entsprechende Maßnahme auch Eingriffsqualität haben, ohne dass ein Mensch Kenntnis von der Verknüpfung oder Neukontextualisierung der Daten nimmt. Übertragen auf die Entstehung von verfassungswidrigen Persönlichkeitsprofilen bedeutet das, dass es hierbei erst recht nicht auf die aktive Kenntnisnahme eines Menschen ankommen kann. Denn bei der Neukontextualisierung im Rahmen eines automatischen Datenabgleichs geht es nur um die Einordnung als Eingriff. Währenddessen ist die Erstellung von Persönlichkeitsprofilen per se nicht mit der Menschenwürde vereinbar und somit auch keiner Rechtfertigung zugänglich. Demnach steuert auch das Konzept der abgestuften Zugriffsberechtigung nach § 15 BKAG 2018 dieser Gefahr nicht entgegen. Denn das im System vorliegende Persönlichkeitsprofil reicht aus, um einen verfassungswidrigen Zustand zu bejahen.

Dabei ist zu berücksichtigen, dass der Informationsbestand des BKA Teil des polizeilichen Informationsverbunds sein wird, an dem verschiedene Behörden mit unterschiedlichen Kompetenzen teilnehmen. Der bayerische LfDI erkennt hierin in seiner Stellungnahme zum Entwurf des BayPAG die Gefahr, dass sich die Überschneidung der Befugnisse in Richtung einer Totalüberwachung verdichte.[476] Im Lichte des oben dargestellten Urteils des BVerfG zur Verwendung von GPS zeitgleich mit weiteren Observationsmaßnahmen bedürfte es

---

[474] BT-Drs. 18/12131, S. 2.
[475] Anlage 1, S. A-6.
[476] Stellungnahme vom 21.12.2017, S. 2.

einer Prüfinstanz, die sicherstellt, dass das Zusammenspiel verschiedener Ermittlungsmaßnahmen gegen einen Betroffenen nicht übermäßig in dessen Grundrechte eingreift. Eine solche Verfahrenssicherung sieht das BKAG 2018 jedoch nicht vor.

§ 31 BKAG 2018 regelt die datenschutzrechtliche Verantwortlichkeitsverteilung im polizeilichen Informationsverbund. Zwar kommt dem BKA nach § 31 Abs. 1 BKAG 2018 die Aufgabe zu, als Zentralstelle für den polizeilichen Informationsverbund die Einhaltung der Regelungen zur Zusammenarbeit und zur Führung des Verbundsystems zu überwachen. Die Verantwortlichkeit für die Rechtmäßigkeit der Erhebung, der Eingabe sowie für die Richtigkeit und Aktualität der Daten trägt aber die jeweils eingebende Stelle nach § 31 Abs. 2 BKAG 2018 selbst. Die Datenschutzkontrolle obliegt nach § 31 Abs. 3 BKAG 2018 schließlich dem BfDI sowie den entsprechenden LfDI. Die Regelungen entsprechen mit redaktionellen Anpassungen den Regelungen des § 12 Abs. 1-3 BKAG 1997.[477] Primär datenschutzrechtlich verantwortlich ist also jeweils die die Daten eingebende Stelle. Die Überwachungsfunktion des BKA umfasst wie oben dargestellt die Prüfung, ob die angelieferten Daten ihrer Art nach zu seiner rechtmäßigen Aufgabenerfüllung gespeichert werden dürfen, sofern Anhaltspunkte berechtigte Zweifel begründen. Darüber hinaus soll es die formale Richtigkeit der Daten prüfen. Dies umfasst z. B. die maschinelle Plausibilitäts- und Berechtigungsprüfung. Außerdem soll das BKA pauschale Schlüssigkeitsprüfungen vornehmen, Vergleichsmöglichkeiten mit anderen eine Kontrolle erlaubenden Daten beim BKA nutzen und stichprobenartig die Einhaltung der für die Datei geltenden Konventionen überprüfen.[478] Dem BKA kommt damit jedoch keine grundsätzliche Zuständigkeit dafür zu, für einzelne Betroffene zu prüfen, ob die Datenerhebungsmaßnahmen verschiedener Behörden übermäßig und damit unverhältnismäßig sind.

In diesem Kontext muss außerdem eine weitere für die Betroffenen potenziell negative Entwicklung berücksichtigt werden. Denn je größer die Menge der über eine Person an einem Ort vorhandenen Daten ist, desto größer ist auch die Wahrscheinlichkeit, dass sich aus dem Zusammenspiel dieser Daten neue Erkenntnisse gewinnen lassen.[479] In diese Richtung weist auch die oben genannte Definition von Roßnagel/Pfitzmann/Garstka. Diese stellt entscheidend

---

[477] BT-Drs. 18/11163, S. 110.

[478] BT-Drs. 13/1550, S. 29; *Graulich*, in: Schenke/Graulich/Ruthig, Sicherheitsrecht des Bundes, § 31 BKAG Rn. 3.

[479] *Schantz*, in: Schantz/Wolff, das neue Datenschutzrecht, Rn. 732; *Roßnagel/Pfitzmann/ Garstka*, Modernisierung des Datenschutzrechts, S. 118 f.

darauf ab, dass nicht nur das gemeinsame Vorhandensein von Einzeldaten an einem Ort, sondern der zusätzliche Erkenntnisgewinn aus der Zusammenfügung der Daten die Gefährlichkeit für die Rechte des Betroffenen begründet.

b. § 16 Abs. 6 BKAG 2018

Neben der stärkeren Verknüpfung von Daten ist in diesem Kontext auch die Regelung in § 16 Abs. 6 BKAG 2018 zu berücksichtigen. In Fällen, in denen bereits Daten zu einer bestimmten Person vorhanden sind, ermächtigt diese Norm das BKA zur Weiterverarbeitung personengebundener Hinweise, die zum Schutz dieser Person oder zur Eigensicherung von Beamten erforderlich sind (Nr. 1) oder weiterer Hinweise, die geeignet sind, dem Schutz Dritter oder der Gewinnung von Ermittlungsansätzen zu dienen (Nr. 2) und erweitert so den Rahmen möglicher hinzuzufügender Daten.

Nr. 1 entspricht § 7 Abs. 8 BKAG 1997. Nr. 2 ist hingegen neu eingefügt worden. Unter Nr. 1 fallen beispielsweise Informationen über ansteckende Krankheiten, Waffengebrauch oder Suizidgefahr.[480] Nr. 2 bezieht sich neben dem Schutz Dritter auf die Gewinnung von Ermittlungsansätzen. Solche ermittlungsunterstützenden Hinweise sind Hinweise auf Besonderheiten einer natürlichen Person, die dazu geeignet sind, einen polizeilichen Kontext zu verdeutlichen oder polizeiliches Handeln zielgerichteter zu steuern oder zu unterstützen.[481] Die Formulierung ist sehr weit gefasst, sodass nur schwer erkennbar ist, wo die Grenze von ermittlungsunterstützenden Hinweisen erreicht ist. Darüber hinaus setzt § 16 Abs. 6 BKAG 2018 lediglich voraus, dass überhaupt schon Daten über eine Person „vorhanden" sind. Demnach scheint es, als werden keine Unterschiede gemacht, warum und in welcher Funktion bereits Daten über diese Person vorliegen. Der Wortlaut der Norm schließt auch bloße Kontaktpersonen nicht aus, da auch über diese Personen Daten erhoben und gespeichert werden dürfen, also i. S. d. § 16 Abs. 6 BKAG 2018 „vorhanden" sind. Als „grundrechtlich nicht haltbar" wird auch diese Norm im Wege der Verfassungsbeschwerde angegriffen.[482] Kritisch ist insbesondere zu sehen, dass die Norm ausdrücklich nur die „Geeignetheit" eines Hinweises genügen lässt. Geeignet zur Gewinnung von Ermittlungsansätzen dürften praktisch alle Informationen sein, darunter auch höchst sensible, z. B. solche, die sich auf die gesundheitliche oder finanzielle Situation des Betroffenen beziehen. Die Informationen müssen dem Normtext nach nicht erforderlich sein.

---

[480] *Graulich*, in: Schenke/Graulich/Ruthig: Sicherheitsrecht des Bundes, § 16 BKAG Rn. 63.

[481] *Graulich*, in: Schenke/Graulich/Ruthig: Sicherheitsrecht des Bundes, § 16 BKAG Rn. 62.

[482] Verfassungsbeschwerde vom 21.05.2019, S. 62.

Eine solch weit gefasste Formulierung genügt dem verfassungsrechtlichen Verhältnismäßigkeitsprinzip nicht. Insbesondere kann man sich schwerlich einen Hinweis vorstellen, der nicht in irgendeiner Weise geeignet sein könnte, der Gewinnung von Ermittlungsansätzen zu dienen. Die Norm ist daher uferlos. Zwar sieht die Gesetzesbegründung vor, dass ermittlungsunterstützende Hinweise *„auf der Grundlage von objektiven Erkenntnissen und von möglichst umfassenden Informationen zur betreffenden Person gewonnen werden"* sollen. Sowie weiter: *„Ermittlungsunterstützende Hinweise sind Hinweise auf Besonderheiten einer natürlichen Person, die dazu geeignet sind, einen polizeilichen Kontext zu verdeutlichen, polizeiliches Handeln zielgerichteter zu steuern bzw. zu unterstützen, oder die dem Schutz Dritter dienen. Sie sind darüber hinaus auch geeignet, Datenbestände für Ermittlungen zu kennzeichnen bzw. zu selektieren."*[483] Die dort enthaltene Einschränkung, dass die Hinweise jedenfalls auf Grundlage objektiver Erkenntnisse gewonnen werden sollen und die entsprechende Ausfüllung der Geeignetheit finden sich im Gesetzestext aber nicht wieder. Das Gesetz erlaubt vielmehr ohne Einschränkung die Speicherung der Hinweise zu den entsprechenden Personen, die die handelnden Polizeimitarbeiter für geeignet halten.

Die Kommentarliteratur hierzu ist unkritisch. Graulich weist auf die Herkunft der Regelung aus einer Stellungnahme des Bundesrates im Rahmen des Gesetzgebungsverfahrens zum BKAG 1997 hin.[484] Der Bundesrat hatte hier für die Vorgängerregelung in § 7 Abs. 3 BKAG 1997 folgende Formulierung vorgeschlagen:

> *„(3) Das Bundeskriminalamt kann in den Fällen, in denen in einer Datei bereits Daten zu einer Person gespeichert sind, hierzu auch solche personengebundene Hinweise speichern, die zur Eigensicherung von Beamten oder zum Schutz des Betroffenen erforderlich sind."*

Die Vorschrift findet ihre Entsprechung nunmehr in der in § 16 Abs. 6 Nr. 1 BKAG 2018 getroffenen Regelung. Diesbezüglich hat der Bundesrat mit der Notwendigkeit der Speicherung einer möglichen Suizidgefahr argumentiert. Hinsichtlich der nunmehr in Nr. 2 befindlichen Regelung kann lediglich die folgende Begründung übertragen werden: *„Durch die Formulierung wird im übrigen klargestellt, daß [sic] auch solche personengebundenen Hinweise, die unmittelbar dem Dateizweck dienen (wie z. B. Fremdenfeindlichkeit) nach*

---

[483] BT-Drs. 18/11163, S. 98; hierauf weist auch *Bäcker* in der Verfassungsbeschwerde vom 21.05.2019, S. 61 hin.

[484] *Graulich*, in: Schenke/Graulich/Ruthig, Sicherheitsrecht des Bundes, § 16 BKAG Rn. 63.

*Maßgabe einschlägiger Vorschriften [...] ebenfalls gespeichert werden kön-
nen.*"[485] Den Vorschlag hat der Bundestag übernommen.[486] Im Gegensatz zu
der nach der neuen Regelung ausreichenden Geeignetheit zur Gewinnung
von Ermittlungsansätzen wurde hier noch unmittelbar auf den Dateizweck abgestellt und im Ergebnis eine viel engere gesetzliche Regelung geschaffen.

Diese Begründung ist somit nicht auf die aktuelle Regelung zu übertragen. Im
Lichte der früheren Begründung tritt im Gegenteil die Frage nach der Verhältnismäßigkeit der neuen Regelung in den Vordergrund.

3. Lösungsansätze

Fraglich ist, ob es überhaupt eine praktisch sinnvolle Lösung zur Verhinderung
der Erstellung von Persönlichkeitsprofilen gibt. Notwendig wäre im Grunde ein
systeminternes Warnsystem, das eine Alarmmeldung aussendet, sobald über
eine Person über einen längeren Zeitraum immer weiter Informationen verknüpft werden. Im Anschluss an eine solche Meldung müsste dann ein System
vorgesehen sein, das eine genaue Prüfung der Erforderlichkeit der Speicherung der Daten vorsieht und dabei die Gefahr der Erstellung eines verfassungswidrigen Persönlichkeitsprofils berücksichtigt, also ggf. an die Erforderlichkeit der fortdauernden Speicherung strengere Maßstäbe stellt. Problematisch wäre jedoch, wenn diese Prüfung auch unter Berücksichtigung strengerer
Maßstäbe zu dem Ergebnis kommt, dass die fortdauernde Speicherung sämtlicher Daten weiterhin erforderlich ist. In einem solchen Fall stünde man vor
der Entscheidung, die Entstehung eines verfassungswidrigen Persönlichkeitsprofils sehenden Auges in Kauf zu nehmen, oder einzelne Datensätze, die zur
Aufgabenerfüllung noch erforderlich sind, löschen zu müssen, was keinen
gangbaren Weg darstellen dürfte. Eine dritte Möglichkeit wäre, die Daten zwar
weiterhin zu speichern, aber ihre Verknüpfung durch technische Maßnahmen
zu verhindern. Hiermit gelänge man wiederum zu den Problemen des alten
Dateiensystems, dass etwaige Zusammenhänge nicht erkannt werden könnten.

Dieser Problematik könnte durch die oben unter E.III.3. vorgeschlagene Einfügung eines § 9 Abs. 6 BKAG 2018 teilweise abgeholfen werden.

---

[485] BT-Drs. 13/1550, S. 44.
[486] BT-Drs. 13/1550, S. 55.

4. Zwischenergebnis

Das BKAG 2018 ist nicht gezielt darauf gerichtet, zur Erstellung verfassungs-widriger Persönlichkeitsprofile zu führen. Hierbei handelt es sich nur um eine von den jeweiligen Gegebenheiten des Einzelfalls abhängende mögliche Fol-ge, die durch die Neustrukturierung des Informationssystems sowie durch die Regelung des § 16 Abs. 6 BKAG 2018 begünstigt wird. Wie gezeigt steht die-se Problematik im engen Zusammenhang mit der unter E.III. behandelten Thematik der automatisierten Verknüpfung von über eine Person vorliegenden Daten und unterstreicht somit die Verfassungswidrigkeit dieses Zustands.

5. Ausblick

Der Thematik liegt die grundsätzliche Frage zugrunde, in welche Richtung sich die Polizeiarbeit der Zukunft entwickeln soll. Insbesondere sind dabei mögliche Anwendungen des „predictive policing" im Auge zu behalten. Hierunter ver-steht man „die polizeiliche Anwendung von analytisch-technischen Verfahren, um Wahrscheinlichkeiten für künftige Straftaten, Straftäter, Tatorte zu prog-nostizieren. Ziel ist es, auf der Grundlage dieser Daten mit entsprechenden polizeilichen Maßnahmen potentielle Straftaten zu verhindern (präventiv) oder Delikte besser aufzuklären (repressiv)."[487] Dies setzt die Verarbeitung großer Mengen an Daten voraus. Diese Entwicklung aus den USA wurde auch in Deutschland schon getestet. So setzen z.B. Bayern und Baden-Württemberg das System „PreCobs" ein. Dabei handelt es sich um eine Software, die Ort und Zeit von professionellen Einbruchsdiebstählen vorhersagen soll.[488] Die Anwendung in Deutschland bezog sich bisher allerdings nur auf objektive Kri-terien, wie die Frage, wo in der nächsten Zeit mit einer gewissen Wahrschein-lichkeit Wohnungseinbruchsdiebstähle begangen werden. Allerdings gibt es mittlerweile in den USA bereits Ansätze auch an der Person als potentiellem zukünftigem Täter anzuknüpfen, also zu prüfen, wer mit welcher Wahrschein-lichkeit zukünftig eine Straftat begehen könnte.[489] Es ist nicht ausgeschlossen, dass eine solche Entwicklung irgendwann auch in Deutschland angedacht wird, zumal sich bereits Tendenzen erkennen lassen, Polizeiaktivität in das Vorfeld einer Gefahr zu verlagern (z. B. umfangreiche Vorfeldkompetenzen im BayPAG, hierzu unter E.VIII.3.). Vorhersagen über das zukünftige Verhalten einer Person bedürfen aber gerade eines sehr umfangreichen Datenbestands

---

[487] Härtel, LKV 2019, 49 (54); Knobloch, Vor die Lage kommen, S. 8.

[488] Singelstein, NStZ 2018, 1 (1).

[489] Singelstein, NStZ 2018, 1 (2) m. w. N.

über diese Person, der zumindest ein Teilabbild im Sinne der oben genannten Rechtsprechung darstellen dürfte und daher verfassungswidrig wäre.

Um den Weg hierfür frei zu machen, bedürfte es sicherlich einer Abkehr des BVerfG von seiner bisherigen Rechtsprechung zur Rasterfahndung sowie zur Verfassungswidrigkeit von Persönlichkeitsprofilen.[490] Eine solche ist zum aktuellen Zeitpunkt nicht in Sicht und würde insbesondere in Anbetracht der jüngsten Entscheidungen zur Kfz-Kennzeichenüberwachung eine deutliche Kehrtwende darstellen.

V. Kontrollmöglichkeiten

Einen wesentlichen Aspekt für die Prüfung der Verhältnismäßigkeit des neuen Informationsbestands bildet die Frage nach effektiven Kontrollmöglichkeiten. Nach Auffassung des Gesetzgebers ermöglichte die Dateienstruktur unter dem BKAG 1997 nur eingeschränkte Kontrollmöglichkeiten. Hingegen seien die Protokollierungs- und Dokumentationspflichten nach dem neuen System zu umfassenden Pflichten ausgebaut worden. Dies ermögliche *„insbesondere die effektive Ausübung der Betroffenenrechte und eine wirksame Kontrolle durch die oder den Bundesbeauftragten für den Datenschutz und die Informationsfreiheit."*[491]

In diesem Kapitel soll daher auf die institutionalisierten Kontrollmechanismen eingegangen werden. Die Betroffenenrechte in Form von Benachrichtigungspflichten und Auskunftsansprüchen, die für die Kontrolle des Systems ebenfalls eine Rolle spielen, werden im nächsten Kapitel dargestellt (vgl. E.VI.). Im Rahmen dieses Kapitels soll der Fokus dabei darauf liegen, inwiefern die neue IT-Infrastruktur neuer Kontrollmöglichkeiten bedarf und diese ihrer Ausgestaltung nach ermöglicht. Detailfragen der Umsetzung der europäischen Vorgaben können dort, wo kein unmittelbarer Bezug zum Thema der Arbeit besteht, nur aufgezeigt und nicht detailliert geprüft werden.

1. Verfassungsrechtlich vorgesehene Kontrollmöglichkeiten

Bereits im Volkszählungsurteil betonte das BVerfG die Notwendigkeit wirksamer Kontrollmöglichkeiten bei der Verarbeitung personenbezogener Daten. So sei *„die Beteiligung unabhängiger Datenschutzbeauftragter von erheblicher Bedeutung für einen effektiven Schutz des Rechts auf informationelle Selbst-*

---

[490] *Singelnstein*, NStZ 2018, 1 (6 f.).
[491] BT-Drs. 18/11163, S. 76.

bestimmung".[492] Dabei spielt auch die angemessene Ausstattung der kontrollierenden Stellen, hier des BfDI, eine entscheidende Rolle. So betonte das BVerfG auch im ATDG-Urteil von 2013 sowie im BKAG-Urteil von 2016, dass die verfassungsrechtlich gebotene Ausgestaltung der Kontrollmöglichkeiten auch in der Ausstattung des BfDI ihren Niederschlag finden muss.[493]

2. Von der Richtlinie vorgeschriebene Kontrollmöglichkeiten

Die JI-RL schreibt weitreichende aufsichtsbehördliche Kontrollmöglichkeiten vor. Wie oben dargestellt gilt die Richtlinie grundsätzlich nicht unmittelbar. Das nationale Recht muss sie europarechtskonform umsetzen.

Einschlägige Regelungen der Richtlinie sind hier insbesondere die oben dargestellten Regelungen zur Datenschutz-Folgenabschätzung in Art. 27 JI-RL, zur vorherigen Konsultation der Aufsichtsbehörde nach Art. 28 JI-RL, zum Datenschutzbeauftragten nach Art. 32 ff. JI-RL und zur unabhängigen Aufsichtsbehörde in Art. 41 ff. JI-RL, hierbei insbesondere die Regelung zu den Befugnissen in Art. 47 JI-RL.

Um die Unabhängigkeit der Kontrollbehörde und die Möglichkeit der effektiven Wahrnehmung ihrer Befugnisse zu sichern, schreibt die JI-RL in Art. 42 Abs. 4 außerdem vor, dass jede Aufsichtsbehörde mit den personellen, technischen und finanziellen Ressourcen, Räumlichkeiten und Infrastrukturen ausgestattet wird, die sie benötigt, um ihre Aufgaben und Befugnisse auch im Rahmen der Amtshilfe, Zusammenarbeit und Mitwirkung im Ausschuss effektiv wahrnehmen zu können.

3. Umsetzung durch den nationalen Gesetzgeber

Der nationale Gesetzgeber hat die Regelungen der JI-RL zum Teil im BDSG und zum Teil in den bereichsspezifischen Datenschutzgesetzen, wie dem BKAG 2018, umgesetzt.

a. Datenschutz-Folgenabschätzung

Art. 27 JI-RL sieht die Durchführung von Datenschutz-Folgenabschätzungen vor. Dies ist im BKAG 2018 nicht ausdrücklich erwähnt, findet aber in § 67 BDSG seinen Niederschlag, dessen Regelung das BKA beachten muss.[494]

---

[492] BVerfG NJW 1984, 419 (422 f.); *Schnabel*, in: BeckOK Informations- und Medienrecht, § 12 IFG Rn. 3.

[493] BVerfG NJW 2013, 1499 (1517); BVerfG, NJW 2016, 1781 (1789).

[494] *Petri*, in: Lisken/Denninger, Handbuch des Polizeirechts, Kap. G. Rn. 458.

§ 67 BDSG setzt Art. 27 JI-RL in einigen Teilen nahezu wortgleich um und lehnt sich gleichzeitig am Wortlaut von Art. 35 Abs. 1 S. 1, Abs. 2 DSGVO an.[495]

Die Datenschutz-Folgenabschätzung bezieht sich nicht auf die einzelnen Datenverarbeitungsvorgänge, sondern dient der Bewertung der Systeme und Verfahren zur Verarbeitung der Daten.[496]

Die Umsetzung von Art. 27 JI-RL unter Einbeziehung der in Art. 35 DSGVO normierten genaueren Regelung ergibt vor allem deshalb Sinn, als die Regelung in Art. 27 JI-RL sehr allgemein gehalten ist. Die Einbeziehung der Vorgaben aus der DSGVO erhöht aus Sicht der Betroffenen das Schutzniveau, indem z. B. nach § 67 Abs. 3 BDSG der behördliche Datenschutzbeauftragte an der Folgenabschätzung zu beteiligen ist. Daneben gibt sie in § 67 Abs. 4 Nr. 1-4 BDSG auch dem Rechtsanwender genauere Vorgaben an die Hand, was die Folgenabschätzung mindestens zu enthalten hat. Die strengeren Vorgaben des nationalen Gesetzes sind entsprechend Art. 1 Abs. 1 JI-RL richtlinienkonform, da sie das Schutzniveau für die Betroffenen erhöhen.[497]

Weder die JI-RL noch die Umsetzung im BDSG benennen die Voraussetzungen, nach denen eine Folgenabschätzung vorzunehmen ist. § 67 Abs. 1 BDSG konstituiert die Pflicht eine Folgenabschätzung vorzunehmen für Verarbeitungsvorgänge, bei denen durch die Verwendung neuer Technologien aufgrund der Art, des Umfangs, der Umstände und der Zwecke der Verarbeitung voraussichtlich eine erhebliche Gefahr für die Rechtsgüter betroffener Personen folgt. Die Aufzählung ist nicht abschließend, da sie mit „insbesondere" eingeleitet wird und lässt daher Raum für weitere Fälle, in denen eine Folgenabschätzung vorzunehmen ist. Dem Verantwortlichen obliegt also die Feststellung, ob eine Datenschutz-Folgenabschätzung vorzunehmen ist. Ansatzpunkt dafür ist das Vorliegen einer erheblichen Gefahr für die Rechtsgüter der betroffenen Personen. Das BKAG oder das BDSG enthalten keine Legaldefinition für den Begriff der erheblichen Gefahr. Eine solche findet sich allerdings in § 14 Abs. 2 S. 2 BPolG: *„Eine erhebliche Gefahr im Sinne dieses Abschnitts ist eine Gefahr für ein bedeutsames Rechtsgut, wie Bestand des Staates, Leben, Gesundheit, Freiheit, wesentliche Vermögenswerte oder andere strafrechtlich geschützte Güter von erheblicher Bedeutung für die Allgemeinheit"*.

---

[495] Vgl. Synopse bei *Johannes/Weinhold*, Das neue Datenschutzrecht bei Polizei und Justiz, § 2 II S. 187.

[496] *Graulich*, in: Schenke/Graulich/Ruthig, Sicherheitsrecht des Bundes, § 15 BKAG Rn. 2.

[497] Vgl. auch *Johannes/Weinhold*, Das neue Datenschutzrecht bei Polizei und Justiz, § 1 Rn. 273.

Diese Legaldefinition legt den Fokus demnach auf die erhebliche Bedeutung des gefährdeten Rechtsguts.[498] Im Zusammenhang mit der Notwendigkeit der Durchführung von Datenschutz-Folgenabschätzungen durch die Sicherheitsbehörden definieren Johannes/Weinhold die erhebliche Gefahr so: *„Eine Gefahr ist erheblich, wenn mit hoher Wahrscheinlichkeit ein Eingriff in die Rechtsgüter natürlicher Personen droht."* Sie führen weiter aus, dass dieses Kriterium bei der Datenverarbeitung im polizeilichen Bereich so gut wie immer erfüllt sein dürfte.[499] Diese Definition fokussiert die Wahrscheinlichkeit des Eingriffseintritts und stellt an die geschützten Rechtsgüter keine speziellen Anforderungen. Auf die Situation von § 67 BDSG ist sie besser zugeschnitten, da die Aufzählung der gefährdeten Rechtsgüter nach den hergebrachten Definitionen der erheblichen Gefahr für die Datenschutz-Folgenabschätzung keinen Sinn ergibt. Denn durch die Datenverarbeitung kann ohnehin nur für die Freiheitsrechte der Betroffenen eine Gefahr bestehen. Maßstab für die Erheblichkeit kann daher nur die Wahrscheinlichkeit des Eingriffseintritts sein.

Die befragten Mitarbeiter des BKA gehen entsprechend der Ergebnisse des Experteninterviews davon aus, dass das BKA in Zukunft in großem Maße Datenschutz-Folgenabschätzungen vornehmen werden muss.[500]

b. Konsultation der Aufsichtsbehörde

§ 69 BDSG regelt die sogenannte Vorabkonsultation der Aufsichtsbehörde, zu der der Verantwortliche vor der Einrichtung neuer Dateisysteme verpflichtet ist. Darüber hinaus ist der BfDI zur Abgabe von Empfehlungen berechtigt. Die Stellung des BfDI gegenüber den Sicherheitsbehörden wird somit weiter gestärkt.[501]

Fraglich ist, ob der BfDI im Rahmen der Vorabkonsultation neben der Abgabe von Empfehlungen auch auf seine allgemeinen gesetzlichen Befugnisse zurückzugreifen darf. Hierfür spricht, dass § 69 BDSG der Umsetzung von Art. 28 JI-RL dient.[502] Zwar spricht § 69 BDSG ausdrücklich nur davon, dass der BfDI schriftliche Empfehlungen hinsichtlich noch zu treffender Maßnahmen unterbreiten kann, jedoch sieht der hierin umgesetzte Art. 28 Abs. 5 JI-RL ausdrücklich den Rückgriff auf allgemeine Befugnisse vor. Zwar enthält

---

[498] So auch in *Möllers*, Wörterbuch der Polizei, S. 763.

[499] *Johannes/Weinhold*, Das neue Datenschutzrecht bei Polizei und Justiz, § 1 Rn. 283.

[500] Anlage 1, S. A-4.

[501] *Ruthig*, in: Schenke/Graulich/Ruthig, Sicherheitsrecht des Bundes, § 69 BKAG Rn. 6.

[502] *Gräber/Nolden*, in: Paal/Pauly, DS-GVO/BDSG, § 69 BDSG Rn. 1.

§ 69 Abs. 3 BDSG keine entsprechende ausdrückliche Regelung, der Verweis auf die Möglichkeit schriftliche Empfehlungen zu unterbreiten ist jedoch auch nicht abschließend. Er versperrt somit nicht den Weg zu den weiteren dem BfDI zur Verfügung stehenden Befugnissen, sodass er im Anwendungsbereich des BKAG entsprechend § 69 Abs. 2 BDSG auch berechtigt ist, verbindliche Anordnungen zu treffen.[503] Für das BKAG 2018 dürfte diese Regelung zunächst bei der Entwicklung des neuen Informationssystems und darüber hinaus bei der Weiterentwicklung der Zugriffsberechtigung nach § 15 Abs. 3 S. 3 BKAG 2018 eine Rolle spielen.

c. Datenschutzbeauftragter

Neben dem BfDI und den LfDI sieht das Gesetz die Position des Datenschutzbeauftragten in der Behörde vor. Bevor der Datenschutzbeauftragte auch im Unionsrecht etabliert wurde, gab es dieses Institut bereits als den meisten anderen Rechtsordnungen fremdes „*Spezifikum des deutschen Datenschutzrechts*"[504].[505] Regelungen über Benennung, Stellung und Aufgaben traf § 4 f BDSG a. F.

Die aktuellen Regelungen zur Ernennung und Rechtsstellung des Datenschutzbeauftragten des BKA finden sich in §§ 70 ff. BKAG 2018. Diese ergänzen die allgemeinen Vorschriften zum Datenschutzbeauftragten in §§ 5 ff. BDSG[506], die Art. 32 ff. JI-RL umsetzen und die Regelungen der §§ 37 ff. DSGVO mit einbeziehen.[507]

Die interne Kontrolle durch den Datenschutzbeauftragten dient der Ergänzung der externen Kontrolle durch den BfDI.[508]

---

[503] *Ruthig*, in: Schenke/Graulich/Ruthig, Sicherheitsrecht des Bundes, § 69 BKAG Rn. 11; *Gräber/Nolden*, in: Paal/Pauly, DS-GVO/BDSG, § 69 BDSG Rn. 8.

[504] *Moos*, in: BeckOK Datenschutzrecht, § 4f BDSG Rn. 1 [a. K.].

[505] *Petri*, in: Lisken/Denninger, Handbuch des Polizeirechts, Kap. G. Rn. 1203.

[506] BT-Drs. 18/11163, S. 130.

[507] *Ruthig*, in: Schenke/Graulich/Ruthig, Sicherheitsrecht des Bundes, § 70 BKAG Rn. 1; vgl. auch Kompaktsynopse in *Johannes/Weinhold*, Das neue Datenschutzrecht bei Polizei und Justiz, § 3. Hierbei handelt es sich nicht um einen Verstoß gegen das Normwiederholungsverbot, da auch Umsetzung der JI-RL betroffen ist und außerdem stellt Erwägungsgrund 8 der DS-GVO klar, dass Regelungen soweit erforderlich in das nationale Gesetz aufgenommen werden dürfen, vgl. § 1 Rn. 91.

[508] *Ruthig*, in: Schenke/Graulich/Ruthig, Sicherheitsrecht des Bundes, § 70 BKAG Rn. 1.

aa. Benennung des Datenschutzbeauftragten

Die Benennung des Datenschutzbeauftragten regelt § 70 BKAG 2018, der an § 5 BDSG anknüpft.

Die Benennung und Abberufung des Datenschutzbeauftragten muss im Einvernehmen mit dem BMI erfolgen. Dies soll dazu dienen, die *„fachaufsichtliche [...] Steuerung des Bundeskriminalamtes bei der Besetzung dieser datenschutzpolitisch und -praktisch wichtigen Position und gleichzeitig [...] die Unabhängigkeit des Beauftragten für den Datenschutz schon im Zusammenhang mit seiner Bestellung"*[509] sicherzustellen. Die Rolle des Datenschutzbeauftragten ist nicht beim BKA beschäftigen Personen vorbehalten, auch die Ernennung eines externen Datenschutzbeauftragten kommt in Betracht.[510]

§ 5 Abs. 3 BDSG regelt in Umsetzung von Art. 32 Abs. 2 JI-RL die Anforderungen, die an die Qualifikation und Persönlichkeit des Datenschutzbeauftragten zu stellen sind. Der Datenschutzbeauftragte muss die berufliche Qualifikation und Fachwissen auf dem Gebiet des Datenschutzrechts und der Datenschutzpraxis vorweisen können, sowie auf Grundlage seiner Fähigkeiten seine ihm übertragenen Aufgaben ausüben können.

Darüber hinaus ist das Kriterium der persönlichen Zuverlässigkeit zwar nicht ausdrücklich im Gesetz verankert, dürfte sich allerdings aus der gesetzlichen Anforderung ergeben, dass der Datenschutzbeauftragte in der Lage sein muss, seine Aufgaben auszuüben.[511]

Schließlich muss das BKA nach § 5 Abs. 5 BDSG die Kontaktdaten des Datenschutzbeauftragen veröffentlichen und dem BfDI mitteilen.

bb. Aufgaben des Datenschutzbeauftragten

§ 71 BKAG 2018 regelt die Aufgaben des Datenschutzbeauftragten neben den allgemeinen Vorschriften in § 7 BDSG.

Nach Art. 39 DSGVO i. V. m. § 7 Abs. 1 BDSG und § 71 Abs. 1 BKAG 2018 hat der Datenschutzbeauftragte die Aufgabe die für die Datenverarbeitung verantwortliche Stelle oder den Auftragsverarbeiter über die Pflichten nach der DSGVO sowie nach sonstigen Datenschutzvorschriften der Union bzw. der

---

[509] BT-Drs. 18/11163, S. 130.

[510] BT-Drs. 18/11163, S. 130; *Ruthig*, in: Schenke/Graulich/Ruthig, Sicherheitsrecht des Bundes, § 70 BKAG Rn. 2.

[511] *Bergt*, in: Kühling/Buchner, DS-GVO/BDSG, Art. 37 DS-GVO Rn. 35; *Ruthig*, in: Schenke/Graulich/Ruthig, Sicherheitsrecht des Bundes, § 70 BKAG Rn. 3; *Paal*, in: Paal/Pauly, DS-GVO/BDSG, Art. 37 DS-GVO Rn. 13.

Mitgliedstaaten zu unterrichten und zu beraten. Darüber hinaus hat der Datenschutzbeauftragte die Einhaltung dieser Pflichten sowie die diesbezüglichen
Strategien der für die Datenverarbeitung verantwortlichen Stelle oder des Auf-
tragsverarbeiters zu überwachen. Er soll außerdem auf Anfrage im Zusammenhang mit Datenschutz-Folgenabschätzungen beratend tätig werden und
deren Durchführung überwachen. Darüber hinaus soll er mit der Aufsichtsbehörde zusammenarbeiten und ihr als Anlaufstelle dienen.

§ 71 Abs. 1 S. 1 BKAG 2018 beauftragt den Datenschutzbeauftragten außerdem mit der Zusammenarbeit mit den Datenschutzbeauftragten der Landeskriminalämter, der Bundespolizei und des Zollkriminalamtes. Nach § 71 Abs. 1
S. 2 BKAG 2018 ist von dieser Zusammenarbeit insbesondere der Informa-
tions- und Erfahrungsaustausch über grundsätzliche Fragen der Datenverarbeitung umfasst. Entsprechend der Gesetzesbegründung kann hiervon auch
die Einigung auf entsprechende Leitlinien umfasst sein.[512] § 71 Abs. 2
BKAG 2018 stellt klar, dass sich die Tätigkeit des Datenschutzbeauftragten
auch auf personenbezogene Daten erstreckt, die einem Berufs- oder besonderen Amtsgeheimnis unterliegen, insbesondere dem Steuergeheimnis nach
§ 30 AO.

Die wesentliche Aufgabe des Datenschutzbeauftragten ist somit die Überwachung der Einhaltung des gesamten Datenschutzrechts. Hierin ist eine Aufwertung der Aufgaben des Datenschutzbeauftragten gegenüber der alten
Rechtslage zu sehen, denn § 4g Abs. 1 S. 1 BDSG a. F. sah lediglich ein
„Hinwirken" des Datenschutzbeauftragen auf die Einhaltung der Gesetze
vor.[513]

    cc. Stellung des Datenschutzbeauftragten und Zusammenarbeit mit
       dem BfDI

§ 72 BKAG 2018 dient der Ergänzung der allgemeinen Regelungen zur Stellung des Datenschutzbeauftragten in § 6 BDSG.[514]

§ 6 Abs. 3 BDSG stellt sicher, dass der Datenschutzbeauftragte seine Aufgaben weisungsfrei ausüben kann und unmittelbar der höchsten Leitungsebene
berichtet. Dies dient dazu, dem Datenschutzbeauftragten die nötige Unabhängigkeit zu verleihen, die er für die Erfüllung seiner Aufgaben benötigt, die

---

[512] BT-Drs. 18/11163, S. 130.

[513] *Ruthig,* in: Schenke/Graulich/Ruthig, Sicherheitsrecht des Bundes, § 71 BKAG Rn. 2;
Bergt, in: Kühling/Buchner, DS-GVO/BDSG, Art. 39 DS-GVO Rn. 13 m. w. N.

[514] BT-Drs. 18/11163, S. 131.

Art. 38 Abs. 3 DSGVO fordert.[515] § 72 BKAG 2018 konkretisiert die Unabhängigkeitsanforderung dahingehend, als dass der Datenschutzbeauftragte bereits organisatorisch unmittelbar der Leitung des BKA unterstellt ist.[516]

Mit § 72 Abs. 2 BKAG 2018 nimmt der Gesetzgeber die Regelung des § 4g Abs. 3 S. 2 BDSG a. F. in das BKAG auf.[517] Danach kann sich der Datenschutzbeauftragte bei der Erfüllung seiner Aufgaben in Zweifelsfällen an den BfDI wenden, muss hierfür jedoch zunächst Benehmen mit der Leitung des BKA herstellen. Sofern es hierbei zu Unstimmigkeiten zwischen dem Datenschutzbeauftragten und der Leitung des BKA kommt, entscheidet das BMI.

dd. Problem: § 72 Abs. 2 BKAG 2018

Fraglich ist, ob die Entscheidungsbefugnis des BMI nach § 72 Abs. 2 Halbsatz 2 BKAG 2018 mit der Unabhängigkeit des Datenschutzbeauftragten vereinbar ist. Zu der inhaltsgleichen Vorgängerregelung in § 4g Abs. 3 S. 2 BDSG a. F. führt Simitis aus,[518] der Gesetzgeber lasse hierin die Absicht erkennen, eine von der öffentlichen Stelle nicht gewollte Intervention der BfDI möglichst zu verhindern. Mit der Verfahrensvorschrift des § 4g Abs. 3 S. 2 BDSG a. F. sei es dem Datenschutzbeauftragten verwehrt, den BfDI selbstständig anzurufen. Und weiter: „Mit der Unabhängigkeit der Beauftragten ist eine solche Regelung nicht vereinbar."[519]

Denn entsprechend seiner unabhängigen Stellung sollte dem Datenschutzbeauftragten selbst die Entscheidung obliegen, ob er den BfDI einschalten möchte. Überdies ist die Stärkung der Datenschutzkontrolle erklärtes Ziel sowohl der JI-RL als auch des nationalen Gesetzgebers.[520] Einen überzeugenden Grund für die Einschränkung der Unabhängigkeit des Datenschutzbeauftragten gibt es nicht. Zwar weist Ruthig darauf hin, dass die Regelung wenig praktische Relevanz entfalten dürfte, da dem BfDI nunmehr seinerseits weitreichendere Ermittlungsbefugnisse zustehen, sodass dieser weniger auf seine Einschaltung durch den Datenschutzbeauftragten angewiesen sei.[521] Dies än-

---

[515] *Ruthig,* in: Schenke/Graulich/Ruthig, Sicherheitsrecht des Bundes, § 72 BKAG Rn. 2.

[516] BT-Drs. 18/11163, S. 131; *Ruthig,* in: Schenke/Graulich/Ruthig, Sicherheitsrecht des Bundes, § 72 BKAG Rn. 3.

[517] BT-Drs. 18/11163, S. 131.

[518] *Simitis,* in: Simitis, BDSG, § 4g Rn. 26 ff.

[519] *Simitis,* in: Simitis, BDSG, § 4g Rn. 27.

[520] Vgl. JI-RL Erwägungsgrund Nr. 75; BT-Drs. 18/11163, S. 75.

[521] *Ruthig,* in: Schenke/Graulich/Ruthig, Sicherheitsrecht des Bundes, § 72 BKAG Rn. 4.

dert jedoch nichts an der Europarechtswidrigkeit der Regelung des § 72 Abs. 2 Halbsatz 2 BKAG 2018.

ee. Zwischenergebnis

Die Ausgestaltung der Aufgaben und der Stellung des Datenschutzbeauftragten stellt eine Aufwertung dieser Institution dar. Dies wird insbesondere durch die Verpflichtung erreicht, die umfassende Einhaltung des Datenschutzrechts zu überwachen.

Allerdings ist die Regelung in § 72 Abs. 2 Halbsatz 2 BKAG 2018 europarechtswidrig.

d. Unabhängige Aufsichtsbehörde

Unabhängige Datenschutzbehörde ist in Deutschland auf Bundesebene der BfDI, dessen Zuständigkeit, Amtsausgestaltung und allgemeine Aufgabenbeschreibung im BDSG zu finden sind.[522]

Das Unionsrecht forderte bereits vor dem Inkrafttreten der JI-RL und DSGVO eine vollständig von der Exekutive unabhängige Stellung der Datenschutzaufsichtsbehörde. Damals wurde noch der Terminus „Kontrollstellen" verwendet, nämlich in Art. 28 Abs. 1 UAbs. 2 der Richtlinie 95/46/EG.[523] Deshalb erhielt der BfDI bereits durch das Zweite Gesetz zur Änderung des Bundesdatenschutzgesetzes – Stärkung der Unabhängigkeit der Datenschutzaufsicht im Bund durch Errichtung einer obersten Bundesbehörde (2. BDSGÄndG)[524], das am 1. Januar 2016 in Kraft trat, den rechtlichen Status einer obersten Bundesbehörde. Damit wurde die bis dahin geltende organisatorische Bindung des BfDI an das BMI aufgehoben.[525] Der BfDI untersteht somit ausschließlich parlamentarischer und gerichtlicher Kontrolle. Der BfDI wird vom Deutschen Bundestag gewählt und leistet seinen Amtseid vor dem Bundespräsidenten.

Die Aufgaben der Aufsichtsbehörde sind in § 69 BKAG 2018 geregelt. Die Vorschrift nimmt auf § 14 BDSG Bezug, in dem Art. 45 JI-RL umgesetzt ist, und ergänzt diesen um bereichsspezifische Kontrollpflichten.[526]

---

[522] BT-Drs. 18/11163, S. 129.

[523] Ruthig, in: Schenke/Graulich/Ruthig, Sicherheitsrecht des Bundes, § 69 Rn. 3; BT-Drs. 18/2848, S. 1.

[524] Gesetz vom 25.02.2015, BGBl. I, S. 162.

[525] BT-Drs. 18/2848, S. 1.

[526] Ruthig, in: Schenke/Graulich/Ruthig, Sicherheitsrecht des Bundes, § 69 BKAG Rn. 1 f; BT-Drs. 18/11163, S. 129.

Wie oben bereits aufgeführt, lässt die JI-RL im Gegensatz zum umfangreichen Befugniskatalog in Art. 58 DSGVO den Mitgliedstaaten weitreichenden Spielraum. Sie müssen allerdings sicherstellen, dass die Aufsichtsbehörde durch wirksame Abhilfebefugnisse ihre Aufgaben effektiv wahrnehmen kann.[527]

aa. Beteiligung an Datenschutz-Folgenabschätzung nach § 67 BDSG

Eine entscheidende Stärkung der Aufsichtsrechte des BfDI wird durch die Beteiligung an der Datenschutz-Folgenabschätzung i. S. d. § 67 BDSG erreicht. Zwar sieht § 67 Abs. 3 BDSG lediglich die Beteiligung des internen Datenschutzbeauftragten vor. Allerdings ist dieser wiederum gemäß § 68 BDSG zur Zusammenarbeit mit dem BfDI verpflichtet. Hierunter fällt auch die Verpflichtung zur Vorabkonsultation des BfDI bei der Verarbeitung sensibler Daten oder besonderer Risiken der Datenverarbeitung nach § 69 BDSG,[528] die regelmäßig Ausgangspunkt für die Vornahme einer Datenschutz-Folgenabschätzung sein dürften.[529] Der BfDI kann somit auch im Rahmen von Datenschutz-Folgenabschätzungen schriftliche Empfehlungen unterbreiten sowie seine weiteren gesetzlichen Befugnisse ausüben.

bb. § 69 Abs. 1 BKAG 2018

§ 69 Abs. 1 BKAG 2018 dient insbesondere der Umsetzung der Anforderungen des BVerfG an die datenschutzrechtliche Kontrolle der Datenverarbeitungstätigkeit des BKA.[530] Das BVerfG betonte, dass die Kontrollen regelmäßig in angemessenen Abständen stattfinden müssen, „deren Dauer ein gewisses Höchstmaß, etwa zwei Jahre, nicht überschreiten darf"[531]. Diese Dauer der Kontrollintervalle von zwei Jahren normiert der Gesetzgeber in § 69 Abs. 1 S. 2 BKAG 2018. Entsprechend seiner unabhängigen Stellung und der gesetzlichen Formulierung „mindestens alle zwei Jahre" (Hervorhebung durch die Verfasserin), steht es dem BfDI frei, in kürzeren Abständen Kontrollen vorzunehmen.[532]

[527] Johannes/Weinhold, Das neue Datenschutzrecht bei Polizei und Justiz, § 1 Rn. 106.
[528] Ruthig, in: Schenke/Graulich/Ruthig, Sicherheitsrecht des Bundes, § 69 BKAG Rn. 11.
[529] Schwichtenberg, in: Kühling/Buchner, DS-GVO/BDSG, § 69 BDSG Rn. 3.
[530] BT-Drs. 18/11163, S. 129 f.
[531] BVerfG NJW 2016, 1781 (1789); ebenso BVerfG NJW 2013, 1499 (1517).
[532] Ruthig, in: Schenke/Graulich/Ruthig, Sicherheitsrecht des Bundes, § 69 BKAG Rn. 9.

cc. § 69 Abs. 2 BKAG 2018

§ 69 Abs. 2 BKAG 2018 dient der Umsetzung von Art. 47 JI-RL, der die Mitgliedsstaaten zur Schaffung wirksamer Abhilfebefugnisse für die Datenschutzaufsichtsbehörde verpflichtet.[533] Diese Regelung gestattet es dem BfDI, verbindliche Maßnahmen anzuordnen. Zuvor muss er die datenschutzrechtlichen Verstöße jedoch nach den allgemeinen Regeln des § 16 Abs. 2 BDSG beanstandet haben.[534] Nach der Gesetzesbegründung darf er jedoch nicht die Löschung personenbezogener Daten anordnen. Außerdem setzt diese Befugnis einen erheblichen Verstoß voraus.[535] Solche Einschränkungen sind in den europarechtlichen Vorschriften nicht zu finden. Vielmehr muss der nationale Gesetzgeber sicherstellen, dass die Datenschutzaufsichtsbehörde über wirksame Abhilfebefugnisse verfügt. Als Beispiel für Befugnisse in diesem Sinne nennt die JI-RL in Art. 47 Abs. 2 lit. b die Befugnis *„den Verantwortlichen oder den Auftragsverarbeiter anzuweisen, Verarbeitungsvorgänge, gegebenenfalls auf bestimmte Weise und innerhalb eines bestimmten Zeitraums, mit den nach dieser Richtlinie erlassenen Vorschriften in Einklang zu bringen, insbesondere durch die Anordnung der Berichtigung oder Löschung personenbezogener Daten oder Einschränkung der Verarbeitung gemäß Artikel 16"* (Hervorhebung durch die Verfasserin).

Hier ist allerdings eine europarechtskonforme Auslegung der Befugnisse des BfDI möglich.[536] Denn die in der Gesetzesbegründung genannte Beschränkung der Befugnisse des BfDI hat keinen Eingang in den Gesetzestext gefunden, insbesondere nicht in § 69 Abs. 2 BKAG 2018. Die Einschränkungen der Gesetzesbegründung sind demnach bei der Auslegung von § 69 Abs. 2 BKAG 2018 wegen Art. 47 Abs. 2 JI-RL nicht zu berücksichtigen.[537]

dd. Rechtsschutz gegen Anordnungen des BfDI

Indem dem BfDI die Möglichkeit verbindlicher Anordnungen zuerkannt wurde, entstand auch Bedarf des Rechtsschutzes gegen diese Anordnungen.

Nach der Gesetzesbegründung bleiben die Rechtsschutzmöglichkeiten des BKA aus § 61 BDSG unberührt.[538]

---

[533] BT-Drs. 18/11163, S. 130.

[534] *Ruthig*, in: Schenke/Graulich/Ruthig, Sicherheitsrecht des Bundes, § 69 BKAG Rn. 13.

[535] BT-Drs. 18/11163, S. 130.

[536] *Ruthig*, in: Schenke/Graulich/Ruthig, Sicherheitsrecht des Bundes, § 69 BKAG Rn. 13.

[537] *Ruthig*, in: Schenke/Graulich/Ruthig, Sicherheitsrecht des Bundes, § 69 BKAG Rn. 14.

[538] BT-Drs. 18/11163, S. 130.

§ 61 Abs. 1 BDSG sieht vor, dass jede natürliche oder juristische Person un-beschadet anderer Rechtsbehelfe gerichtlich gegen verbindliche Entscheidun-gen des BfDI vorgehen kann. Nach Abs. 2 kann eine betroffene Person auch dann gerichtlich vorgehen, wenn sich der BfDI mit ihrer Beschwerde nach § 60 BDSG nicht befasst oder die betroffene Person nicht innerhalb von drei Monaten nach Einlegung der Beschwerde über den Stand oder das Ergebnis der Beschwerde in Kenntnis gesetzt hat.

Die verwaltungsgerichtliche Rechtsschutzmöglichkeit ist nur gegen verbind-liche Anordnungen des BfDI eröffnet, hingegen nicht für nicht rechtsverbind-liche Maßnahmen des BfDI, wie Stellungnahmen oder Empfehlungen. Die Norm setzt Art. 53 JI-RL um. Erwägungsgrund Nr. 86 stellt klar, dass die Rechtsschutzmöglichkeit des Art. 53 JI-RL nur rechtlich bindende Maßnahmen der Aufsichtsbehörde betrifft.

Eine vergleichbare Regelung gab es unter dem BDSG a. F. nicht.[539] Allerdings konnte der von einem Datenverarbeitungsvorgang durch eine öffentliche Stelle Betroffene nach § 21 BDSG a. F. den Anspruch auf Entgegennahme, Prüfung und Bescheidung durch den angerufenen BfDI auf dem Verwaltungsrechtsweg geltend machen.[540]

Die neue Regelung eröffnet sowohl dem BKA als auch den Betroffenen erwei-terte Rechtsschutzmöglichkeiten, letzteren ggf. im Rahmen einer Untätigkeits-klage nach § 61 Abs. 2 BDSG.

ee. Ausreichende Ressourcen des BfDI

Für die praktische Umsetzung seiner Kontrollbefugnisse ist die Ausstattung des BfDI mit ausreichend Ressourcen erforderlich. Um dem Erfordernis des Art. 42 Abs. 4 JI-RL nach angemessener Ausstattung mit personellen, techni-schen und finanziellen Ressourcen, Räumlichkeiten und Infrastrukturen nach-zukommen, müssen auch Aspekte wie angemessenes juristisches sowie technisches Fachwissen der Personalausstattung des BfDI bedacht werden. In der Gesetzesbegründung zum BKAG 2018 verweist der Gesetzgeber auf die Vorgaben des BVerfG zur angemessenen Ausstattung des BfDI[541] und bezif-fert einmalige Verwirklichungskosten in Höhe von 164 000 Euro aufgrund des erhöhten Kontrollaufwands sowie Personal- und Sachkosten, die über mehre-re Jahre hinweg schrittweise auf insgesamt 4,3 Millionen Euro pro Jahr an-

---

[539] *Paal,* in: Paal/Pauly, BDSG, § 61 Rn. 7.
[540] *Worms,* in: BeckOK Datenschutzrecht, BDSG 2003 [aK] § 21 Rn. 32.
[541] BT-Drs. 18/11163, S. 129.

wachsen.[542] Entsprechend wurde in den Haushalten 2017, 2018 und 2019 eine erhebliche personelle Stärkung des BfDI vorgesehen.[543]

4. Problempunkt: Wegfall der Errichtungsanordnungen

Die Errichtungsanordnung stellte nach außen hin ein wesentliches Kontrollinstrument vor Einrichtung eines neuen Datentopfs dar. Zumindest als Vorfeldkontrolle hatte die Notwendigkeit der Errichtungsanordnung einen besonderen Wert, denn sie fand statt, bevor Daten von Betroffenen überhaupt gespeichert werden durften. Sie bot daher einen vorgelagerten Schutz im Gegensatz zu sonstigen Kontrollmechanismen, die erst eingreifen, wenn bereits Daten verarbeitet worden sind.

Aufgrund der neuen Ausgestaltung des Informationsbestands fällt dieses Kontrollinstrument weg. Eine zwingende Veranlassung gibt es hierfür nicht.[544] Fraglich ist daher, ob das Datenschutzniveau hierdurch sinkt, oder der Wegfall durch andere Kontrollmechanismen kompensiert werden kann.

a. Zweck der Errichtungsanordnung

Die Errichtungsanordnung nach § 34 BKAG 1997 ist ein Mittel zum verfahrensrechtlichen Schutz des Grundrechts auf informationelle Selbstbestimmung. Der Rechtsgedanke ist zurückzuführen auf das Volkszählungsurteil des BVerfG aus dem Jahr 1983.[545] Wie oben dargestellt (C.II.1.a.) arbeitete das BVerfG Anforderungen heraus, an denen Eingriffe in das Recht auf informationelle Selbstbestimmung zu messen sein sollten. Das Gericht verlangte, dass der Gesetzgeber durch organisatorische und verfahrensrechtliche Vorkehrungen sicherstellt, dass der Gefahr einer Verletzung des Grundrechts auf informationelle Selbstbestimmung entgegengewirkt wird.[546] Eine solche verfahrensrechtliche Vorkehrung stellte die Errichtungsanordnung dar.

---

[542] BT-Drs. 18/11163, S. 3.

[543] Vgl. 27. Tätigkeitsbericht BfDI, S. 9; vgl. auch Bericht des Bundesrechnungshofs über die Entwicklung des Einzelplans 21 für die Haushaltsberatung 2018.

[544] *Petri*, in: Lisken/Denninger, Handbuch des Polizeirechts, Kap. G. Rn. 458; Entschließung der DSK vom 16.03.2017, Neues Bundeskriminalamtgesetz – Informationspool beschneidet Grundrechte.

[545] *Kugelmann*, BKAG, § 34 Rn. 1; BT-Drs. 13/1550, S. 19, 38.

[546] BVerfG, NJW 1984, 419, Leitsatz 2.

b. Kompensation des Wegfalls

Im BKAG 2018 soll der Wegfall der Errichtungsanordnung durch die Festlegung von Relevanzkriterien in § 30 sowie die Stärkung der Betroffenenrechte kompensiert werden, die insbesondere in Form von stärkeren Auskunftsrechten auf der einen Seite und strengeren Löschungspflichten auf der anderen Seite bestehen.

In der Gesetzesbegründung wird die Festlegung der Relevanzkriterien nach § 30 BKAG 2018 mit der Kompensation für den Wegfall der Errichtungsanordnung in Verbindung gebracht. Der Gesetzgeber führt aus:

> *„Die Festlegung [von] Relevanzkriterien dient auch der Kompensation des aufgrund der Neustrukturierung der beim Bundeskriminalamt zur Anwendung kommenden Informationsarchitektur folgerichtigen Wegfalls des Instruments der Errichtungsanordnung."*[547]

Eine Kompensationswirkung kann auch durch die Vornahme von Datenschutz-Folgenabschätzungen erreicht werden. Auch die Datenschutz-Folgenabschätzung ist ein strukturelles Element des Datenschutzes, die den Verantwortlichen verpflichtet, bereits vor der Datenverarbeitung etwaige damit einhergehende Risiken für die Betroffenen zu bewerten.[548]

Darüber hinaus wird das BKA zu umfangreichen Protokollierungen verpflichtet. Die protokollierten Verarbeitungsverzeichnisse kann der BfDI jederzeit abrufen und die Datenverarbeitungsvorgänge auf ihre Rechtmäßigkeit hin prüfen.

c. Abwägung

Hinter den neuen Regelungen steht ein neuer Ansatz im Vergleich zur Errichtungsanordnung. Denn die Festlegung der Relevanzkriterien besagt lediglich, dass sich die entsprechenden Stellen im Vorfeld auf bestimmte Kriterien einigen sollen, nach denen die *„Verbundrelevanz"* von Daten beurteilt wird. Eine solche Verbundrelevanz besteht, wenn die Daten im Sinne des § 2 Abs. 2 BKAG 2018 für die Bekämpfung von Straftaten mit länderübergreifender, internationaler oder erheblicher Bedeutung wesentlich sind. Im Gegensatz zu dem Vorgehen bei einer Errichtungsanordnung werden also nicht die Kriterien

---

[547] BT-Drs. 18/11136, S. 110.
[548] *Nolte/Werkmeister*, in: Gola/Heckmann, BDSG, § 67 Rn. 1.

für die teilnehmenden Stellen an der Verarbeitung personenbezogener Daten verbindlich festgelegt.[549]

Darüber hinaus sollen durch die Verpflichtung des BKA zur Erstellung von Verarbeitungsverzeichnissen, zu deren Abruf der BfDI jederzeit berechtigt ist, die Kontrollmöglichkeiten gestärkt werden. Nach Meinung der Gesprächspartner im Experteninterview werde durch diese Verpflichtung der Wegfall der Errichtungsanordnung sogar überkompensiert.[550] Denn die neuen Regelungen bedeuteten viel weitreichendere Rechte des BfDI. Insbesondere habe im Rahmen des Verfahrens der Errichtungsanordnung die Meinung des BfDI kein tatsächliches Gewicht gehabt, da sie nicht rechtlich bindend gewesen sei.

Die neuen Regeln in § 69 BKAG 2018 stellen dem Grunde nach tatsächlich eine Stärkung der Rechte des BfDI dar, da er nun rechtlich bindende Anordnung treffen kann.

Fraglich ist aber, inwieweit diese Regeln ihrer Art nach den Wegfall der Errichtungsanordnung tatsächlich kompensieren können. Denn die Wichtigkeit der Errichtungsanordnung ergab sich insbesondere aus ihrer Eigenschaft als Vorfeldkontrolle. Nachträgliche Kontrollen gewährleisten hingegen jedenfalls dahingehend einen geringeren Schutz, als dass sie erst durchgeführt werden, wenn der Datenverarbeitungsvorgang bereits stattgefunden hat.

In ihrer Stellungnahme zum BKAG kritisiert die damalige BfDI, dass die verfassungsrechtlich begründeten Vorgaben des § 34 BKAG unter dem BKAG 2018 wegfallen. Das Volkszählungsurteil sei jedoch *„immer noch gültig"*.[551] Dabei ist allerdings auch zu berücksichtigen, dass das BVerfG im Volkszählungsurteil nur forderte, durch verfahrensrechtliche und organisatorische Sicherungen Grundrechtseingriffen entgegenzuwirken. Die Ausgestaltung der Sicherung ließ das Gericht offen. Es äußerte sich auch nicht dazu, ob es eine Vorfeldkontrolle geben muss. Man könnte allerdings argumentieren, dass einem Grundrechtseingriff nur so lange entgegengewirkt werden kann, wie er noch nicht stattgefunden hat. Dies können nur Kontrollmechanismen im Vorfeld eines etwaigen Grundrechtseingriffes leisten.

Allerdings verpflichtet die neue Rechtslage das BKA zur umfassenden Vornahme von Datenschutz-Folgenabschätzungen, die ebenfalls ein strukturelles Datenschutzinstrument der Vorfeldkontrolle darstellen.

---

[549] *Petri*, in: Lisken/Denninger, Handbuch des Polizeirechts, Kap. G. Rn. 459.
[550] Anlage 1, S. A-4.
[551] Stellungnahme der BfDI vom 10.03.2017, S. 20.

Darüber hinaus muss man sich in diesem Zusammenhang neben der systematischen Bedeutung der Errichtungsanordnung auch deren tatsächliche Bedeutung als Kontrollinstrument bewusst machen. Zwar bezeichnet Kugelmann
in der Kommentierung zu § 34 Abs. 1 BKAG 1997 die Vorschrift ausdrücklich
als „*praktisch bedeutsam*".[552] Jedoch beinhaltete die Errichtungsanordnung
nur die abstrakte juristische Prüfung der Möglichkeit von Grundrechtsverlet-
zungen bei der Eröffnung einer bestimmten Datei durch das BMI und den
BfDI. Es handelte sich also um eine abstrakte Kontrolle dessen, was auf dem
Papier steht. An die Bewertung durch den BfDI war das BMI nicht einmal gebunden. Nach der neuen Rechtslage hingegen können sämtliche Datenverarbeitungsvorgänge jederzeit anhand der Verarbeitungsverzeichnisse durch den
BfDI geprüft werden. Diese Prüfung wird überdies nicht (ausschließlich) von
Juristen, sondern auch von Personen mit entsprechendem technischem Sach-
verstand vorgenommen. Die Prüfung ist also voraussichtlich gründlicher, tiefer
und zielführender. Darüber hinaus dürfte diese detaillierte Prüfung auch Präventivwirkung entfalten. Denn die Mitarbeiter des BKA dürften sich bewusst
sein, dass jeder Datenverarbeitungsvorgang einer Kontrolle durch den BfDI
unterliegt und ggf. Konsequenzen nach sich zieht. Von einer solchen Präventivwirkung geht auch der Gesetzgeber aus.[553]

d. Zwischenergebnis

Der Kritikpunkt, dass eine systematische Vorfeldkontrolle durch das Verfahren
der Errichtungsanordnung wegfällt, muss hingenommen werden. Im Ergebnis
war diese Kontrollmöglichkeit aber nicht besonders werthaltig. Grundsätzlich
steigen die Kontrollmöglichkeiten, da der BfDI nach der neuen Gesetzeslage
jederzeit die Dokumentation sämtlicher Datenverarbeitungsvorgänge beim
BKA abrufen und kontrollieren kann. Darüber hinaus verpflichtet die neue Gesetzeslage das BKA zur Vornahme von Datenschutz-Folgenabschätzungen.
Diese sind ihrer Wirkweise nach mit den Errichtungsanordnungen vergleichbar. Auch dabei handelt es sich um ein Kontrollinstrument zur strukturellen
Stärkung des Datenschutzes, das vor den Datenverarbeitungsvorgängen ansetzt. Im Ergebnis werden die neuen Regelungen den verfassungs- und unionsrechtlichen Vorgaben hinsichtlich verfahrenstechnischer und organisatorischer Vorkehrungen zur Vermeidung von Grundrechtseingriffen gerecht.

---

[552] *Kugelmann*, BKAG § 34 Rn. 6.
[553] BT-Drs. 18/11163, S. 124.

5. Problem: Protokollierungspflichten

Um eine effektive Kontrolle zu ermöglichen, müssen die Vorgänge, insbesondere die Abrufe bestimmter Daten, protokolliert werden. Dies ergibt sich auch aus Art. 25 JI-RL. Das BKAG 2018 differenziert zwischen den allgemeinen Protokollierungspflichten in § 81 und speziellen Protokollierungspflichten bei verdeckten und eingriffsintensiven Maßnahmen nach § 82.

Die Protokollierungsvorschriften dienen zwei Zwecken. Zum einen soll ein Disziplinierungseffekt erwirkt werden. Indem die Behörde dazu verpflichtet ist, ihre Datenverarbeitungsvorgänge umfassend zu protokollieren, findet eine Selbstkontrolle statt. Denn die Behörde muss über die Vorgänge Rechenschaft ablegen können.[554] Dies bildet die europarechtliche Formulierung der „Eigenüberwachung" in Art. 25 Abs. 2 JI-RL ab. Darüber hinaus dienen die Vorschriften der Ermöglichung der datenschutzrechtlichen Kontrolle der Verarbeitungstätigkeit insbesondere durch den zuständigen Datenschutzbeauftragten, die zuständige Datenschutzaufsichtsbehörde und die Gerichte.[555] Hierin findet die Formulierung der „Überprüfung der Rechtmäßigkeit der Datenverarbeitungsvorgänge" nach Art. 25 Abs. 2 JI-RL ihre Umsetzung.

a. Protokollierung nach § 81 BKAG 2018

Die allgemeine Protokollierungspflicht in § 81 BKAG 2018 ergänzt § 76 BDSG.

Umfasst von der Protokollierung sind gemäß § 76 Abs. 1 BDSG die Erhebung, Veränderung, Abfrage, Offenlegung einschließlich der Übermittlung, Kombination und Löschung. § 76 Abs. 1 BDSG setzt damit Art. 25 Abs. 1 JI-RL wörtlich um.[556] § 81 BKAG 2018 ergänzt die Regelung bereichsspezifisch, indem aus den Protokolldaten auch ersichtlich werden muss, ob der Datenzugriff entsprechend der Zugriffsregelungen nach § 15 Abs. 1 und 2 BKAG 2018 erfolgte.

Die Regelungen führen zum einen zu praktischen Herausforderungen für das BKA. Die umfassenden Dokumentations- und Protokollierungspflichten stellen einen hohen Mehraufwand dar, der den aus den umfangreichen Kennzeichnungspflichten resultierenden Aufwand flankiert.

---

[554] *Burghardt/Reinbacher,* in: BeckOK Datenschutzrecht, § 76 BDSG Rn. 1.

[555] *Burghardt/Reinbacher,* in: BeckOK Datenschutzrecht, § 76 BDSG Rn. 1.

[556] BT-Drs. 18/11325, S. 119; die DSGVO sieht hingegen keine entsprechend umfassenden Protokollierungspflichten vor, *Burghardt/Reinbacher,* in: BeckOK Datenschutzrecht, § 76 Rn. 2 sowie *Johannes/Weinhold,* Das neue Datenschutzrecht bei Polizei und Justiz, § 1 Rn. 322.

Mit der Protokollierungspflicht gehen mittelbar neue rechtliche Fragestellungen einher.

aa. Protokolldaten als personenbezogene Daten

Auch Protokolldaten sind personenbezogene Daten. Das Risiko besteht, dass solche Daten nicht nur zu Protokollierungszwecken, sondern auch zu anderen Zwecken nutzbar sind. Das lässt sich insbesondere daran veranschaulichen, wenn ein Datensatz gelöscht werden musste, die Protokolldaten aber weiterhin vorliegen. Aus diesen Protokolldaten können dann wiederum Rückschlüsse gezogen werden (Person X war in Datei X gespeichert, Beamter X mit Aufgaben X hat auf das Datum zum Zeitpunkt X zugegriffen), welche durch die Löschung des ursprünglichen Datensatzes eigentlich verhindert werden sollten.[557] Eine Nutzung zu anderen als Protokollierungszwecken wird europarechtlich grundsätzlich von Art. 25 Abs. 2 JI-RL untersagt. Ein entsprechendes nationales Verbot gibt es auch in § 76 Abs. 3 BDSG, auf den § 81 Abs. 1 BKAG 2018 verweist.

bb. Löschungsregelungen

§ 81 Abs. 3 BKAG 2018 sieht vor, dass die Protokolldaten nach zwölf Monaten zu löschen sind. Eine entsprechende Löschpflicht ist in Art. 25 JI-RL nicht vorgesehen. Eine Löschpflicht nach zwölf Monaten könnte mit dem Zweck der Regelung unvereinbar sein, eine umfassende datenschutzrechtliche Kontrolle zu ermöglichen. Jedenfalls soweit die Löschpflicht einer datenschutzrechtlichen Kontrolle in der Praxis tatsächlich im Wege steht, dürfte sie europarechtswidrig sein.

Eine Besonderheit kann bestehen, wenn sich gerade aus den Protokolldaten ergibt, dass die Datenverarbeitung unrechtmäßig war. In diesem Fall kann ein Interesse des Betroffenen bestehen, die Protokolldaten nicht zu löschen.[558]

b. Protokollierung nach § 82 BKAG 2018

§ 82 BKAG 2018 setzt die Anforderung des BVerfG um, bei verdeckten und eingriffsintensiven Maßnahmen umfassende Protokollierungen vorzunehmen.[559] Unter der alten Rechtslage waren die Protokollierungspflichten jeweils

---

[557] *Schwabenbauer,* in: Lisken/Denninger, Handbuch des Polizeirechts, Kap. G. Rn. 34.

[558] zur Regelung im BDSG *Ehmann,* in: Gola/Heckmann, BDSG, § 76 Rn. 12.

[559] BVerfG NJW 2016, 1781 (1799).

am Regelungsort der Maßnahme selbst geregelt, § 82 BKAG 2018 fasst sie nunmehr in einer Norm zusammen.[560]

Zu Protokolldaten als personenbezogenen Daten gilt das oben Gesagte. Da in § 82 BKAG 2018 der Verweis auf § 76 BDSG fehlt und somit § 76 Abs. 3 BDSG nicht gilt, enthält die Norm in Abs. 4 S. 1 selbst die Regelung, dass Protokolldaten nur für Zwecke der Benachrichtigung der betroffenen Person nach § 74 BKAG 2018 verwendet werden dürfen, oder um einer dazu befugten öffentlichen Stelle die Prüfung zu ermöglichen, ob die Maßnahmen rechtmäßig durchgeführt worden sind.

§ 82 Abs. 4 S. 2 BKAG 2018 regelt die automatisierte Löschung der Protokolldaten nach Abschluss der Kontrolle nach § 69 Abs. 1 BKAG 2018, soweit sie für den Zweck nach § 82 Abs. 1 BKAG 2018 nicht mehr erforderlich sind. Die Regelung ist unionsrechtswidrig, da sie die JI-RL nicht ausreichend umsetzt und vielmehr nur an der vom BVerfG entwickelten turnusmäßigen Kontrolle nach § 69 Abs. 1 BKAG 2018 orientiert ist.[561]

6. Parlamentarische/Gesellschaftliche Kontrolle

Eine weitere Kontrolle erfolgt durch das Parlament.

Nach § 88 BKAG 2018 hat das BKA gegenüber dem BMI Bericht abzulegen über die Ausübung seiner in Abschnitt 5 und in den §§ 34 und 64 BKAG 2018 genannten Befugnisse sowie über Übermittlungen nach § 27 BKAG 2018. Das BMI soll den Bericht dann innerhalb von zwei Monaten an den Deutschen Bundestag weiterleiten, der ihn dann der Öffentlichkeit zugänglich macht. Der erste Bericht des BKA ist bereits als Drucksache vom 21. November 2019 veröffentlicht.[562] Die Vorschrift findet ihre Grundlage im BKAG-Urteil des BVerfG. Das Gericht forderte den Gesetzgeber auf, Berichtspflichten zur Gewährleistung von Transparenz und Kontrolle zu schaffen.[563] Im Zusammenhang mit heimlichen Überwachungsmaßnahmen forderte das BVerfG die gesetzliche Verpflichtung des BKA, die Wahrnehmung solcher Maßnahmen regelmäßig mit Berichten gegenüber dem Parlament und der Öffent-

---

[560] *Ruthig,* in: Schenke/Graulich/Ruthig, Sicherheitsrecht des Bundes, § 82 BKAG; BT-Drs. 18/11163, S. 134; so waren unter der alten Rechtslage z.B. in § 20k Abs. 3 BKAG 2009 für den Eingriff in informationstechnische Systeme oder in § 20w Abs. 2 S. 3 BKAG 2009 für die Zurückstellung einer Benachrichtigung Protokollierungs- bzw. Dokumentationspflichten vorgesehen.

[561] *Ruthig,* in: Schenke/Graulich/Ruthig, Sicherheitsrecht des Bundes, § 82 BKAG.

[562] BT-Drs. 19/15570.

[563] BVerfG NJW 2016, 1781 (1789).

lichkeit sicherzustellen. Diese Berichte seien „*erforderlich und müssen hinreichend gehaltvoll sein, um eine öffentliche Diskussion über Art und Ausmaß der auf diese Befugnisse gestützten Datenerhebung, einschließlich der Handhabung der Benachrichtigungspflichten und Löschungspflichten, zu ermöglichen und diese einer demokratischen Kontrolle und Überprüfung zu unterwerfen.*"[564]

Auch hier ist der Gesetzgeber ähnlich wie bei der Umsetzung des Grundsatzes der hypothetischen Datenneuerhebung über die Anforderungen des BVerfG hinausgegangen. Während das BVerfG die Berichtspflicht auf heimliche Maßnahmen bezog, unterwirft der Gesetzgeber in § 88 BKAG 2018 sämtliche Ausübung der Befugnisse nach Abschnitt 5 BKAG 2018 der Berichtspflicht. In Abschnitt 5 finden sich indes auch Maßnahmen, die keine heimliche Maßnahme darstellen, z. B. § 42 BKAG 2018, der die Identitätsfeststellung und Prüfung von Berechtigungsscheinen betrifft, sowie §§ 58 und 59 BKAG 2018, die zur Durchsuchung von Personen bzw. Sachen ermächtigen. Laut der Gesetzesbegründung dient § 88 BKAG 2018 der Umsetzung der Vorgaben des BVerfG.[565] Warum sich die Berichtspflicht über die Vorgaben des BVerfG hinaus auf sämtliche Maßnahmen nach Abschnitt 5 bezieht, ist unklar. Unabhängig davon, ob es sich hierbei um ein Versehen des Gesetzgebers handelt,[566] oder ob er bewusst über die Anforderungen des BVerfG hinaus gehen wollte, wird die Norm den verfassungsrechtlichen Anforderungen gerecht.

VI. Benachrichtigungspflichten und Betroffenenrechte

Für den Schutz des Grundrechts auf informationelle Selbstbestimmung ist entscheidend, dass der Grundrechtsträger selbst bestimmen kann, was mit seinen Daten passiert. Bereits im Volkszählungsurteil formulierte das BVerfG: „*Mit dem Recht auf informationelle Selbstbestimmung wären eine Gesellschaftsordnung und eine diese ermöglichende Rechtsordnung nicht vereinbar, in der Bürger nicht mehr wissen können, wer was wann und bei welcher Gelegenheit über sie weiß.*"[567] In späteren Entscheidungen formulierte das BVerfG, der Betroffene habe somit einen „*Anspruch auf die Kenntniserlangung [als]*

---

[564] BVerfG NJW 2016, 1781 (1789).

[565] BT-Drs. 18/11163, S. 135.

[566] Dies vermutet *Ruthig*, in: Schenke/Graulich/Ruthig, Sicherheitsrecht des Bundes, § 88 BKAG Rn. 3.

[567] BVerfG NJW 1984, 419 (422).

Erfordernis effektiven Grundrechtsschutzes"[568]. Denn *„nur wenn der Einzelne, der möglicherweise von einem Eingriff in das Recht auf informationelle Selbstbestimmung betroffen ist, eine Möglichkeit hat, von diesem Eingriff zu erfahren, kann er die für die freie Entfaltung seiner Persönlichkeit wichtige Orientierung und Erwartungssicherheit erlangen. Eine Informationsmöglichkeit für den von einem Eingriff in das Grundrecht auf informationelle Selbstbestimmung Betroffenen ist ferner Voraussetzung dafür, dass er die Rechtswidrigkeit der Informationsgewinnung oder etwaige Rechte auf Löschung oder Berichtigung geltend machen kann."*[569]

Dementsprechend spielt die Ausgestaltung der Benachrichtigungspflichten und Betroffenenrechte bei Eingriffen in das Grundrecht auf informationelle Selbstbestimmung eine wichtige Rolle.

1. Von der Richtlinie vorgeschriebene Pflichten und Rechte

Die Regelungen in Kapitel III JI-RL sehen weitreichende Betroffenenrechte vor. Insbesondere müssen die Mitgliedstaaten sicherstellen, dass der betroffenen Person Auskünfte in präziser, verständlicher und leicht zugänglicher Form bereitgestellt werden. Allerdings haben die Mitgliedstaaten entsprechend Art. 15 JI-RL auch die Möglichkeit, Betroffenenrechte einzuschränken. Diese Einschränkungsmöglichkeiten sind ihrerseits umfangreich.

Darüber hinaus finden sich in Art. 16 JI-RL das Recht auf Berichtigung oder Löschung personenbezogener Daten und die Möglichkeit der Einschränkung der Verarbeitung.

2. Umsetzung der Betroffenenrechte im BKAG 2018

Im BKAG 2018 sind die Betroffenenrechte in Abschnitt 9, Unterabschnitt 5, Rechte der betroffenen Person, geregelt. §§ 85 f. verweisen im Wesentlichen auf die Regelungen in §§ 56-58 BDSG und regeln im Übrigen Besonderheiten im polizeilichen Informationsverbund. Wie schon hinsichtlich der Kontrollmöglichkeiten hat der Gesetzgeber allgemeine Bestimmungen im BDSG geregelt und diese Regelungen durch bereichsspezifische Regelungen ergänzt.

Zwar darf die Ausgestaltung der Betroffenenrechte für die Bewertung des Datenschutzniveaus der neuen IT-Infrastruktur entsprechend der datenschutz-

---

[568] BVerfG NJW 2008, 2099 (2100); *Schwabenbauer*, in: Lisken/Denninger, Handbuch des Polizeirechts, Kap. G. Rn. 252 f.

[569] BVerfG NJW 2008, 2099 (2100); *Schwabenbauer*, in: Lisken/Denninger, Handbuch des Polizeirechts, Kap. G. Rn. 252.

rechtlichen Systematik nicht vernachlässigt werden. Entsprechend der Ausführungen des BVerfG dienen insbesondere die Benachrichtigungspflichten und Auskunftsrechte dazu, einen möglichst transparenten Umgang mit Datenverarbeitungsmaßnahmen zu ermöglichen. Dieser soll wiederum dazu beitragen, *„dass Vertrauen und Rechtssicherheit entstehen können und der Umgang mit Daten in einen demokratischen Diskurs eingebunden bleibt [...]."*[570] Gesetzliche Informationspflichten des von der Datenverarbeitung Betroffenen zählen deshalb zu den *„elementaren Instrumenten des grundrechtlichen Datenschutzes"*[571]. Die Rechtmäßigkeit soll nur insoweit geprüft werden, wie spezifische Wechselwirkungen dieser Rechte mit der neuen IT-Infrastruktur des BKA zu erwarten sind.

a. Benachrichtigungspflichten

Die Benachrichtigung des Betroffenen ist bei heimlichen Maßnahmen notwendige Voraussetzung dafür, dass dieser Rechtsschutz gegen die Maßnahmen suchen kann.[572]

Die §§ 74-76 BKAG 2018 sehen Benachrichtigungspflichten vor. Benachrichtigungspflichten waren bereits unter der alten Rechtslage geregelt, z. B. in § 20w BKAG 2009. Der Systematik des BKAG 2018 entsprechend sind die Benachrichtigungspflichten nunmehr in Abschnitt 9 zusammengefasst. Diese Regelungen werden durch § 56 BDSG ergänzt, der den Inhalt der Benachrichtigungen festlegt.[573]

§ 74 BKAG 2018 normiert eine aktive Benachrichtigungspflicht bei verdeckten und eingriffsintensiven Maßnahmen. Die Regelung entspricht dem bisherigen § 20w BKAG 2009, allerdings ergänzt um weitere Ermittlungsmaßnahmen.[574] Hierzu zählen Maßnahmen nach §§ 34, 45-53 und 64 BKAG 2018. § 74 Abs. 1 S. 1 Nr. 1-10 BKAG 2018 zählt die jeweiligen Eingriffe auf, für die die Benachrichtigungspflicht gilt. Darüber hinaus regelt § 74 Abs. 1 BKAG 2018, welche Personen jeweils zu benachrichtigen sind. Je nach Datenerhebungsmaßnahme zählt hierzu nicht nur der Betroffene selbst, sondern z. B. auch andere erheblich mitbetroffene Personen (Nr. 2 lit. b)), Wohnungsinhaber und Bewohner (Nr. 3 lit. c)) oder Beteiligte an einer Telekommunikation (Nr. 8).

---

[570] BVerfG NJW 2016, 1781 (1788).

[571] BVerfG NJW 2010, 833 (843); *Ruthig*, in: Schenke/Graulich/Ruthig, Sicherheitsrecht des Bundes, § 74 BKAG Rn. 1.

[572] *Ruthig*, in: Schenke/Graulich/Ruhtig, Sicherheitsrecht des Bundes, § 74 BKAG Rn. 1.

[573] BT-Drs. 18/11163, S. 131.

[574] BT-Drs. 18/11163, S. 131.

Die Norm lässt entsprechend Abs. 1 S. 2 unter den dort genannten Bedingungen jedoch auch zu, dass eine Benachrichtigung unterbleibt. Dies ist unionsrechtlich und verfassungsrechtlich zulässig.[575] Darüber hinaus kann die Benachrichtigung nach den Maßgaben in Abs. 2 und 3 auch zeitlich zurückgestellt werden. Abs. 3 enthält eine Verfahrenssicherung, indem bei der Verschiebung der Benachrichtigung über einen Zeitraum von zwölf Monaten nach Beendigung der Maßnahme eine richterliche Entscheidung einzuholen ist.

§ 75 BKAG 2018 enthält eine Benachrichtigungspflicht bei der Verarbeitung personenbezogener Daten von Kindern. Die Regelung entspricht mit wenigen redaktionellen Änderungen dem bisherigen § 31.[576]

Die dritte gesetzlich festgelegte Benachrichtigungspflicht enthält § 76 BKAG 2018, der die nachträgliche Benachrichtigung über Ausschreibungen zur polizeilichen Beobachtung im Schengener Informationssystem betrifft entsprechend dem bisherigen § 15a.[577]

Im Ergebnis werden die bereits unter der alten Rechtslage bestehenden Benachrichtigungspflichten also übernommen und auf weitere Maßnahmen ausgedehnt. Diese Erweiterung der Benachrichtigungspflichten wertet die Position der Betroffenen auf und dürfte im Zusammenspiel mit den oben genannten Rechtsschutzmöglichkeiten gegen die verbindlichen Entscheidungen des BfDI dazu führen, dass zukünftig mehr Maßnahmen des BKA Gegenstand gerichtlicher Klärung sein werden.[578]

b. Auskunftsrecht

Anders als die soeben dargestellten Benachrichtigungspflichten setzt das Auskunftsrecht einen Antrag des Betroffenen voraus.[579] Das Auskunftsrecht der betroffenen Person gegenüber der datenverarbeitenden Stelle regelt § 57 BDSG. Die Norm setzt Art. 14, 15 und 17 JI-RL um.[580]

---

[575] *Ruthig,* in: Schenke/Graulich/Ruthig, Sicherheitsrecht des Bundes, § 74 Rn. 15.

[576] BT-Drs. 18/11163, S. 131.

[577] BT-Drs. 18/11163, S. 131.

[578] *Ruthig,* in: Schenke/Graulich/Ruthig, Sicherheitsrecht des Bundes, § 69 BKAG Rn. 16.

[579] BT-Drs. 18/11325, S. 113.

[580] BT-Drs. 18/11325, S. 113 f.; *Paal,* in: Paal/Pauly, DS-GVO/BDSG, § 57 BDSG vor Rn. 1.

Das Auskunftsrecht dient insbesondere dazu, den Betroffenen in die Lage zu versetzen, weitere Rechte geltend machen zu können.[581]

Auch für das Auskunftsrecht sind in § 57 Abs. 2-4 BDSG Ausnahmeregelungen vorgesehen, von denen einige keine Entsprechung in der JI-RL finden.

So sieht § 57 Abs. 2 BDSG eine Ausnahme für Daten vor, die nur verarbeitet werden, weil sie aufgrund gesetzlicher Aufbewahrungsfristen nicht gelöscht werden dürfen, oder ausschließlich Zwecken der Datensicherung oder Datenschutzkontrolle dienen, sofern die Auskunftserteilung mit einem unverhältnismäßigen Aufwand verbunden wäre und die Datenverarbeitung zu anderen Zwecken ausgeschlossen ist. Diese Regelung entspricht § 19 Abs. 2 BDSG a. F.[582] Schon unter der alten Rechtslage wurde diese Regelung kritisiert.[583] Umso problematischer dürfte sie zum jetzigen Zeitpunkt in Anbetracht der unionsrechtlichen Vorgaben sein. Denn eine entsprechende Einschränkungsmöglichkeit des Auskunftsrechts ist in der JI-RL nicht vorgesehen.[584]

§ 57 Abs. 3 BDSG gestattet ein Absehen von der Auskunftserteilung, wenn der Aufwand für die Erteilung der Auskunft unverhältnismäßig zum geltend gemachten Informationsinteresse ist, weil der Betroffene keine Angaben macht, die das Auffinden der Daten ermöglichen. Auch diese Ausnahmeregelung findet keine unmittelbare Entsprechung in der JI-RL. Allerdings gestattet die Richtlinie den Mitgliedstaaten nach Art. 15 Abs. 1 Regelungen zu erlassen, die die Auskunftsrechte einschränken, soweit dies erforderlich und verhältnismäßig ist, um die behördliche Arbeit nicht zu beeinträchtigen. So sieht Art. 15 Abs. 1 lit. a) JI-RL vor, dass die Mitgliedstaaten Gesetzgebungsmaßnahmen erlassen können, die das Recht der betroffenen Person auf Auskunft teilweise oder vollständig einschränken, um zu gewähren, dass behördliche oder gerichtliche Untersuchungen, Ermittlungen oder Verfahren nicht behindert werden. Die Regelung muss sicherstellen, dass die teilweise oder vollständige Einschränkung der Betroffenenrechte in einer demokratischen Gesellschaft erforderlich und verhältnismäßig ist und den Grundrechten und den berechtigten Interessen der betroffenen natürlichen Person Rechnung getragen wird. Die Regelung in § 57 Abs. 3 BDSG lässt sich europarechtskonform restriktiv dahingehend auslegen, dass die Behörde nur dann von der Aus-

---

[581] BT-Drs. 18/11325, S. 113; *Paal*, in: Paal/Pauly, DS-GVO/BDSG, § 57 BDSG Rn. 2.

[582] BT-Drs. 18/11325, S. 113.

[583] *Schwichtenberg*, in: Kühling/Buchner, DS-GVO/BDSG, § 57 BDSG Rn. 6; *Mallmann*, in: Simitis, BDSG § 19 Rn. 46 m. w. N.; kritisch auch *Worms*, in: BeckOK Datenschutzrecht, § 19 Rn. 63 ff.

[584] *Schwichtenberg*, in: Kühling/Buchner, DS-GVO/BDSG, § 57 BDSG Rn. 6.

kunftserteilung absehen kann, wenn es dem Auskunftsersuchen derart an den notwendigen Angaben mangelt, dass die Behörde zur Erforschung der fehlenden Angaben so viele Ressourcen zur Verfügung stellen müsste, dass ihre behördliche Arbeit beeinträchtigt würde.[585] Praktisch dürfte dies eher nicht vorkommen.

Die Einschränkungsmöglichkeit in § 57 Abs. 4 BDSG besteht aus einem Verweis auf § 56 Abs. 2 BDSG. Damit greift der Gesetzgeber die in Art. 15 Abs. 1 JI-RL normierten Ausnahmeregelungen auf.[586]

§ 57 Abs. 5 BDSG sieht ein Zustimmungserfordernis der Verfassungsschutzbehörden, des BND, des MAD und, soweit die Sicherheit des Bundes berührt wird, anderer Behörden des BMVg vor, wenn sich die Auskunftserteilung auf Übermittlung personenbezogener Daten an diese Behörden bezieht. Die Regelung entspricht § 19 Abs. 3 BDSG a. F.[587] Sofern die Zustimmung der jeweiligen Behörde unterbleibt, darf die Auskunft nicht erteilt werden. Das Gesetz bestimmt keine Voraussetzungen, unter denen die Behörde die Zustimmung verweigern kann. Um die Vereinbarkeit mit der JI-RL sicherzustellen, bedarf es hier eines Rückgriffs auf die Verweigerungsgründe in § 56 Abs. 2 BDSG.[588]

Sofern die Behörde die Auskunft nicht oder nicht vollständig erteilt, ist sie nach § 57 Abs. 6 BDSG verpflichtet, den Betroffenen unverzüglich schriftlich zu unterrichten. Die Regelung setzt Art. 15 Abs. 3 JI-RL mitsamt den dort benannten Ausnahmeregelungen um.[589]

Wenn die Behörde dem Betroffenen die Auskunft verweigert, kann sich dieser nach § 57 Abs. 7 BDSG an den BfDI wenden. Die Regelung geht allerdings nicht über den bereits in § 60 BDSG verankerten Grundsatz hinaus, nach dem der von einem Datenverarbeitungsvorgang Betroffene jederzeit den BfDI anrufen kann.[590] In § 57 Abs. 7 S. 3 BDSG ist die Möglichkeit der verantwortlichen Stelle vorgesehen, auch gegenüber dem BfDI die Auskunft zu verweigern, sofern sie im Einzelfall feststellt, dass dadurch die Sicherheit des Bundes oder eines Landes gefährdet wäre. Dies wurde zum Teil als europarechtswidrig kri-

---

[585] *Schwichtenberg*, in: Kühling/Buchner, DS-GVO/BDSG, § 57 BDSG Rn. 7.

[586] BT-Drs. 18/11325, S. 113 f.; *Schwichtenberg*, in: Kühling/Buchner, DS-GVO/BDSG, § 57 BDSG Rn. 8.

[587] BT-Drs. 18/11325, S. 113.

[588] *Schwichtenberg*, in: Kühling/Buchner, DS-GVO/BDSG, § 57 BDSG Rn. 9 und § 56 BDSG Rn. 9.

[589] BT-Drs. 18/11325, S. 113 f.

[590] BT-Drs. 18/11325, S. 114; *Paal*, in: Paal/Pauly, DS-GVO/BDSG, § 57 Rn. 11.

tisiert, da die JI-RL keine entsprechende Ausnahme vorsieht.[591] Auch wurde die Verfassungsmäßigkeit dieser Regelung in Frage gestellt. Prof. Aden führte in einer Sachverständigenanhörung im Innenausschuss des Deutschen Bundestages aus, dass die Regelung nicht mit dem Grundrecht auf informationelle Selbstbestimmung aus Art. 2 Abs. 1 i. V. m. Art. 1 Abs. 1 GG vereinbar sei. Er begründete seine Auffassung damit, dass der BfDI über genügend vertrauenswürdiges und sicherheitsüberprüftes Personal verfüge, um diese Aufgabe auch in solchen besonderen Fällen zuverlässig zu erfüllen.[592]

Nach § 57 Abs. 8 BDSG ist die verantwortliche Stelle dazu verpflichtet, die Gründe für ihre Entscheidung zu dokumentieren. Die Dokumentationen sind dem BfDI auf Anfrage zur Verfügung zu stellen.[593]

c. Recht auf Berichtigung und Löschung sowie Einschränkung der Verarbeitung

Das Recht des Betroffenen auf Berichtigung und Löschung sowie der Einschränkung der Verarbeitung personenbezogener Daten ist in § 58 BDSG geregelt.

Abs. 1 und 2 regeln in Umsetzung von Art. 16 Abs. 1 und 2 JI-RL das Recht des Betroffenen, unverzüglich die Berichtigung oder Vervollständigung unrichtiger Daten sowie die Löschung von Daten zu verlangen.

Art. 16 Abs. 3 JI-RL sieht lediglich zwei Fälle vor, in denen die verantwortliche Stelle statt die Daten zu löschen deren Verarbeitung einschränken kann, nämlich: a) die betroffene Person bestreitet die Richtigkeit der personenbezogenen Daten und die Richtigkeit oder Unrichtigkeit kann nicht festgestellt werden, oder b) die personenbezogenen Daten müssen für Beweiszwecke weiter aufbewahrt werden.

§ 58 Abs. 3 BDSG normiert hingegen drei Fälle, in denen statt der Löschung eine Einschränkung der Verarbeitung erfolgen kann:

> 1. Es besteht Grund zu der Annahme, dass eine Löschung schutzwürdige Interessen einer betroffenen Person beeinträchtigen würde,

---

[591] *Schwichtenberg*, in: Kühling/Buchner, DS-GVO/BDSG, § 57 BDSG Rn. 12; auf die Bedenken lediglich hinweisend *Paal*, in: Paal/Pauly DS-GVO BDSG, § 57 BDSG Rn. 13 mit Verweis auf Wortprotokoll Innenausschuss Deutscher Bundestag, Protokoll-Nr. 18/110, S. 136.

[592] Vgl. Wortprotokoll Innenausschuss Deutscher Bundestag, Protokoll-Nr. 18/110, S. 136.

[593] *Schwichtenberg*, in: Kühling/Buchner, DS-GVO/BDSG, § 57 BDSG Rn. 13.

2. die Daten müssen zu Beweiszwecken in Verfahren, die Zwecken des § 45 dienen, weiter aufbewahrt werden oder

3. eine Löschung ist wegen der besonderen Art der Speicherung nicht oder nur mit unverhältnismäßigem Aufwand möglich.

Die Regelung in § 58 Abs. 3 Nr. 3 BDSG bewirkt eine Einschränkung der Vorgaben der Richtlinie und eine Beeinträchtigung des Grundsatzes der Datenminimierung, die im Unionsrecht nicht vorgesehen ist.[594] Die Vorschrift war daher Gegenstand deutlicher Kritik.[595] Zum Teil wird die Regelung mit der Argumentation als europarechtswidrig eingestuft, dass das Absehen von der Löschung der Daten zugunsten einer Einschränkung der Verarbeitung weder in der JI-RL noch in deren Erwägungsgründen eine Grundlage findet.[596] Von der Europarechtskonformität kann jedenfalls nur dann ausgegangen werden, wenn § 58 Abs. 3 Nr. 3 BDSG sehr restriktiv ausgelegt wird.[597] Diese notwendige restriktive Auslegung erkennt der Gesetzgeber in der Gesetzesbegründung an.[598]

d. Anrufung des BfDI und Rechtsschutz gegen Entscheidungen des BfDI

§ 60 BDSG sieht für jede betroffene Person das Recht vor, den BfDI anzurufen. Die Regelung setzt Art. 52 Abs. 1 und 2 JI-RL um.[599]

§ 60 Abs. 1 BDSG normiert das Beschwerderecht des Betroffenen zum BfDI. Hiervon ausgenommen sind lediglich Fälle, in denen die Daten durch Gerichte im Rahmen ihrer justiziellen Tätigkeit verarbeitet werden. Durch das Beschwerderecht werden zum einen die Rechtsschutzmöglichkeiten der Betroffenen gestärkt und vereinfacht, indem eine niedrigschwelligere Beschwerdemöglichkeit geschaffen wird, die von Betroffenen eher in Anspruch genommen wird als langfristige und ggf. mit Kosten verbundene Gerichtsverfahren.[600]

---

[594] *Burghardt/Reinbacher,* in: BeckOK Datenschutzrecht, § 75 BDSG Rn. 5; *Johannes/Weinhold*, Das neue Datenschutzrecht bei Polizei und Justiz, § 1 Rn. 197.

[595] *Worms,* in: BeckOK Datenschutzrecht, § 58 BDSG Rn. 48; *Paal,* in: Paal/Pauly, DS-GVO, BDSG, § 58 BDSG Rn. 11; *Schantz,* in Schantz/Wolff, Datenschutzrecht, Rn. 1244.

[596] *Schwichtenberg,* in: Kühling/Buchner, DS-GVO/BDSG, § 58 BDSG Rn. 7.

[597] Im Ergebnis von einer Europarechtskonformität ausgehend *Worms,* in: BeckOK Datenschutzrecht, § 58 BDSG Rn. 50.

[598] BT-Drs. 18/11325, S. 114 f.

[599] BT-Drs. 18/11325, S. 115; *Schwichtenberg,* in: Kühling/Buchner, DS-GVO BDSG, § 60 BDSG Rn. 1.

[600] *Meltzian,* in: BeckOK Datenschutzrecht, § 60 BDSG, Rn. 4.

Darüber hinaus können Beschwerden auch zu einer verbesserten Kenntniserlangung des BfDI über Datenverarbeitungsvorgänge beitragen.[601]

§ 60 Abs. 1 S. 1 BDSG lässt für die Beschwerde einen bloßen Verdacht einer Rechtsverletzung ausreichen. Der BfDI soll nur dann von einer Prüfung der Beschwerde absehen können, wenn diese rechtsmissbräuchlich, da offenkundig unbegründet ist, oder es sich um einen exzessiven Gebrauch des Beschwerderechts handelt.[602] Das Beschwerderecht wird flankiert durch die Möglichkeit zur Untätigkeitsklage in § 61 Abs. 2 BDSG. Somit wird dem Betroffenen ein Beschwerderecht zugebilligt, welches einen rechtlich durchsetzbaren Rechtsbehelf enthält.[603]

§ 60 Abs. 2 BDSG verpflichtet den BfDI zur Weiterleitung der Beschwerde an die zuständige Aufsichtsbehörde eines anderen EU-Mitgliedstaates.

3. Zwischenergebnis

Durch die erweiterten Benachrichtigungspflichten des BKA vollzieht sich eine Stärkung der Rechtsposition der Betroffenen. Darüber hinaus wird die neue Rechtsschutzmöglichkeit gegen Entscheidungen des BfDI in § 61 BDSG eingeführt. Für den Betroffenen bedeutet das eine weitere Instanz, bei der und gegen die er Rechtsschutz erreichen kann. Im Ergebnis führt dies zu einer besseren Grundlage für den Betroffenen, seine Rechtsschutzmöglichkeiten auszuschöpfen. Entsprechend steigt für das BKA der Rechtfertigungsdruck, da zu erwarten ist, dass mehr Maßnahmen Gegenstand gerichtlicher Klärung sein werden. Die Position des Betroffenen gegenüber dem BKA wird somit gestärkt.

An einzelnen Stellen ergeben sich Fragen der Europarechtskonformität der entsprechenden Regelungen, denen aber für die hier zentrale Frage des Datenschutzniveaus unter der neuen IT-Infrastruktur der Sicherheitsbehörden keine eigenständige Bedeutung zukommt.

VII. Prüf- und Löschungspflichten des BKA

Aus datenschutzrechtlicher Sicht spielt eine große Rolle, wie die Löschpflichten und die der Löschung vorausgehende Prüfung, ob die Daten weiter rechtmäßig gespeichert werden dürfen, ausgestaltet sind. Demnach ist zu prüfen,

---

[601] *Paal*, in: Paal/Pauly, DS-GVO BDSG, § 60 BDSG Rn. 2.

[602] *Heckmann*, in: Gola/Heckmann, BDSG, § 60 Rn. 5; *Meltzian*, in: BeckOK Datenschutzrecht, § 60 Rn. 3.

[603] *Paal*, in: Paal/Pauly, DS-GVO BDSG, § 60 BDSG Rn. 3.

ob die Prüf- und Löschpflichten im BKAG 2018 den Anforderungen des europäischen und nationalen Rechts gerecht werden.

1. Maßstäbe des europäischen und nationalen Rechts

Die Richtlinie sieht in Art. 16 das Recht des Betroffenen vor, die Berichtigung oder Löschung personenbezogener Daten und die Einschränkung der Verarbeitung unter den dort dargestellten Voraussetzungen zu verlangen. Darüber hinaus konstituiert Art. 5 JI-RL allgemeine Lösch- und Prüfpflichten, die verfahrensrechtlich abgesichert sein müssen.

Eine Löschpflicht hinsichtlich nicht mehr benötigter Daten ergibt sich zudem aus unionsrechtlich anerkannten datenschutzrechtlichen Grundsätzen. Hierzu zählt erstens der Grundsatz der Datenminimierung, der sich aus Art. 4 Abs. 1 lit. c)-e) ergibt und in Art. 20 Abs. 1 JI-RL vorausgesetzt wird. Zweitens verlangt das Unionsrecht nach Art. 4 Abs. 1 lit. d) JI-RL auch, dass die verarbeiteten Daten sachlich richtig sein müssen.

Der Grundsatz der Datenrichtigkeit ist zudem in § 47 Nr. 4 BDSG geregelt.

2. Umsetzung der Pflichten im BDSG

Das BKAG 2018 enthält selbst keine Regelungen zur Löschung von Daten. Die für das BKA geltenden Löschpflichten ergeben sich aus § 75 BDSG.

Die Norm regelt spiegelbildlich[604] zu § 58 BDSG, der die entsprechenden Rechte der datenverarbeitenden Stelle betrifft, die Pflichten zur Berichtigung, Löschung oder Einschränkung der Verarbeitung personenbezogener Daten.

a. Europarechtskonformität

§ 75 Abs. 1 BDSG sieht unabhängig von einem Antrag des Betroffenen die Pflicht der verantwortlichen Stelle vor, personenbezogene Daten zu berichtigen, wenn sie unrichtig sind. Die Norm dient der Umsetzung von Art. 16 Abs. 1 S. 1 JI-RL. Indem das BDSG eine Berichtigungspflicht unabhängig von einem Antrag des Betroffenen vorsieht,[605] geht es über die Vorgaben der JI-RL hinaus.[606] § 75 Abs. 1 BDSG regelt nicht, wann die Daten berichtigt werden müssen, obwohl nach Art. 16 Abs. 1 S. 1 JI-RL die Berichtigung unverzüglich zu erfolgen hat. Allerdings ergibt sich die Unverzüglichkeit der

---

[604] BT-Drs. 18/11325, S. 119; *Nolte/Werkmeister*, in: Gola/Heckmann, BDSG, § 75 Rn. 1.

[605] BT-Drs. 18/11325, S. 119; *Burghardt/Reinbacher,* in: BeckOK Datenschutzrecht, § 75 BDSG Rn. 11.

[606] *Paal*, in: Paal/Pauly, DS-GVO, BDSG, § 75 BDSG Rn. 4.

Berichtigungspflicht mittelbar aus § 47 Nr. 4 BDSG sowie aus der Spiegelbild-lichkeit zu § 58 Abs. 1 BDSG, der wiederum den Wortlaut von Art. 16 Abs. 1 S. 1 JI-RL aufgreift und dem Betroffenen das Recht einräumt, unverzüglich die Berichtigung unrichtiger personenbezogener Daten zu verlangen.[607]

§ 75 Abs. 2 BDSG verpflichtet die datenverarbeitende Stelle zur Löschung personenbezogener Daten, sofern die Verarbeitung der Daten unzulässig ist, sie zur Erfüllung einer rechtlichen Verpflichtung gelöscht werden müssen oder ihre Kenntnis für die Aufgabenerfüllung nicht mehr erforderlich ist. Indem das BDSG die Löschung der Daten für jeden Fall der Unzulässigkeit der Datenver-arbeitung verlangt, geht es wiederum über die Vorgaben der Richtlinie hin-aus.[608] Denn die Richtlinie sieht eine Verpflichtung zur Löschung lediglich dann vor, wenn die Verarbeitung gegen nach Art. 4, 8 und 10 JI-RL erlassene Vorschriften verstößt.

§ 75 Abs. 3 verweist auf § 58 Abs. 3-5 BDSG. § 58 Abs. 3 und 4 BDSG regeln, dass statt der Löschung der Daten auch die Einschränkung der Verarbeitung erfolgen kann. Hier stellen sich dementsprechend erneut die oben erläuterten europarechtlichen Probleme.

Der Verweis auf § 58 Abs. 5 BDSG stellt klar, dass die dort normierte Unter-richtungspflicht auch im Anwendungsbereich des § 75 BDSG gilt. Demnach hat der für die Datenverarbeitung Verantwortliche der Stelle, die ihm die per-sonenbezogenen Daten zuvor übermittelt hat, die Berichtigung der Daten mit-zuteilen (§ 58 Abs. 5 S. 1 BDSG). Sofern Daten berichtigt oder gelöscht wer-den oder ihre Verarbeitung eingeschränkt wird, muss der Verantwortliche dies der Stelle mitteilen, an die er die Daten übermittelt hat (§ 58 Abs. 5 S. 2 BDSG). Der Empfänger muss die Daten berichtigen, löschen oder in ihrer Verarbeitung einschränken (§ 58 Abs. 5 S. 3 BDSG).

§ 75 Abs. 4 BDSG sieht vor, dass die verantwortliche Stelle eine regelmäßige Überprüfung der Notwendigkeit der Speicherung in angemessenen Fristen vornimmt und durch verfahrensrechtliche Vorkehrungen sicherstellt, dass die-se Fristen eingehalten werden.

---

[607] *Burghardt/Reinbacher*, in: BeckOK Datenschutzrecht, § 75 BDSG Rn. 14.
[608] *Burghardt/Reinbacher*, in: BeckOK Datenschutzrecht, § 75 BDSG Rn. 16.

b. Zwischenergebnis

Zum Teil weichen die Regelungen in § 75 BDSG von den Vorgaben der JI-RL ab.

§ 75 Abs. 1 und 2 BDSG gehen über das Schutzniveau der JI-RL hinaus. Dies ist entsprechend Art. 1 Abs. 3 JI-RL zulässig.[609] Europarechtlich problematisch ist die Umsetzung von Art. 16 Abs. 3 JI-RL in § 75 Abs. 3 BDSG. Nach der hier geteilten Auffassung ist die Regelung bei restriktiver Auslegung noch europarechtskonform.

3. Aussonderungsprüffristen

Eine § 75 Abs. 4 BDSG entsprechende regelmäßige Überprüfung sieht § 77 BKAG 2018 vor, der unter anderem die sogenannte Aussonderungsprüffrist betrifft. Diese Vorschrift konkretisiert somit die Löschpflichten aus § 75 BDSG. § 77 Abs. 1 S. 1 BKAG 2018 sieht vor, dass das BKA bei der Einzelfallbearbeitung und nach gesetzlichen Fristen nach § 75 BDSG prüft, ob gespeicherte personenbezogene Daten zu berichtigen oder zu löschen sind. Dabei dürfen nach S. 2 die Aussonderungsprüffristen bei Erwachsenen grundsätzlich – anderes gilt nach Abs. 2 in den Fällen von § 19 Abs. 1 BKAG 2018 – zehn Jahre, bei Jugendlichen fünf Jahre und bei Kindern zwei Jahre nicht überschreiten. Nach § 77 Abs. 3 S. 1 BKAG 2018 beginnen die Fristen für alle zu einer Person gespeicherten Daten grundsätzlich mit dem Tag, an dem die Person letztmalig zur Speicherung nach dem BKAG Anlass gegeben hat.

§ 77 Abs. 4 S. 1 und 2 sehen vor, dass bei der Übermittlung von personenbezogenen Daten außerhalb des polizeilichen Informationsverbunds die für sie geltenden Löschpflichten von der übermittelnden Stelle mitzuteilen und vom BKA grundsätzlich einzuhalten sind. Abs. 4 S. 3 normiert eine Ausnahme von diesem Grundsatz, wenn Anhaltspunkte dafür bestehen, dass die Daten für die Aufgabenerfüllung des BKA weiterhin erforderlich sind, es sei denn das BKA wäre ebenfalls zur Löschung verpflichtet.

§ 77 Abs. 5 regelt die Festlegung der Aussonderungsprüffrist nach Abs. 1 und 2 durch das BKA im Benehmen mit der übermittelnden Stelle. Abs. 6 regelt die Verantwortlichkeit für die Erfüllung der Verpflichtungen nach § 75 BDSG sowie § 77 Abs. 1-3 BKAG 2018. Diese trägt entsprechend § 31 Abs. 2 BKAG 2018 die datenschutzrechtlich verantwortliche Stelle.

---

[609] *Burghardt/Reinbacher*, in: BeckOK Datenschutzrecht, § 75 BDSG Rn. 2 f.

Die Regelung entspricht inhaltlich § 32 Abs. 5 BKAG 1997 und weist allein redaktionelle Änderungen auf. Die Regelung in § 32 Abs. 5 BKAG 1997 war bereits Gegenstand gerichtlicher Entscheidungen.[610] Das BVerwG grenzte die Regelung des § 32 Abs. 5 BKAG 1997 zu den Regelungen in §§ 489 Abs. 6 und 494 Abs. 2 StPO ab und führt aus, dass nach den Regelungen der StPO „ausdrücklich spätere Speicherungen berücksichtigt werden, indem sie die Löschung hinausschieben, bis für alle Eintragungen die Löschungsvoraussetzungen erfüllt sind. Demgegenüber knüpft § 32 Abs. 5 BKAG an das letzte Ereignis an, das zur Speicherung der Daten geführt hat."[611] Somit ist für die bis auf redaktionelle Änderung wortgleiche Vorgängerregelung des § 77 Abs. 3 BKAG 2018 entschieden, dass es für die Festlegung der Prüffrist auf das letzte Ereignis ankommt, dass zur Speicherung der Daten geführt hat und nicht jedes spätere „Anlassgeben" für eine Verlängerung der Prüfpflichten herangezogen werden kann und somit die früher eingegebenen Daten mitzieht. Die Ausgestaltung der Regelung ist daher nicht zu beanstanden.[612]

4. Zwischenergebnis

Die in § 75 BDSG geregelten Löschpflichten werfen einige europarechtliche Probleme auf, die jedoch durch eine europarechtskonforme Auslegung zu lösen sind.

Die Regelungen zu den Aussonderungsprüffristen entsprechen mit redaktionellen Änderungen den Regelungen im BKAG 1997. Diese waren bereits Gegenstand obergerichtlicher Klärung.

VIII. Informationsverbund mit den Ländern

Ein erklärtes Ziel der Einführung des neuen Informationssystems ist die Vereinfachung des Austauschs von Daten mit anderen Polizeibehörden, insbesondere denen der Bundesländer. Daher sollen im Folgenden die Auswirkungen und Veränderungen des Datenaustauschs mit den Ländern durch das neue BKAG untersucht werden.

Ziel des Gesetzgebers war insbesondere die „Harmonisierung und Standardisierung der Informationsverarbeitung"[613]. Dem BKAG kommt damit eine Art

---

[610] Vgl. VGH Kassel NJW 2005, 2727; BVerwG BeckRS 2004, 21308.

[611] BVerwG, BeckRS 2004, 21308.

[612] So auch die BfDI nachdem ihre Kritik an einem früheren Entwurf des Gesetzgebers berücksichtigt wurde: Pressemitteilung der BfDI vom 27.04.2017, https://www.bfdi.bund.de/DE/Infothek/Pressemitteilungen/2017/09_BKA-Gesetz.html.

[613] BT-Drs. 18/11163, S. 2, 76.

Vorbildfunktion für die Polizeigesetze der Länder zu, in diesem Zusammenhang wurde es sogar als Ersatz für ein Musterpolizeigesetz bezeichnet.[614]

Zu unterscheiden ist zunächst zwischen zwei Sachverhalten. Zum einen können die am Informationsverbund teilnehmenden Polizeibehörden des Bundes und der Länder auf Daten im Informationsverbund nach § 29 Abs. 2 S. 2 BKAG 2018 zugreifen. Zum anderen gibt es spezielle Datenübermittlungsregelungen für Daten, auf die die anfragende Stelle nicht bereits über ihre Teilnahme am Informationsverbund Zugriff hat, dies regelt § 25 BKAG 2018. Beide Normen verweisen auf § 12 BKAG 2018, sodass letztendlich dieselbe Berechtigungsprüfung für die Datenweiterverarbeitung vorgenommen wird. Der Begriff der Datenübermittlung soll in den nachfolgenden Abschnitten daher weit verstanden werden und beide Sachverhalte umfassen.

1. Datenübermittlung allgemein

Entsprechend der bisherigen Terminologie in § 3 Abs. 4 Nr. 3 BDSG a. F. versteht man unter einer Datenübermittlung eine Bekanntgabe personenbezogener Daten an eine andere öffentliche oder nicht-öffentliche Stelle.

Welchen Herausforderungen der polizeiliche Informationsverbund im Zusammenhang mit dem Datenaustausch mit den Ländern begegnet, soll im Folgenden dargestellt werden. Darüber hinaus sollen alternative Umsetzungsmöglichkeiten der Vorgaben des BVerfG und der JI-RL am Beispiel des BayPAG aufgezeigt werden.

a. Datenübermittlung als Zweckänderung

Eine Datenübermittlung stellt in der Regel eine Zweckänderung dar, da die Daten von der empfangenden Stelle eben nicht zu dem Zweck verarbeitet werden, zu dem sie die erhobene Behörde erhoben hat.[615] Zwar wird diskutiert, ob bei der Datenübermittlung in engen Grenzen auch eine zweckkonforme Weiternutzung vorliegen kann, wenn der Zweck der Datenübermittlung bei der Erhebung bereits mitgedacht wurde. Als Beispiele hierfür werden die Übermittlung zur Wahrnehmung von Aufsichts- und Kontrollbefugnissen, die Übermittlung an eine andere Behörde, weil sich durch Wegzug des Betroffenen die örtliche Zuständigkeit einer Behörde ändert, sowie Fälle der Behördenkoordination zwecks Herstellung eines Benehmens benannt. In diesen Fällen sei zwar von einer zweckkonformen Weiternutzung auszugehen, aufgrund

---

[614] *Graulich*, KriPoZ 2017, 278 (278).

[615] *Schwabenbauer*, in: Lisken/Denninger, Handbuch des Polizeirechts, Kap. G. Rn. 24 f.

des Eingriffscharakters bedürfe es aber dennoch einer Ermächtigungsgrundlage.[616] Auf diese Sonderfälle soll es in den nachfolgenden Kapiteln nicht ankommen, sodass hier die grundsätzliche Überlegung zugrunde gelegt wird, dass eine Datenübermittlung jeweils eine Zweckänderung darstellt.

b. Pflicht zur Übermittlung von Daten an das BKA?

Aus der grundgesetzlichen Kompetenzverteilung ergibt sich die grundsätzliche Gesetzgebungszuständigkeit der Länder im Polizeibereich. Daher treffen die einzelnen Länder zum einen für den Umgang mit vorhandenen Daten als auch hinsichtlich der Maßnahmen der Datenerhebung und -übermittlung eigene Regelungen. Nach § 9 Abs. 4 BKAG 2018 können öffentliche Stellen dem BKA von sich aus Informationen einschließlich personenbezogener Daten übermitteln, wenn tatsächliche Anhaltspunkte dafür bestehen, dass die Übermittlung für die Erfüllung der Aufgaben des BKA erforderlich ist. Nach § 9 Abs. 5 BKAG 2018 besteht eine Übermittlungspflicht der öffentlichen Stellen nur dann, wenn die Informationen zur Abwehr einer Gefahr für den Bestand oder die Sicherheit des Bundes oder eines Landes oder Leib, Leben oder Freiheit einer Person oder einer Sache von bedeutendem Wert, deren Erhaltung im öffentlichen Interesse liegt, erforderlich sind.

c. Abgrenzung zur Nutzung einheitlicher, zentraler IT-Infrastruktur

Die Stärkung des BKA als polizeiliches „Datenhaus" soll die Datenübermittlung erleichtern. Die folgende Grafik[617] aus dem White Paper Polizei2020 visualisiert, dass das BKA zukünftig nicht nur die IT-Infrastruktur für die Verbunddateien stellen soll, sondern auch Datenhaus für die Dateien sein soll, auf die nur die eingebende Polizeibehörde Zugriff hat, die also (zunächst) nicht verbundrelevant sind:

---

[616] *Schwabenbauer,* in: Lisken/Denninger, Handbuch des Polizeirechts, Kap. G. Rn. 25.
[617] White Paper Polizei2020, S. 12.

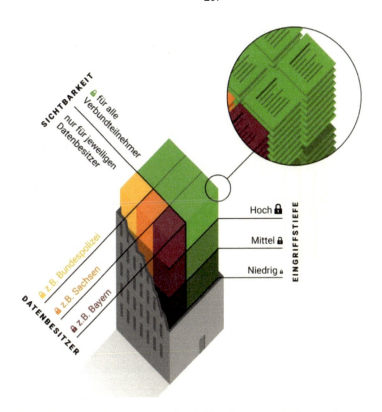

Die unter dem Stichwort „Sichtbarkeit" links dargestellten gelb, orangen und violetten Felder scheinen keine verbundrelevanten Datenbestände zu betreffen. Denn sie sollen laut Grafik nur für den entsprechenden „Datenbesitzer" sichtbar sein, also die Stelle, die die Daten erhoben hat.

Unklar ist, wie dies mit den anderen Ausführungen im White Paper Polizei2020 in Einklang zu bringen ist. Denn dort bezieht sich das BMI z. T. lediglich auf die zentrale Datenhaltung verbundrelevanter Informationen beim BKA. So findet man z. B. die Formulierung, das BKA solle *„bei den Verbundverfahren zentraler Betriebsdienstleister mittels Bereitstellung eines einheitlichen Systems werden"*[618] (Hervorhebung durch die Verfasserin). In Erklärung der oben abgebildeten Grafik führt das BMI allerdings aus, dass aufgrund der Vorgaben des BVerfG durch den Grundsatz der hypothetischen Datenneuerhebung eine Speicherung in vielen verschiedenen Dateien nicht mehr adäquat sei. Dem-

---

[618] White Paper Polizei2020, S. 9.

entsprechend müssten die Daten der Verbundteilnehmer (Bund und Länder) „umsortiert" und entsprechend markiert werden. Dies würde zugleich den Entwicklungen im Kriminalitätsgeschehen Rechnung tragen, die zeigen, dass Täter vielfach in unterschiedlichen Kriminalitätsbereichen aktiv seien (z. B. Rauschgift- und Waffendelikte). Und weiter: *„Die Speicherung erfolgt künftig zentral in einer Datenbank („gemeinsames Datenhaus der deutschen Polizei"). Der Zugriff wird zielgerichtet über ein dynamisches und modernes Zugriffsmanagement geregelt. Dabei stehen die verbundrelevanten Informationen allen Teilnehmern zur Verfügung. Die Verantwortung für die Daten verbleibt beim Datenbesitzer. Auf die landeseigenen, nicht verbundrelevanten Daten hat ausschließlich der berechtigte Datenbesitzer Zugriff (Mandantenfähigkeit des Systems)"*[619] (Hervorhebung durch die Verfasserin). Unter dem Stichwort der Mandantenfähigkeit des Systems soll das BKA also auch die IT-Infrastruktur für die Speicherung nicht verbundrelevanter Daten der Länder bereitstellen.

Demnach ist wie folgt zu differenzieren. Die Nutzung der geplanten vom BKA in seiner Funktion als Datenhaus und entsprechender Service-Dienstleister der Polizeien zur Verfügung gestellten IT-Infrastruktur durch die Länder für ihre eigenen Daten ist keine Datenübermittlung, weil keiner anderen als der erhebenden Stelle Zugriff auf die Daten ermöglicht wird. Dies ergibt sich zumindest aus der oben angeführten Grafik und der entsprechenden Erklärung des BMI. Die Sichtbarkeit dieser Daten ist auf den „Datenbesitzer", also die die Daten eingebende Stelle, beschränkt. Eine Bekanntgabe an eine andere Stelle ist damit nicht verbunden. Dieser Teil des Systems ist daher für die weitere Prüfung nicht relevant. Relevant sind hingegen jene Daten, die von den Länderpolizeien tatsächlich in den polizeilichen Informationsverbund eingespeist werden, also die in der obigen Grafik unter dem Stichwort „Sichtbarkeit" rechts in grün dargestellten Datenbestände. Denn hierauf können die anderen Verbundteilnehmer nach Prüfung der Zugriffsberechtigung zugreifen, sodass eine Datenübermittlung vorliegt.

---

[619] White Paper Polizei2020, S. 11 f.

2. Unterschiedliche gesetzliche Regelungen der Datenverarbeitung am Beispiel des BayPAG

Bayern hat zeitnah zum Inkrafttreten des BKAG 2018 ein neues Polizeiaufgabengesetz verabschiedet. Dieses trat am 25. Mai 2018 in Kraft.[620]

Gegen das als *„schärfstes Polizeirecht Deutschlands"*[621] betitelte Gesetz gab es zahlreiche Proteste sowie hitzig geführte Debatten.[622] Die Gegner des Entwurfs kritisierten insbesondere den Kompetenzgewinn der bayerischen Polizei insbesondere wegen weitreichender Vorfeldbefugnisse. Gegen das Gesetz wurde u. a. durch Mitglieder der Gesellschaft für Freiheitsrechte (GFF) Verfassungsbeschwerde erhoben.[623]

Über den kontrovers diskutierten und von Protesten begleiteten Gesetzgebungsprozess hinaus enthält das BayPAG einige Regelungen, die trotz desselben Regelungsgegenstands von denen des BKAG 2018 abweichen, z. B. das Festhalten an der Errichtungsanordnung als datenschutzrechtliche Verfahrensvorschrift oder die Umsetzung des Grundsatzes der hypothetischen Datenneuerhebung. Aufgrund des anderen Aufgabenzuschnitts der Länderpolizeibehörden enthält das Gesetz darüber hinaus andere Rechtsgrundlagen für Datenverarbeitungsmaßnahmen. Die Befugnisse der bayerischen Polizei werden dabei z. T. weit in das Vorfeld einer Gefahr erweitert. Dieses Gesetz eignet sich daher besonders gut als Beispiel für eine Prüfung der Auswirkungen des neuen Informationsbestands für den Datenfluss zwischen den Polizeibehörden des Bundes und der Länder.

Das BayPAG regelt die Datenverarbeitung in Abschnitt III, Art. 30 ff.

Zunächst sollen einige ausgewählte Regelungen des BayPAG dargestellt werden, die von den Regelungen im BKAG 2018 abweichen, um daraufhin etwaige daraus resultierende Schwierigkeiten für den Datenaustausch zwischen

---

[620] BayVGl. 2018, 301.

[621] Dieser Begriff wurde z. B. durch die Gemeinschaft die Gesellschaft der Freiheitsrechte (GFF) verwendet, vgl. Pressemitteilung vom 16.05.2018 abrufbar unter https://freiheitsrechte. org/pm-baypag/; Hinweis auf diese Begriffswahl auch bei *Löffelmann*, GSZ 3/2018, 85 (85).

[622] *Sehl*, LTO, 16.05.2018; mit Hinweis auf verschiedene Stellungnahmen in der Presse *Weinrich*, NVwZ 2018, 1680 (1680). *Ratzesberger*, SZ online vom 10.05.2018, https://www. sueddeutsche.de/muenchen/polizeiaufgabengesetz-demo-muenchen-1.3974391;*Frasch/Haneke*, FAZ Online vom 10.05.2018, https://www.faz.net/aktuell/politik/inland/proteste-gegen-neues-bayerisches-polizeigesetz-15583913.html.

[623] vgl. Pressemitteilung vom 16.05.2018, https://freiheitsrechte.org/pm-baypag/; die von *Dr. Mathias Hong* und *Hartmut Wächtler* verfasste Beschwerdeschrift ist abrufbar unter https://freiheitsrechte.org/home/wp-content/uploads/2018/10/GFF_Verfassungsbeschwerde_ BayPAG_anonym.pdf.

den Behörden oder Vergleichsmöglichkeiten der unterschiedlichen Regelungen herauszuarbeiten.

a. Umsetzung des Grundsatzes der hypothetischen Datenneuerhebung

Im Zusammenhang mit der Weiterverarbeitung von Daten setzt der bayerische Gesetzgeber den Grundsatz der hypothetischen Datenneuerhebung in Art. 53 Abs. 2 BayPAG um[624] und trifft darüber hinaus Regelungen für die Weiterverarbeitung, Übermittlung, Kennzeichnung und Sicherung von Daten in Art. 48 BayPAG.

Art. 53 Abs. 2 BayPAG lautet:

> (2) Die Speicherung und anderweitige Verarbeitung darf nur zu dem Zweck erfolgen, zu dem diese Daten erhoben worden sind. Die Verarbeitung einschließlich einer erneuten Speicherung und einer Veränderung sowie die Übermittlung zu einem anderen polizeilichen Zweck ist zulässig, soweit die Polizei die Daten zu diesem Zweck erheben dürfte oder dies anderweitig besonders gestattet ist.

Die Regelung besteht somit aus einer Zweckbindungsvorschrift und der Befugnis der Zweckänderung.

Art. 48 BayPAG ergänzt diese Regelung für Daten, die nach den im zweiten Unterabschnitt von Abschnitt III. des Gesetzes geregelten Maßnahmen erhoben wurden.

Wie der Bundesgesetzgeber in § 12 BKAG 2018 fasst der bayerische Landesgesetzgeber nunmehr in Art. 48 BayPAG die Befugnisse zur Weiterverarbeitung von Daten an zentraler Stelle zusammen.[625]

Die Norm unterscheidet zwischen der Verarbeitung von Daten zu präventiven und zu repressiven Zwecken.

Abs. 1 regelt die zweckkonforme Weiterverarbeitung von Daten zu präventiven Zwecken. Das entspricht der Vorgabe des BVerfG, dass personenbezogene Daten von derselben Behörde im Rahmen derselben Aufgabe zum Schutz derselben Rechtsgüter weiterverarbeitet werden können, ohne eine Zweckän-

---

[624] Bay. LT-Drs. 17/24025, S. 69.

[625] *Aulehner*, in: BeckOK Polizei- und Sicherheitsrecht Bayern, Vorbemerkungen zu § 48; Anders als der Bundesgesetzgeber zieht der bayerische Landesgesetzgeber die Regelung „hinter die Klammer", vgl. Bay. LT-Drs. 17/20425, S. 68.

derung zu begründen. Hierfür lässt das BVerG bereits das Vorliegen eines Ermittlungs- oder Spurenansatzes ausreichen, was sich in S. 2 widerspiegelt.

Wie oben bereits angemerkt ist unklar, ob unter den Begriff „derselben Behörde" jede einzelne Polizeidienststelle des Landes, alle einem Polizeipräsidium zugeordneten Dienststellen oder aber die gesamte Landespolizei zu fassen sind.[626] Der Gesetzeswortlaut des Art. 48 Abs. 1 BayPAG gibt hierüber keinen Aufschluss. Jedoch erläutert die Gesetzesbegründung hierzu wie folgt: *„Um eine einheitliche Datenverarbeitung innerhalb der Bayerischen Polizei zu gewährleisten, legt Abs. 1 (und nachfolgend auch Abs. 3, ähnlich wie bspw. §§ 38 f. Nds. SOG) bezüglich der „erhebenden Behörde" den uneingeschränkten institutionellen Polizeibegriff nach Art. 1 Abs. 1 POG zugrunde; „Polizei" im Sinne dieser Vorschriften ist damit die gesamte Polizei des Freistaates Bayern."*[627] Entsprechend definiert der bayerische Gesetzgeber nunmehr in Art. 1 BayPAG den Begriff der Polizei als die im Vollzugsdienst tätigen Dienstkräfte der Polizei des Freistaats Bayern. Aulehner verweist in der Kommentierung zu Art. 48 Abs. 1 BayPAG auf Art. 1 Abs. 1 POG ohne dies zu problematisieren.[628] Kritisiert wird diese Auffassung vom bayerischen LfDI, der die Auffassung des Gesetzgebers für zu weitgehend hält. In seiner Stellungnahme zum BayPAG-E weist er darauf hin, dass entsprechend des Behördenbegriffs in Art. 1 Abs. 2 BayVwVfG und § 1 Abs. 4 VwVfG unter „Behörde" sogar jeweils die einzelne Polizeiinspektion zu sehen sei. Denn nach dieser Legaldefinition sei eine Behörde jede Stelle, die Aufgaben der öffentlichen Verwaltung wahrnimmt. Ebenso verweist er auf den Behördenbegriff in Art. 3 Nr. 7 lit. a) JI-RL. Er räumt aber ein, dass es wohl zu weit ginge *„jede Polizeidienststelle als eigenständige Behörde anzusehen, da es andernfalls vom Zufall abhinge, wie stark untergliedert ein Polizeiverband ist. Zudem könnte die Untergliederung jederzeit durch Umstrukturierungen geändert und dadurch das Problem der begrenzten Weiterverarbeitungsbefugnis umgangen werden."* Es sei daher sachgerecht und datenschutzrechtlich vertretbar, eine Ebene darüber anzusetzen und als Behörde im Sinne des BKAG-Urteils jedes Polizeipräsidium sowie das LKA (vgl. Art. 4 Abs. 2 S. 1 Nr. 1 POG-E) anzusehen.[629] Diese Auffassung ist inkonsequent, da sie auf den Behördenbegriff des VwVfG hinweist,

---

[626] *Löffelmann*, GSZ 1/2019, 16 (17); Stellungnahme des bayerischen LfDI zum BayPAG-E vom 21.12.2017, S. 49.

[627] Bay. LT-Drs. 17/20425, S. 69.

[628] *Aulehner*, in: BeckOK Polizei- und Sicherheitsrecht Bayern, Art. 48 Rn. 7.

[629] Stellungnahme BayPAG-E vom 21.12.2017, S. 49.

dann aber ihrerseits hiervon abweicht und sodann willkürlich auf Ebene der Polizeipräsidien und des LKA ansetzt.

Das Urteil des BVerfG enthält keine weiteren Hinweise zur Auslegung des Begriffs „derselben Behörde". Denn es bezieht sich auf das BKA, bei dem sich diese Auslegungsfrage nicht stellt. Im Ergebnis ist der Rückgriff des Gesetzgebers auf den Behördenbegriff in Art. 1 Abs. 1 POG vertretbar. Auch aus Art. 3 Nr. 7 lit. a) JI-RL ergeben sich keine gegenteiligen Ansatzpunkte.

Art. 48 Abs. 2 BayPAG regelt die Übermittlung von Daten an andere Polizeibehörden zu präventiven Zwecken. Eine solche Übermittlung stellt jeweils eine Zweckänderung dar, deren Zulässigkeit an bestimmte Voraussetzungen geknüpft ist. Dementsprechend sieht das BayPAG vor, dass Daten nur dann übermittelt werden dürfen, wenn dies zum Schutz eines Rechtsguts erfolgt, welches auch in der Befugnisnorm der Datenerhebung verankert ist und darüber hinaus konkrete Ermittlungsansätze die Datenübermittlung rechtfertigen. Im Unterschied zur zweckkonformen Weiterverarbeitung reicht ein bloßer Spurenansatz nicht aus, vielmehr bedarf es eines einzelfallbezogenen tatsächlichen Ansatzes.[630]

Die in Art. 48 Abs. 3 BayPAG geregelte Datenübermittlung zum Zwecke der Strafverfolgung stellt ebenfalls eine Zweckänderung dar und bedarf daher eines konkreten Ermittlungsansatzes und der Einhaltung des Grundsatzes der hypothetischen Datenneuerhebung.[631]

Abs. 4 enthält Regelungen zum Umgang mit Daten aus den besonders eingriffsintensiven Maßnahmen der Wohnraumüberwachung und der Telekommunikationsüberwachung. Eine Weiterverarbeitung im selben Verfahren darf entsprechend Art. 48 Abs. 4 S. 1 BayPAG nur bei Vorliegen einer richterlichen Anordnung oder der Bestätigung einer im Eilfall getroffenen Entscheidung stattfinden. Für die zweckändernde Weiterverarbeitung zur Gefahrenabwehr, d. h. Verarbeitung in anderen Verfahren oder Übermittlung an andere Behörden, gilt Art. 48 Abs. 4 S. 2 Nr. 1 BayPAG. Demnach muss für die Weiterverarbeitung ein konkreter Ermittlungsansatz vorliegen sowie den Anforderungen der in der jeweiligen Befugnisnorm genannten Erhebungsvoraussetzungen Rechnung getragen werden. Dies beinhaltet insbesondere eine der Befugnisnorm entsprechende Gefahrenlage.[632] Für die repressive Weiterverarbeitung

---

[630] *Aulehner*, in: BeckOK Polizei- und Sicherheitsrecht Bayern, PAG Art. 48 Rn. 10; *Schwabenbauer*, in: Lisken/Denninger, Handbuch des Polizeirechts, Kap. G. Rn. 193.

[631] *Aulehner*, in: BeckOK Polizei- und Sicherheitsrecht Bayern, PAG Art. 48 Rn. 11.

[632] Bay. LT-Drs. 17/20425, S. 70.

gilt entsprechend den Vorgaben des BVerfG der Grundsatz der hypothetischen Datenneuerhebung nach Art. 48 Abs. 4 S. 2 Nr. 2 BayPAG.

Abs. 5 und 6 regeln die Kennzeichnungs- und Dokumentationspflichten, die Grundlage für eine Prüfung der Zulässigkeit der Datenweiterverarbeitung sowie der datenschutzrechtlichen Kontrolle der Datenverarbeitungsvorgänge sind.

Abs. 7 regelt die technische Sicherung gegen unbefugten Zugriff.

Schließlich stellt Abs. 8 klar, dass sich die Weiterverarbeitung von Daten aus der Kfz-Kennzeichenerfassung ausschließlich nach Art. 39 Abs. 3 S. 2 richtet und betont damit den Sonderstatus dieser Daten.[633]

Die Regelung weist demnach einige Unterschiede zu § 12 BKAG 2018 auf. Zunächst unterscheidet das BayPAG zwischen der präventiven und repressiven Weiterverwendung der Daten. Auch differenziert das BayPAG zum einen zwischen einer allgemeinen Regelung in Art. 53 Abs. 2 BayPAG, die auf Erhebungsmaßnahmen außerhalb von Abschnitt III Unterabschnitt 2 des Gesetzes Anwendung findet, und den von Art. 48 BayPAG betroffenen Maßnahmen, bei denen es sich jeweils um verdeckte Maßnahmen handelt. Innerhalb von Art. 48 BayPAG findet zudem eine weitere Differenzierung statt. Abs. 1 betrifft die in Abschnitt III, Unterabschnitt 2 des BayPAG geregelten besonderen Befugnisse und Maßnahmen der Datenerhebung mit Ausnahme des in Art. 41 BayPAG geregelten Einsatzes technischer Mittel in Wohnungen und des in Art. 45 BayPAG geregelten verdeckten Zugriffs auf informationstechnische Systeme. Die Weiterverarbeitung dieser Daten unterliegt wiederum den strengeren Anforderungen des Art. 41 Abs. 4 BayPAG. Dies entspricht somit den Vorgaben des BVerfG im BKAG-Urteil hinsichtlich des Umgangs mit Daten aus besonders eingriffsintensiven Maßnahmen. Strukturell ist die Regelung im BayPAG also mit der Regelung im ZFdG-E vergleichbar. Auch hier werden, anders als im BKAG, drei Kategorien von Datenerhebungsmaßnahmen unterschieden. Dies führt im Ergebnis zu weniger umfangreichen Kennzeichnungspflichten. Unter dem BayPAG entstehen nur die in Art. 48 Abs. 5 BayPAG genannten Kennzeichnungspflichten, die sich nur auf die in dieser Norm genannten Datenerhebungsmaßnahmen beziehen.

---

[633] Bay. LT-Drs. 17/20425, S. 70.

b. Datenabgleich innerhalb der Polizei

Art. 61 BayPAG regelt den Datenabgleich innerhalb der Polizei.

Art. 61 Abs. 1 S. 1 BayPAG ermächtigt die bayerische Polizei zum Abgleich von Daten von Störern mit dem Inhalt polizeilicher Dateien. S. 2 verlangt bei Daten von Nichtstörern das Vorliegen von Tatsachen, die die Annahme rechtfertigen, dass dies zur Erfüllung einer bestimmten polizeilichen Aufgabe notwendig ist. Dies trägt dem Umstand Rechnung, dass auch der Datenabgleich ein Eingriff in das Grundrecht auf informationelle Selbstbestimmung ist. Das Eingriffsgewicht ist gering, da die Daten bereits bei der Polizei vorhanden sind, die Voraussetzung für ihre Erhebung und Speicherung also bereits vorliegen.[634] Das Gesetz differenziert dabei zwischen dem Abgleich von Daten von Störern und Nichtstörern. Letztere knüpft es an engere Voraussetzungen und trägt damit Verhältnismäßigkeitserwägungen Rechnung.

Ob die Norm die bayerische Polizei nur zum Abgleich mit eigenen Dateien oder auch zum Abgleich mit Dateien von anderen Polizeibehörden ermächtigt, ist umstritten.[635] Insoweit käme der Abgleich mit den polizeilichen Dateien anderer Bundesländer, dem Bund, anderer Europäischer Staaten (insbesondere mit den Dateien von Europol) sowie anderer außereuropäischer Staaten (hier insbesondere mit den Dateien von Interpol) in Betracht. Im Rahmen der vorliegen Arbeit ist vor allem relevant, ob die bayerische Polizei auf Grundlage von Art. 61 Abs. 1 BayPAG die Daten mit dem beim BKA geführten polizeilichen Informationsverbund abgleichen kann. Laut der Kommentierung von Arzt zu der entsprechenden Regelung im PolG NRW sei die Norm zu unbestimmt, um einen Abgleich mit sämtlichen nationalen und internationalen polizeilichen Dateien zu erlauben. Zulässig sei daher nur der Abgleich mit den eigenen Dateien der Polizeibehörde.[636] Ohne im Ergebnis auf eine Unzulässigkeit abzustellen, hält auch Berner den Art. 43 Abs. 1 S. 1 BayPAG a. F., der inhaltlich Art. 61 Abs. 1 S. 1 BayPAG entspricht, wegen der dort vorausgesetzten Möglichkeit des Abgleichs mit nationalen und internationalen Dateien des gesamten polizeilichen Aufgabenbereichs für *„in seiner Weite nicht unbedenklich".*[637]

[634] *Aulehner,* in: BeckOK Polizei- und Sicherheitsrecht Bayern, PAG Art. 61 Rn. 4.

[635] *Schwabenbauer,* in: Lisken/Denninger, Handbuch des Polizeirechts, Kap. G. Rn. 1048; *Aulehner,* in: BeckOK Polizei- und Sicherheitsrecht Bayern, PAG Art. 61 Rn. 9.

[636] *Arzt,* in: BeckOK Polizei- und Ordnungsrecht Nordrhein-Westfalen, PolG NRW § 25 Rn. 14.

[637] *Köhler,* in: Berner/Köhler, PAG Art. 43 Rn. 5 [a.K.].

Nach Schmidbauer sei hingegen der Abgleich auch mit den Dateien anderer nationaler und internationaler polizeilicher Informationsbestände möglich.[638]

Im Ergebnis ist die Rechtsgrundlage jedenfalls verfassungskonform auszulegen. Hierbei muss insbesondere der Verhältnismäßigkeitsgrundsatz Berücksichtigung finden. Dabei ist zunächst festzustellen, dass das Eingriffsgewicht wohl als gering einzustufen ist. Denn zum einen findet eine Beschränkung auf Seite der Betroffenen statt, da nur Daten von Störern einbezogen werden. Auch geschieht der Abgleich nur mit ohnehin in polizeilichen Datenbanken gespeicherten Daten, deren Erhebung und Speicherung bereits gesetzlichen Anforderungen unterlagen. Im Ergebnis sollte daher ein Abgleich mit nationalen und wohl auch europäischen Datenbanken zulässig sein, da seit Inkrafttreten der JI-RL ein europäischer Mindestschutzstandard gilt. Hingegen ist für den Abgleich mit Datenbanken außerhalb des unionsrechtlichen Regimes kein Raum, da dort diese Mindeststandards nicht gewährleistet sind.

Ein Rückgriff auf Art. 61 BayPAG als Ermächtigungsgrundlage zum automatisierten Abgleich aller im Informationsverbund gespeicherten Daten bei der Dateneingabe zur Vermeidung von Doppel- oder Mehrfachspeicherungen kommt wegen der oben unter E.III.2.b.aa. genannten Argumente nicht in Frage.

c. Beibehaltung des Instruments der Errichtungsanordnung

In Art. 64 BayPG sind im Gegensatz zum BKAG 2018 Errichtungsanordnungen nach wie vor vorgesehen.

Art. 64 BayPG erscheint wie eine Zusammenführung der Regelung über die Errichtungsanordnung, die auch im § 34 BKAG 1997 vorhanden war, und der Regelung der JI-RL zur Vornahme von Datenschutz-Folgenabschätzungen. Letztere hat der Bundesgesetzgeber im BKAG 2018 nicht verankert, entsprechend wird auf die Regelung im BDSG zurückgegriffen.

Der bayerische Gesetzgeber führt in der Gesetzesbegründung zur Beibehaltung der Errichtungsanordnungen aus:

„Errichtungsanordnungen sind zwar weder in der RiLi noch der DSG-VO vorgesehen, weshalb auch das geplante BayDSG-E und das BDSG n. F. hierzu keine Regelungen enthalten. Gleichwohl stehen diese Regelwerke der auch von Seiten des Datenschutzes begrüßten Fortführung dieses bewährten und praxiserprobten Instruments keineswegs entgegen. Es soll für die bayerische Polizei erhalten bleiben.

---

[638] *Schmidbauer*, in: Schmidbauer/Steiner, PAG & POG, PAG Art. 43 Rn. 2 [a. K.].

Errichtungsanordnungen dienen seit jeher als wesentlicher Maßstab, um zu beurteilen, welchem Zweck gespeicherte Daten im Einzelfall dienen sollen und ob sie dafür erforderlich sind. Damit sind sie gleichzeitig wesentliche Grundlage für die Selbstkontrolle der Polizei und für die Datenschutzkontrolle. Da bisher nicht festgestellt werden kann, dass dieser Regelungsinhalt anderweitig in vollem Umfang kompensiert werden kann, soll die Errichtungsanordnung im PAG beibehalten werden.[639]

Zwar äußert der bayerische Gesetzgeber Zweifel daran, dass der Regelungsinhalt der Errichtungsanordnung anderweitig in vollem Umfang kompensiert werden kann. Diese Zweifel könnten sich daher auch auf die Kompensationsregeln im BKAG 2018 beziehen. Dabei muss allerdings im Auge behalten werden, dass es sich bei der Verfahrensregelung zur Errichtungsanordnung um eine der meistdiskutierten Regelungen handelte. Das wiederum wird ihrer tatsächlichen Bedeutung als datenschutzrechtliches Kontrollinstrument nicht gerecht. Die Gesetzesbegründung lässt bereits anklingen, dass das Festhalten am Instrument der Errichtungsanordnung auch lediglich ein Nachgeben des bayerischen Gesetzgebers gegenüber dem bayerischen LfDI darstellen könnte. Rückschlüsse darauf, dass der bayerische Gesetzgeber die im BKAG getroffenen Regelungen als Kompensation für den Wegfall der Errichtungsanordnungen als nicht ausreichend ansieht, sind daher keineswegs zwingend.

3. Unterschiedliche Ermächtigungsgrundlagen für Datenerhebungsmaßnahmen: die drohende Gefahr

Aufgrund der unterschiedlichen Aufgabenzuschnitte sind Datenerhebungsmaßnahme der bayerischen Polizei an andere Voraussetzungen geknüpft als solche des BKA. Fraglich ist, wie sich dies auf die Prüfung der Weiterverarbeitung der Daten im polizeilichen Informationsverbund auswirken kann.

Der bayerische Gesetzgeber führte erstmalig mit der Neufassung des BayPAG aus dem Juli 2017[640] einen neuen Gefahrenbegriff in das BayPAG ein, nämlich den der *„drohenden Gefahr"*. Entsprechend der nunmehr in Art. 11 Abs. 3 BayPAG enthaltenen Legaldefinition ist unter einer drohenden Gefahr eine Gefahr für ein bedeutendes Rechtsgut zu verstehen, wenn im Einzelfall das individuelle Verhalten einer Person die konkrete Wahrscheinlichkeit begründet

---

[639] Bay. LT-Drs. 17/20425, S. 84.

[640] Gesetz zur effektiveren Überwachung gefährlicher Personen vom 24. Juli 2017, GVBl. 2017, S. 388.

oder Vorbereitungshandlungen für sich oder zusammen mit weiteren bestimmten Tatsachen den Schluss auf ein seiner Art nach konkretisiertes Geschehen zulassen, wonach in absehbarer Zeit Angriffe von erheblicher Intensität oder Auswirkung zu erwarten sind. Die Norm definiert in S. 2 die bedeutenden Rechtsgüter. Diese sind der Bestand oder die Sicherheit des Bundes oder eines Landes (Nr. 1), Leben, Gesundheit oder Freiheit (Nr. 2), die sexuelle Selbstbestimmung (Nr. 3), erhebliche Eigentumspositionen (Nr. 4) oder Sachen, deren Erhalt im besonderen öffentlichen Interesse liegt (Nr. 5). Bei Vorliegen einer drohenden Gefahr kann die Polizei unbeschadet der Abs. 1 und 2 die notwendigen Maßnahmen treffen, um den Sachverhalt aufzuklären und die Entstehung einer Gefahr für ein bedeutendes Rechtsgut zu verhindern.

Polizeiliche Ermächtigungsgrundlagen, deren Voraussetzungen das Vorliegen einer drohenden Gefahr ausreichen lassen, sind z. B. der Platzverweis nach Art. 16 Abs. 1 Nr. 2 BayPAG, die Sicherstellung nach Art. 26 Abs. 1 Nr. 1 lit. b) BayPAG oder die Postsicherstellung nach Art. 35 Abs. 1 S. 1 Nr. 1 BayPAG.

a. Hintergrund des Begriffs

Der bayerische Gesetzgeber weist bezüglich der Entwicklung der Kategorie der drohenden Gefahr auf das BKAG-Urteil des BVerfG von 2016 hin.[641] Tatsächlich verwendete das BVerfG diesen Begriff in seiner Entscheidung an mehreren Stellen.

Es unterschied dabei Fälle, bei denen der Sachverhalt bzw. die Gefahrenlage konkretisiert ist, aber noch keine Person als verantwortlich ausgemacht werden kann und solchen, bei denen die Person des Gefährders erkennbar ist, aber der Sachverhalt noch unbestimmt ist. Im Zusammenhang mit § 20g Abs. 1 Nr. 2 BKAG 2009 führte das BVerfG aus, dass eine Ermächtigungsgrundlage jedenfalls „alternativ" entweder die Anforderung enthalten muss, dass ein wenigstens seiner Art nach konkretisiertes und absehbares Geschehen erkennbar ist, oder dass das individuelle Verhalten einer Person die konkrete Wahrscheinlichkeit begründet, dass sie in überschaubarer Zukunft Straftaten begeht.[642]

Es stellte hinsichtlich der Anforderungen an den Adressaten besonders eingriffsintensiver Maßnahmen fest, dass sich solche unmittelbar nur gegen den-

---

[641] Bay. LT-Drs. 17/20425, S. 2.
[642] BVerfG NJW 2016, 1781 (1791).

jenigen richten dürften, der für die drohende oder dringende Gefahr verantwortlich sei.[643]

Zu Fällen, in denen zwar die verantwortlichen Personen individualisiert werden können, der Sachverhalt jedoch noch unbestimmt ist, führte das BVerfG zur grundsätzlich zulässigen Möglichkeit des Gesetzgebers aus, in bestimmten Bereichen zum Ziel der Straftatenverhütung Anforderungen an die Vorhersehbarkeit des Kausalverlaufs zu reduzieren:

> „Eine hinreichend konkretisierte Gefahr in diesem Sinne kann danach schon bestehen, wenn sich der zum Schaden führende Kausalverlauf noch nicht mit hinreichender Wahrscheinlichkeit vorhersehen lässt, sofern bereits bestimmte Tatsachen auf eine im Einzelfall drohende Gefahr für ein überragend wichtiges Rechtsgut hinweisen. Die Tatsachen müssen dafür zum einen den Schluss auf ein wenigstens seiner Art nach konkretisiertes und zeitlich absehbares Geschehen zulassen, zum anderen darauf, dass bestimmte Personen beteiligt sein werden, über deren Identität zumindest so viel bekannt ist, dass die Überwachungsmaßnahme gezielt gegen sie eingesetzt und weitgehend auf sie beschränkt werden kann [...]."[644]

Bezogen auf die Verfassungsmäßigkeit von § 20k Abs. 1 S. 2 BKAG 2009[645], der der Abwehr terroristischer Gefahren dient, stellte das BVerfG fest:

> „Die in dieser Vorschrift eröffnete Möglichkeit, auch schon im Vorfeld einer konkreten Gefahr Maßnahmen durchzuführen, wenn bestimmte Tatsachen auf eine im Einzelfall erst drohende Gefahr einer Begehung terroristischer Straftaten hinweisen, ist dahingehend auszulegen, dass Maßnahmen nur erlaubt sind, wenn die Tatsachen den Schluss auf ein wenigstens seiner Art nach konkretisiertes und zeitlich absehbares Geschehen zulassen und wenn erkennbar ist, dass bestimmte Personen beteiligt sein werden, über deren Identität zumindest so viel bekannt ist, dass die Überwachungsmaßnahme gezielt gegen sie eingesetzt und weitgehend auf sie beschränkt werden kann [...]. Ausreichend ist insoweit auch, wenn zwar noch nicht ein seiner Art nach konkretisiertes und zeitlich absehbares Geschehen erkennbar ist, jedoch

---

[643] BVerfG NJW 2016, 1781 (1785).

[644] BVerfG NJW 2016, 1781 (1785).

[645] Im BKAG 2018 wurde die Norm entsprechend in § 49 geregelt. Dabei wurden die Ausführungen des BVerfG dahingehend berücksichtigt, als eine ausdrückliche Regelung der Gefahrenlage vorgenommen wurde, vgl. BT-Drs. 18/11163, S. 118.

das individuelle Verhalten eines Betroffenen eine konkrete Wahr-
scheinlichkeit begründet, dass er solche Straftaten in überschaubarer
Zukunft begehen wird [...]."[646]

Hinsichtlich des Zweckbindungsgrundsatzes bei Daten aus besonders eingriffsintensiven Maßnahmen führte das BVerfG aus, dass solche nicht als bloße Spuren- oder Ermittlungsansätze unabhängig von einer im Einzelfall bestehenden dringenden oder drohenden Gefahr genutzt werden dürften.[647]

Außerhalb besonders eingriffsintensiver Maßnahmen könne der Gesetzgeber
„eine Zweckänderung von Daten grundsätzlich dann erlauben, wenn es sich
um Informationen handelt, aus denen sich im Einzelfall konkrete Ermittlungs-
ansätze zur Aufdeckung von vergleichbar gewichtigen Straftaten oder zur Ab-
wehr von zumindest auf mittlere Sicht drohenden Gefahren für vergleichbar
gewichtige Rechtsgüter wie die ergeben, zu deren Schutz die entsprechende
Datenerhebung zulässig ist."[648]

Bei genauer Betrachtung dieser Ausführungen stellt sich bereits die Frage, ob
das BVerfG hier tatsächlich den Grundstein dafür legen wollte, eine neue Gefahrenkategorie zu schaffen. Vielmehr ließen sich die zitierten Stellen auch so
verstehen, dass es sich lediglich um eine Ausweitung des Begriffs der konkreten Gefahr handeln könnte.[649]

> b. *Meinungsstreit bezüglich der Verfassungsmäßigkeit der Verankerung*
> *im BayPAG*

Die Vorverlagerung von Eingriffsbefugnissen durch die Einführung des Begriffs
der drohenden Gefahr in das BayPAG wird unterschiedlich bewertet.

Möstl setzt sich mit den oben dargestellten Ausführungen des BVerfG auseinander und kommt zu dem Ergebnis, dass es sich bei der Einführung von
Art. 11 Abs. 3 BayPAG um eine zulässige Vorverlagerung der Eingriffsbefug-
nisse handelt.[650]

Der Begriff verlange immer noch einen ausreichend konkretisierten Gefahrenverdacht, sodass weder eine Verschiebung der Balance zwischen Freiheitsrechten und sicherheitsbehördlichen Befugnissen noch eine Vernachrichten-

---

[646] BVerfG NJW 2016, 1781 (1795).
[647] BVerfG NJW 2016, 1781 (1801), ähnlich (1805), (1809).
[648] BVerfG NJW 2016, 1781 (1802).
[649] *Weinrich*, NvWZ 2018, 1680 (1682).
[650] *Möstl*, BayVBl. 5/2018, 156 (158).

dienstlichung der Polizei zu befürchten sei. Diesbezüglich argumentiert Möstl zunächst, dass die jüngste verfassungsgerichtliche Rechtsprechung eine nicht unkritisch zu betrachtende Tendenz aufweise, den Begriff der konkreten Gefahr zu verengen. Dadurch entstünden jedoch Schutzlücken, die das BVerfG selbst erkannt habe und aufgrund derer es, wie in der oben zitierten Randnummer des BKAG-Urteils von 2016[651], dem Gesetzgeber ermögliche, Maßnahmen bereits im Vorfeld einer solchen, eng verstandenen konkreten Gefahr zu treffen. Demnach sei die Schaffung der Kategorie der drohenden Gefahr im BayPAG nur konsequent. Auch rechtfertigten der Bezug auf die Schutzgüter und die Bedrohungsart die verfassungsmäßige Ausgestaltung der Norm. Diskussionswürdig sei in diesem Zusammenhang allein Nr. 4, der erhebliche Eigentumspositionen in den Bereich der Schutzgüter einbeziehe. Jedoch sei auch diesbezüglich eine verfassungsmäßige Auslegung insoweit möglich, als dass je nach Einzelfall eine Einschränkungsmöglichkeit auf Rechtsfolgenseite bestehe. Hinsichtlich der Rechtsfolgen argumentiert Möstl, dass diese nicht auf die generellen umfassenden Befugnisse der Generalklausel rekurriert. Vielmehr könne die Polizei nach dem Wortlaut der Vorschrift lediglich die notwendigen Sachverhaltsaufklärungsmaßnahmen treffen sowie solche Maßnahmen, um die Entstehung einer Gefahr für ein Schutzgut zu verhindern. Hierein sei die Abstufung hineinzulesen, dass in den Kausalverlauf eingreifende Maßnahmen nur dann zulässig seien, wenn Sachverhaltsaufklärungsmaßnahmen im konkreten Fall als unzureichend erschienen. Dieses Hineinlesen in den Gesetzestext sei ohne weiteres möglich.[652] Zuletzt gestatte die Norm auch hinsichtlich der Maßnahmerichtung eine analoge Anwendung von Art. 7 ff. BayPAG, insoweit als sich auf Art. 11 Abs. 3 BayPAG gestützte Maßnahmen regelmäßig nur gegen den Verursacher der drohenden Gefahr richten dürften.

Hingegen vertritt Weinrich die Auffassung, dass die Norm das Bestimmtheitsgebot verletze und somit verfassungswidrig sei.[653] Dabei kritisiert er zum einen, dass die Norm hinsichtlich der benannten Rechtsgüter sehr weit sei. So seien bis auf geringwertige Sachen sämtliche polizeilichen Schutzgüter benannt. Dahingegen habe das BVerfG die drohende Gefahr im Hinblick auf die Gefährdung überragend wichtiger Rechtsgüter entwickelt. Darüber hinaus sei die Anforderung an die Schädigungsintensität unbestimmt. Welche Schwelle

---

[651] BVerfG NJW 2016, 1781 (1795).

[652] Als vorzugswürdig schlägt *Möstl* auf S. 163 jedoch die Ergänzung des Einschubs „ ,soweit erforderlich,“ zwischen der Ermächtigung zu Maßnahmen zur Sachverhaltsaufklärung und solchen zur Verhinderung des Schadenseintritts vor.

[653] *Weinrich*, NVwZ 2018, 1680 (1683).

für die geforderte erhebliche Intensität oder Auswirkung des Schutzguts anzu-wenden sei, könne auch die Gesetzesbegründung nicht beantworten. Auch hinsichtlich der Rechtsfolge sei die Norm sehr vage, da sie die Polizei zu allen notwendigen Maßnahmen ermächtige, um den Eintritt der Gefahr zu verhin-dern.

Auch Löffelmann setzt sich sehr kritisch mit Art. 11 Abs. 3 BayPAG auseinan-der und schließt seine diesbezügliche Bewertung mit den Worten:

> *„Eine verfassungskonforme Auslegung des Art. 11 III BayPAG, etwa bezogen auf die Verhütung drohender Rechtsgutverletzungen in Ge-stalt schwerer Straftaten, ist nach alledem eher fern liegend, gleichwohl nicht ausgeschlossen. Aber auch wenn die Schwelle der „drohenden Gefahr" nach Art. 11 III BayPAG nicht schon aufgrund ihrer Unbe-stimmtheit und Weite verfassungswidrig sein sollte – defizitäre Gesetz-gebung bleibt sie allemal."*[654]

Auch er stellt auf die Entwicklung des Begriffs der drohenden Gefahr in der verfassungsgerichtlichen Rechtsprechung und die darin geforderte Betroffen-heit überragend wichtiger Rechtsgüter ab. Hierzu ließen sich die Gesundheit nach Art. 11 Abs. 3 Nr. 2, die sexuelle Selbstbestimmung nach Nr. 3, die erheblichen Eigentumspositionen nach Nr. 4 und Sachen, deren Erhalt im besonderen öffentlichen Interesse liegt nach Nr. 5, nicht ohne Weiteres fas-sen. Darüber hinaus enthalte Art. 11 Abs. 3 BayPAG eine solche Vielzahl unbestimmter Rechtsbegriffe, dass die Norm verfassungsrechtlichen Be-stimmtheitserfordernissen nicht mehr gerecht werde.

Auf Grundlage des hier nur kursorisch dargestellten Meinungsstreits erscheint die Ansicht vorzugswürdig, die von einer Verfassungswidrigkeit der derzeitigen Regelung der drohenden Gefahr im BayPAG ausgeht. Zwar ist die grundsätz-liche Einführung des Begriffs in das Polizeirecht sinnvoll, um den Ausführun-gen des BVerfG Rechnung zu tragen und dabei den Begriff der konkreten Ge-fahr dahingehend zu entschlacken, als dass eine an reduzierte Anforderungen geknüpfte neue Gefahrenkategorie unterhalb der konkreten Gefahr geschaffen wird. Jedoch zeigen die auch bei Möstl dargestellten zahlreichen Einfallstore für eine kritische Prüfung, dass die Ausgestaltung der Norm nicht in Gänze gelungen ist. Die Normenklarheit erfordert es, eine Abstufung bezüglich der möglichen Maßnahmen in den Gesetzestext aufzunehmen. Denn nach dem jetzigen Gesetzeswortlaut steht durchaus die Interpretationsmöglichkeit offen,

---

[654] *Löffelmann*, GSZ 3/2018, 85 (88).

dass der Gesetzgeber ausdrücklich die Sachverhaltsaufklärungsmaßnahmen neben – und damit gerade nicht vorgelagert – den Eingriffen in den Kausalverlauf regeln wollte, zumal sich die Gesetzesbegründung hierzu bedeckt hält. Zum anderen ist vor dem Hintergrund der Entwicklung des Begriffs in der verfassungsgerichtlichen Rechtsprechung auch fraglich, ob die Erfassung sämtlicher Schutzgüter in Art. 11 Abs. 3 BayPAG in Anbetracht der tatsächlich bestehenden Sachverhaltsunklarheiten gerechtfertigt werden kann (ansonsten käme man zum Vorliegen einer konkreten Gefahr). Dabei darf jedoch nicht aus den Augen verloren werden, dass – wie Weinrich und Löffelmann kritisieren – eine Betroffenheit z. B. des Schutzguts der Gesundheit oder sexuellen Selbstbestimmung nur dann zu den in Art. 11 Abs. 3 BayPAG genannten polizeilichen Maßnahmen ermächtigt, wenn ein Angriff von erheblicher Intensität oder Auswirkung zu erwarten ist. Freilich sind auch diese Begriffe vage und ausfüllungsbedürftig, einschränkend wirken sie dennoch.

Eine entsprechende verfassungsrechtliche Prüfung wird in absehbarer Zeit vom BVerfG vorgenommen werden, da die Gesellschaft für Freiheitsrechte zusammen mit einem Bündnis aus 80 zivilgesellschaftlichen Organisationen in Bayern, dem noPAG-Bündnis, gegen das BayPAG Verfassungsbeschwerde erhoben hat.[655] Die Beschwerde richtet sich gegen die besonderen Mittel der Datenerhebung in Art. 36 Abs. 1-3 sowie verschiedene neue Ermächtigungsgrundlagen, wie dem Einsatz verdeckter Ermittler (Art. 37 Abs. 1, Abs. 4 S. 2) oder Vertrauenspersonen (Art. 38 Abs. 1) oder den verdeckten Zugriff auf informationstechnische Systeme (Art. 45 Abs. 1, Abs. 2), soweit solche Eingriffe schon bei Vorliegen einer drohenden Gefahr i. S. d. Art. 11 Abs. 3 BayPAG möglich sein sollen.

4. Auswirkungen auf den neuen Informationsbestand des BKA

In den folgenden Abschnitten soll untersucht werden, welche Auswirkungen der oben geschilderten unterschiedlichen gesetzlichen Regelungen sowie der neuen Kompetenzgrundlagen der bayerischen Polizei insbesondere im Vorfeld einer konkreten Gefahr auf den neuen Informationsbestand des BKA zu erwarten sind.

---

[655] https://freiheitsrechte.org/baypag/. Die Beschwerdeschrift ist abrufbar unter https://freiheitsrechte.org/home/wp-content/uploads/2018/10/GFF_Verfassungsbeschwerde_BayPAG_anonym.pdf.

a. Mögliche Probleme wegen unterschiedlicher Umsetzung des Grundsatzes der hypothetischen Datenneuerhebung

Wie oben gezeigt weichen die Umsetzungen der verfassungsrechtlichen Vorgaben zur Weiterverarbeitung von Daten in § 12 BKAG 2018 und in Art. 53 Abs. 2, 48 BayPAG voneinander ab.

Fraglich ist, ob dies zu Problemen beim Datenaustausch zwischen den Behörden führen kann.

Praktischer Unterschied der Regelungen ist, dass das BKAG 2018 umfangreichere Kennzeichnungspflichten vorsieht als das BayPAG, indem es Daten aus sämtlichen Erhebungsmaßnahmen in den Anwendungsbereich von § 12 BKAG 2018 mit einbezieht. Im Gegensatz dazu umfasst Art. 48 BayPAG und die dort in Abs. 5 geregelte Kennzeichnungspflicht nur solche Daten, die nach Abschnitt III., Unterabschnitt 2 des BayPAG erhoben wurden. Für Daten aus anderen Erhebungsmaßnahmen, für die Art. 53 Abs. 2 BayPAG Anwendung findet, sind hingegen keine entsprechenden Kennzeichnungspflichten vorgesehen. Bei der Einspeisung solcher Daten in den polizeilichen Informationsverbund könnte eine Prüfung der Zulässigkeit der Weiterverarbeitung am Maßstab der hypothetischen Datenneuerhebung dann nicht stattfinden, wenn die Daten keine Kennzeichnung hätten, die die Grundlage der Erhebung erkennen lässt. Denn nur dadurch wäre eine Prüfung möglich, ob die zweckändernde Weiterverarbeitung nach § 12 Abs. 2 BKAG 2018 zulässig ist, nämlich ob mindestens vergleichbar schwerwiegende Straftaten verhütet, aufgedeckt oder verfolgt oder vergleichbar bedeutsame Rechtsgüter geschützt werden sollen und sich im Einzelfall konkrete Ermittlungsansätze zur Verhütung, Aufdeckung oder Verfolgung solcher Straftaten ergeben oder zur Abwehr von in einem übersehbaren Zeitraum drohenden Gefahren für mindestens vergleichbar bedeutsame Rechtsgüter erkennen lassen. Das bedeutet also, dass auch Daten einer entsprechenden Kennzeichnung bedürfen, auf die Art. 53 Abs. 2 BayPAG Anwendung findet und die danach eigentlich nicht zu kennzeichnen sind.

b. Mögliche Probleme aufgrund von verschiedenen Datenerhebungskompetenzen

Dass verschiedene Polizeibehörden über unterschiedliche Datenerhebungskompetenzen verfügen, ist dem föderalen System der Polizei in Deutschland immanent. Insbesondere ist der Aufgabenzuschnitt des BKA anders als der der Länderpolizeien. Dabei ist zu berücksichtigen, dass verschiedene Ermächtigungsgrundlagen nach dem Grundsatz der hypothetischen Datenneuerhebung dem Datenaustausch und damit der zweckändernden Weiternutzung nicht per se entgegenstehen. Denn der Grundsatz setzt nach den ausdrücklichen Ausführungen des BVerfG nicht voraus, dass die weiternutzende Stelle zu der konkreten Erhebungsmaßnahme überhaupt befugt sein muss.[656] Wenn der Gesetzgeber also eine bestimmte Stelle zur Verarbeitung bestimmter Daten ermächtigen möchte, stehen ihm hierzu verschiedene Wege offen. Entweder kann er diese Stelle selbst mit der entsprechenden Kompetenz zur Erhebung der Daten ausstatten. Oder er kann entsprechende Datenübermittlungsvorschriften schaffen, die den Datenfluss von einer mit der entsprechenden Erhebungskompetenz ausgestatteten Stelle ermöglichen.

aa. *Kategorisierung verschiedener Datenerhebungsmaßnahmen*

Es bedarf jedoch der Klärung, wie die Kategorisierung und Vergabe der „Tickets" für den Datenzugriff praktisch vorgenommen werden kann, die das BKA zur praktischen Umsetzung der Weiterverarbeitung von Daten nach Maßgabe des Grundsatzes der hypothetischen Datenneuerhebung vorsieht. Das BKAG selbst schreibt keine Kategorisierung vor. Selbst wenn dem so wäre, wären die dort vorgeschriebenen Kategorien für die Polizeigesetze der Länder keine verbindlichen Vorgaben. Die Länder sind auch nicht an die Handlungsanleitungen des BKA gebunden. Darüber hinaus stellt sich aber auch die Frage, ob die Kategorien überhaupt auf die Datenerhebungsmaßnahmen übertragbar sind, die auf neu geschaffenen Ermächtigungsgrundlagen im Vorfeld einer konkreten Gefahr fußen.

Fraglich ist auch, ob es die Länder selbst in der Hand haben, ggf. durch weniger restriktive Kategorisierungen sich leichteren Zugriff auf mehr Daten zu verschaffen oder jedenfalls bei fehlender Harmonisierung der Kategorien je nach Land umfangreicher oder weniger umfangreicher Zugriff auf Daten ermöglicht wird. Dem dürfte jedoch dadurch entgegengewirkt werden, dass BfDI und LfDI weitreichende Prüfungskompetenzen zukommen.

bb. *Mögliche Auswirkungen auf verfassungsrechtliche Problematiken*

Zwar ist es, wie oben bereits ausgeführt, nicht per se unzulässig, dass der Gesetzgeber Datenübermittlungsvorschriften vorsieht, die dazu führen, dass eine Stelle Daten erlangt, zu deren originärer Erhebung sie nicht befugt wäre.

---

[656] BVerfG NJW 2016, 1781 (1801 f.): bereits in seinem Urteil zum Großen Lauschangriff stellt das BVerfG fest, dass an die Weitergabe von Daten ggf. ein geringeres Eingriffsgewicht geknüpft sein kann und dies bei der Verhältnismäßigkeitsprüfung Berücksichtigung finden darf, BVerfG NJW 2004, 999 (1019).

In Anbetracht der oben dargestellten Problematik der automatisierten Verknüpfung von Daten im neuen Informationssystem des BKA und dem damit einhergehenden Risiko der Entstehung verfassungswidriger Persönlichkeitsprofile ergeben sich im Zusammenspiel mit den erweiterten Datenverarbeitungskompetenzen der Landespolizeien jedoch einige bedenkenswerte Auswirkungen. Indem die Länder gewonnene Daten in den polizeilichen Informationsverbund einspeisen, würden sie mit sämtlichen anderen über einen Betroffenen vorhandenen Daten verknüpft werden. Eine andere am Verbund teilnehmende Stelle, die entsprechend ihrer eigenen Aufgabenzuweisung nicht auf entsprechende Kompetenztitel zurückgreifen könnte, hätte dann ggf. Zugriff auf einen sehr umfangreichen Datensatz.

Dadurch wird auch die oben bereits beschriebene Gefahr der Entstehung von verfassungswidrigen Persönlichkeitsprofilen noch gravierender. So führt auch der bayerische LfDI in seiner Stellungnahme zum Entwurf des BayPAG aus, dass die Überschneidung der Befugnisse bei leichterer gegenseitiger Zurverfügungstellung der Daten zu einer Totalüberwachung führen könne.[657]

Auf der anderen Seite ist aber anzuerkennen, dass durch das abgestufte Zugriffssystem, welches das BKAG 2018 vorsieht, eben nicht ohne Weiteres auf einen kompletten zu einer Person vorliegenden Datensatz zugegriffen werden kann. Dies wäre nur bei Vorliegen eines roten Tickets möglich. Entscheidend dürfte also die klare Umgrenzung der Vergabe eines roten Ticktes sein.

5. Ähnliche Problematik für andere Länderpolizeigesetze

Im entsprechenden Umfang lassen sich die oben geschilderten Probleme auch auf den Datenaustausch mit den anderen Bundesländern übertragen.

Zur Umsetzung der unionsrechtlichen Vorgaben in der JI-RL überarbeiten alle Bundesländer ihre Polizeigesetze, oder haben, wie Bayern, bereits neue Gesetze verabschiedet.[658]

Die Regelungen im BayPAG dienten teilweise offenbar als *„Inspiration"* für die Gesetzgeber in anderen Bundesländern.[659]

---

[657] Stellungnahme vom 21.12.2017, S. 2.
[658] Eine Übersicht der Änderungen/Änderungsvorhaben in den Polizeigesetzen der Bundesländer hat die GFF zusammen mit Amnesty International erstellt, Stand 18.04.2019, https://www.amnesty.de/sites/default/files/2019-04/Uebersicht-ueber-die-Aenderungen-der-Polizeigesetze-in-den-einzelnen-Bundeslaendern-Maerz2019_0.pdf.
[659] *Löffelmann*, GSZ 3/2018, S. 85 (85).

In näherer Zukunft dürfte mit einer verfassungsgerichtlichen Prüfung verschiedener Polizeigesetze zu rechnen sein. Es dürfte sich also zeigen, welche Regelungen verfassungsrechtlich haltbar sind und welche nicht.

6. Praktische Probleme

Durch eine fehlende vorherige Konzeptentwicklung ist die praktische Umsetzung bestimmter Aspekte im neuen Informationsbestand des BKA unklar. Insbesondere stellt sich die Frage, wie die Länder die Kategorisierung von Erhebungsmaßnahmen bzw. die Vergabe von Tickets vornehmen werden, anhand derer die Anforderungen des Grundsatzes der hypothetischen Datenneuerhebung geprüft werden sollen.

Darüber hinaus müssten auch die Länder umfassende Kennzeichnungen der von ihnen erhobenen und in das Verbundsystem eingegebenen Daten vornehmen, um die Einhaltung des Grundsatzes der hypothetischen Datenneuerhebung zu ermöglichen. Dies könnte mit einem personellen Mehraufwand verbunden sein, der wiederum zu Kosten führt, die die Länder zu tragen haben.[660] Auf der anderen Seite dürften die Länder kostentechnisch dadurch entlastet werden, dass sie keinen eigenen Informationsbestand mehr bereitstellen müssen. Denn das BKA soll ein IT-System zur Verfügung stellen, das nicht nur Daten des polizeilichen Informationsverbunds umfassen soll, sondern von den Ländern auch zur Verarbeitung ihrer eigenen Daten genutzt werden kann. Hierdurch dürfte auch dem Problem der Schnittstellenkompatibilität Abhilfe geschaffen werden.

---

[660] Vgl. bereits entsprechende Kritik des Bundesrates in Stellungnahme zum BKAG-E vom 23.03.2017, BT-Drs. 18/11658, S. 3.

E. Alternativen

Im Folgenden sollen alternative Regelungsmöglichkeiten zu den in den vorausgegangenen Kapiteln dargestellten Problembereichen erarbeitet werden.

I. Ausgangspunkt

Tatsächlich stammt zumindest der Kern des Dateiensystems des BKA bereits aus den 1970er Jahren und bedurfte einer Überarbeitung. Die Aufgabenerfüllung soll nicht durch ein veraltetes oder schwerfälliges System gehindert werden.

Allerdings wäre neben der totalen Abkehr vom bisherigen System der phänomenologisch voneinander abgegrenzten Datensilos auch eine Überarbeitung des bisherigen Dateiensystems denkbar gewesen. Der Gesetzgeber schließt eine solche Überarbeitungsmöglichkeit in der Gesetzesbegründung aus. Hierin heißt es:

> *„Die bestehende IT-Architektur des Bundeskriminalamtes, insbesondere das polizeiliche Informationssystem INPOL, ist für die Umsetzung der Vorgaben aus dem Urteil des Bundesverfassungsgerichts vom 20. April 2016 nicht ausgelegt und daher grundlegend neu zu strukturieren."*[661]

Sowie außerdem:

> *„Die Umsetzung der Vorgaben des Bundesverfassungsgericht bedingt eine Modernisierung der IT-Architektur des Bundeskriminalamtes. Auch der dort geforderte horizontale Datenschutz unter Beachtung des Grundsatzes der hypothetischen Datenneuerhebung muss in den IT-Systemen des Bundeskriminalamtes abbildbar sein.*
>
> *Eine Ergänzung und Erweiterung der bestehenden IT-Architektur ist technisch nicht oder nur mit unvertretbarem wirtschaftlichen Aufwand realisierbar. Insbesondere die vorgegebene Abkehr von der aktuellen statischen Dateienlandschaft hin zu einer dynamischen und aufgabenbezogenen Zugriffsverwaltung ist auf Basis der aktuellen INPOL-Architektur nicht umsetzbar."*[662]

---

[661] BT-Drs. 18/11163, S. 2.
[662] BT-Drs. 18/11163, S. 80.

Im Folgenden soll dargestellt werden, inwiefern alternative Regelungen oder eine Überarbeitung des bisherigen Systems entgegen der Ausführungen in der Gesetzesbegründung möglich gewesen wären.

II. Schaffung der fehlenden Rechtsgrundlagen

Zunächst sollte eine Rechtsgrundlage für den der redundanzfreien Datenspeicherung vorausgehenden Datenabgleich durch den Gesetzgeber geschaffen werden. Eine solche ließe sich aufgrund des geringen Eingriffsgewichts auch generalklauselartig den allgemeinen Befugnissen der Datenverarbeitung in § 9 BKAG 2018 anfügen.

Die Rechtsprechung des BVerfG zur Ent- und Neukontextualisierung von Daten ist anlässlich einer Entscheidung zur automatischen Kfz-Kennzeichenerfassung jüngst strenger geworden. Es ist also nicht auszuschließen, dass der vom Gesetzgeber vorgesehene umfassende Abgleich neu einzugebender mit bereits im System vorhandener Daten auf Grundlage einer Generalklausel, (zukünftigen) verfassungsgerichtlichen Anforderungen nicht gerecht wird. Darüber hinaus wirkt eine solche Rechtsgrundlage auch der oben dargestellten Gefahr der Erstellung verfassungswidriger Persönlichkeitsprofile nicht entgegen. Aus diesem Grund wurden oben weitere Vorschläge entwickelt, wie der Abgleich von Daten im neuen Informationsbestand des BKA als Vorstufe einer redundanzfreien Speicherung erfolgen könnte (E.III.3.).

III. Überarbeitung des bestehenden Systems

Die Behauptung, das BVerfG habe selbst ein horizontales Datenschutzkonzept als Abkehr von der bisherigen vertikalen Trennung der Dateien in einzelne Datensilos entwickelt und somit das alte Dateisystem „ersetzt"[663], findet sich so nicht ausdrücklich in dem Urteil. Z. T. wurde dieser vermeintliche Rückgriff auf das BKAG-Urteil als Verschleierung dessen kritisiert, das die Grundlagen eines neuen Informationsbestands noch nicht entwickelt worden waren.[664] Auch die vom Gesetzgeber vertretene Auffassung, das Urteil bedeute zwingend eine Abkehr des bisherigen Dateiensystems, ist nicht zutreffend.[665] Tatsächlich hat das BVerfG ausgeführt „dass sich die Generierung von Wissen – nicht zuletzt auch, wenn es um das Verstehen terroristischer

---

[663] Vgl. Gesetzesbegründung, BT-Drs. 18/11163, S. 75.

[664] Schenke/Graulich/Ruthig, Sicherheitsrecht des Bundes, Einführung Rn. 21; Graulich, KriPoZ 2017, 278 (285 ff.).

[665] Bäcker, Stellungnahme zum BKAG-E vom 16.03.2017, S. 10.

Strukturen geht – nicht vollständig auf die Addition von je getrennten, nach Rechtskriterien formell ein- oder ausblendbaren Einzeldaten reduzieren lässt."[666] Dass es damit eine vollständige Abkehr von der vertikalen Trennung der Dateien erreichen wollte, sagt das Urteil hingegen nicht. Darüber hinaus stützt sich der Gesetzgeber auf unzutreffende Argumente, indem er vorbringt, dass das BVerfG insgesamt ein horizontales Datenschutzkonzept vorsehe. Demgegenüber bezieht sich die aus dem Urteil zitierte Stelle aber nur auf die Nutzung von Daten bei Spurenansätzen. So bringt es auch der Bundesrat in seiner Stellungnahme vom 10. März 2017 zum Ausdruck.[667]

Auch der Entschließungsantrag der Fraktion BÜNDNIS 90/DIE GRÜNEN greift die Problematik auf, dass der Gesetzgeber eben nicht die Forderungen des BVerfG umsetze. Die Möglichkeit der Verwendung beliebiger Analyse- und Abgleichmöglichkeiten sowie die Abkehr vom Grundsatz der Zweckbindung stellten vielmehr einen Verstoß gegen die Forderungen des BVerfG dar.[668]

Eine Überarbeitung des bisherigen Dateiensystems[669] wäre durchaus denkbar gewesen. Dabei könnten die vertikalen Grenzen zwischen den Datentöpfen bestehen bleiben. Das System könnte jedoch dahingehend überarbeitet werden, dass es bei Vorliegen bestimmter Verdachtsmomente die schnellere Möglichkeit des Abgleichs mit sämtlichen Dateien im System gibt, indem die Daten in abgleichbarer Weise technisch aufbereitet werden und nur die Verknüpfung selbst zunächst unterbleibt. Eine Abgleichsmöglichkeit wie in § 16 Abs. 4 BKAG 2018 würde um die technisch schnellere Umsatzmöglichkeit ergänzt. Voraussetzung dafür wäre jedoch nicht die vertikalen Grenzen der Dateien komplett aufzuheben, sondern nur die technischen Möglichkeiten der dateienübergreifenden Suche zu stärken. Der Fokus müsste dabei auf der einheitlichen Speicherungsmodalität von Daten liegen sowie der *„Suchmaschinenkompatibilität"* der einzelnen Dateien, wozu ein einheitliches Informationssystem beim BKA als Datenhaus wesentlich beitragen dürfte. Dies wäre weniger eingriffsintensiv, da nicht immer automatisch ein Abgleich erfolgte. Dennoch würde hiermit eine praktische Erleichterung der Aufgabenerfüllung der Polizeibehörden einhergehen, da ein Abgleich technisch ohne Weiteres

---

[666] BVerfG NJW 2016, 1781 (1801).

[667] Stellungnahme des Bundesrates und Gegenäußerung der Bundesregierung, vgl. BT-Drs. 18/11658, S. 3.

[668] BT-Drs. 18/12131, S. 2.

[669] Für die grundsätzliche Möglichkeit der Überarbeitung der bisherigen Dateienstruktur spricht sich auch *Bäcker* aus, Stellungnahme zum BKAG-E vom 16.03.2017, S. 10 sowie die BfDI in ihrer Stellungnahme vom 10.03.2017, S. 4 ff.

durchführbar wäre. Dies würde auch die Gefahr der Erstellung von Persönlichkeitsprofilen verringern. Ein weiterer Vorteil wäre auch, dass die Verknüpfung bzw. der Abgleich der datenschutzrechtlichen Kontrolle der Aufsichtsbehörde unterläge. Denn während die durch das BKAG 2018 faktisch geschaffene automatische Verknüpfung sämtlicher zu einer Person vorliegenden Daten nicht protokolliert wird, da es sich nach dem Verständnis des Gesetzgebers nicht um eine Datenverarbeitung handelt, ist dies bei einem anlassbezogenen Datenabgleich der Fall.

IV. Zweischrittige Überarbeitung des BKAG

Offenkundig wollte der Gesetzgeber die Situation nutzen, dass das BKAG aufgrund des BKAG-Urteils des BVerfG jedenfalls hinsichtlich des 2009 in Kraft getretenen neu eingefügten Terrorismusteils einer Überarbeitung bedurfte. In diese Überarbeitung wurde die komplexe Umstrukturierung der gesamten polizeilichen IT-Infrastruktur mit aufgenommen. Diese Projekte gleichzeitig zu erledigen ist nicht zwingend.

Das Ausgangsproblem der zerklüfteten IT-Landschaft der Polizei ist durch das BKAG 2018 zu überstürzt angegangen worden. Offenbar wurde versucht, die nach der Saarbrücker Agenda und dem White Paper des BMI Polizei2020 sinnvollen und notwendigen Modernisierungsansätze der polizeilichen IT-Architektur in Deutschland innerhalb der vom BVerfG vorgegebenen zweijährigen Frist umzusetzen. Dabei bezog sich die Entscheidung des BVerfG nur am Rande auf die Grundlagen des IT-Systems des BKA und schwerpunktmäßig vielmehr auf die 2009 in Kraft getretenen neu eingefügten Regelungen zur Bekämpfung des internationalen Terrorismus.

Es wäre auch möglich gewesen, in der durch das BVerfG vorgegebenen zweijährigen Überarbeitungsfrist zunächst einmal nur die unmittelbar vom BVerfG adressierten Regelungen umzusetzen. Auch der Grundsatz der hypothetischen Datenneuerhebung ließe sich im Rahmen des alten IT-Systems des BKA etablieren. In einem zweiten Schritt hätte dann die Überarbeitung der gesamten polizeilichen IT-Architektur losgelöst von der zweijährigen Frist erfolgen können. Dies hätte den Vorteil gehabt, dass zunächst ein vollständiges Konzept zusammen mit den Teilnehmern am polizeilichen Informationssystem hätte entwickelt werden können.

Nachteilig dürfte sich in einem solchen zweistufigen Prozess sicherlich auswirken, dass dieser durch die Entzerrung wesentlich länger dauerte. Es könnte also der Eindruck entstehen, den deutschen Polizeibehörden würde wertvolle

Zeit genommen, in der sie ihre Arbeit durch die veralteten IT-Systeme nicht effektiv vornehmen können. Jeder Vorfall, der in dieser Zeit geschähe und die Möglichkeit böte, ihn mit den veralteten Systemen in Verbindung zu bringen, wie es bei Anis Amri oder dem NSU der Fall war, brächte die verantwortlichen politischen Akteure in Erklärungsnot. Dabei muss jedoch Folgendes berücksichtigt werden: Auch mit der schnellen gesetzlichen Umsetzung der Neuerungen erfolgte nicht zeitgleich auch die technische Umsetzung. Dies war mangels Entwicklung entsprechender Umsetzungskonzepte gar nicht möglich. Das bedeutet also, wenn sich ein vorgenanntes Szenario nunmehr abspielt, kann zwar der Gesetzgeber darauf verweisen, schnell die passenden gesetzlichen Voraussetzungen geschaffen zu haben, um solchen Risiken entgegenzutreten. Die Schuld könnte dann also von Seiten der Politik der Polizei zugeschoben werden, die mit der Umsetzung der gesetzlichen Vorgaben nicht hinterherkommt. Dies nimmt der Gesetzgeber jedoch sehenden Auges in Kauf, indem er keine vorherige Konzeptentwicklung ermöglicht. Ob eine solche den Prozess bis zur tatsächlichen Etablierung des neuen Systems überhaupt verzögert hätte, kann nicht mit Sicherheit festgestellt werden. Aus den Gesetzgebungsmaterialien geht nicht hervor, ob dies geprüft wurde.

V. Gänzliche Überarbeitung der föderalen Sicherheitsarchitektur

Sicherlich ist eine solche vorherige Konzeptentwicklung zeitaufwändig und nicht notwendigerweise von Erfolg gekrönt. Dies zeigt sich z. B. daran, dass es nach wie vor nicht gelungen ist, sich auf ein Musterpolizeigesetz zu einigen, wie es der Koalitionsvertrag vorsah.[670] Es ist daher verständlich, dass auch Stimmen laut werden, die auf die Umständlichkeit und Schwerfälligkeit der deutschen Sicherheitsarchitektur an sich hinweisen. So regt z. B. Löffelmann in einem Aufsatz aus 2018 vorsichtig das Nachdenken über ein *„monistisches System"* an.[671] Danach könne eine Konzentration von nachrichtendienstlichen, präventivpolizeilichen und repressiven Aufgaben bei einer Behörde erfolgen. Als Vorteile einer solchen Struktur führt Löffelmann *„umfassende informationelle und aktionelle Befugnisse, kurze Informations- und Entscheidungswege, große Reaktionsschnelligkeit, Ballung von Fachkompetenz"* an. Als (einzigen) systematischen Nachteil benennt er die Reduktion des Grundrechtsschutzes der Betroffenen, da die Zusammenarbeit und der Datenaustausch in einer einzigen Behörde keiner Rechtfertigung mehr bedürften. Um diesen Nachteil auszugleichen, schlägt Löffelmann vor: *„Unter einem Blickwinkel der verfas-*

---

[670] Koalitionsvertrag 2018, S. 17 Z. 594, S. 126 Z. 5923 ff.
[671] *Löffelmann*, GSZ 3/2018, 85 (89).

sungsrechtlichen Verhältnismäßigkeit dürfte ein monistisches System sich daher nicht am kleinsten gemeinsamen Nenner grundrechtsschützender Vorkehrungen orientieren, sondern müsste das durch den Wegfall der Trennung entstehende Schutzdefizit in Gestalt anspruchsvollerer Schutzmechanismen kompensieren. Dass, wer fast alles weiß, nicht alles dürfen soll und umgekehrt, dieser Grundsatz müsste auch in einem monistischen Sicherheitssystem Geltung beanspruchen und könnte sich nur in Gestalt eingeschränkter informationeller und aktioneller Befugnisse auswirken.“ Löffelmann stellt jedoch gleich im Anschluss selbst fest, dass es keine Anhaltspunkte gebe, dass eine solche Entwicklung der deutschen Sicherheitsarchitektur politisch gewünscht sei. Entsprechend dieses ersten Ansatzes der Zentralisierung sicherheitsrechtlicher Befugnisse kritisiert Löffelmann daraufhin die *„Zerfaserung"* gesetzgeberischer Zuständigkeiten im sicherheitsrechtlichen Bereich und scheint damit im Ergebnis sowohl für eine Zentralisierung präventiver und repressiver polizeilicher und nachrichtendienstlicher Befugnisse als auch eine Zentralisierung dieser Befugnisse beim Bund zu argumentieren.

Freilich würde ein solcher Ansatz die praktischen Probleme mangelnder Koordination und Schnittstellenkompatibilität der IT-Systeme grundlegend lösen. Jedoch erscheint die Gefahr einer Reduktion des Grundrechtsschutzniveaus, wie Löffelmann auch selbst als Nachteil anfügt, nicht ohne Weiteres lösbar. Zum einen ist unklar, wie die angeregten *„anspruchsvollen Schutzmechanismen"* ausgestaltet sein können. Fraglich ist auch, ob die Schaffung solcher Schutzmechanismen im aktuellen sicherheitspolitischen Klima überhaupt gewollt ist. Darüber hinaus stellen sich naturgemäß bei derart weitreichenden Veränderungsvorschlägen Fragen der praktischen Umsetzbarkeit. Bereits die Wahrscheinlichkeit über einen derart weitreichenden Vorschlag eine konstruktive Diskussion zu beginnen, erscheint gering.

Als abgestufter Vorschlag wäre eine stufenweise Stärkung der Bundeskompetenzen denkbar. So hält der damalige Innenminister de Mazière in einem Gastbeitrag in der Frankfurter Allgemeinen Zeitung 2017 fest, der Bund brauche *„eine Steuerungskompetenz über alle Sicherheitsbehörden."*[672] Der CDU-Politiker und ehemalige Landesinnenminister von Niedersachsen Schünemann schlägt einen Staatsvertrag vor, in dem die Mindeststandards polizeilicher Befugnisse geregelt sein sollen.[673] Für einen solchen spricht sich auch

---

[672] *De Mazière*, FAZ 03.01.2017, https://www.faz.net/aktuell/politik/inland/thomas-de-maiziere-leitlinien-fuer-einen-starken-staat-in-schwierigen-zeiten-14601852.html.

[673] *Karweik*, Wolfsburger Nachriten, 27.11.2018, https://www.wolfsburger-nachrichten.de/wolfs burg/article215889585/Schuenemann-Mehr-Befugnisse-fuer-Polizei.html.

Schuster aus, der Vorsitzende des Untersuchungsausschusses des Deutschen Bundestages zum Anschlag auf dem Berliner Breitscheidplatz am 19. Dezember 2016.[674] In einem Interview im Zusammenhang mit der Bekämpfung von Terrorismus weist er darüber hinaus darauf hin, dass es sich bei den der Verwirklichung dieses Ziels im Weg stehenden Problemen nicht um parteipolitische handele, sondern zwischen Bund und Ländern keine Einigung erfolgen könne. So sei die Schaffung des GTAZ aus Sicht der Länder ein maximales Zugeständnis gewesen, keinesfalls sollten jedoch Entscheidungskompetenzen auf den Bund übertragen werden.[675]

Dass sich diese Haltung der Bundesländer mittlerweile geändert hat, ist nicht ersichtlich. Auch im Rahmen der Saarbrücker Agenda, die die jüngste weitreichende Verständigung der Innenminister des Bundes und der Länder darstellt, ging es nur um die Modernisierung und Vereinheitlichung des polizeilichen Informationsmanagements. Daraus lassen sich also keine Rückschlüsse darauf ziehen, dass auch in anderen Bereichen Zugeständnisse zur Übertragung an Kompetenzen auf den Bund bevorstehen. Andererseits ließe sich ggf. eine Parallele zur unionsrechtlichen Harmonisierung der Mindeststandards durch die JI-RL ziehen. Vergleichbar mit der deutschen föderalistischen Sicherheitsarchitektur wurde der Bereich der inneren Sicherheit lange Zeit als unantastbare Kernkompetenz der Mitgliedstaaten angesehen. Doch auch hier ist es gelungen, sich innerhalb einer weitaus größeren und weniger homogenen Gruppe der EU-Mitgliedstaaten auf Mindeststandards zu einigen. Dass diese Möglichkeit auch in Deutschland zukünftig konstruktiver als bisher diskutiert werden könnte, ist also nicht ausgeschlossen.

VI. Auslagerung der polizeilichen Datenverarbeitung

Ein ebenfalls weitreichender Alternativvorschlag wäre es, die Datenverwaltung des Informationssystems der Polizeibehörden von diesen auszulagern. Denkbar wäre es, eine entsprechende staatliche Stelle zu schaffen, deren Aufgabe es ist, das polizeiliche Informationssystem zu verwalten, ohne dass dieses bei einer Polizeibehörde selbst angesiedelt ist. Dies hätte zum einen das Potential die Datenabrufe zu vereinheitlichen und zu beschleunigen, da die einzige Aufgabe einer solchen Stelle wäre, einkommende Datenabfragen in die richtigen Wege zu leiten, zu prüfen und Daten bereitzustellen. Die Stellung als *„Daten-*

---

[674] *Diehl/Siemens*, Spiegel Online 15.05.2018, https://www.spiegel.de/panorama/justiz/polizei gesetze-in-deutschland-jedes-bundesland-fuer-sich-a-1207833.html.

[675] Das Interview ist im Textarchiv des Deutschen Bundestags abrufbar unter https://www. bundestag.de/dokumente/textarchiv/2018/kw10-schuster-interview-546036.

haus" würde dann vom BKA auf diese Stelle übertragen. Des Weiteren würde dies die Kontrollmöglichkeiten stärken und könnte etwaige Interessenkonflikte aufheben. Eine Trennung von Behörden bzw. eine arbeitsteilige Aufgabenwahrnehmung durch verschiedene staatliche Stellen erhöht die Rechtfertigungspflicht des Staates durch eine kleinteiligere Aufgliederung in einzelne rechtfertigungsbedürftige Arbeitsschritte und wirkt sich in der Regel grundrechtsschonend aus.[676] Nach dem bisherigen System ist das Datenhaus selbst eine Polizeistelle, also eine Behörde, die selbst polizeiliche Handlungsbefugnisse hat. Man könnte also vermuten, dass diese naturgemäß eher aus dem Blickwinkel der Gefahrenabwehr oder Strafverfolgung agiert. Eine *„neutrale"* Stelle, auf die die Führung polizeilicher Informationssysteme ausgelagert ist, wäre also ggf. grundrechtsschonender. Auch dem missbräuchlichen Zugriff auf den Informationsbestand durch Polizeimitarbeiter dürfte dies entgegenwirken.

Natürlich dürfte ein solches System nicht dazu führen, dass die Polizeibehörden als *„Bittsteller"* an das Datenhaus herantreten. Vielmehr müsste die Datenverwaltung eine Art Dienstleister für die Polizeibehörden sein. Bestimmte Datenabrufe wären standardisiert. Nach wie vor hätte jede Stelle auf eigene Daten ohne Weiteres Zugriff.

Dies würde auch das Problem beheben, dass in der Praxis scheinbar oft eine gefühlte Konkurrenzsituation zwischen verschiedenen Polizeibehörden dazu beiträgt, dass jede Behörde ihre Daten lieber für sich behalten möchte.[677]

Als Vorbild könnte dabei EU-LISA gesehen werden. Die Agentur verwaltet die wichtigsten EU-Datenbanken.[678] Dies würde auch die Mitarbeiter des BKA entlasten, die nicht nur mit dem oben dargestellten erhöhten Kennzeichnungs- und Protokollierungsaufwand konfrontiert sind. Vielmehr muss die IT-Abteilung des BKA auch die technische Umsetzung des neuen Informationsbestands erarbeiten.

VII. Zwischenergebnis

Als Vorteil des Vorgehens des Gesetzgebers bei der Schaffung des BKAG 2018 kann angeführt werden, dass ein im Zweifel sehr langer Abstimmungs- und Entwicklungsprozess vermieden wurde. Bei Gelegenheit der oh-

---

[676] *Löffelmann,* GSZ 3/2018, 85 (89), m. w. N.

[677] Auf diese Konkurrenzsituation weist *Schuster* in dem oben zitierten Interview hin. Das Interview ist im Textarchiv des Deutschen Bundestags abrufbar unter https://www.bundestag. de/dokumente/textarchiv/2018/kw10-schuster-interview-546036.

[678] https://europa.eu/european-union/about-eu/agencies/eu-lisa_de.

nehin notwendigen Überarbeitung des BKAG aufgrund der Entscheidung des BVerfG aus dem April 2016 wurden auch die Zielsetzungen der Saarbrücker Agenda bzw. des White Paper des BMI Polizei2020 angepackt. Das dringende praktische Problem der Schnittstellenkompatibilität und Einheitlichkeit von polizeilichen Informationssystemen wurde hiermit angegangen. Allerdings erscheint der bisher erfolgte und aufgrund des engen Zeitrahmens, den die zweijährige Frist des BVerfG darstellt, mögliche Abstimmungsprozess im Hinblick auf die Komplexität des Vorhabens unzureichend.

G. Auswertung

Der Gesetzgeber hat eine Gesetzeslage geschaffen, die zu einer technischen Umstrukturierung des Informationssystems des BKA (und letztendlich auch aller anderen Polizeibehörden) führt,

1. ohne vorher die technisch-konzeptionelle Entwicklung dieser Umstrukturierung voranzutreiben und
2. ohne die für die Schaffung der neuen Struktur notwendigen Voraussetzungen zu regeln.

Den Sicherheitsbehörden bessere Werkzeuge an die Hand zu geben, um Verbrechen zu bekämpfen und aufzuklären, ist der vom Gesetzgeber verfolgte legitime Zweck. Dabei wurde aus dem Umgang mit dem NSU-Komplex und Anis Amri die Lehre gezogen, dass das bisherige System überarbeitet werden sollte.

Für die praktische Arbeit der Polizei wird das neue System, sofern es sich wie geplant umsetzen lässt, erhebliche Vorteile haben. Diese bestehen insbesondere in einer zukünftig besseren Kompatibilität der Daten und der Vermeidung von Doppelungen, die ihrerseits ggf. doppelte Arbeit vermeiden und somit zu einem effizienteren Einsatz der Ressourcen der Sicherheitsbehörden führen kann. Das neue Informationssystem ist grundsätzlich geeignet, den Austausch von Daten zu beschleunigen. Es ist auch nicht von der Hand zu weisen, dass durch einen größeren Datenbestand, auf den bei einer bestimmten Ermittlung zugegriffen werden kann, die Wahrscheinlichkeit erhöht wird, dass die Daten, die die für die Ermittlung wesentlichen Anreize geben, in diesem Datenbestand vorhanden sind. Die dargestellten Alternativen können dieses Ziel nicht gleich effektiv erreichen.

Einige im Gesetzgebungsprozess immer wieder vorgebrachte Kritikpunkte können nach der Umsetzung des BKAG 2018 entkräftet werden. Insbesondere entspricht die Umsetzung des Grundsatzes der hypothetischen Datenneuerhebung den Anforderungen des BVerfG und geht über diese sogar hinaus. Die Ausgestaltung der Regelungen führt jedoch für das BKA als Rechtsanwender zu praktischen Problemen aufgrund des gesteigerten Kennzeichnungs- und Protokollierungsaufwands.

I. Wirksame Ausgestaltung der Kontrollmöglichkeiten

Die insbesondere vom europäischen Gesetzgeber in der JI-RL vorgeschriebenen Pflichten zur unabhängigen Kontrolle schafft das neue Gesetz. Zwar hat insbesondere der Wegfall der Errichtungsanordnung als Mittel der Verfahrenssicherung zu erheblichen Diskussionen geführt. Allerdings wird dieser Wegfall durch die Kontrollmöglichkeiten des BfDI im BKAG 2018 kompensiert. Er kann nunmehr jederzeit die umfassenden Verarbeitungsverzeichnisse auf die Einhaltung datenschutzrechtlicher Vorschriften prüfen. Der BfDI wird damit in seiner Stellung als unabhängige Datenschutzbehörde gestärkt. Damit einher geht entsprechend der unions- und verfassungsrechtlichen Vorgaben auch eine Stärkung der finanziellen und personellen Ausstattung des BfDI in den Haushalten von 2017, 2018 und 2019.[679]

Der BfDI kann nun verbindliche Entscheidungen treffen, gegen die dem BKA wiederum Rechtsschutzmöglichkeiten eröffnet werden. Im Zusammenspiel mit der Erweiterung der Benachrichtigungspflichten, nach der zu erwarten ist, dass mehr Betroffene Rechtsschutz gegen Maßnahmen suchen werden, dürfte das dazu führen, dass mehr Maßnahmen des BKA Gegenstand gerichtlicher Klärung werden. Unter der bisherigen Rechtslage waren die heimlichen Maßnahmen des BKA und die Aufgabenerfüllung des Datenschutzbeauftragten selten Gegenstand gerichtlicher Überprüfung.[680] Eine Entwicklung zu mehr gerichtlicher Prüfung ist jedenfalls deshalb zu begrüßen, weil über bisher ungeklärte Aspekte gerichtliche Klärung erreicht werden kann und somit Rechtsunsicherheiten ausgeräumt werden können. Die erweiterten praktischen Rechtsschutzmöglichkeiten für die Betroffenen stellen außerdem einen erhöhten Rechtfertigungsdruck für die handelnde Behörde dar.

Der grundsätzlichen Stärkung der Betroffenenrechte durch ausgeweitete Benachrichtigungspflichten steht allerdings nach wie vor die Intransparenz der Datenverarbeitung gegenüber.

---

[679] Vgl. 27. Tätigkeitsbericht BfDI; vgl. auch Bericht des Bundesrechnungshofs über die Entwicklung des Einzelplans 21 für die Haushaltsberatung 2018.

[680] *Ruthig*, in: Schenke/Graulich/Ruthig, Sicherheitsrecht des Bundes, § 69 BKAG Rn. 16.

II. Rechtsgrundloser Abgleich von Daten

Der gesetzlich nicht geregelte Abgleich und die verknüpfte Speicherung aller Daten sind bedenklich.

Für den Abgleich von Daten, der einer redundanzfreien Datenspeicherung logischerweise vorausgeht, schafft der Gesetzgeber keine Rechtsgrundlage. Dies führt zu einer verfassungswidrigen Ausgestaltung des neuen Informationssystems. Auch die Entstehung verfassungswidriger Persönlichkeitsprofile wird dadurch wahrscheinlicher. Dies muss auch im Kontext der immer weiter vorausschreitenden Einräumung von Vorfeldkompetenzen gesehen werden, durch die noch mehr Daten generiert werden können. Dazu tragen auch die immer neuen Mittel der Datengewinnung und Datenverarbeitung bei. Während zu Zeiten der Schaffung des BKA Daten im Wesentlichen aus Kontaktdaten und ggf. Lichtbildern oder Fingerabdrücken bestanden, erlauben moderne Technologien über die lange schon mögliche DNA-Analyse hinaus mittlerweile komplexe Technologien zur Gesichtserkennung, vor denen sogar die Erfinder selbst warnen.[681] Während der EU-Gesetzgeber auf diesen Aspekt in den Erwägungsgründen der Richtlinie ausdrücklich hinweist,[682] scheint der deutsche Gesetzgeber die Herausforderungen für den Datenschutz durch die fortschreitenden technischen Möglichkeiten eher auszublenden.

III. Abkehr von datenschutzrechtlichen Grundsätzen

Darüber hinaus vollzieht bzw. manifestiert sich eine Abkehr von datenschutzrechtlichen Grundsätzen.[683] Der Grundsatz der Datensparsamkeit ist im BDSG n. F. nicht mehr zu finden, hingegen wurde er in der Begründung zu § 3a BDSG a. F. noch als „Zielvorgabe" bezeichnet.[684] Es ist fraglich, ob sich diese bisherige gesetzliche Zielvorgabe überhaupt noch mit moderner Polizeiarbeit in Einklang bringen lässt. Denn die Entwicklung moderner Polizeiarbeit geht immer mehr dorthin, große Mengen an Daten zu erheben und zu verarbeiten. Der Begriff der Sparsamkeit wird daher immer weiter angepasst und dort zurückgedrängt, wo das Interesse besteht, massenhaft Daten zu erheben

---

[681] *Graff*, SZ online vom 17.07.2018, https://www.sueddeutsche.de/digital/gesichtserkennung -sogar-microsoft-sieht-die-menschenrechte-in-gefahr-1.4058038.

[682] JI-RL, Erwägungsgrund (3).

[683] *Buermeyer* spricht in seiner Stellungnahme zum BKAG-E vom 20.03.2017, S. 2 sogar davon, dass die datenschutzrechtlichen Grundsätze der Datensparsamkeit und der Zweckbindung durch die Regelungen im BKAG 2018 in ihr Gegenteil verkehrt werden.

[684] BT-Drs. 16/13657, S. 17.

und unter Vorliegen bestimmter Voraussetzungen für die Polizeiarbeit zugänglich zu machen. Es wäre daher konsequenter, sich vom Grundsatz der Datensparsamkeit im sicherheitsrechtlichen Bereich als überholten Grundsatz ganz zu verabschieden und vielmehr auch hier den Schwerpunkt auf die Ebene der Zugriffsrechte zu legen. Denn die Erhebung von Daten unzähliger Personen ist nur schwer noch als „sparsamer" Umgang mit Daten zu bezeichnen. Zielführender erschiene daher ein Bekenntnis dazu, dass die moderne Polizeiarbeit aus der Verarbeitung großer Mengen an Daten einen besonderen Nutzen zieht und Datenschutzmechanismen erst auf der Ebene des konkreten Zugriffs oder der konkreten Nutzung der Daten greifen. In diesem Zusammenhang ist insbesondere an die Vorratsdatenspeicherung zu denken. Während der EuGH hierfür zwar klare und strenge Regelungen gefordert hat, hat er das Instrument der Vorratsdatenspeicherung nicht per se als unzulässig eingestuft. Darüber hinaus liegen ihm aktuell wieder Vorlagefragen bezüglich der Vorratsdatenspeicherung vor, sodass er seine Anforderungen ggf. nachjustieren kann. Auch der Grundsatz der Datenminimierung, wie er sich aus Art. 4 Abs. 1 lit. c)-e) und Art. 20 Abs. 1 JI-RL ergibt, bleibt hinter dem Grundsatz der Datensparsamkeit im deutschen Recht zurück.

Dabei sollten auch etwaige zukünftige Entwicklungen und Entwicklungsmöglichkeiten nicht außer Acht gelassen werden, die die Polizeiarbeit in der Zukunft gestalten könnten. Diesbezüglich ist insbesondere das „predictive policing" zu nennen.

Auch hinsichtlich des Zweckbindungsgrundsatzes lassen sich deutliche Zurückdrängungstendenzen erkennen.[685] Den Grundsatz der hypothetischen Datenneuerhebung könnte man auch als dessen Ablösung begreifen. Hierfür ließe sich argumentieren, dass der Grundsatz vordergründig gerade nicht die Zweckbindung stärkt, sondern regelt, auf welchem Weg Zweckänderung erfolgen soll. Schaut man sich die Zielsetzung des BKAG an, den Austausch von Daten, der immer eine Zweckänderung darstellt, zu vereinfachen, rückt dieser Aspekt eindeutig in den Vordergrund. Dass es einer Regelung für die Zweckänderung überhaupt bedarf, liegt daran, dass ursprünglich der datenschutzrechtliche Grundsatz der Zweckbindung aufgestellt wurde und von diesem nicht ohne Festlegung bestimmter Regeln abgewichen werden kann.[686] Roßnagel versteht den Begriff des Grundsatzes in Bezug auf die Daten-

---

[685] *Kutscha* fragt bereits 1999 „Datenschutz durch Zweckbindung – Ein Auslaufmodell?", ZRP 1999, 156.
[686] Grundsätzliche Kritik an der Aufrechterhaltung der Bezeichnung auch bei *Petri*, in: Lisken/Denninger, Handbuch des Polizeirechts, Kap. G. Rn. 855.

schutzgrundsätze in Art. 5 DSGVO so, dass sie rechtlich erwünschte Zustände beschreiben, *„die in der Verwirklichung des Rechts zu erreichen sind.“*[687] Tatsächlich passiert aber eher das Gegenteil: Der Grundsatz steht im Raum und die *„Verwirklichung des Rechts"* arbeitet sich an ihm ab, indem sie seine Einschränkung normiert. Ein Bekenntnis zur Abkehr oder Anpassung der hergebrachten datenschutzrechtlichen Grundsätze ist indes möglich. Es lassen sich gerade im polizeirechtlichen Bereich Argumente dafür finden, dass der Datenminimierungsgrundsatz (als einfacheres Beispiel) oder der Zweckbindungsgrundsatz im engeren Sinne (als schwierigeres Beispiel) nicht mehr zeitgemäß sind, ähnlich wie sich auch Argumente für die Vorratsdatenspeicherung finden lassen. Es wäre daher wünschenswert, hier eine transparente und nachvollziehbare gesetzgeberische Linie zu finden, die den tatsächlichen Gegebenheiten der Rechtsanwendung Rechnung trägt.

IV. Umsetzbarkeit

Letztendlich stellt sich die Frage der Umsetzbarkeit des BKAG in die polizeiliche Praxis. Bei der Implementierung neuer technischer Systeme wurden bereits schlechte Erfahrung gemacht, z. B. bei INPOL-neu. Ein solcher Misserfolg sollte für die Umsetzung des neuen Dateisystems des BKA nach Kräften verhindert werden. Denn dies hat Auswirkungen auf die Arbeitsfähigkeit der Polizei und somit mittelbar auch auf das Vertrauen der Bürger in die Polizeiarbeit. Darüber hinaus sind auch die finanziellen Aspekte zu berücksichtigen, die mit der Problembehebung in technischen Systemen verbunden sind.[688]

Es bestehen auch noch viele Unklarheiten bezüglich der derzeitigen Lage, die man als Übergangsphase bezeichnen kann. Denn das IT-System, auf das die im Gesetz beschriebenen Regelungen zugeschnitten sind, existiert in der Praxis noch gar nicht. Somit hat der Gesetzgeber zwar de lege lata Regelungen geschaffen, die bis auf die oben herausgearbeitete fehlende Ermächtigungsgrundlage für die redundanzfreie Speicherung notwendigen Datenabgleich und Datenverknüpfung den Vorgaben des BVerfG entsprechen. Aber die praktische Umsetzung hat noch nicht stattgefunden und es ist auch nicht klar, wann die Umsetzung vollzogen sein wird. Dementsprechend wird die faktische Lage gerade nicht den Anforderungen des BVerfG gerecht. Das BVerfG hat

---

[687] *Roßnagel*, in: Simitis/Hornung/Spiecker gen. Döhmann, Datenschutzrecht, DSGVO Art. 5 Rn. 21.

[688] So berichtet 2002 z. B. Spiegel Online unter der Überschrift „80 Millionen Mark für ein „totes Projekt", https://www.spiegel.de/politik/deutschland/computer-flop-beim-bka-80-millionen-mark-fuer-ein-totes-projekt-a-177264.html.

dem Gesetzgeber im Urteil von 2016 eine zweijährige Frist zur Umsetzung eingeräumt, die der Gesetzgeber hierdurch aufschiebt.

H. Fazit und Ausblick

Der moderne Staat zieht einen entscheidenden Teil seiner Legitimation aus dem Schutz seiner Bürger. Somit hat das Sicherheitsrecht eine besondere politische Bedeutung.[689]

Einschneidende sicherheitsrelevante Ereignisse (z. B. Anschläge) führen regelmäßig zu Diskussionen über Kompetenzerweiterungen im polizeilichen Bereich. Dabei wird regelmäßig die Schaffung von Kompetenzen gefordert, die außer Verhältnis zu ihrem Anlass stehen bzw. darüber hinaus gehen, welche (meist rein tatsächlichen und nicht auf zusätzliche Polizeikompetenzen ausgelegten) Änderungen bei den Sicherheitsbehörden sinnvoll sind.[690] Auch die Änderung des BKAG wurde ursprünglich durch die Motivation eines verbesserten Kampfs gegen den Terrorismus ausgelöst. Hinsichtlich der Neuregelungen der Datenverarbeitung beim BKA wurde die Gunst der Stunde genutzt, denn aufgrund des BVerfG-Urteils von 2016 bedurfte das BKAG ohnehin der Überarbeitung.

Die Neuregelung des Informationsbestands spiegelt grob heruntergebrochen wider, was in sämtlichen Bereichen des Lebens passiert: der technische Fortschritt beschleunigt Arbeitsprozesse. Denn der automatische Datenabgleich im polizeilichen Informationsbestand ermöglicht das, was Polizeibeamte seit jeher tun und was auch nach wie vor einen großen Anteil der Arbeit der Sicherheitsbehörden ausmacht, Informationen sammeln und diese Informationen „kombinieren".[691] Auf der einen Seite macht der elektronische Informationsbestand dieses Kombinieren effizienter und eröffnet weitreichende neue Möglichkeiten, weil weit mehr Informationen mit einbezogen werden können. Andererseits wird hierdurch stärker in die Grundrechte der Betroffen eingegriffen.

Da der sicherheitsrechtliche Bereich seit jeher sehr sensibel ist, stellt sich die Frage, ob der Gesetzgeber seiner Verantwortung bei der Schaffung des BKAG 2018 ausreichend nachgekommen ist. Denn es ist ihm nicht vollständig gelungen, die Informationsverarbeitung des BKA verfassungsgemäß und transparent zu regeln.

---

[689] *Schwabenbauer,* in: Lisken/Denninger, Handbuch des Polizeirechts, Kap. G. Rn. 1; *Beaucamp*, DVBl. 2017, 534 (534 f.).

[690] z. B. bezüglich Forderungen der CDU/CSU zu Erweiterungen der Polizeikompetenzen nach dem Anschlag auf eine Synagoge in Halle, *Buermeyer/Herpig*, Zeit Online 14.10.2019, https://www.zeit.de/politik/deutschland/2019-10/anschlag-halle-rechtsterrorismus-sicherheits gesetze-moratorium.

[691] *Schwabenbauer,* in: Lisken/Denninger, Handbuch des Polizeirechts, Kap. G. Rn. 2.

Vor diesem Hintergrund ist ein Blick in die Vergangenheit sinnvoll: Der Datenschutz hinkte dem Aufgabenzuwachs des BKA schon von Anfang an hinterher. War dieser Tendenz in den Anfängen in den 1970er- und 80er-Jahren noch deutlich schwerer entgegenzuwirken, da sich zu diesem Zeitpunkt die gesamte IT-Entwicklung noch in den Startlöchern befand, hätte der Gesetzgeber des BKAG 2018 rund 45 Jahre später durchaus die Möglichkeit gehabt, dieser Tendenz entgegenzuwirken. Stattdessen wurde dieser Entwicklung weiter Vorschub geleistet. Technische Ausgestaltungen, die ein hohes Datenschutzniveau gewährleisten sollen, sind zum Zeitpunkt des Inkrafttretens des Gesetzes noch nicht erarbeitet. Im Gegenteil wirft die neue gesetzliche Ausgestaltung auch logische Fragen auf, die es noch sinnvoll zu beantworten gilt. Hierzu zählt beispielsweise die Frage, wie der Erstellung von vom BVerfG als verfassungswidrig erachteten Persönlichkeitsprofilen bei automatisierten Abgleichverfahren entgegengewirkt werden kann. Die Polizei als Rechtsanwender wird vom Gesetzgeber allein gelassen und gelangt dadurch wie bereits zu Beginn der Diskussion um den Datenschutz im Polizeibereich in eine ungünstige Ausgangslage, in der sie sich ggf. gegen Kritik verteidigen muss, deren primärer Adressat sie gar nicht sein sollte. Dies schadet der Polizei als Rechtsanwender nicht zuletzt hinsichtlich ihrer Akzeptanz in der demokratischen Gesellschaft.

Dies ist darüber hinaus im Lichte fortschreitender technischer Möglichkeiten zu sehen. Denn dass es immer größere Datenmengen gibt, beispielsweise durch die Gesichtserkennung, ist nicht aufzuhalten und soll auch als technischer Fortschritt nicht per se aufgehalten werden. Die Schraube, an der der Gesetzgeber jedoch ansetzen sollte, ist, was mit diesen Datenmengen geschehen darf. Den zunehmenden Möglichkeiten der Datenverarbeitung sollten daher praktikable, aber strenge und vor allem transparente Regelungen der Datennutzung entgegenstehen. Diesen Weg einzuschlagen, hat der Gesetzgeber durch das BKAG 2018 teilweise versäumt. Es bleibt abzuwarten, wie sich das neue IT-System des BKA in der Praxis auswirken wird, sobald es denn in Betrieb genommen werden kann. Dass hierdurch die Polizeiarbeit grundsätzlich vereinfacht wird, wird wohl zutreffen. Dies gilt jedenfalls im Hinblick auf die leichtere Verknüpfung vorhandener Informationen insbesondere durch die Einheitlichkeit der Systeme durch die Stärkung des BKA als Datenhaus. Ob dieser Optimierungsprozess jedoch derart gewichtig ist, als dass er die damit einhergehenden verfassungsrechtlichen Probleme zu rechtfertigen vermag, kann angezweifelt werden. Darüber hinaus erschwert das BKAG 2018 in anderen Bereichen durch umfangreiche Kennzeichnungs- und Protokollierungspflichten auch die Arbeit der Mitarbeiter bzw. bindet Kompetenzen, die sonst anderweitig zur Verfügung stünden.

Darüber hinaus können die Regelungen des BKAG 2018 auch als Teil einer generellen Entwicklung hin zu einer Zentralisierung der Polizeiarbeit sowie hin zu immer mehr Kompetenzen im Vorfeld einer Gefahr gesehen werden. Das führt dazu, dass es nicht nur immer mehr Möglichkeiten der Datengewinnung gibt, sondern sich daneben auch der zeitliche Bereich ausdehnt, in dem Informationen gesammelt werden können.

Im viel diskutierten Spannungsfeld zwischen Freiheit und Sicherheit[692] macht man es sich zu einfach, pauschal mehr Datenschutz mit weniger Sicherheit aber größerer Freiheit und weniger Datenschutz mit weniger Freiheit aber mehr Sicherheit gleichzusetzen.[693] Dennoch ist es dem Grunde nach so, dass größere, stärker verknüpfte und von mehr Behörden abrufbare Datensammlungen die Gefahr bergen, die Freiheitsrechte der Betroffenen stärker zu beeinträchtigen.[694] In der modernen Gesellschaft werden die Sicherheitserwartungen zum Teil sehr weit verstanden.[695] Daneben existiert jedoch auch eine gesellschaftliche Skepsis gegenüber mit zu starken Überwachungsbefugnissen ausgestatteten Sicherheitsbehörden, die historisch bedingt ist.[696] Grenzverschiebungen hin zu mehr polizeilichen Kompetenzen können daneben auch zu mehr Unsicherheit führen, insbesondere wenn der unzutreffende Eindruck vermittelt wird, dass mehr Kompetenzen der Sicherheitsbehörden automatisch auch zu einem Mehr an Sicherheit führen. Denn eine solche Rhetorik zur Durchsetzung einer politischen Agenda kann, inflationär gebraucht, ihrerseits zur Verunsicherung der Bevölkerung beitragen.[697] Oder aber, schlimmstenfalls, kann die Einschränkung von Freiheitsrechten ihrerseits zu einem ge-

---

[692] So bezeichnet etwa *Beaucamp* die Entscheidungen des BVerfG und das Vorgehen des Gesetzgeber in diesem Bereich als ein Ringen „um einen fairen Ausgleich zwischen Sicherheitsbelangen, die für präventive und flächendeckende Überwachung sprechen und der Verteidigung grundrechtlicher Freiheiten gegen einen drohenden Überwachungsstaat, der aufgrund moderner Technik keine Utopie mehr darstellt", DVBl 2017 534 (534).

[693] *Bull*, Informationelle Selbstbestimmung, 2011, S. 4.

[694] Nach *Bulls* Wortwahl könnte es sich hierbei eben um eine der „graduellen Verschiebungen auf der Skala der Freiheitlichkeit" handeln, Informationelle Selbstbestimmung, 2011, S. 7.

[695] *Schwabenbauer*, in: Lisken/Denninger, Handbuch des Polizeirechts, Kap. G. Rn. 1.

[696] *Beaucamp*, DVBl 2017, 534 (539); *Determann*, NVwZ 2016 561 (567); ähnlich *Simitis*, NJW 1984, 398 (398).

[697] *Löffelmann*, GSZ 3/2018, 85 (91).

steigerten Unsicherheitsgefühl der Bevölkerung im Sinne einer „*Unsicherheit durch Unberechenbarkeit öffentlicher Gewalt*" führen.[698]

Gerade einer solchen Unberechenbarkeit könnte die Intransparenz der polizeilichen Datenverarbeitung Vorschub leisten.

Somit wäre es gerade wünschenswert, ein transparentes und nachvollziehbares Informationssystem zu schaffen. Dies hat der Gesetzgeber teilweise versäumt. Womöglich hat er hierzu bereits keinen Anlass gesehen, da sich in der Gesellschaft erst nach und nach ein Sensibilisierungsprozess vollzieht. Dieser ist in allen Bereichen damit verbunden, dass sich Betroffene nicht mehr nur die Frage stellen, ob die eigenen Daten überhaupt Gegenstand von Verarbeitungsvorgängen öffentlicher oder privater Stellen sind, sondern auch, wie solche Vorgänge genau ablaufen. Dies gilt freilich nicht nur im polizeilichen Kontext, sondern auch in der Privatwirtschaft, z. B. hinsichtlich der Frage, was große Konzerne eigentlich mit den Daten ihrer Kunden oder Nutzer anfangen. Ein solches gesellschaftliches Umdenken würde sich letztendlich auf die Entscheidungen des Gesetzgebers auswirken können.

---

[698] *Kutscha*, in: Roggan/Kutscha, Handbuch zum Recht der Inneren Sicherheit, Teil 1 S. 30 mit Verweis auf das Zitat von *Hohmann/Dennhardt*, in: Adolf-Arndt-Kreis, Sicherheit, 2003, S. 109.

I. Zusammenfassung

Die Neustrukturierung des Informationsbestands des BKA durch das BKAG 2018 setzt die verfassungsrechtlichen Vorgaben des Grundsatzes der hypothetischen Datenneuerhebung, die das BVerfG mit seinem BKAG-Urteil aus 2016 konkretisiert hat, inhaltlich verfassungskonform um. Das BKAG 2018 geht dabei sogar über die Vorgaben des BVerfG hinaus, indem es den Grundsatz der hypothetischen Datenneuerhebung auf Daten aus sämtlichen Erhebungsmaßnahmen ausweitet. Daraus resultieren Kennzeichnungspflichten für sämtliche Daten, um eine Prüfung der Weiterverarbeitung am Grundsatz der hypothetischen Datenneuerhebung zu ermöglichen. Die Handlungsanleitungen des BKA, die es auf Grundlage des BKAG 2018 zur Umsetzung dessen Vorgaben in die behördliche Praxis entworfen hat, legen die gesetzlichen Voraussetzungen für eine zweckkonforme Weiterverarbeitung von Daten sehr weit aus, sie bewegen sich jedoch im Rahmen des rechtlich Zulässigen.

Das BVerfG hat dem Gesetzgeber in seinem Urteil eine zweijährige Umsetzungsfrist bis Mai 2018 eingeräumt. Mit dem Inkrafttreten des BKAG 2018 im Mai 2018 hat der Gesetzgeber diese Frist zwar auf dem Papier eingehalten, er war sich dabei jedoch bewusst, dass eine Umsetzung der gesetzlichen Regelungen mangels technischer Implementierung des neuen IT-Systems noch nicht möglich war. Für die Übergangszeit hat er nur unzureichende Regelungen getroffen. Da die Neustrukturierung des Informationssystems um den zentralen Grundsatz der hypothetischen Datenneuerhebung bisher technisch nicht entwickelt und umgesetzt ist, wird der Gesetzgeber dahingehend den Anforderungen des BVerfG bisher nicht gerecht.

Die Abkehr von vertikalen Trennlinien, die bisher durch die Speicherung in phänomenologisch abgegrenzten Datentöpfen bestanden, ermöglicht eine redundanzfreie Datenspeicherung im neuen Informationsbestand des BKA. Sie hat zur Folge, dass ein automatisierter Abgleich neu eingespeister Daten mit bereits im System vorhandenen Daten erfolgen muss, und dass Daten aus sämtlichen Erhebungszusammenhängen jeweils verknüpft an einen Personeneintrag gespeichert werden müssen, um Doppelungen zu vermeiden. Hierbei handelt es sich um selbstständige Eingriffe in das Grundrecht auf informationelle Selbstbestimmung, die keine Grundlage im Gesetz finden. Insbesondere kann nicht auf § 16 Abs. 4 BKAG 2018, der eine einzelfallbezogene Abgleichsmöglichkeit vorsieht, oder auf die allgemeine Ermächtigungsgrundlage für die Datenverarbeitung in § 16 Abs. 1 BKAG 2018 zurückgegriffen werden.

Durch die Verknüpfung der Daten besteht darüber hinaus die Gefahr der Entstehung verfassungswidriger Persönlichkeitsprofile. Diese Gefahr wird durch die Regelung in § 16 Abs. 6 Nr. 2 Fall 2 BKAG 2018 perpetuiert, die eine Weiterverarbeitung personengebundener Hinweise bezüglich Personen, zu denen bereits Daten im Informationssystem vorhanden sind, gestattet, sofern diese Hinweise der Gewinnung von Ermittlungsansätzen dienen. Diese Regelung führt zu unverhältnismäßig weitreichenden Speicherungen personenbezogener Hinweise und ist verfassungswidrig.

Die datenschutzrechtlichen Grundsätze der Datensparsamkeit und der Zweckbindung werden modifiziert und zurückgedrängt.

Datenschutzrechtliche Kontrollmöglichkeiten werden durch das BKAG 2018 durch die Einführung umfassender Protokollierungspflichten und Abrufmöglichkeiten der Protokolle durch den BfDI gestärkt. Der Wegfall des Instruments der Errichtungsanordnung ist dabei rechtlich unbedenklich und wird durch die Stärkung der Kontrollmöglichkeiten des BfDI kompensiert. Die Regelung der Abhilfebefugnisse des BfDI in § 69 Abs. 2 BKAG 2018 ist europarechtskonform auszulegen, dabei können die in der Gesetzesbegründung zu § 69 Abs. 2 BKAG 2018 genannten Einschränkungen keine Anwendung finden. Einzelne Regelungen zu den Protokollierungspflichten werfen europarechtliche Probleme auf. So findet die in § 81 Abs. 3 BKAG 2018 geregelte Löschpflicht von Protokolldaten nach zwölf Monaten keine Entsprechung in der JI-RL und ist, ebenso wie die in § 82 Abs. 4 S. 2 BKAG 2018 vorgesehene automatisierte Löschung von Protokolldaten, europarechtswidrig.

Eine Stärkung der datenschutzrechtlichen Kontrollmöglichkeiten findet auch durch die Regelungen zur Stellung des Datenschutzbeauftragten statt. Allerdings ist die Regelung in § 72 Abs. 2 Halbsatz 2 BKAG 2018, nach der bei Unstimmigkeiten zwischen dem Datenschutzbeauftragten und der Leitung des BKA das BMI entscheiden darf, ob sich der Datenschutzbeauftragte an den BfDI wenden darf, mit der nötigen Unabhängigkeit des Datenschutzbeauftragten nicht vereinbar und daher europarechtswidrig.

Die Neuregelungen im BKAG 2018 sowie die aufgrund des Verweises in §§ 85 f. BKAG 2018 anwendbaren Vorschriften des BDSG zu Benachrichtigungspflichten des BKA, Auskunftsrechten des Betroffenen und zu Rechtsschutzmöglichkeiten gegen Entscheidungen des BfDI führen zu einer Stärkung der Rechte der von der Datenverarbeitung Betroffenen und werden dazu führen, dass mehr Datenverarbeitungsvorgänge Gegenstand gerichtlicher Klärung werden. Allerdings ist die Ausnahmeregelung zum Auskunftsrecht des

Betroffenen in § 57 Abs. 2 BDSG europarechtswidrig. Demgegenüber kann § 57 Abs. 3 BDSG dahingehend europarechtskonform ausgelegt werden, dass die verantwortliche Stelle von einer Auskunftserteilung nur dann absehen darf, wenn ansonsten die behördliche Arbeit behindert würde. § 57 Abs. 5 BDSG ist europarechtskonform ausgestaltet, da auf die Verweigerungsgründe von § 56 Abs. 2 BDSG zurückgegriffen werden kann. Allerdings ist die in § 57 Abs. 7 S. 3 BDSG vorgesehene Möglichkeit der für die Datenverarbeitung verantwortlichen Stelle, unter bestimmten Voraussetzungen die Auskunft gegenüber dem BfDI zu verweigern, europarechtswidrig.

§ 58 BDSG regelt die Rechte des Betroffenen auf Berichtigung, Löschung und Einschränkung der Verarbeitung. § 58 Abs. 3 Nr. 3 BDSG erlaubt dem Verantwortlichen die Einschränkung der Verarbeitung anstatt der Löschung personenbezogener Daten, wenn die Löschung wegen der besonderen Art der Speicherung nicht oder nur mit unverhältnismäßigem Aufwand möglich ist. Diese Regelung findet keine Entsprechung in der JI-RL, sie ist jedoch bei restriktiver Auslegung europarechtskonform. Dies gilt auch im Anwendungsbereich von § 75 Abs. 3 BDSG, der auf § 58 Abs. 3-5 BDSG verweist. Die in § 75 Abs. 1 und 2 BDSG statuierten Pflichten gehen in europarechtskonformer Weise über die JI-RL hinaus.

Die Neujustierung der Datenverarbeitung im BKAG 2018 wirkt sich auch auf den Informationsverbund mit den Ländern aus. Die Bereitstellung eines einheitlichen Informationssystems durch das BKA wird die Länder finanziell entlasten und dem Problem fehlender Schnittstellenkompatibilität abhelfen. Allerdings werden die umfassenden Kennzeichnungspflichten zu einer Mehrbelastung der Länder führen.

Der Vergleich mit Regelungen im ebenfalls neugefassten BayPAG macht strukturelle Unterschiede deutlich: Der bayerische Gesetzgeber regelt den Grundsatz der hypothetischen Datenneuerhebung in Art. 53 BayPAG, der von der Regelung über die Weiterverarbeitung, Übermittlung und Kennzeichnung von Daten in Art. 48 BayPAG flankiert wird. Er dehnt die Vorgaben des BVerfG nicht auf Daten aus sämtlichen Erhebungsmaßnahmen aus. Beide Umsetzungsformen sind verfassungskonform. Die Ausdehnung des Grundsatzes der hypothetischen Datenneuerhebung im BKAG 2018 und die damit einhergehenden umfassenden Kennzeichnungspflichten führen auch zu entsprechend umfassenden Kennzeichnungspflichten der Länder für Daten, die in den polizeilichen Informationsverbund eingespeist werden sollen. Diese gelten auch dann, wenn die Landesgesetze solche umfassenden Kennzeichnungspflichten selbst nicht vorsehen. Der bayerische Gesetzgeber hält in rechtlich unbedenklicher Weise am Instrument der Errichtungsanordnung fest. Hieraus ergibt sich jedoch nicht, dass der Wegfall der Errichtungsanordnung unter dem BKAG 2018 verfassungswidrig ist. Das BayPAG sieht in Art. 61 eine Abgleichsmöglichkeit von Daten vor, die verfassungskonform dahingehend auszulegen ist, dass sie lediglich einen Abgleich mit nationalen und europäischen Datenbanken erlaubt. Sie kann nicht als Ermächtigungsgrundlage der bayerischen Polizei für den automatischen Datenabgleich herangezogen werden, der Voraussetzung für die redundanzfreie Datenspeicherung im neuen Informationssystem des BKA ist. Die Ermächtigungsgrundlagen des BayPAG, die von solchen des BKAG 2018 abweichen (insbesondere solche, die auf eine „drohende Gefahr" abstellen), werfen bisher nicht geklärte Fragen der Kategorisierung von Datenerhebungsmaßnahmen für die Prüfung der Datenweiterverarbeitung am Grundsatz der hypothetischen Datenneuerhebung auf. Die verknüpfte Speicherung von Daten aus verschiedenen Ermittlungsmaßnahmen auf Grundlage verschiedener Gesetze verstärkt darüber hinaus die Gefahr der Entstehung verfassungswidriger Persönlichkeitsprofile.

Wie gegen einige Landespolizeigesetze wurde auch gegen das BKAG 2018 Verfassungsbeschwerde erhoben. Prüfungsmaßstab für die angegriffenen Regelungen werden nach den Beschlüssen des BVerfG Recht auf Vergessen I und II aus dem November 2019 allein die deutschen Grundrechte sein, die Annahme zur Entscheidung vorausgesetzt.

Literaturverzeichnis

Abbühl, Anicee: Der Aufgabenwandel des Bundeskriminalamtes, 2010

Adolf-Arndt-Kreis (Hrsg.): Sicherheit durch Recht in Zeiten der Globalisierung, 2003

Ahlf, Ernst-Heinrich: Rechtsprobleme der polizeilichen Kriminalaktenführung, Kritische Vierteljahresschrift für Gesetzgebung und Rechtswissenschaft (KritV), Neue Folge, Vol. 3 [71], No. 2 (1988), S. 136

Ahlf, Ernst-Heinrich/Daub, Ingo/Lersch, Roland/Störzer, Hans Udo: Bundes-kriminalamtgesetz – BKAG, 1. Auflage 2000

Albrecht, Horst: Im Dienste der Inneren Sicherheit – Die Geschichte des Bundeskriminalamtes, 1988

Arzt, Clemens: Verbunddateien des Bundeskriminalamts – Zeitgerechte Flur-bereinigung, NJW 2011, S. 352

Bäcker, Matthias: Stellungnahme zu dem Entwurf eines Gesetzes zur Änderung des Antiterrordateigesetzes und anderer Gesetze (BT-Drs. 18/1565), 17.09.2014, https://www.bundestag.de/resource/blob/498366/7198a2a76c58c684dbcde191752cabc8/18-4-806-d-data.pdf

Bäcker, Matthias: Stellungnahme zu dem Entwurf eines Gesetzes zur Neu-strukturierung des Bundeskriminalamtgesetzes (BT-Drs. 18/11163), 16.03.2017, https://www.bundestag.de/resource/blob/498366/7198a2a76c58c684dbcde191752cabc8/18-4-806-d-data.pdf

Bäumler, Helmut: Normenklarheit als Instrument der Transparenz, JR 1984, S. 361

Bäumler, Helmut: Datenschutz beim Verfassungsschutz, AöR 111 1985, S. 30

Beaucamp, Guy: Ist die Kritik am BKA-Urteil des Bundesverfassungsgerichts plausibel?, DVBl 2017, S. 354

Becker, Florian: Grundrechtliche Grenzen staatlicher Überwachung zur Gefah-renabwehr, NVwZ 2015, S. 1335

Benda, Ernst: Das Recht auf informationelle Selbstbestimmung und die Rechtsprechung des Bundesverfassungsgerichts zum Datenschutz, DuD 1984, S. 86

Bergt, Matthias: EuGH: Safe Harbour-Abkommen ist ungültig, MMR 2015, S. 753

Berner, Georg/Köhler, Michael: Polizeiaufgabengesetz Handkommentar, 18. Auflage 2006

Boge, Heinrich: Thesen zur Funktion und Bedeutungsweise der Datenverarbeitung bei der Polizei, BKA-Vortragsreihe (hrsg. vom Bundeskriminalamt), Bd. 28 1983, S. 19

Breyer, Patrick: Kfz-Massenabgleich nach dem Urteil des Bundesverfassungsgerichts, NVwZ 2008, S. 824

Buermeyer, Ulf: Gutachterliche Stellungnahme zur Öffentlichen Anhörung des Gesetzentwurfs der Fraktionen der CDU/CSU und der SPD zur Neustrukturierung des Bundeskriminalamtgesetzes BT-Drucksache 18/11163 im Innenausschuss des Deutschen Bundestages am 20. März 2017, https://www.bundestag.de/resource/blob/498672/bb3800be0e6419eee6f e18abc37dd626/18-4-806-e-data.pdf

Buermeyer, Ulf/Herpig, Sven: Immer neue Sicherheitsgesetze helfen nicht, Zeit Online, 14.10.2019, https://www.zeit.de/politik/deutschland/2019-10/ anschlag-halle-rechtsterrorismus-sicherheitsgesetze-moratorium

Bull, Hans Peter: Informationelle Selbstbestimmung – Vision oder Illusion?, 2. Auflage 2011

Burghard, Waldemar: Die aktenmäßige Bearbeitung kriminalpolizeilicher Ermittlungsvorgänge, BKA-Schriftenreihe Bd. 35, 4. Auflage 1986

Calliess, Christian/Ruffert, Matthias: EUV/AEUV Kommentar, 5. Auflage 2016

Creifelds, Carl: Rechtswörterbuch, 22. Auflage 2017

De Mazière, Thomas: Leitlinien für einen starken Staat in schwierigen Zeiten, FAZ Online, 03.01.2017, https://www.faz.net/aktuell/politik/inland/thomas-de-maiziere-leitlinien-fuer-einen-starken-staat-in-schwierigen-zeiten-1460 1852.html

Denninger, Eberhardt: Das Recht auf informationelle Selbstbestimmung und Innere Sicherheit, Kritische Justiz, Band 18 Nr. 3 (1985), S. 215

Diehl, Jörg/Siemens, Ansgar: Polizeigesetze in Deutschland – Jeder für sich, Spiegel Online 15.05.2018, https://www.spiegel.de/panorama/justiz/poli zeigesetze-in-deutschland-jedes-bundesland-fuer-sich-a-1207833.html

Dietrich, Jan-Hendrik/Eiffler, Sven-R. (Hrsg.): Handbuch des Rechts der Nachrichtendienste, 2017

Dolderer, Michael: Verfassungsfragen der „Sicherheit durch Null-Toleranz", NVwZ 2001, S. 130

Duttge, Gunnar: Recht auf Datenschutz?, Der Staat 1997, S. 281

Ebert, Frank: Situation der Polizei in Deutschland, LKV 2018, S. 399

Ehmann, Eugen/Selmayr, Martin: DS-GVO, 2. Auflage 2018

Eichenhofer, Johannes: „e-Privacy" im europäischen Grundrechtsschutz: das „Schrems"-Urteil des EuGH, EuR 2016, S. 76

Eicher, Wolfgang/Luik, Steffen: SGB II Kommentar, 4., neu bearbeitete Auflage 2017

Frasch, Timo/Haneke, Alexander: Proteste gegen Polizeigesetz, FAZ Online vom 10.05.2018, https://www.faz.net/aktuell/politik/inland/proteste-gegen-neues-bayerisches-polizeigesetz-15583913.html

Friedewald, Michael/Obersteller, Hannah/Nebel, Maxi/Bieker, Felix/Rost, Martin: White Paper, Datenschutz-Folgenabschätzung, Ein Werkzeug für einen besseren Datenschutz, 2. Auflage, Mai 2016

Fromme, Friedrich Karl: Ein neues Grundrecht ist erfunden, FAZ vom 17.12.1983, S. 12

Gagel, Alexander: SGB II/SGB III, 74. Auflage 2019

Gallwas, Hans-Ulrich: Verfassungsrechtliche Grundlagen des Datenschutzes, Der Staat 1979, S. 507

Gebauer, Matthias: Computer Flop beim BKA, Spiegel Online, 16.01.2002, https://www.spiegel.de/politik/deutschland/computer-flop-beim-bka-80-millionen-mark-fuer-ein-totes-projekt-a-177264.html

Gebauer, Matthias: „G20-Affäre offenbart Datenchaos beim BKA", Spiegel online, 30.08.2017 www.spiegel.de/politik/deutschland/g20-gipfel-in-hamburg-akkreditierungsentzug-offenbart-daten-chaos-beim-bka-a-1165367.html

Gersdorf, Hubertus/Paal, Boris P.: BeckOK Informations- und Medienrecht, 25. Edition, Stand: 01.02.2018

Gola, Peter/Heckmann, Dirk: BDSG Kommentar, 13. Auflage 2019

Gola, Peter/Schomerus, Rudolf: BDSG 2003 Kommentar, 12. Auflage 2015

Golla, Sebastian J.: Missbrauch polizeilicher Informationssysteme: Neugier und Datenkriminalität, LTO 16.08.2019, https://www.lto.de/recht/hinter gruende/h/polizei-datenbanken-missbrauch-datenkriminalitaet-abfragen-daten-schutz/

Grabenwarter, Christoph/Pabel, Katharina: Europäische Menschenrechtskonvention, 6. Auflage 2016

Graff, Bernd: Sogar Microsoft sieht die Menschenrechte in Gefahr, SZ Online, 17.07.2018, https://www.sueddeutsche.de/digital/gesichtserkennung-sogar-microsoft-sieht-die-menschenrechte-in-gefahr-1.4058038

Graulich, Kurt: Aufgaben und Befugnisse des Bundeskriminalamtes im digitalen Rechtsraum – Das Gesetz zur Neugestaltung des BKAG 2017, KriPoZ 2017, S. 278

Graulich, Kurt: Brauchen wir ein Musterpolizeigesetz?, GSZ 1/2019, S. 9

Griesbaum, Rainer/Wallenta, Frank: Strafverfolgung zur Verhinderung terroristischer Anschläge – Eine Bestandsaufnahme, NStZ 2013, S. 369

Groß, Gerhard: Das Recht auf informationelle Selbstbestimmung mit Blick auf die Volkszählung 1987, das neue Bundesstatistikgesetz und die Amtshilfe, AöR 1988, S. 161

Groß, Hermann/Frevel, Bernhard/Dams, Carsten (Hrsg.): Handbuch der Polizeien Deutschlands, 1. Auflage 2008

Härtel, Ines: Digitalisierung im Lichte des Verfassungsrechts – Algorithmen, Predictive Policing, autonomes Fahren; LKV 2019, S. 49

Herzog, Felix: GwG Kommentar, 3. Auflage 2018

Jeserich, Kurt/Pohl, Hans/von Unruh, Georg (Hrsg.), Deutsche Verwaltungsgeschichte, Bd. 5 1987

Johannes, Paul C./Weinhold, Robert: Das neue Datenschutzrecht bei Polizei und Justiz, 1. Auflage 2018

Karweik, Hans: Schünemann: mehr Befugnisse für Polizei, Wolfsburger Nachrichten, 27.11.2018, abrufbar unter https://www.wolfsburger-nachrichten. de/wolfsburg/article215889585/Schuenemann-Mehr-Befugnisse-fuer-Polizei.html

Kloepfer, Michael: Datenschutz als Grundrecht: Verfassungsprobleme bei der Einführung eines Grundrechts auf Datenschutz, 1981

Kloepfer, Michael/Schärdel, Florian: Grundrechte für die Informationsgesellschaft – Datenschutz und Informationszugangsfreiheit ins Grundgesetz?, JZ 2009, S. 453

Kluth, Winfried/Heusch, Andreas: BeckOK Ausländerrecht, 10. Edition, Stand: 01.02.2016

Knauer, Christoph/Kudlich, Hans/Schneider, Hartmut (Hrsg.): Münchner Kommentar zur StPO, 1. Auflage 2014

Knemeyer, Franz-Ludwig: Datenerhebung und Datenverarbeitung im Polizeirecht, NVwZ 2018, S. 193

Knobloch, Tobias: Vor die Lage kommen: Predictive Policing in Deutschland, 2018

Koreng, Ansgar/Lachenmann, Matthias: Formularhandbuch Datenschutzrecht, 2. Auflage 2018

Kowalczyk, Anneliese: Datenschutz im Polizeirecht – Reaktionen des Gesetzgebers auf das Volkszählungsurteil des Bundesverfassungsgerichts, 1989

Krause, Peter: Das Recht auf informationelle Selbstbestimmung, JuS 1984, S. 268

Kugelmann, Dieter: BKA-Gesetz, 1. Auflage 2014

Kühling, Jürgen: BVerfG: Verfassungsrechtliche Überprüfung des Volkszählungsgesetzes 1983, NJW 2017, S. 3069

Kühling, Jürgen/Buchner, Benedikt: DS-GVO/BDSG Kommentar, 2. Auflage 2018

Kutscha, Martin: Datenschutz durch Zweckbindung – ein Auslaufmodell, Zeitschrift für Rechtspolitik 1999, Heft 4, S. 156

Ladeur, Karl-Heinz: Datenschutz – vom Abwehrrecht zur planerischen Optimierung von Wissensnetzwerken, DuD 2000, S. 12

Ladeur, Karl-Heinz: Das Recht auf informationelle Selbstbestimmung: Eine juristische Fehlkonstruktion?, DÖV 2009, S. 45

Lange, Hans-Jürgen: Wörterbuch zur inneren Sicherheit, 1. Auflage 2006

Leeb, Christina-Maria/Liebhaber, Johannes: Grundlagen des Datenschutzrechts, JuS 2018, S. 534

von Lewinski, Kai: Geschichte des Datenschutzrechts von 1600 bis 1977, in 48. Assistententagung Öffentliches Recht: Freiheit – Sicherheit – Öffentlichkeit 2009, S. 196

Lindner, Josef Franz/Unterreitmeier, Johannes: Die „Karlsruher Republik" – wehrlos in Zeiten des Terrors, DÖV 2017, S. 90.

Lisken, Hans/Denninger, Erhard: Handbuch des Polizeirechts, 6. Auflage 2018

Löffelmann, Markus: Die Zukunft der deutschen Sicherheitsarchitektur – Vorbild Bayern?, GSZ 3/2018, S. 85

Löffelmann, Markus: Die Umsetzung des Grundsatzes der hypothetischen Datenneuerhebung – Schema oder Struktur?, GSZ 1/2019, S. 16

von Mangoldt, Hermann/Klein, Friedrich/Starck, Christian: GG Kommentar, 7. Auflage 2018

Markendorf, Merih: Recht an Daten in der deutschen Rechtsordnung, ZD 2018, S. 409

Maunz, Theodor/Dürig, Günter: GG Kommentar, 83. Ergänzungslieferung April 2018

Meister, Herbert: Schutz vor Datenschutz?, DuD 1986, S. 173

Miller, Manfred: Datenschutz in der Forschung, DuD 1986, S. 7

Möllers, Martin: Wörterbuch der Polizei, 2. Auflage 2010

Möstl, Markus/Kugelmann, Dieter: BeckOK Polizei- und Ordnungsrecht Nordrhein-Westfalen, 3. Edition, Stand: 01.11.2016

Möstl, Markus: Polizeibefugnisse bei drohender Gefahr, BayVBl. Heft 5/2018, S. 156

Möstl, Markus: Die Beschlüsse des BVerfG zur Kfz-Kennzeichenkontrolle, GSZ 3/2019, S. 101

Möstl, Markus/Schwabenbauer, Thomas: BeckOK, Polizei- und Sicherheitsrecht Bayern, 10. Edition Stand 01.07.2019

Möstl, Markus/Trurnit, Christoph: BeckOK, Polizeirecht Baden-Württemberg, 16. Edition Stand 15.09.2019

Paal, Boris/Pauly, Daniel A.: Datenschutz-Grundverordnung Bundesdatenschutzgesetz, 2. Auflage 2018

Pitschas, Rainer/Aulehner, Josef: Informationelle Sicherheit oder "Sicherheitsstaat"?, NJW 1989, S. 2353

Priebe, Reinhard: Vorratsdatenspeicherung und kein Ende, EuzW 2017, S. 136

Pütter, Paul: EDV-Verbund der Polizei in der Bundesrepublik, Kriminalistik 1971, S. 493

Raab, Tobias: EU: Einigung über „Interoperabilität" zwischen EU-Informationssystemen für Biometriedatenbank, MMR-aktuell 2019, 414406

Ratzesberger, Pia: Großdemo gegen bayrisches Polizeiaufgabengesetz SZ online vom 10.05.2018, https://www.sueddeutsche.de/muenchen/polizei aufgabengesetz-demo-muenchen-1.3974391

Reding, Viviane: Sieben Grundbausteine der europäischen Datenschutzreform, ZD 2012, S. 195

Riegel, Reinhard: Grundfragen zu den Zentralstellenaufgaben des Bundeskriminalamtes, NJW 1983, S. 656

Riegel, Reinhard: Rechtsgrundlagen für die informationelle Tätigkeit der Verfassungsschutzbehörden und datenschutzrechtliche Konsequenzen aus dem Volkszählungsurteil des Bundesverfassungsgerichtes, DVBl. 1985, S. 765

Roggan, Fredrik/Kutscha, Martin (Hrsg.): Handbuch zum Recht der Inneren Sicherheit, 2. Auflage 2006

Rohlf, Dietwalt: Der grundrechtliche Schutz der Privatsphäre – Zugleich ein Beitrag zur Dogmatik des Art. 2 Abs. 1 GG, 1979

Rolfs, Christian/Giesen, Richard/Kreikebohm, Ralf/Udsching, Peter (Hrsg): BeckOK Sozialrecht, 21. Edition, Stand: 01.03.2011

Roßnagel, Alexander (Hrsg.): das neue Datenschutzrecht, 1. Auflage 2018

Ruwe, Heinz: Stand und Entwicklung der elektronischen Datenverarbeitung in der Polizei, Die Polizei 1968, S. 373

Schantz, Peter/Wolff, Heinrich Amadeus: Das neue Datenschutzrecht, 1. Auflage 2017

Schenke, Wolf-Rüdiger/Graulich, Kurt/Ruthig, Josef: Sicherheitsrecht des Bundes, 2. Auflage 2019

Schmidt, Alexander: Terrorabwehr durch das Bundeskriminalamt – Anmerkungen zu einem Funktionswandel, Kritische Justiz 2010, S. 307

Scholz, Rupert/Pitschas, Rainer: Informationelle Selbstbestimmung und staatliche Informationsverantwortung, 1984

Schoreit, Armin: Datenschutz und Informationsrecht im Bereich der Strafverfolgung unter Berücksichtigung der Dateien des Bundeskriminalamtes, ZRP 1981, S. 73

Schröder, Gorden: die Rolle von Europol bei der Bekämpfung der grenzüberschreitenden Kriminalität, Kriminalistik 11/2018, S. 692

Schwabenbauer, Thomas: Heimliche Grundrechtseingriffe – Ein Beitrag zu den Möglichkeiten und Grenzen sicherheitsbehördlicher Ausforschung, Studien und Beiträge zum Öffentlichen Recht Band 15, 2013

Schwan, Eggert: Datenschutz, Vorbehalt des Gesetzes und Freiheitsgrundrechte, VerwArch 1975, S. 120

Sehl, Markus: bayrischer Landtag beschließt umstrittenes Polizeiaufgabegesetz, LTO, 16.05.2018, https://www.lto.de/recht/hintergruende/h/bayern-polizeiaufgabengesetz-landtag-beschlossen-proteste-verfassungsklagen/

Sehl, Markus: EuGH verhandelt zur Vorratsdatenspeicherung, LTO, 06.09.2019, https://www.lto.de/recht/hintergruende/h/eugh-c62317-vorrats datenspeicherung-ueberwachung-privacy-eu-deutschland/Simitis, Spiros (Hrsg.): Bundesdatenschutzgesetz, 8., neu bearbeitete Auflage 2014

Simitis, Spiros: Die Entscheidung des Bundesverfassungsgerichts zur Volkszählung – 10 Jahre danach, KritV 1994, S. 121

Simitis, Spiros: Die Vorratsspeicherung – ein unverändert zweifelhaftes Privileg, NJW 2014, S. 2158

Simitis, Spiros: Die informationelle Selbstbestimmung - Grundbedingung einer verfassungskonformen Informationsordnung, NJW 2017, S. 398

Simitis, Spiros/Hornung, Gerrit/Spiecker, Indra (gen. Döhmann) (Hrsg.): Datenschutzrecht, 1. Auflage 2019

Singelnstein, Tobias: Predictive Policing: Algorithmenbasierte Straftatprognosen zur vorausschauenden Kriminalintervention, NStZ 2018, S. 1

Specht, Louisa/Mantz, Reto: Handbuch Europäisches und deutsches Datenschutzrecht, 1. Auflage 2019

Steiner, Udo (Hrsg.): Besonderes Verwaltungsrecht, 2. Auflage 1986

Steinke, Ronen: Babylonisches Gewirr, SZ online, 06.02.2017, 18:51 Uhr https://www.sueddeutsche.de/politik/bka-gesetz-babylonisches-gewirr-1.3366400

Stender-Vorwachs, Jutta/Steege, Hans: Wem gehören unsere Daten?, NJOZ 2018, S. 1361

Streinz, Rudolf: Europarecht: Kein dem EU-Recht angemessenes Datenschutzniveau („safe-harbor") in den USA, JuS 2016, S. 182

Tilch, Horst/Arloth, Frank: Deutsches Rechts-Lexikon, 3. Auflage 2001

Vogelsang, Klaus: Grundrecht auf informationelle Selbstbestimmung?, 1987

Voß, Jakob: "Was sind eigentlich Daten?. ". LIBREAS. Library Ideas, 23 (2013). https://libreas.eu/ausgabe23/02voss/

Weinrich, Maximilian: Die Novellierung des bayerischen Polizeiaufgabengesetz – Drohende Gefahr für die Verfassung in Bayern?, NVwZ 2018, S. 1680

Wiesel, Georg: INPOL – Ein System kommt in die Jahre, Kriminalistik 1992, S. 391

Wolff, Heinrich Amadeus: Vorratsdatenspeicherung – Der Gesetzgeber gefangen zwischen Europarecht und Verfassung?, NVwZ 2010, S. 751

Wolff, Heinrich Amadeus/Brink, Stefan: BeckOK, Datenschutzrecht, 29. Edition, Stand: 01.08.2019

Zöller, Mark/Ihwas, Saleh: Rechtliche Rahmenbedingungen des polizeilichen Flugdrohneneinsatzes NVwZ 2014, S. 408

Anlage 1 – Gesprächsprotokoll über das „Experteninterview" beim BKA am 18.10.2018

Protokoll Experteninterview am 18. Oktober 2018, 9.30 Uhr, BKA Thaerstraße 11, Wiesbaden

Gespräch 1

Teilnehmer: Herr Thiede

   Frau Klotzbach

   Verfasserin Frau Hantschke

Dauer: ca. 50 Minuten

Inhalt:

Gesprochen wurde insbesondere über die Genese des BKAG und dabei vor allem über die Motive des Gesetzgebers. Dem Gesetzgeber erschien es wichtig, den geeigneten Zeitpunkt zu nutzen, um eine Veränderung der IT-Landschaft bei der Zusammenarbeit der deutschen Sicherheitsbehörden herbeizuführen. Denn jedenfalls eine teilweise Überarbeitung des BKAG war aufgrund des BKA-Urteils des BVerfG von 2016 ohnehin notwendig. In vergleichbaren Fällen von technischen Neuerungen in Behörden gebe es vorher langwierige Machbarkeitsstudien und Phasen der Konzeptentwicklung. Hinsichtlich des BKAG neu wurde der Weg „andersherum" gewählt, nämlich mit einem in Gesetzesform gegossenes Konzept eine Grundlage zu schaffen, auf der alle von den Regelungen Betroffenen , d.h. v.a. die Polizeien von Bund und Ländern, eine zukunftsweisende IT-Struktur ausgearbeitet werden kann. Das BKA ist hierfür als Zentralstelle aufgerufen. Es wurde von der Verfasserin die Problematik angesprochen, die tatsächlichen Motive des Gesetzgebers in der Gesetzesbegründung nicht zu nennen; insbesondere wurde von einem akademischen bzw. auf die juristische Ausbildung bezogenen Standpunkt argumentiert, dass die Gesetzesbegründung beispielsweise eher bei der Auslegung von Gesetzen herangezogen werde. Daraufhin sagte Herr Thiede, die vorliegende Gesetzesbegründung stelle keine abschließende Dokumentation der Motive des Gesetzgebers dar, zeige nur Tendenzen auf. Die Initiative für die Umstrukturierung der polizeilichen IT-Architektur sei insbesondere die zuständige Abteilung des Bundesministeriums des Innern (BMI) – ÖS – gewesen, die schon seit Jahren eine veraltete IT-Architektur zwischen Polizeien von Bund und Ländern festgestellt hat, u.a. eine IT-bedingt lange Bearbeitungsdauer auch bei sehr dringenden Anfragen.

Es wurde die Aussage in Frage gestellt, es handele sich bei dem Grundsatz der hypothetischen Datenneuerhebung (HyDaNe) um eine ganz neue Grundsatzentscheidung zum polizeilichen Datenschutz, wie es z.b. die Bundesbeauftragte für den Datenschutz und die Informationsfreiheit (BfDI) in ihrer Stellungnahme zum Gesetzesentwurf zum Ausdruck gebracht hatte, die die Verfasserin zuvor angesprochen hatte. Herr Thiede und Frau Klotzbach wiesen auch auf die Regelung in der StPO zum hypothetischen Ersatzeingriff hin, die es bereits lange Zeit gebe. Die HyDaNe sei letztlich eine Fortschreibung der bereits geregelten Rechtsfigur des hypothetischen Ersatzeingriffs.

Herr Thiede sagte, im Ergebnis halte er die Änderungen für notwendig und den Zeitpunkt für gut gewählt. Die Umsetzbarkeit in der Praxis könne man noch nicht abschließend bewerten, der Implementierungsprozess der neuen IT-Architektur werde sicherlich einige Jahre, wenn nicht gar Jahrzehnte in Anspruch nehmen. Aus Sicht von Herrn Thiede habe es eines Anstoßes für die Modernisierung der IT-Struktur der Sicherheitsbehörden dringend gebraucht; dieser Anstoß durch das BKA-Urteil des Bundesverfassungsgerichts sei daher dankbar genutzt worden, ohne dass das BVerfG explizit eine **technische** Änderung eingefordert hätte. Die Vorgaben haben vielmehr eine mittelbare Wirkung und Kausalität für die Modernisierung der IT-Architektur.

Im Grunde sei man mit der Ausgestaltung des BKAG neu zufrieden. Als Vorteile nannte er insbesondere: Möglichkeit von Ausschreibungen zur gezielten Kontrolle als Fortschritt i.S.d. Rechts- und Handlungssicherheit; maßvolle Erweiterung der Befugnisse des BKA; praktikable Umsetzung des Kernbereichsschutzes; moderne Ausgestaltung der Zentralstelle als Kompetenzzentrum, z.B. Bereitstellung eines Tools zur Quellen TKÜ auch für die Länderpolizeien. Als Nachteile nannte er: immenser Mehraufwand durch Statistik-, Protokollierungs-, Berichts- und Dokumentationspflichten.

Kritisch wurde von den Gesprächspartnern der Umgang des Gesetzgebers mit Gegenstimmen, z.B. den Stellungnahmen bei Expertenanhörung, den Gegenstimmen der Grünen, der Konferenz der unabhängigen Datenschutzbehörden des Bundes und der Länder (Datenschutzkonferenz) und der BfDI besprochen. Die Verfasserin brachte zum Ausdruck, dass sich der Gesetzgeber sehr bedeckt gehalten habe und auf Kritik nicht wirklich eingegangen sei.

Darüber hinaus wies Frau Klotzbach darauf hin, dass sie die Ausgestaltung von § 12 BKAG neu (HyDaNe) aus Sicht des Rechtsanwenders für nicht sehr praktikabel halte und verwies auf die Parallelregelung im Entwurf des Zollfahndungsdienstegesetzes, die sie für die klarere Regelung halte. Diese orientiere sich enger an den Vorgaben des BVerfG und sei praxistauglicher. Um § 12 BKAG neu und wie dieser zu verstehen sei, habe es im BKA zahlreiche Diskussionen gegeben. Die Verfasserin fragte, ob hier ein Problem mit der Bestimmtheit/Normenklarheit zu sehen sei. Frau Klotzbach sagte, es sei üblich, dass der Gesetzgeber dem Rechtsanwender einen gewissen Anwendungs-/Ausfüllungsspielraum lasse und dies sei auch notwendig, um praktikable Regelungen zu erzielen.

Frau Klotzbach führte außerdem zu den Problemen aus, die die HyDaNe bei Übermittlungen von Daten ins Ausland darstelle. Es gebe eigentlich keine Lösung, um gänzlich sicherzustellen, was im weiteren Verlauf in einem Drittstaat mit den übermittelten Daten geschehe. Zwar könne man bei der Übermittlung selbst anfragen/prüfen, wozu die bestimmten Daten benötigt würden und so eine Prüfung anhand der HyDaNe vornehmen. Allerdings sei es praktisch kaum möglich, sicherzustellen, dass die Daten, wenn sie sich einmal im Drittland befänden, nicht abweichend vom Grundsatz der HyDaNe zweckändernd weiterverwendet würden. Die Verfasserin merkte an, dass sie diesen Themenbereich bisher aus ihrer Arbeit ausgeklammert habe, um den Rahmen nicht zu sprengen. Frau Klotzbach stimmte zu, dass dies ein riesiges Themenfeld sei, welches ihre Abteilung seit Monaten beschäftige und zahlreiche Probleme aufwerfe.

Gespräch 2

Teilnehmer: Herr Dr. Jordan

Herr Faßbender

Herr Nar

Frau Klotzbach

Verfasserin Frau Hantschke

Dauer: ca. 2 Stunden

Inhalt:

Bezüglich der nachfolgenden Aspekte wurde in eine tiefere Diskussion einge-
stiegen.

- Errichtungsanordnungen (EAO):

  Herr Faßbender führte aus, dass der Wegfall der EAO durch die Daten-
  schutzfolgenabschätzungen (im BDSG geregelt) und die im BKAG neu
  vorgesehenen umfangreichen Protokollierungspflichten kompensiert,
  wenn nicht sogar überkompensiert werde. Dies gelte insbesondere, da
  sich die BfDI nun jederzeit die umfangreichen Protokolle der Datenverarbeitungsvorgänge beim BKA ziehen könne. Die Verfasserin merkte
  an, dass es sich bei der EAO jedoch um eine Vorfeldkontrolle handelte,
  also bevor bestimmte Datentöpfe überhaupt eröffnet wurden, und eine
  solche Verfahrenssicherung durch Vorfeldkontrolle nicht durch eine
  nachgelagerte (wenn auch umfangreichere) Kontrollmöglichkeit ausge-
  glichen werden könne. Herr Faßbender erklärte, dass die Befugnisse
  der BfDI im Rahmen der EAO sehr beschränkt gewesen seien; zwar
  konnte sie eine Stellungnahme abgeben, aber keine eigenen bindenden
  Entscheidungen treffen; das BMI konnte von der Stellungnahme der
  BfDI abweichen. Die Verfasserin fragte, ob es nicht einen höheren Be-
  gründungsaufwand des BMI bedürfe, um den betreffenden Datentopf
  dennoch zu eröffnen. Herr Faßbender sagte, dass die Fälle, in denen
  von der Errichtung eines Datentopfes aufgrund des Abratens der BfDI
  Abstand genommen wurde, verschwindend gering seien. Konkrete Zah-
  len lägen hierzu jedoch nicht vor.

- Automatisierte Verknüpfung von Daten im neuen Informationssystem
  des BKA:

  Wie Daten „automatisiert" verknüpft werden (können), stehe noch nicht
  fest, das Gesetz sei gewollt vollkommen technikoffen und müsse dies
  aus Sicht der Gesprächspartner auch sein. Die Verfasserin äußerte,
  dass es nach ihrem Verständnis jedenfalls auf irgendeine Weise zu einem automatischen Abgleich von Daten bei ihrer Speicherung/Ein-
  speisung in das Informationssystem kommen müsse, um das gesetzgeberische Ziel zu erreichen, Redundanzen im System zu vermeiden. Dies
  führe auch dazu, dass, wenn z.B. ein Name eben nur einmal im Datenbanksystem gespeichert ist, und nicht wie zuvor ggf. in verschiedenen

Datentöpfen, sämtliche weitere Daten zu dieser Person unabhängig vom Kontext ihrer Erhebung an diesen einen Namen angehängt werden müssten. Damit entstehe eine Art „Spinnennetz" an Informationen zu einer bestimmten Person. Darin sei nach ihrer Auffassung jedenfalls ein rechtfertigungsbedürftiger Grundrechtseingriff sowie das Risiko einer Tendenz der Datenspeicherung in Richtung der Entstehung verfassungswidriger Persönlichkeitsprofile auszumachen. Die Gesprächspartner sahen eine solche Entwicklung als wenig wahrscheinlich an und wiesen auf die Erhöhung des Datenschutzniveaus durch die Vermeidung von Redundanzen im Informationssystem hin.

- Datenschutzverständnis:

Am Beispiel der vom Gesetzgeber ausgeschossenen Verwendungsmöglichkeiten der Mautdaten für die Polizei wurde das Datenschutzverständnis im BKA diskutiert. Herr Dr. Jordan merkte an, dass es Gefahrenabwehr schon immer gegeben habe, der Datenschutz hingegen eine neue Entwicklung sei. Er führte aus, dass es den Mitarbeitern der Sicherheitsbehörden sowie der Bevölkerung nur schwer klarzumachen sei, dass der Datenschutz von Tätern schwerer wiege als das Aufklärungsinteresse der Allgemeinheit, insbesondere bei schweren Straftaten/Kapitaldelikten. Die Verfasserin wies darauf hin, dass sich nicht alleine der Datenschutz des Täters und das Aufklärungsinteresse gegenüberstünden, sondern auch der Datenschutz der von der Maßnahme Betroffenen, die eben nicht der Täter seien, wie z.B. bei der Auswertung von Mautdaten. Herr Faßbender wies darauf hin, dass dies bei der Abfrage von Telekommunikationsdaten vergleichbar sei, hier sei häufig auch eine Vielzahl von Personen betroffen, die keine Straftat begangen hätten. Daher sei es unverständlich, warum dies bei Mautdaten anders gehandhabt werde. Laut Herrn Dr. Jordan sei das eine nicht nachvollziehbare, rein politische Entscheidung. Die Verfasserin fand diese Kritik einleuchtend, da die Ungleichbehandlung beider Konstellationen tatsächlich schwer nachvollziehbar ist, blieb aber bei ihrer Auffassung, dass der Datenschutz Unbeteiligter, selbst bei der Aufklärung schwerer Straftaten, einen hohen Stellenwert habe und haben müsse. Frau Klotzbach wies darauf hin, dass diesen Betroffenen ja dadurch Schutz zustehe, als dass sie gegen den Eingriff nachträglich vor Gericht vorgehen könnten und somit gegebenenfalls die Rechtswidrigkeit des Eingriffs feststellen lassen könnten.

- Mitziehautomatik:

  Die Verfasserin fragte, ob durch die Regelungen im BKAG neu die sog. „Mietziehautomatik" erneut problematisiert werden müsse. Hierzu sagte Herr Faßbender, die neue Regelung entspreche § 32 Abs. 5 BKAG alt. Es handele sich demnach um ein bekanntes Problem, das vom BKA auch oft diskutiert und dargelegt worden sei. Er verwies auf entsprechende Rechtsprechung zu dieser Problematik.

- Gesetzesbegründung:

  Gesprochen wurde auch darüber, dass der Gesetzgeber in der Gesetzesbegründung die Regelungen wie etwas komplett Neues beschreibt, dabei handele es sich aus BKA-Sicht zum Großteil um Altbekanntes. Dabei wurde angemerkt, dass sowohl das BMJV als auch die BfDI bereits den Änderungen des BKAG hinsichtlich der Terrorismusabwehr (2008) (die im Wesentlichen Gegenstand der Entscheidung des BVerfG vom 20.04.2016 waren) sehr kritisch gegenübergestanden hätten, somit sei der Gesetzgebungsprozess zum BKAG neu (2018) auch eine Art „Verkaufsveranstaltung" gewesen.

  - Z.B. sei die Annahme, jede Organisationseinheit des BKA schaue nach der alten Rechtslage nur in ihre eigenen Datensilos so nicht richtig. Vielmehr erfolge der Abruf über das allgemeine Verarbeitungssystem, in dem man Informationen darüber erhalten könne, ob ein bestimmter Vorgang irgendwo vorliege. Dabei werde in sämtlichen (außer besonders abgeschotteten) Datensilos gesucht. Dies erfolge durch eine Art Datenrundlauf oder „sternförmige" Suche in verschiedenen Datensilos. Die Verfasserin wies darauf hin, dass dann die Gesetzesbegründung auf S. 75 jedenfalls missverständlich sei, da es dort so klinge, als ob sich der Zugriff auf bestimmte Datensilos ausschließlich aufgrund der Zugehörigkeit zu einer Organisationseinheit bestimme. Herr Dr. Jordan sagte, das sei schlichtweg falsch. Das sei eine Aussage, die vermutlich noch auf den Edathy-Skandal Bezug nehme; dort hieß es „jeder schaut nur auf seine eigene Datei".

o An der Bewertung der Verbundrelevanz ändere sich unter der neuen Rechtslage im Ergebnis ebenfalls nichts. Diese bezog sich auch unter der alten Rechtslage nicht unbedingt auf den jeweilige Datentopf, sondern gegebenenfalls auch auf einzelne Datensätze (als Beispiel wurde genannt: einzelne Einbrüche nur in einer Stadt → keine Verbundrelevanz / Einbrecherbanden, die durch ganz Deutschland ziehen → Verbundrelevanz).

- Gewichtung der Ziele des Gesetzgebers aus Sicht von Herrn Dr. Jordan:

  1. Wirtschaftlichkeit → das werde wohl durch die neue IT-Architektur langfristig erreicht werden. 2. Datenschutz → auch dies werde durch die Vermeidung von Doppelungen erreicht.

  3. Besserer Zugriff auf Daten → sei zu bezweifeln, werde sich in der Zukunft zeigen. Herr Faßbender war an dieser Stelle etwas optimistischer, es werde zukünftig schneller gehen, bestimmte Daten zu suchen („jeder Klick zählt").

- Missbrauchsmöglichkeiten innerhalb des neuen Informationssystems:

  Gesprochen wurde auch über Missbrauchsmöglichkeiten durch einzelne Mitarbeiter des BKA, die dem System z.B. eine Zugriffsberechtigung „vorgaukeln". Eine anscheinend diskutierte Idee ist, den Vorgängen jeweils ein feststehendes Aktenzeichen zu verleihen. Nur nach Eingabe dieses Zeichens sei dann der Datenzugriff möglich. Herr Faßbender merkte an, dass auch ein solches Aktenzeichen missbräuchlich verwendet werden könne.

Anlage 2

Handlungsanleitung zur Datenweiterverarbeitung nach § 12 BKAG-neu[1]

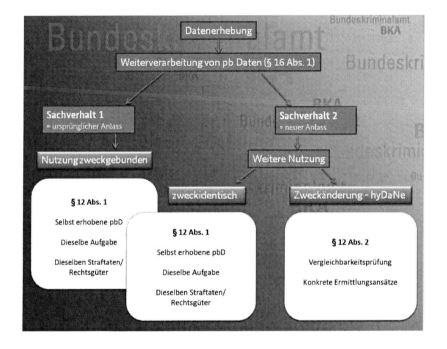

PGM-S4, Version 1.0, Stand 22.05.2018
mailto:pgm-s4@bka.bund.de

---

[1] Sofern nicht anders gekennzeichnet, stammen nachfolgende §§ aus dem BKAG n.F.

Inhalt:

I.   Checkliste / Prüfungsschema

II.   Was ist Hintergrund und Anlass?

III.   Was umfasst der Begriff „Weiterverarbeitung"?

IV.   Für welche Systeme gelten die Weiterverarbeitungsregeln des BKAG-neu?

V.   Wie wird die Weiterverarbeitung nach § 12 Abs. 1 geprüft?

VI.   Wie prüfe ich die zweckändernde Weiterverarbeitung nach § 12 Abs. 2 -hyDaNe-?

VII. Ausnahmen zur hyDaNe (§ 16 Abs. 2 – 6)

VIII. Besonderheit - § 12 Abs. 4: Nutzung von Grunddaten einer Person zwecks Identifizierung

IX.   Die Beachtung der hyDaNe in der Übergangszeit

Anhang (Kataloge)

Vorbemerkung:

Diese Handlungsanleitung befasst sich mit der zentralen Datenverarbeitungsnorm § 12 BKAG und soll zur Handhabung der neuen Regelung in der Praxis beitragen. Im Nachfolgenden wird sowohl auf die zweckkonforme Datenweiternutzung nach § 12 Abs. 1 als auch auf die zweckändernde Datenweiterverarbeitung nach § 12 Abs. 2 und dem darin normierten Grundsatz der hypothetischen Datenneuerhebung eingegangen.

Insbesondere werden die Anforderungen für die Beachtung der hyDaNe in der Übergangszeit, also ab Inkrafttreten des BKAG n.F. am 25.05.18 bis zur vollständigen technischen Umsetzung der Kennzeichnungsverpflichtung nach § 14 beschrieben. Hierbei handelt es sich um eine allgemeine, also systemunabhängige Darstellung, da die Prüfungsschritte und -inhalte von der angewandten IT-Infrastruktur unabhängig sind.

Diese Handlungsanleitung wurde mit DS-Recht und IZ 14 abgestimmt.

Vorprüfung

| Überblick | **Ziel:** Art der Daten bestimmen. |

pbD
- Definition: personenbezogene Daten (pbD) sind alle Informationen, die sich auf eine identifizierte od. identifizierbare natürliche Person beziehen. Als identifizierbar wird eine Person angesehen, die direkt od. indirekt insb. mittels Zuordnung zu einer Kennung identifiziert werden kann.
- Beispiele: Name, Kennnummer, Standortdaten, Onlinekennung oder besondere Merkmale, die Ausdruck der Identität dieser Person sind.
- Die Weiterverarbeitung dieser Daten unterliegt den nachfolgenden Voraussetzungen.

keine pbD
- Eine Weiterverarbeitung ist ohne Beachtung der §§ 12 ff. stets möglich.

Weiterverarbeitungszwecke außerhalb des Anwendungsbereichs des § 12 Abs. 2 BKAG n.F.

Überblick
Ziel: Die Zwecke erkennen, bei denen eine Prüfung der hyDaNe von Gesetzes wegen **nicht** erforderlich ist

Fahndung poL. Beobachtung gezielte Kontrolle
- Regelung in § 16 Abs. 2, entspricht § 9 Abs. 1 BKAG a.F. mit der Erweiterung um die Ausschreibung zur gezielten Kontrolle

künftige Strafverfahren unter den Vss. §§ 18 und 19
- Regelung in § 16 Abs. 3, entspricht § 20 BKAG a.F.
- Flankierende Vorschrift hierzu: § 484 Abs. 4 StPO

Abgleich pbD mit dem Datenbestand
- Regelung in § 16 Abs. 4, entspricht § 28 Abs. 1 und 2 BKAG a.F.
- Abgleich = Feststellung, ob zu einer Person bereits eine Speicherung im Informationssystem enthalten ist.
- Keine Beschränkung auf bei der Polizei vorhandene Daten, sondern Abgleich auch von externen Dateien möglich, solange das BKA zur Erfüllung seiner Aufgaben eine Berechtigung zum Abruf hat.
- Spez. Vorschriften über den Datenabgleich in anderen Fällen bleiben unberührt

in best. Fällen: erkennungsdienstl. erhobene pbD zur Erfüllung der Zentralstellenaufgabe
- Regelung in § 16 Abs. 5, entspricht § 8 Abs. 6 BKAG a.F.
- Von § 16 Abs. 5 umfasste Fälle:
(1) Wenn eine andere Rechtsvorschrift dies erlaubt – bspw. AsylG
  ➔ Negativprognose nicht erforderlich
(2) Wenn bei Beschuldigten oder einer Straftat verdächtigen Personen wegen Art, Tatausführung, der Persönlichkeit der betroffenen Person oder sonstigen Erkenntnissen Grund zu Annahme besteht, dass gegen sie Strafverfahren zu führen sind
  ➔ kriminalistisch-kriminologische Prognose erforderlich
(3) Zur Abwehr einer erheblichen Gefahr
  ➔ bedeutsame Rechtsgüter betroffen

Nutzung von PHW und EHW
- Dient den begrenzten Zwecken des Schutzes der betroffenen Person oder der Eigensicherung von Beamtinnen und Beamten oder der Gewinnung von Ermittlungshinweisen

pb Grunddaten zur Identifizierung
- Regelung in § 12 Abs. 4
- Grunddaten sind der BKADV abschließend definiert.
- Grunddaten werden zur Prüfung, ob die betroffene Person im Informationssystem bereits bekannt ist, herangezogen, um ihre Identität zweifelsfrei festzustellen.
- Auf diese Weise werden Eingriffe in Rechte Unbeteiligter verhindert.
- Nur das Verwenden der Grunddaten zum Zweck der Identifizierung schließt die hyDaNe-Prüfung aus, d.h.: die anschließende Weiterverarbeitung der jeweiligen Grunddaten ist wiederum an der hyDaNe zu messen.

Weiterverarbeitung pbD nach § 12 Abs. 1 - Zweckbindung

Überblick

- **Anwendungsbereich:**
  1. Weiterverarbeitung im Rahmen des Lebenssachverhalts (SV), in dem die pbD gezielt erhoben worden sind.
     → enge Zweckbindung
  2. Weiterverarbeitung im Rahmen eines neuen SV, wenn alle Merkmale des § 12 Abs. 1 gegeben sind und nicht nur eines davon.
     → Zweckidentität

selbst erhobene pb Daten

- Zweckidentisch kann das BKA pbD nur weiterverarbeiten, wenn es diese selbst erhoben hat
- Abgestellt wird auf die Behörde im Allgemeinen, nicht auf einzelne Abt./Sachbearbeiter
- An das BKA übermittelte Daten können nur zweckändernd nach § 12 Abs. 2 weiterverarbeitet werden (z. B. pbD erhoben von anderen Polizeien oder den Diensten)

dieselbe Aufgabe

- Die Aufgabe im Rahmen der Weiterverarbeitung muss dieselbe sein, für die die Datenerhebung erfolgte.
- Für das BKA ist im Rahmen von § 12 Abs. 1 von einer Dualität der Aufgaben (Strafverfolgung/ Gefahrenabwehr) auszugehen.
- Eine Ausdifferenzierung der Aufgaben (§§ 2-8) ist zumindest für § 12 Abs. 1 nicht erforderlich, da sich die weiteren Aufgaben regelmäßig der Strafverfolgung oder Gefahrenabwehr zuordnen lassen.

dieselben Straftaten/ Rechtsgüter

- Ändert sich im Rahmen des der Datenerhebung zugrundeliegenden SV die rechtl. Einordnung der Tat (1.) oder werden im gleichen Taten - neuer SV aber gleiches Delikt wie bei der Datenerhebung - bekannt (2.), handelt es sich jeweils weiterhin um dieselben Straftaten nach § 12 Abs. 1
- Das gleiche gilt für den Bereich der Gefahrenabwehr.
- Eine Zweckänderung liegt in diesen Fällen nicht vor.

Datenerhebung WRÜ (§ 46) oder ODS (§ 49)

- Regelung in § 12 Abs. 1 S.2
- Wurden die pbD mittels WRÜ od. ODS gewonnen, wird für die Weiterverarbeitung zusätzlich verlangt, dass
  a) im Einzelfall eine dringende Gefahr im Sinne des § 46 Abs. 1 vorliegt (WRÜ)
  b) im Einzelfall eine Gefahrenlage im Sinne des § 49 Abs.1 vorliegt (ODS)

Weiterverarbeitung pbD nach § 12 Abs. 2 – hypothetische Datenneuerhebung (hyDaNe)

Überblick

- **Ziel:** Die zweckändernde Nutzung pbD darf nur erfolgen, wenn der Anlass im neuen SV dazu berechtigt, die jeweiligen Daten mit vergleichbar schwerwiegenden Eingriffsmitteln hypothetisch neu zu erheben (=**hyDaNe**)
- Nach dem BKAG erfolgt die Vergleichsprüfung der hyDaNe für den Bereich der Strafverfolgung und der Gefahrenabwehr im Wesentlichen gleichlaufend und gliedert sich in folgende Schritte:

Erster Schritt: Datenlabel

- Das Erhebungsmittel ist anzugeben, sodass die pbD entweder bei der Speicherung markiert und jeweils dem Schweregrad ihrer Erhebungsmaßnahme nach kategorisiert werden (= Datenlabel). Ihrer Eingriffsintensität entsprechend sind die Erhebungsmittel der StPO und des BKAG in einem gesonderten Katalog kategorisiert (Anlage 1).

Zweiter Schritt: Ticket

- Der Anlass im neuen SV ist anhand der Straftatenschwere od. der Bedeutung des Rechtsguts gedanklich zu kategorisieren, wodurch eine Berechtigungsstufe (= Ticket) vergeben wird. Hierfür gibt es einen Katalog, der eine Kategorisierung entsprechend der Schwere der Straftaten/ der Bedeutsamkeit der Rechtsgüter vorsieht (Anlage 2).

Dritter Schritt: Vergleichsprüfung

- Regelung in § 12 Abs. 2 S.1 Nr.1
- Die hyDaNe- Prüfung erfolgt durch nun durch Vergleich des Datenlabels und des Tickets, d.h.: geprüft wird, ob der neue also aktuelle Anlass (=Straftatenschwere/ Bedeutsamkeit d. Rechtsguts) zu einem vergleichbar schwerwiegenden Mittel wie bei der Datenerhebung (=Erhebungsmaßnahme) berechtigen würde.
- Hierbei gilt: Die „Tickets" sind hierarchisch aufgebaut; wer mit einem roten Ticket kommt, kann **alle Daten** sehen, auch orange, gelbe und grüne. Eine gesonderte Prüfung der hyDaNe ist somit nicht erforderlich.

konkreter Ermittlungsansatz

- Regelung in § 12 Abs. 2. S.1 Nr.2
- Für jede zweckändernde Nutzung von pbD muss ein konkreter Anlass vorliegen, d.h.: keine Datennutzung ins Blaue hinein.

Datenerhebung WRÜ (§ 46) oder ODS (§ 49)

- Regelung in § 12 Abs. 3
- Wurden die pbD mittels WRÜ od. ODS gewonnen, wird für die Weiterverarbeitung im neuen SV zusätzlich verlangt, dass
  a) im Einzelfall eine dringende Gefahr im Sinne des § 46 Abs. 1 vorliegt (WRÜ)
  b) im Einzelfall eine Gefahrenlage im Sinne des § 49 Abs.1 vorliegt (ODS)

PGM-S4

4

- Die Verarbeitung pb Daten durch das BKA unterliegt den bekannten datenschutzrechtlichen Grundprinzipien (z. B. Grundsatz der Zweckbindung).

- Das BVerfG hat diese Grundsätze unter weiteren Ausführungen zum erforderlichen **Grundrechtsschutz bei einer zweckändernden Datenweiternutzung** bestätigt. Zudem hat es die Weiterentwicklung des hypothetischen Ersatzeingriffes zum Grundsatz der hypothetischen Datenneuerhebung (hyDaNe) begründet.

- Zu entscheiden war über heimliche Überwachungsmaßnahmen nach dem BKAG a.F. Hiervon ausgehend hat das BVerfG übergreifende Anforderungen abgeleitet, die ihren Niederschlag in der Neuregelung des BKAG fanden und nunmehr aufgrund von §§ 16 Abs. 1 i.V.m. 12 **bei jeder Datenweiterverarbeitung** durch das BKA zu berücksichtigen sind.

- Daten dürfen grundsätzlich nur für den Zweck verwendet werden, zu dem sie erhoben worden sind. Das heißt, Speicherung und Verwendung der mittels einer Erhebungsmaßnahme gewonnenen pb Daten sind an Zweck und an das Verfahren gebunden, für die sie erhoben worden sind (**zweckgebundene Nutzung**). → Grundsatz der Zweckbindung.

- Eine Nutzung **über den konkreten Anlass und rechtfertigenden Grund der Erhebung hinaus** ist nur zulässig, wenn (irgend)eine gesetzliche Befugnis hierzu berechtigt.

- **§ 12 Abs. 1** bildet den Grundsatz der Zweckbindung ab: Liegt **Zweckidentität** vor (bei derselben Behörde, bei Erfüllung derselben Aufgabe und Schutz desselben Rechtsguts od. Verfolgung/Verhütung derselben Straftat), können die Daten weiterverarbeitet werden.

- **§ 12 Abs. 2** zeigt auf, unter welchen Voraussetzungen pb Daten **zweckändernd** weiterverarbeitet werden dürfen und stellt hierbei auf das Vorliegen eines mindestens **vergleichbar schwerwiegenden Anlasses** -wie bei der Datenerhebung selbst- ab.

5

- Das Gesetz differenziert im Aufbau zwischen der **Datenerhebung** und -**übermittlung** einerseits sowie der **Weiterverarbeitung** andererseits.

Datenverarbeitung ist
- ➤ **Datenerhebung**
- ➤ **Weiterverarbeitung der Daten:**
    - die Organisation
    - das Ordnen
    - die Speicherung
    - die Anpassung
    - die Veränderung
    - das Auslesen
    - das Abfragen
    - die Verwendung
    - der Abgleich oder
    - die Verknüpfung
    - ...
- ➤ **Datenübermittlung**
von Daten

Die allgemeinen Befugnisse zur Datenverarbeitung sind in Abschnitt 2 des BKAG geregelt und gliedern sich in die dargestellten Unterabschnitte 1 bis 3.

Die Zusammenfassung der (übrigen) Verarbeitungsvorgänge erfolgte unter dem Oberbegriff „Weiterverarbeitung", d.h.: nach Konzeption des BKAG fallen **alle Vorgänge der Datenverarbeitung, die nicht Erhebung, Übermittlung, Einschränkung der Verarbeitung oder das Löschen sind,** unter den Begriff der Weiterverarbeitung.

- Dateien / Datensysteme, die im Rahmen der Gefahrenabwehr im Zuständigkeitsbereich des BKA angelegt und/oder genutzt werden.

- Informationssystem, § 13 BKAG

- Bei der Weiterverarbeitung von pb Daten in oder aus Mischdateien nach § 483 Abs. 3 StPO (=Datenbestand, der zugleich repressiven und präventiven Zwecken dient).

- Für Zwecke künftiger Strafverfahren gem. § 484 Abs. 4 StPO (Vorsorgedateien).

- Verbunddateien / Verbunddatensysteme, § 29 BKAG.

Achtung: Die Verarbeitung und Nutzung von Daten in rein strafprozessualen Ermittlungsdateien richten sich nicht nach dem BKAG, sondern -wie bisher- ausschließlich nach StPO, vgl. § 483 Abs. 1 StPO.

- § 12 Abs. 1 greift die vom BVerfG formulierten Bedingungen auf und bildet sie in **3 Tatbestandsmerkmalen** ab (s.u.). Um die Zweckidentität zu begründen müssen im Einzelfall **alle** Merkmale gegeben sein und nicht nur eines davon.

- Das Vorliegen einer hinreichend konkretisierten Gefahrenlage oder eines qualifizierten Tatverdachts ist demgegenüber **nicht** gefordert und muss für die Weiterverarbeitung nicht in der für die Datenerhebung erforderlichen Form vorliegen.

- Weicht einer der in § 12 Abs. 1 aufgeführten genannten Voraussetzungen bei der Weiterverarbeitung über den Erhebungszweck hinaus ab, erfolgt die weitere Nutzung nicht länger zweckidentisch, d.h. über § 12 Abs. 1, sondern zu „anderen Zwecken" und somit über § 12 Abs. 2.

1.**selbst erhobene** Daten iSd § 12 Abs. 1

Das BKA kann pb Daten zweckidentisch, also nach § 12 Abs. 1, nur weiterverarbeiten, sofern es diese selbst erhoben hat. Gemeint ist hier, dass die **Behörde BKA** die Datenerhebung durchgeführt haben muss. Es wird also **nicht darauf abgestellt**, dass Daten nur innerhalb der Abteilung oder allein von einzelnen Sachbearbeitern zweckidentisch genutzt werden dürfen.

→ Daten, die von anderen Stellen mittels Eingriffsmaßnahmen erhoben und an das BKA übermittelt worden sind, können daher nur zweckändernd nach den Voraussetzungen § 12 Abs. 2 genutzt werden (z. B. pb Daten erhoben von anderen Polizeien oder den Diensten).

2. **dieselbe Aufgabe**

Die Aufgabe im Rahmen der Weiterverarbeitung muss dieselbe sein, für die die Datenerhebung erfolgte. Für das BKA ist **im Rahmen von § 12 Abs. 1** von einer Dualität der Aufgaben (**Gefahrenabwehr/Strafverfolgung**) auszugehen. Eine Ausdifferenzierung der Aufgaben gem. §§ 2-8 ist für § 12 Abs. 1 nicht erforderlich.

→ Beispielsweise liegt dieselbe Aufgabe i.S.v. § 12 Abs. 1 vor, wenn pbD im Rahmen eines Gefahrenabwehrvorgangs erhoben wurden und diese nunmehr für einen anderen Gefahrenabwehrvorgang verwendet werden sollen.

3. **dieselben Rechtsgüter/ Straftaten**

a) Im Rahmen des der **Datenerhebung zugrundeliegenden Sachverhalts (Ausgangsverfahren)** dürfen pb Daten bei ordnungsgemäßer Erhebung auch bei Änderung der rechtlichen Beurteilung - entsprechend der Reglungen der StPO- zweckgebunden (weiter-)verarbeitet werden. In diesen Fällen erfolgen die Verarbeitungsvorgänge nämlich weiterhin zum Zwecke der ursprünglichen Erhebung und somit zur Verfolgung oder Verhütung derselben Straftaten, da **derselbe Lebenssachverhalt** betroffen ist. Das gleiche gilt für den Bereich der Gefahrenabwehr.

Beispiel:

Es wird ein EV wegen des Verdachtes des versuchten Mordes eingeleitet, Daten erhoben, in eine **Mischdatei** eingestellt und nach erneuter rechtlicher Würdigung von der StA nur wegen gef. KV Anklage erhoben. Der Wechsel in der strafrechtlichen Würdigung ist für die Frage der Datenverwendbarkeit unbeachtlich.

Das gleiche gilt auf Basis der StPO für reine Strafverfolgungsdateien.

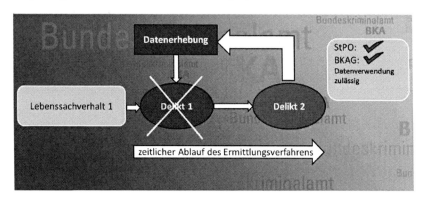

b) Für die darüberhinausgehende **weitere Nutzung** ist die Reichweite des Erhebungszwecks in der für die jeweilige Datenerhebung maßgeblichen Ermächtigungsgrundlage ausschlaggebend: Da die Konstellation der weiteren zweckkonformen Nutzung einen neuen Sachverhalt betrifft, wird verlangt, dass im neuen Kontext zumindest dieselben Rechtsgüter geschützt oder dieselben Straftaten **(Delikt)** verfolgt bzw. verhütet werden, wie im Rahmen der ursprünglichen Erhebung.

Beispiel:

Es wird ein EV gegen A wg. Raubes zulasten des B eingeleitet und pb Daten erhoben. Später stellt sich heraus, dass der Tatverdächtige auch für andere, rechtlich selbständige Raubtaten (andere Lebenssachverhalte) zulasten anderer Opfer verdächtig wird. Die Daten können nach § 12 Abs. 1 für alle Raubtaten des TV A genutzt werden.

Das gleiche gilt auf Basis der StPO für reine Strafverfolgungsdateien, § 477 Abs. 2 S. 2 StPO.

Gegenbeispiel:

Wird später festgestellt, dass der Tatverdächtige A auch für Delikte der Steuerverkürzung oder Geldwäsche in Betracht kommt, die mit den ursprünglichen Raubtaten in keinem Zusammenhang stehen, ist eine Datenweiternutzung nur nach den Voraussetzungen des § 12 Abs. 2 BKAG möglich.

Das gleiche gilt auf Basis der StPO. Hier ist eine Datennutzung nur unter den Voraussetzungen des hypothetischen Ersatzeingriffes zulässig, § 477 Abs. 2 S. 2 StPO.

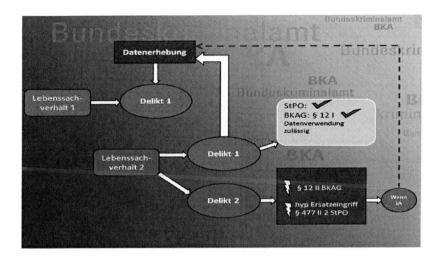

2. Besonderheit: Datenerhebung nach §§ 46 und 49

Wurden die pb Daten mittels WRÜ oder ODS gewonnen, ist das außerordentliche Eingriffsgewicht dieser Datenerhebungen besonders zu berücksichtigen. Aus diesem Grund wird für die Weiterverarbeitung im neuen Kontext **zusätzlich** verlangt:

a) es muss **im Einzelfall eine dringende Gefahr** im Sinne des § 46 Abs. 1 vorliegen (WRÜ)

b) es muss **im Einzelfall eine Gefahrenlage** im Sinne des § 49 Abs.1 vorliegen (ODS).

3. Nutzung als Spurenansatz

Der Grundsatz der Zweckbindung schließt eine Datennutzung als **Spurenansatz** grundsätzlich nicht aus. Auch wenn keine konkretisierte Gefahrenlage vorliegt, kann das BKA somit die gewonnenen Erkenntnisse zum Schutz derselben Rechtsgüter und im Rahmen derselben Aufgabe - allein oder mit anderen zur Verfügung stehenden Informationen - als schlichten Ausgangspunkt für weitere Ermittlungen nutzen.

Achtung: Wurden die pb Daten mittels **WRÜ oder ODS** erhoben, kommt eine Nutzung der Erkenntnisse als bloßer **Spuren- oder Ermittlungsansatz** ohne das Vorliegen einer dringenden oder im Einzelfall drohenden Gefahr hier **nicht in Betracht**.

Zusammenfassung:

Ändert sich die rechtliche Einordnung des Sachverhalts, können erhobene Daten (ohne hyDaNe) nach § 12 Abs. 1 genutzt werden.

9

Die zweckändernde Datennutzung ist unter den Voraussetzungen von § 12 Abs. 2 zulässig und bestimmt sich nach vom BVerfG entwickelten Grundsätzen der hyDaNe in der Ausprägung, wie sie in § 12 Abs. 2 geregelt wurden.

Die Prüfung der hyDaNe erfolgt im Anwendungsbereich des BKAG für den Bereich der Strafverfolgung und Gefahrenabwehr im Wesentlichen gleichlaufend - in zwei Schritten:

1. Vergleichbarkeitsprüfung im Dreisprungverfahren (§ 12 Abs. 2 S.1 Nr. 1)

Die Vergleichbarkeitsprüfung erfolgt so, dass zunächst in einem ersten Schritt die erhobenen/ gespeicherten Daten **unmittelbar bei der Speicherung** jeweils **nach dem Schweregrad der Erhebungsmaßnahme markiert** und kategorisiert werden (= Datenlabel), indem die Erhebungsmaßnahme angegeben wird. Dies geschieht bei der ersten Speicherung im (vorhandenen) polizeilichen Informationssystem (vgl. Handlungsanleitung zur Kennzeichnung).

Soll später in einem zweiten Schritt eine zweckändernde Nutzung erfolgen, ist der (neue) Anlass anhand der **Straftatenschwere** oder der **Bedeutung des Rechtsgutes** gedanklich zu kategorisieren, wodurch eine bestimmte Berechtigungsstufe (**= Ticket**) vergeben wird.

Die hyDaNe Prüfung erfolgt in einem dritten Schritt durch **Vergleich des Datenlabels und des Tickets**.

Mit anderen Worten:

- Es gibt einen Katalog, der die jeweiligen Erhebungsmaßnahmen je nach Eingriffsintensität kategorisiert/ einordnet und farblich abbildet. Maßgeblich ist hierfür die Erhebungsmaßnahme.

- Für die Feststellung des aktuellen „Tickets", also der aktuellen Berechtigung, gibt es einen zweiten Katalog. In diesen Katalogen werden die Straftaten/Rechtsgüter entsprechend ihrer Schwere/ Bedeutsamkeit kategorisiert.

- Geprüft wird, ob der neue, **aktuelle Anlass** (Schwere der Straftat/ Bedeutsamkeit des zu schützenden Rechtsguts) zu einem vergleichbar schwerwiegenden Mittel wie bei der Datenerhebung berechtigen würde.

- Die „Tickets" sind abwärtskompatibel, das heißt die obere Farbe berechtigt immer zugleich auch zur Einsicht der Daten mit der darunterliegenden, abgespeicherten Farbe. Wer mit einem roten Ticket kommt, kann alle Daten sehen, auch orange, gelbe und grüne.

10

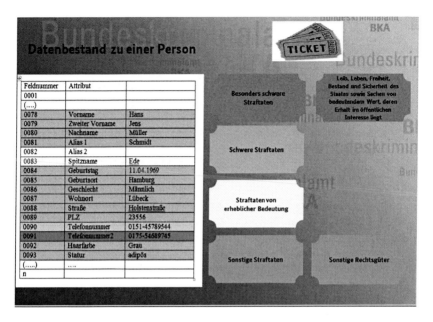

Feldnummer	Attribut	
0001		
(....)		
0078	Vorname	Hans
0079	Zweiter Vorname	Jens
0080	Nachname	Müller
0081	Alias 1	Schmidt
0082	Alias 2	
0083	Spitzname	Ede
0084	Geburtstag	11.04.1969
0085	Geburtsort	Hamburg
0086	Geschlecht	Männlich
0087	Wohnort	Lübeck
0088	Straße	Holstenstraße
0089	PLZ	23556
0090	Telefonnummer	0151-45789544
0091	Telefonnummer2	0175-54689745
0092	Haarfarbe	Grau
0093	Statur	adipös
(.....)	....	
n		

Die Eingriffsintensität/ Schwere der Eingriffsmaßnahmen und damit das Label der Daten wird nach Farben von leicht oder wenig bedeutend nach eingriffsintensiv oder schwerwiegend entsprechend der Anlage wie folgt farblich eingeordnet: grün, gelb, orange und rot (Katalog Erhebungsmaßnahme). Der Schwere der Straftat bzw. der Bedeutsamkeit des Rechtsguts wird ein farbliches Ticket entsprechend der jeweiligen Berechtigungsstufe zugeteilt (Katalog Straftaten/Rechtsgüter).

Im obigen Bild berechtigt das orange Ticket zur Weiterverarbeitung aller dort gezeigter pb Daten, mit Ausnahme der Telefonnummer 2. Diese wurde ausweislich der Kennzeichnung mittels einer besonders eingriffsintensiven Maßnahme (rot) gewonnen. Wenn im neuen Anlass ausweislich des beigefügten Katalogs eine „schwere" Straftat vorliegt (keine „besonderes schwere"), die hypothetisch lediglich zu Maßnahmen der Kategorien orange, gelb und grün berechtigen würde, darf die besonders eingriffsintensiv (rot) erhobene Telefonnummer 2 nicht weiterverarbeitet werden.

Fazit:

- **Ermittlungsverfahren und Gefahrenabwehrvorgänge, die ein rotes Ticket vermitteln, nach den Grundsätzen der hyDaNe immer zum Zugriff auf alle Daten berechtigen.**
- **Daten, die nicht polizeilich erhoben worden sind sowie ausländischen Daten, bei denen das Erhebungsmittel nicht bekannt ist (angediente Daten, vgl. HA zu § 14), sind, mangels anderweitiger Hinweise, mit einem grünen Ticket zu versehen. Ihre Weiterverarbeitung ist stets möglich.**

2. Konkreter Ermittlungsansatz (§ 12 Abs. 2 S.1 Nr.2)

- Die zweckändernde Datennutzung in einem neuen Verfahren kann sich nicht mehr auf den Rechtfertigungsgrund im Ausgangsverfahren (z.B. Tatverdacht/ Gefahr) stützen, darf aber auch nicht „ins Blaue hinein" erfolgen.

- Deswegen ist für die zweckändernde Nutzung ein eigener, begründbarer Anlass (konkreter Ermittlungsansatz) erforderlich.

- Ausreichend ist jeder polizeilich nachvollziehbare Grund, der erkennen lässt, dass die Datennutzung nicht anlasslos/ willkürlich erfolgt (= Ausprägung des Erforderlichkeitsprinzips).
  → Im Rahmen eines konkreten Verfahrens liegen diese Voraussetzungen stets vor.

3. Besonderheit: Datenerhebung nach §§ 46 und 49

- Wie auch im Rahmen der zweckidentischen Weiterverarbeitung von pb Daten aus WRÜ und ODS, muss im Bereich der zweckändernden Nutzung eine dringende Gefahr (§ 46 Abs. 1) oder Gefahrenlage im Sinne des § 49 Abs. 1 vorliegen. Das heißt, dass in diesen Fällen die Anforderungen an den konkreten Ermittlungsansatz verschärft werden.

- Die Nutzung von pb Daten, die aus präventiv angeordneten, optischen Wohnraumüberwachungen gewonnen wurden, dürfen für Strafverfolgungszwecke nicht genutzt werden, vgl. § 12 Abs. 3 S.2. i.V.m. Art. 13 Abs. 3 GG.

> **Aber:**
>
> **Im reinen Anwendungsbereich der StPO gelten die dort geregelten Grundsätze für die zweckändernde Datennutzung. Folglich ist der hypothetische Ersatzeingriff anzuwenden, sofern im derzeit laufenden Änderungsverfahren der StPO nicht etwas anderes geregelt werden sollte.**

VII. Wann braucht der Sachbearbeiter keine hyDaNe prüfen? Ausnahmen zur hyDaNe (§ 16 Abs. 2- 6)

Zu bestimmten Zwecken ist die Prüfung der hyDaNe für eine Nutzung pb Daten von Gesetzes wegen **nicht** erforderlich. Diese Ausnahmen sind in § 16 geregelt:

- **§ 16 Abs. 2**

Zum Zweck der **Fahndung** und **polizeilichen Beobachtung** oder **gezielten Kontrolle**.

- **§ 16 Abs. 3**

Die Weiterverarbeitung von pb Daten für **künftige Strafverfahren** unter den Voraussetzungen der §§ 18 und 19, **§ 16 Abs. 3 (Vorsorgedatei).**
  → Flankierende Vorschrift hierzu: § 484 Abs. 4 StPO

12

- **§ 16 Abs. 4**

Vorhandene pb Daten dürfen mit dem Datenbestand im Informationssystem abgeglichen werden. Spezielle Rechtsvorschriften über den Datenabgleich in anderen Fällen bleiben unberührt.

➔ Das sind etwa Vorschriften über den Abgleich in der StPO (§§ 98a, 98c StPO), im AZRG, NWRG, ZEVIS, Melde und Personalausweisrecht, usw.
Die Aufzählung ist beispielhaft und nicht abschließend.

➔ Datenabgleich im Sinne der Vorschrift meint die Prüfung und Feststellung, ob zu einer Person bereits eine Speicherung im Informationssystem enthalten ist. Dabei ist der Abgleich nicht nur auf die bei der Polizei vorhandenen Daten beschränkt. Vielmehr wird der Fall gleichgestellt, dass das BKA zur Erfüllung seiner Aufgaben für externe Dateien eine Berechtigung zum Abruf hat.

- **§ 16 Abs. 5**

Zur **Erfüllung der Zentralstellenaufgabe nach § 2 Abs. 4** können pb Daten, die bei der Durchführung **erkennungsdienstlicher Maßnahmen erhoben** worden sind, in bestimmten Fällen weiterverarbeitet werden,

1. wenn eine andere Rechtsvorschrift dies erlaubt (bspw. im AsylG),
   - o In diesen Fällen ist eine Prognoseentscheidung, die sog. **Negativprognose nicht** erforderlich

2. wenn bei Beschuldigten oder einer Straftat verdächtigen Personen wegen Art, Tatausführung, der Persönlichkeit der betroffenen Person oder sonstigen Erkenntnissen Grund zu Annahme besteht, dass gegen sie Strafverfahren zu führen sind,
   - o Repressiver Charakter; kriminalistisch-kriminologische Prognose erforderlich

3. zur Abwehr einer erheblichen Gefahr.
   - o Präventiver Charakter; Voraussetzung, dass bei natürlicher Weiterentwicklung des Geschehensablaufs mit Wahrscheinlichkeit ein Schaden eintreten wird.
   - o Umfasst sind bedeutsame Rechtsgüter (vgl. oben).

➔ § 16 Abs. 5 verleiht keine Befugnis zur Erhebung, sondern stellt eine Datenverwendungsvorschrift dar.

➔ Da zur ED-Behandlung nur die Erhebung von Fingerabdrücken, Fertigung von Lichtbildern und Messungen statthaft sind, vgl. § § 81b StPO, sind auch nur diese Daten nach § 16 Abs. 5 nutzbar.

- **§ 16 Abs. 6**

Nutzung von personengebundenen Hinweisen (**PHW**) und ermittlungsunterstützenden Hinweisen (**EHW**)

➔ Voraussetzung PHW: Erforderlichkeit für Eigensicherung oder Schutz der betroffenen Person.

➔ Voraussetzung EHW: Eignung für Schutz Dritter oder Gewinnung von Ermittlungsansätzen.
   - o Bsp.: In der Kontrollsituation sind einerseits PHW ohne weiteres nutzbar. Andererseits liegt in jeder Kontrollsituation eine Gefahrenlage, die aus Eigensicherungsgründen zum Schutz von Leib und Leben auch nach den Grundsätzen der hyDaNe immer ein rotes „Ticket" gibt, d.h. zum Abruf aller relevanten Daten berechtigen.

VIII. Besonderheit - § 12 Abs. 4: Nutzung von Grunddaten einer Person zwecks Identifizierung

Die Nutzung von Grunddaten einer Person zum Zwecke der Identifizierung begründet eine weitere, ausdrückliche Ausnahme der hyDaNe-Prüfung, § 12 Abs. 4. Folgendes ist zu berücksichtigen:

1. Was sind Grunddaten
   - Grunddaten werden in der BKADV abschließend definiert. Auf diese wird hier Bezug genommen.
   - Die BKADV wird derzeit überarbeitet.

2. Was bedeutet Identifizierung?
   - Der Begriff der **Identifizierung** ist nicht mit einer Identitätsfeststellung gleichzusetzen oder erkennungsdienstlich zu verstehen.
   - Vielmehr sollen die Grunddaten herangezogen werden, um zu prüfen, ob die betroffene **Person im Informationssystem bereits bekannt** ist, um ihre Identität zweifelsfrei festzustellen. Ziel ist die Verhinderung von Eingriffen in Rechte Unbeteiligter. Es geht um die **Abgrenzung** der betroffenen Person von anderen.

➔ Wichtig ist in diesem Zusammenhang, dass die hyDaNe nach dieser Feststellung (Identifizierung) wieder an Relevanz gewinnt und auch für die anschließende Weiterverarbeitung der jeweiligen Grunddaten geprüft werden muss.

IX. Die Beachtung der hyDaNe in der Übergangszeit

- Die Übergangsregelung trifft keine Regelung für die hyDaNe, die in § 12 geregelt ist. Damit suspendiert § 91 nicht die Pflicht zur Prüfung der hyDaNe. Dies wäre verfassungskonform auch gar nicht möglich, da die Pflicht zur Durchführung einer hyDaNe-Prüfung für Daten, die mittels eingriffsintensiver Maßnahmen erhoben wurden, unmittelbar aus dem Urteil des BVerfG zum BKAG- alt folgt.

- **Bei echten Altdaten**, d.h. solchen, die vor Inkrafttreten des BKAG-neu gespeichert wurden, dürfte in vielen Fällen die hyDaNe gar nicht möglich sein, falls keine Informationen hierüber vorhanden sind. Hier ist jedoch zu berücksichtigen, dass der Übergangsregelung des § 91 der Wille des Gesetzgebers zu entnehmen ist, dass die Altdaten weiter verwendet werden dürfen. Zudem dürfte der Grundsatz „Ultra posse nemo obligatur" (über das Können hinaus wird niemand verpflichtet) anwendbar sein, d.h.: Dort, wo bei echten Altdaten, keine Informationen zur hyDaNe vorhanden sind, kann und braucht diese auch nicht durchgeführt zu werden.

- Umgekehrt bedeutet dies aber auch, dass dort, wo die Informationen vorhanden sind, auch bei **echten Altdaten** die hyDaNe beachtet werden muss. Dies gilt mangels Rückwirkung des BKAG-neu und der Beschränkung der Rechtsprechung jedoch nur für pb Daten, die mittels eingriffsintensiver Maßnahmen gewonnen wurden (wie bisher hyp. Ersatzeingriff nach der StPO). Die Rspr. des BVerfG verlangt keine hyDaNe-Prüfung hinsichtlich jedweder pb Daten.

14

- Für **unechte Altdaten,** also neue Daten, die in den alten Dateien gespeichert werden, folgt aus der Gesetzesbegründung zu § 12 Abs. 5 jedoch, dass bis zur vollständigen technischen Umsetzung des § 14 Abweichungen zulässig sind. Bis dahin hat das BKA geeignete Maßnahmen zu treffen, die ein hohes Maß an Beachtung des Grundsatzes der hyDaNe gewährleisten (ohne die technische Implementierung des neuen Systems zu verzögern).

PGM-S4

Anlage 3

Handlungsanleitung zur Kennzeichnung personenbezogener Daten bei der Speicherung in polizeilichen Informationssystemen im Bundeskriminalamt, § 14 Abs. 1 BKAG

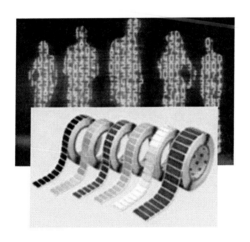

PGM-S4, Version 2.0 , Stand 13.07.18
pgm-s4@bka.bund.de

Inhalt

I.   Gesetzestexte

II.   Prüfungsschema

III.   Entstehung, Kontext und Anlass

IV.   Reichweite

     1. subjektive Reichweite

     2. objektive Reichweite

     3. zeitliche Geltung

V.   Was ist anzugeben?

VI.   Wie setzen wir dies im BKA um?

Vorbemerkung

Diese Handlungsanleitung ergänzt die Handlungsanleitung zur hypothetischen Datenneuerhebung (hyDaNe) und befasst sich mit der Kennzeichnung von personenbezogenen Daten (pbD) in der Übergangsphase ab dem 25.05.2018.

Die systemspezifischen Umsetzungen und ggf. Anpassungen werden gesondert im Zusammenwirken mit den Fachabteilungen betrachtet und hinsichtlich des polizeilichen Informationsverbundes mit einem Auftrag des AK II an den UA IuK abzustimmen sein. Diese Handlungsanleitung zielt ausschließlich auf die Handhabung im BKA ab, kann aber auch zur Orientierung der Länder für die Verbundteilnahme dienen.

Die Anpassungen beruhen auf inhaltlichen Einigungsergebnissen zwischen DS, ÖS I 3 und PGM-S4, wie sie in der DS-Info Nr. 2 mit Datum vom 06.07.18 dargestellt werden sowie auf zwischenzeitlich entstandenen Fragestellungen hinsichtlich der praktischen Umsetzung.

I. Gesetzestexte

1. BKAG n.F.

§ 14

Kennzeichnung

(1) Bei der Speicherung im Informationssystem sind personenbezogene Daten wie folgt zu kennzeichnen:

1. Angabe des Mittels der Erhebung der Daten einschließlich der Angabe, ob die Daten offen oder verdeckt erhoben wurden,

2. Angabe der Kategorie nach den §§ 18 und 19 bei Personen, zu denen Grunddaten angelegt wurden,

3. Angabe der

   a) Rechtsgüter, deren Schutz die Erhebung dient oder

   b) Straftaten, deren Verfolgung oder Verhütung die Erhebung dient,

4. Angabe der Stelle, die sie erhoben hat, sofern nicht das Bundeskriminalamt die Daten erhoben hat.

Die Kennzeichnung nach Satz 1 Nummer 1 kann auch durch Angabe der Rechtsgrundlage der jeweiligen Mittel der Datenerhebung ergänzt werden.

(2) Personenbezogene Daten, die nicht entsprechend den Anforderungen des Absatzes 1 gekennzeichnet sind, dürfen so lange nicht weiterverarbeitet oder übermittelt werden, bis eine Kennzeichnung entsprechend den Anforderungen des Absatzes 1 erfolgt ist.

(3) Nach einer Übermittlung an eine andere Stelle ist die Kennzeichnung nach Absatz 1 durch diese Stelle aufrechtzuerhalten.

2. StPO

§ 101

(1) Für Maßnahmen nach den §§ 98a, 99, 100a, 100c bis 100i, 110a, 163d bis 163f gelten, soweit nichts anderes bestimmt ist, die nachstehenden Regelungen.

(2) (...)

(3) Personenbezogene Daten, die durch Maßnahmen nach Absatz 1 erhoben wurden, sind entsprechend zu kennzeichnen. Nach einer Übermittlung an eine andere Stelle ist die Kennzeichnung durch diese aufrechtzuerhalten.

(4) ...

II. Prüfungsschema

Hinsichtlich der Kennzeichnungen ist immer

1. zunächst das „ob" zu klären, dann

2. festzustellen, ob nach StPO oder BKAG gekennzeichnet werden muss und erst

3. im dritten Schritt, wie dies erfolgen oder bei Unmöglichkeit kompensiert werden kann.

Ob eine Kennzeichnungspflicht besteht, ist folgendermaßen zu prüfen:

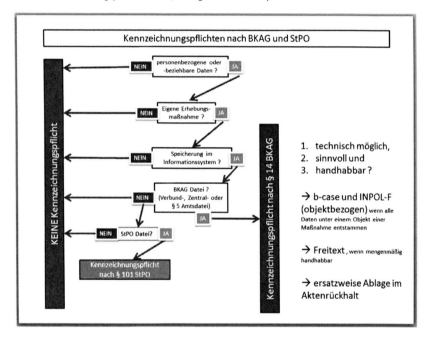

Auch wenn formal (noch) keine Pflicht zur Kennzeichnung nach § 14 BKAG besteht, kann aus fachlichen Gründen dennoch eine Kennzeichnung geboten sein. Dies ist z. B. der Fall, wenn Daten zwar zunächst nur in StPO Dateien gespeichert werden, aber ihre Verbundrelevanz nicht ausgeschlossen ist oder sogar absehbar ist. Dann empfiehlt sich sogleich eine Kennzeichnung entsprechend § 14 Abs. 1.

Das Gleiche gilt für Daten, denen zwar keine Erhebungsmaßnahme des BKA zugrunde liegt, die aber ins polizeiliche Informationssystem übernommen werden (angediente Daten).

4

III. Entstehung, Kontext, Anlass

Das BVerfG hat bereits 1999 zum G10-Gesetz postuliert (BVerfGE 100, 313; 109, 279), dass pbD, die eingriffsintensiv erhoben wurden, nach der Eingriffsmaßnahme zu kennzeichnen sind.

In der Folge wurden in verschiedenen Landes- und Bundesgesetzen Kennzeichnungspflichten eingeführt, so z. B. § 4 II G10, § 101 III StPO, § 20v III BKAG a.f. oder auch § 20 VI HSOG. Vor dem Hintergrund der Kennzeichnungspflichten nach StPO und des BKAG a.f. für den Bereich der Gefahrenabwehr, stellt die Kennzeichnungspflicht des § 14 BKAG n.F. kein Novum, sondern eine Fortentwicklung dar.

Anlass ist der Schutz pbD, da eine Weiterverwendung von eingriffsintensiv erhobenen Daten einen vergleichbaren Eingriff wie die Erhebung selbst darstellt und deswegen nur möglich sein soll, wenn der neue Anlass mindestens so schwerwiegend ist, dass die Daten mit **dem gleichen** Eingriffsmittel hypothetisch erneut erhoben werden könnten („ Hypothetischer Ersatzeingriff"), vgl. § 161 II StPO. Der Grundsatz der hypothetischen Datenneuerhebung hingegen verlangt weniger eng, dass die Daten mit **(irgend)einem vergleichbar eingriffsintensiven** Mittel hypothetisch erneut erhoben werden könnten, weil der Anlass hinreichend schwerwiegend ist. Um diese Vergleichbarkeit herzustellen, müssen die erhobenen Daten gekennzeichnet und kategorisiert werden.

IV. Reichweite

Wer ist von den Kennzeichnungspflichten ab wann und inwiefern betroffen?

1. Subjektive Reichweite

Kennzeichnungspflichten nach § 14 BKAG n.F. gelten nur in der Anwendungssphäre des BKAG. Dies bedeutet eine Geltung für

- alle pbD aus Erhebungsmaßnahmen des BKA nach den Befugnisnormen im BKAG und
- für alle pbD, ungeachtet ihrer Erhebung nach StPO oder Polizeirecht, die in Verbund- oder Zentraldateien nach BKAG eingestellt werden.

Für Daten, die von anderen Dienststellen nach deren Rechtsgrundlagen erhoben werden oder rein strafprozessuale Dateien gelten sie nicht. Für diese Sachverhalte sind teils eigene, andere Kennzeichnungen vorgesehen (z. B. § 101 Abs. 3 StPO).

Die Dienste, Länderpolizeien und andere Polizeien des Bundes kennzeichnen von ihnen erhobene Daten obligatorisch deswegen auch nur so, wie es die für sie geltenden Rechtsvorschriften vorsehen. Bei Datenübermittlung an das BKA, z.B. nach Auskunftsersuchen außerhalb des Verbundes, sind diese u.U. vorhandenen Kennzeichnungen aufrechtzuerhalten, werden aber voraussichtlich nicht den Vorgaben des § 14 Abs. 1 BKAG n.F. entsprechen.

Hat ein Land z. B. im Rahmen eines Ermittlungsverfahrens Daten mittels TKÜ nach StPO erhoben, die nicht verbundrelevant sind, braucht es diese Daten nur nach der Vorgabe von § 101 Abs. 3 S. 1 StPO kennzeichnen. Werden dem BKA diese Informationen nach einer Erkenntnisanfrage nach § 163 Abs. 1 StPO mitgeteilt, muss das BKA diese Kennzeichnung aufrechterhalten, § 101 Abs. 3 S. 2 StPO. Wird die ursprüngliche Erhebungsmaßnahme nicht mitgeteilt (z.B. bei Mitteilungen aus dem Ausland) ist als Erhebungsmaßnahme des BKA § 163 StPO anzugeben. Das gilt allerdings nicht, wenn Erkenntnisse ungefragt an das BKA übermittelt werden, weil es dann keine „Erhebungsmaßnahme" gibt.

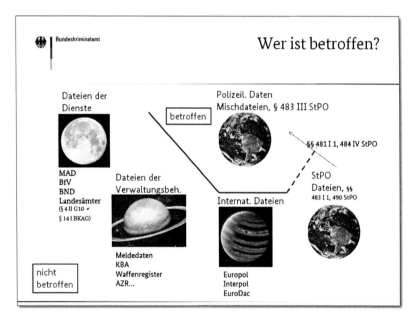

Das Bild zeigt unterschiedliche Sphären, die von der Kennzeichnungspflicht nach BKAG nicht betroffen sind.

2. Objektive Reichweite

a) Informationssystem

- Die Kennzeichnungspflicht gilt bei der *„Speicherung im Informationssystem".* Das Informationssystem besteht aus allen Teilen, die unmittelbar faktisch und bestimmungsgemäß der polizeilichen Aufgabenerledigung dienen, § 13 Abs. 1 BKAG n.F.. Nicht betroffen sind damit IT-Systeme, die nicht der spezifischen Aufgabenerledigung dienen und von Rechts wegen und faktisch nicht für eine zweckändernde Datenweiternutzung zur Verfügung stehen.

Vorfeldbefassungen ohne Speicherung im Informationssystem:
Aus dem Gesetzeswortlaut ergibt sich, dass eine Kennzeichnungspflicht nach § 14 BKAG noch nicht gilt, solange keine Speicherung „im Informationssystem" erfolgt. Werden beispielsweise auf Erkenntnisanfrage Informationen (die noch nicht vorhanden sind) erhoben und sofort beauskunftet, besteht nur das Erfordernis, die Erhebungsmaßnahme, Anlass und Veranlasser (irgendwie) nachzuhalten. Dies gilt gleichermaßen bei operativen Erhebungsmaßnahmen durch unterstützende Dienststellen. Die Kennzeichnung kann später bei Speicherung erfolgen. Welche Dienststelle dies innerhalb der datenerhebenden Behörde macht, ist nicht vorgegeben. Dies gilt wie bisher für Maßnahmen nach StPO aber auch für Maßnahmen nach BKAG und damit im Geltungsbereich des § 14 I BKAG.

Vorgangsbearbeitungssystem (VBS) nach § 22 Abs. 2 BKAG n.F..
Bei diesen Dateisystemen ist eine zweckändernde Nutzung von Rechts wegen ausgeschlossen und kommt nicht in Betracht. Da die Kennzeichnung den Zweck hat, eine zweckändernde Nutzung nach hyDaNe Prüfung zu ermöglichen, ist diese bei Vorgangsbearbeitungssystemen weder geboten noch erforderlich. Somit unterliegen Daten im VBS des BKA nicht der Kennzeichnungspflicht, solange VBS nur als Vorgangsbearbeitungssystem und nicht mit polizeilichen Funktionalitäten genutzt wird.

Datenzwischenspeicher im Erhebungsprozess: Diese zählen noch nicht zum Informationssystem i.S.v. § 14 Abs. 1, wenn eine inhaltliche Kenntnisnahme oder polizeiliche Weiterverarbeitung nicht erfolgt und eine zweckändernde Nutzung faktisch ausgeschlossen ist. Der Erhebungsprozess ist erst mit Übergabe von Daten an die ermittlungsführende Dienststelle abgeschlossen, die die Daten sichtet, bewertet und ggf. weiterverarbeitet. Erst die ermittlungsführende Dienststelle erhält damit faktisch Kenntnis über den Umstand des Vorliegens personenbezogener Daten und hat daher Kennzeichnungspflichten zu prüfen und umzusetzen. Nur die

b) personenbezogene oder -beziehbare Daten

Zu kennzeichnen sind nach § 14 Abs. 1 BKAG n.F. alle pbD. Es gibt weder eine Beschränkung auf, noch eine Ausnahme hinsichtlich personenbezogener Grunddaten i.S. der BKA-DV, noch eine Beschränkung auf Daten, die auf eine bestimmte Weise erhoben wurden.

Betroffen sind damit auch „personenbeziehbare Daten", da diese nach den Grundsätzen des Datenschutzes den pbD gleichzustellen sind (vgl. § 46 Nr. 1 BDSG n.F.). Dies sind Daten, die erst durch Referenzierung Personenbezug erhalten (z. B. Kfz-Kennzeichen, Telefonnummer usw.).

c) erhobene Daten

- Betroffen sind Daten, die in irgendeiner Weise „erhoben" worden sind, vgl. § 14 Abs. 1 Nr. 1 BKAG n.F.. Erheben bedeutet eine hoheitliche Maßnahme, die der Gewinnung von Informationen dient und die in Grundrechte des Betroffenen eingreift und deshalb nur auf Basis einer gesetzlichen Befugnisnorm zulässig ist. Keine Datenerhebung ist so z.B. der Abgleich eines Datums mit dem polizeilichen Datenbestand oder das Auswerten von vorhandenen Daten (Monitoring, Auswerteprojekt, PKS-Erstellung, Fertigung von Lageberichten). Keine Erhebung liegt auch vor, wenn die Polizei ohne Zutun oder Anforderung in den Besitz von Daten gelangt, z.B. von Dritten unverlangt übermittelte Informationen.

- Eine Datenerhebung i.S.d. § 14 BKAG n.F. liegt nicht vor, wenn Daten nicht mittels einer grundrechtsrelevanten Maßnahme in die Verfügungsgewalt des Normadressaten gelangen. Dies folgt daraus, dass das Gesetz die Angabe eines Erhebungsmittels und der Angabe offen/verdeckt zwingend erfordert. Gibt es ein solches nicht, passt § 14 Abs. 1 BKAG n.F. nicht. Unbeschadet dessen kann allerdings eine Kennzeichnung soweit erfolgen, wie es möglich ist.

> **Beispiel**: Ein Privater oder eine öffentliche Stelle übermittelt an das BKA ohne Initiative oder Vorbefassung des BKA einen Sachverhalt, der pbD enthält. Dann liegt keine Datenerhebung des BKA vor und eine Kennzeichnungspflicht nach § 14 entsteht nicht. Fachlich ist es allerdings sinnvoll, nach Prüfung der Daten und Übernahme in das polizeiliche Informationssystem, eine Kennzeichnung entsprechend § 14 BKAG n.F. vorzunehmen, soweit das möglich ist, also Personenkategorie, einstellende Behörde und Anlass (unten Nr. 4, 5 und 6).

- Werden im Rahmen eines Ermittlungsverfahrens pbD **nach Befugnissen der StPO** erhoben, sind diese (erst) dann nach § 14 Abs. 1 BKAG n.F. von Rechts wegen zu kennzeichnen, wenn diese in Verbund- oder Zentralstellendateien überführt werden, § 483 Abs. 3 StPO.

Es drängt sich die Frage auf, ob StPO Dateien nicht sogleich nach § 14 gekennzeichnet werden sollten. Hierbei ist abzuwägen, ob es mehr (unnötigen) Aufwand bereitet, alles gleich am Anfang nach § 14 zu kennzeichnen, wenn später vielleicht nur eine kleine Teilmenge in den Verbund und Zentraldateien geht und deswegen eine Überkennzeichnung vorliegt. Da es von Rechts wegen nicht erforderlich ist, ist eine frühzeitige BKAG Kennzeichnung nicht zu empfehlen, wenn erfahrungsgemäß nur eine geringe Teilmenge der Daten später kennzeichnungspflichtig wird.

> **Beispiel:** Nach einem terroristischen Anschlag führt das BKA bei der Abt. ST ein Ermittlungsverfahren auf Basis der StPO. Im Rahmen dessen werden ermittlungsspezifische Datensysteme angelegt. Diese sind nach § 101 StPO zu kennzeichnen. Erst wenn erhobene Daten später in Verbund- oder Zentraldateien eingestellt werden, entsteht die Kennzeichnungspflicht nach BKAG. Damit nicht nacherhoben werden muss, wie die Daten erhoben wurden, kann es sinnvoll sein, die kennzeichnungsrelevanten Informationen gleich nach der Datenerhebung zu erfassen.

- Kennzeichnungen und die daraus zu folgernde Kategorisierung von pbD beziehen sich immer nur auf die unmittelbare Erhebungsmaßnahme. Ein „Durchschleifen" findet nicht statt.

Nachfolgendes Bild soll das Zusammenspiel von StPO und BKAG- Dateien zeigen, wenn diese zweckändernd genutzt oder in andere Systeme überführt werden:

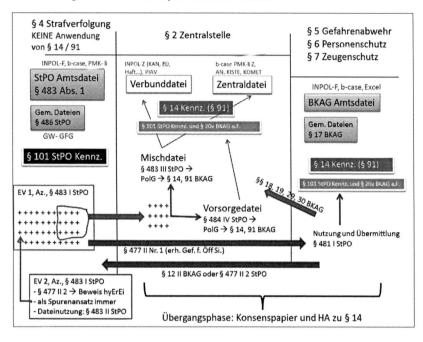

3. Zeitliche Geltung / § 91 BKAG

a) „**Echte Altdaten**", also Daten, die vor dem 25.05.18 gespeichert wurden, dürfen aufgrund § 91 BKAG n.F. weiterverarbeitet oder übermittelt werden, ohne dass es einer (nachträglichen) Kennzeichnung gem. § 14 Abs. 1 BKAG bedarf.

b) Kennzeichnungspflichten nach § 14 BKAG n.F. gelten allerdings für jede Speicherung ab dem 25.05.2018. Die Regelung des § 91 gilt auch für „**unechte Altdaten**", also neue Daten, die nach dem 25.05.18 in bestehende Systeme gespeichert werden, für die vor dem 25.05.18 eine EAO bestand. Diese Daten dürfen, solange das neue technische System noch nicht vorhanden ist, in den alten Dateien auf Grundlage der alten EAO'en gespeichert und gem. § 91 BKAG weiterverarbeitet oder übermittelt werden, sofern der Zweck der Datei erfüllt wird (also Speicherung eines PMK-links-

Beschuldigten in der alten Datei PMK-links-Z.) Die Übergangsregelung erlaubt die Weiterverarbeitung von Daten, die noch nicht oder nicht vollständig entspr. § 14 Abs. 1 gekennzeichnet sind.

Für Daten, die ab dem 25.05.18 gespeichert werden, sind attributsbeziehbare Kennzeichnungen dort, wo dies a) technisch möglich, b) sinnvoll und c) handhabbar ist, vorzunehmen.

Wo eine attributsbeziehbare Kennzeichnung in der aktuellen technischen Umgebung nicht möglich ist (z.B. INPOL-Z), braucht diese auch nicht zu erfolgen. Der Gesetzgeber hatte bei der Schaffung von § 14 Abs. 1 BKAG n.F. die Zielarchitektur vor Augen und anerkannt, dass bis zur vollständigen technischen Umsetzung von Kennzeichnungsmöglichkeiten Ausnahmen / Einschränkungen zulässig sind. Diese sind daher ungeachtet des Wortlautes von § 14 Abs. 1 übergangsweise hinzunehmen.

Gleichwohl ist nicht hinter die bisherige Kennzeichnungspflicht und -praxis nach § 20v BKAG a.F. (und StPO) zurück zu fallen, sondern entsprechende Angaben zur „Erhebungsmaßnahme" vorzunehmen.

Die Kennzeichnungsregelungen der StPO gelten wie bisher fort. Dort gibt es kein Datenverwendungsverbot für noch nicht gekennzeichnete Daten, so dass diese nicht unmittelbar nach der Erhebung erfolgen braucht.

VE-Einsatz: Werden Daten durch einen VE auf Basis der StPO gewonnen, braucht die Kennzeichnung nach §§ 101, 110a StPO erst dann erfolgen, wenn es polizeilich geboten ist. Der präventive VE-Einsatz nach § 45 BKAG ist dann zu kennzeichnen, wenn eine Speicherung im „Informationssystem" stattfindet. Dies ist noch nicht der Fall, solange die erhobenen Informationen bei der VE-Dienststelle zur Vorgangsverwaltung und Organisation vorliegen, abgeschirmt sind und nicht der Beauskunftung dienen, sondern erst dann, wenn diese an die ermittlungsführende Stelle übergeben werden, die diese auswertet und in Amts-, Zentral- oder Verbunddateien einspeist.

V. Was ist anzugeben?

Die Kennzeichnungspflicht nach § 14 Abs. 1 BKAG n.F. erstreckt sich, soweit subjektiv, objektiv und zeitlich einschlägig- auf die nachfolgend abgebildeten sechs Informationen.

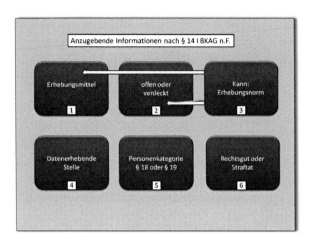

1. Zu Ziff. 1–3

Erhebungsmittel (1), die Information über offen oder verdeckt (2) und die optionale Angabe der Befugnisnorm (3) betreffen einander bedingende Informationen. Es geht um die Darstellung der Maßnahme und deren Rechtsgrundlage.

Wird die Rechtsgrundlage (3) sehr genau angegeben, ergeben sich die Informationen (1) und (2) hieraus zwar von selbst, jedoch ist die Kennzeichnung mit offen/ verdeckt trotzdem erforderlich, um anhand dieser Angaben Berichtspflichten gerecht werden zu können. Zu beachten ist, dass eine Datenerhebung nicht schon deshalb als „verdeckt" (2) gilt, weil sie ohne Kenntnis des Betroffenen erfolgt. Entscheidendes Kriterium einer verdeckten Maßnahme ist vielmehr, dass die Erhebung bewusst verschleiert oder getarnt wird.

> Beispiel:
> Die Abfrage eines TK-Providers ist keine verdeckte Maßnahme i.S.v. § 14 Abs. 1 BKAG.

Liegt ein Beschluss vor, ergibt sich aus diesem die Rechtsgrundlage.

Die Angabe der Erhebungsnorm wird auf Basis der X-Polizei Codelisten vorgesehen und erfolgen können. Diese werden spezifiziert und angepasst und werden zumindest bei INPOL-F hinterlegt. Solange die Erhebungsnormen hier nur grob vorgesehen sind (z.B. § 46 BKAG), sind sie durch Angabe des Erhebungsmittels zu ergänzen.

> Anmerkung: So sieht § 46 Abs. 1 sowohl die akustische als auch die optische Wohnraumüberwachung vor oder
> § 34 BKAG Abs. 1 den Einsatz technischer Mittel innerhalb und außerhalb von Wohnungen. Da die Maßnahmen
> teils unterschiedlich eingriffsintensiv sind, ist es erforderlich bei der Kennzeichnung zu differenzieren, damit die

Daten unterschiedlichen Kategorien zugewiesen werden können. Das Erhebungsmittel ist auch gesondert bei Datenerhebungen auf Basis von Generalklauseln anzugeben, da aus diesen sich nicht ergibt, was genau gemacht wurde.

2. Zu Ziff. 4 – 6

Die datenerhebende Stelle (4) ergibt sich aus der Angehörigkeit des Sachbearbeiters zu einer Behörde. Für das BKA gibt es aber keine Schwierigkeiten. Das BKA ist eine Behörde und als „BKA" zu kennzeichnen.

Erläuterung: Nach § 14 Abs. 1 Nr. 4 HS2 BKAG n.F. erfolgt die Kennzeichnung durch Nichtkennzeichnung („Angabe der Stelle, sofern nicht das BKA die Daten erhoben hat"). Um eine fehlende Kennzeichnung aber von einer falschen / unvollständigen unterscheiden zu können, ist es sinnvoll, das **BKA als solches** als die datenerhebende Stelle **anzugeben**. Wurden Daten vom BKA erhoben, soll dieses deshalb ausdrücklich so gekennzeichnet werden.

Die **Personenkategorien** nach §§ 18, 19 BKAG n.F. entsprechen weitgehend den Personenkategorien nach den §§ 8, 9 BKAG a.f. § 14 verlangt die Angabe der Kategorie nach § 18 oder § 19, nicht die Angabe des konkreten Personenstatus innerhalb dieser Kategorien.

Erläuterung: Gleichwohl soll aber dort, wo eine weitere Spezifizierung möglich ist, auch angegeben werden, welchen konkreten Status der Betroffene zum Zeitpunkt der Kennzeichnung hat. Ein ständiges Nachkorrigieren ist jedoch nicht erforderlich, wenn sich der Status ändert, weil der Zeitpunkt der Datenerhebung maßgeblich für die Kennzeichnung ist.

VI. Wie setzen wir dies im BKA um?

1. Bisherige Umsetzung

Die Kennzeichnung personenbezogener Daten auf Basis von § 101 StPO und § 20v BKAG a.F. ist bislang nur in INPOL-F und b-case vorgesehen. Hier gibt es objektbezogene Kennzeichnungsmöglichkeiten, so dass eine Kennzeichnung auf alle Daten durchschlägt, die unter einem Objekt liegen. Eine solche Kennzeichnung ist deswegen nur richtig, wenn sie alle unter einem Objekt liegenden Einzeldaten umfasst.

13

Im INPOL-F Erfassungskontext steht dabei das Feld „Kennzeichnungspflicht" als [JA/NEIN]-Feld zur Auswahl, welches mit dem Katalogwertfeld „Rechtsgrundlage StPO" als Pflichtfeld verknüpft ist. Der in diesem Feld hinterlegte Katalog enthält u.a. die in § 101 StPO aufgeführten Erhebungsmaßnahmen. Eine Kennzeichnung nach § 20v BKAG erfolgt bislang durch Auswahl „sonstige Maßnahme" und anschließender Angabe der polizeilichen Erhebungsmaßnahme.

2. Künftige Umsetzung

Kennzeichnungen stehen in der Übergangsphase unter der Prämisse, dass sie

    a) technisch machbar sind,

    b) geeignet sind, eine attributsbeziehbare hyDaNe Prüfung zu ermöglichen und

    c) handhabbar sind.

a) Technisch möglich

Dies bedeutet, dass Kennzeichnungen ausgeschlossen sind, wo die Informationssysteme dies nicht ermöglichen (z.B. INPOL-Z). Derzeit sind Kennzeichnungen in INPOL-F und b-case vorgesehen. Hier sind objektbezogene bzw. entitätsbezogene Kennzeichnungen möglich, die alle unter einem Objekt liegenden Attribute und Einzeldaten erfassen.

Bislang kann ausgewählt werden „StPO-Maßnahme". Hier ist die x-Polizei Codetabelle 237 hinterlegt. Diese wurde aktualisiert und bis voraussichtlich September „in Vollzug gesetzt". Anschließend erfolgt zumindest für INPOL-F eine Referenzierung auf diese aktualisierte Codeliste. Dies ist voraussichtlich bis Ende 1. Quartal 2019 umgesetzt. Bei Eingriffsmaßnahmen nach Polizeirecht ist bislang „sonstige Maßnahme" anzuwählen und eine Maßnahme entsprechend der X-Polizei Codeliste 356 auszuwählen.

> Das künftige Vorgehen in Bezug auf INPOL-F und b-case wird in gesonderten Handhabungsanleitungen weiter definiert.

b) Geeignetheit

Eine Kennzeichnung am Objekt kommt nur dann in Betracht und ist nur dann geeignet, wenn alle darunter liegenden Einzeldaten einer einheitlichen Erhebungsmaßnahme entstammen, da ansonsten eine Über- oder Unterkennzeichnung anderweitig erhobener Daten erfolgt.

Ersatzweise ist deswegen zu prüfen, ob es sich lediglich um eine überschaubare Menge an Daten handelt, deren Kennzeichnung durch einen gesonderten Vermerk freitextlich hinterlegt werden kann. Dies kommt aber nur in Betracht, wenn diese Option von Aufwand und Menge her handhabbar ist.

c) Handhabbarkeit

Ist das nicht der Fall, ist eine Kennzeichnung nicht möglich. Ersatzweise werden die für die hyDaNE Prüfung erforderlichen Informationen bei eingriffsintensiven Maßnahmen dann im Aktenrückhalt abgebildet. Dies müssen nicht alle Angaben des § 14 Abs. 1 sein. Hinreichend ist insofern der Rückhalt, wer die Daten aus welchem Anlass wie erhoben hat. Ein solcher Rückhalt besteht beispielsweise durch Ablage des Beschlusses oder des Protokolles der Erhebungsmaßnahme, aus denen sich diese Informationen erschließen lassen. Wenn eine Kennzeichnung nicht möglich ist, und nur ein Aktenrückhalt besteht, soll bei betroffenen Daten ein Hinweis freitextlich angebracht werden: „Achtung eEM" (=eingriffsintensive Erhebungsmaßnahme), um den Sachbearbeiter zu sensibilisieren, dass Daten vorliegen, die eingriffsintensiv (alle Erhebungsmaßnahmen, die nicht grün sind) erhoben wurden.

Es ist seit dem 25.05.2018 übergangs- und behelfsweise wie folgt zu verfahren:

Kennzeichnungen nach StPO werden fortgeführt wie bisher. An der Vorschrift des § 101 StPO wird sich voraussichtlich auch nach der laufenden StPO Novelle nichts ändern.

Kennzeichnungen nach BKAG für Datenerfassungen in Verbund- oder Zentraldateien oder von Daten, die gefahrenabwehrend erhoben wurden, erfolgen nur dann, wenn sie a) technisch möglich, b) geeignet und c) handhabbar sind. Ist dies nicht der Fall, werden die hyDaNe relevanten Informationen im Aktenrückhalt abgebildet und ein Hinweis „Achtung eEM" [eingriffsintensive Erhebungsmaßnahme] bei eingriffsintensiv (=alles was nicht grün ist) erhobenen Daten freitextlich angebracht.

Es ist deswegen wie folgt vorzugehen:

1. Prüfung ob eine Kennzeichnungspflicht besteht.

2. Prüfung, ob diese sich nach StPO oder BKAG richtet.

3. Wenn BKAG, Prüfung einer objektbezogenen Kennzeichnung in INPOL-F und / oder entitätsbezogenen Kennzeichnung in b-case.

4. Wenn 3. nicht möglich ist, Prüfung, ob Einzeldaten ggf. freitextlich mit Kennzeichnung der Dienststelle, Anlass, Erhebungsmaßnahme und Personenkategorie gekennzeichnet werden können (Voraussetzung: Handhabbarkeit).

5. Ist weder 3 noch 4 möglich, Abbildung der hyDaNe relevanten Informationen (Dienststelle, Anlass und Maßnahme) im Aktenrückhalt + einen Hinweis „Achtung eEM" an geeigneter Stelle, sofern es sich um eingriffsintensive Maßnahmen handelt (=alles, was nicht grün ist).

PGM-S4

Aus unserem Verlagsprogramm:

Alexander Lang
Die zeitlich befristeten Sonderregelungen zu Flüchtlingsunterkünften im BauGB
Notwendigkeit, Entstehungsgeschichte, Ziele, Konsistenz, Gültigkeit, Kritik, Alternativen, Reformbedarf
Hamburg 2019 / 570 Seiten / ISBN 978-3-339-11362-7

Florian Schmitt
Die (unangekündigte) Datenschutzkontrolle des BfDI im Anwendungsbereich des BDSG und des TKG
Hamburg 2019 / 242 Seiten / ISBN 978-3-339-10376-5

David Parma
Die Personen- und Objektschutzaufgaben der Polizeien des Bundes
Eine rechtshistorische Betrachtung unter besonderer Berücksichtigung der verfassungsrechtlichen Zulässigkeit
Hamburg 2019 / 182 Seiten / ISBN 978-3-339-10604-9

Robert Tietze
Altersgeld für Bundesbeamte
Das Altersgeldgesetz
Hamburg 2019 / 326 Seiten / ISBN 978-3-339-10870-8

Sandra Riebel
Verdeckte Online-Durchsuchung in der Bundesrepublik Deutschland
Eine Analyse anhand der Rechtsprechung des Bundesverfassungsgerichts sowie der Vorschriften der Strafprozessordnung und des Bundeskriminalamtgesetzes
Hamburg 2019 / 366 Seiten / ISBN 978-3-339-11214-9

Zonglu Liu
„Racial Profiling": Eine rechtsvergleichende Untersuchung des Rassendiskriminierungsverbotes
Die Verfassungsmäßigkeit der polizeilichen Kontrolle zwecks Verhinderung und Unterbindung von unerlaubter Einreise nach § 22 I a BPolG am Maßstab des Art. 3 III S. 1 GG
Hamburg 2018 / 270 Seiten / ISBN 978-3-339-10178-5

Robert Klecha
Datenübermittlungen in die USA nach dem Safe-Harbor-Urteil des EuGH
Eine Untersuchung unter besonderer Berücksichtigung des EU-US Privacy Shield
Hamburg 2018 / 224 Seiten / ISBN 978-3-339-10480-9

Anna Beck
Illegale Migration und Datenschutz
Die Verwendung von personenbezogenen Daten – insbesondere Fluggastdatensätzen – zur Bekämpfung illegaler Migration nach Deutschland
Hamburg 2018 / 242 Seiten / ISBN 978-3-339-10302-4

VERLAG DR. KOVAČ

FACHVERLAG FÜR WISSENSCHAFTLICHE LITERATUR

Postfach 57 01 42 · 22770 Hamburg · www.verlagdrkovac.de · info@verlagdrkovac.de